本书出版受到中国人民大学2018年度
"中央高校建设世界一流大学（学科）和特色发展引导
专项资金"支持

现代性的存在论批判

——论马克思的现代性批判及其当代意义

罗 骞 著

XIANDAIXING DE CUNZAILUN PIPAN:LUN MAKESI DE XIANDAIXING PIPAN JIQI DANGDAI YIYI

人民出版社

责任编辑:孔　欢
封面设计:吴燕妮
版式设计:东昌文化

图书在版编目(CIP)数据

现代性的存在论批判/罗骞 著. —北京:人民出版社,2019.5
ISBN 978－7－01－020486－4

Ⅰ.①现…　Ⅱ.①罗…　Ⅲ.①历史唯物主义-研究　Ⅳ.①B03

中国版本图书馆 CIP 数据核字(2019)第 039782 号

现代性的存在论批判
XIANDAIXING DE CUNZAILUN PIPAN
——论马克思的现代性批判及其当代意义

罗　骞　著

人民出版社 出版发行
(100706　北京市东城区隆福寺街 99 号)

中煤(北京)印务有限公司印刷　新华书店经销

2019 年 5 月第 1 版　2019 年 5 月北京第 1 次印刷
开本:710 毫米×1000 毫米 1/16　印张:23.75
字数:364 千字

ISBN 978－7－01－020486－4　定价:68.00 元

邮购地址 100706　北京市东城区隆福寺街 99 号
人民东方图书销售中心　电话 (010)65250042　65289539

目　录

再版自序 ……………………………………………………………… 1

序 …………………………………………………………… 陈学明 1

前　言 ……………………………………………………………… 1

引　论　马克思的现代与现代性概念 …………………………… 1

　　一、"现代"之一般 ………………………………………… 1

　　二、现代性范畴的历史唯物主义定向 …………………… 5

　　三、马克思现代性批判理论的当代遭遇 ………………… 12

上篇　马克思现代性批判理论的历史进展

第一章　现代性批判的起点:"自我意识"到"政治解放" ………… 19

　　第一节　"启蒙原则"与"自我意识"哲学 ……………… 20

　　第二节　市民社会与政治国家的现代分离 ……………… 28

　　第三节　"现代"作为"政治解放" …………………………… 39

第二章　现代性批判的全面展开:"劳动异化"到"社会异化" ………… 49

　　第一节　以"抽象劳动"为核心的现代性批判 ……………… 49

　　第二节　历史唯物主义基础上的现代性意识形态批判 ……… 61

　　第三节　现代性批判的纲领:《共产党宣言》 ……………… 75

第三章　政治经济学批判作为现代性批判 …………………… 84

　　第一节　1848 年革命的失败及其反思 ………………… 84

第二节 现代性批判的经济学视域 …………………………… 89

第三节 《资本论》及其手稿与现代性批判 …………………… 96

第四节 现代性批判的结晶:《哥达纲领批判》 ……………… 104

本篇小结 ………………………………………………………… 110

中篇 马克思现代性批判理论的逻辑结构

第四章 马克思现代性批判的基本概念 …………………… 115

第一节 历史唯物主义:现代性批判的基本视域 …………… 115

第二节 商品:现代性批判的逻辑起点 ……………………… 123

第三节 资本:现代的基本历史建制 ………………………… 129

第四节 异化:现代性状况 …………………………………… 136

第五章 马克思对现代性基本特征的揭示 ………………… 144

第一节 "个人现在受抽象统治":现代性的抽象性 ……… 144

第二节 "所有固定的一切都烟消云散":现代性的流动性 ……… 151

第三节 "每一种事物好像都包含着自己的反面":现代性的

矛盾性 ……………………………………………… 158

第四节 "商品拜物教":现代性的世俗性 ………………… 164

第六章 马克思现代性批判的基本特点 …………………… 173

第一节 方法论上的总体性 ………………………………… 173

第二节 价值立场的阶级性 ………………………………… 179

第三节 理论批判的实践性 ………………………………… 185

第四节 批判态度的辩证性 ………………………………… 193

本篇小结 ………………………………………………………… 200

下篇 与当代话语的批判性对话

第七章 后现代语境中的现代性批判及其限度 …………… 205

第一节 现代性批判的凸显及其基本主题 ………………… 205

　　第二节　审美现代性的哲学转化 ································· 215

　　第三节　批判话语的分裂及其限度 ························· 222

第八章　马克思现代性批判理论的当代形象 ············· 230

　　第一节　哈贝马斯："重建历史唯物主义" ············· 230

　　第二节　吉登斯："多维度的现代性" ··················· 241

　　第三节　詹姆逊："晚期资本主义的文化逻辑" ········· 250

　　第四节　鲍德里亚："生产之镜" ························· 260

第九章　辩证地对待马克思的现代性批判理论 ············· 272

　　第一节　马克思现代性批判的奠基性意义 ············· 272

　　第二节　马克思现代性批判的出场语境及其限度 ········· 281

　　第三节　在马克思理论的基础上推进现代性批判 ········· 288

本篇小结 ·· 295

结束语 ·· 296

附录一：以现代性批判为视角重构马克思思想阐释 ········· 306

附录二：现代性批判的"基础存在论" ······················ 320

附录三：马克思现代性批判的当代实践意义 ················ 334

附录四：全文参考文献一览 ································· 344

原版致谢 ·· 352

再 版 自 序

本书是我的博士论文《论马克思的现代性批判及其当代意义》的再版。初版由上海人民出版社《当代中国哲学丛书》2007年出版。原书名变成了现在的副标题。改用《现代性的存在论批判》这个书名,是为了更加直接地表明本书的基本观点:马克思立足于历史唯物主义的现代性概念及其批判路线,与现代性的观念论批判之间存在基本差异,我们称之为"存在论路向的现代性批判"。

此次再版删除了原版的中英文内容摘要和英文目录,以及作为附录的"从世界的原理中为世界阐释新原理"一文,增加了在学术刊物上发表的三篇文章。这几篇文章集中呈现了本书的基本思路和核心观点。利用再版的机会,对书中的部分标点、文字和语句上的错讹做了必要修订。

记得在某场合听一位学界前辈说过,对有的人而言,博士论文不仅是学术生命的出发点,甚至可能是学术生命的顶峰。我当时就想,假如真是这样的话,学术人生该是如何的暗淡无趣啊!为此,我总是不断自我鞭策,希望自己的学术生涯不是从起点就开始走一条下坡的路。

尽管博士论文后又出版了几本书,但师友们见面的时候,提到最多的还是我的博士论文,这次再版也是受到他们的鼓励。有时我会感到疑惑:博士论文之后,自己在思想的道路上是否真正走出了几步?到底能够走多远呢?这些问题不时让我从学术的忙碌中警醒过来,不断地检视自己。

当然,我知道这或许是穷尽一生才能得到答案的问题,而作者只是答卷人,读者才是阅卷人。人生过半,我一直在努力,期待不断给出令自己相对满意的答案。有兴趣的朋友可以参看与本书前后出版的另一著作:《超越与自由——能在论的社会历史现象学》。从博士论文到现在,其中的联系和差异还是比较明显的。

借本书再版之际,再次感谢在本书研究、写作、出版以及相关论文发表过程中给予我帮助和关心的师友和亲人,是你们一路的帮扶,让我能在学术道路上从容前行,书写人生!

作　者

2018 年 11 月 23 日于北京

序

  张汝伦和陈昕两位先生主编的《当代中国哲学丛书》在学术界享有盛誉。据我所知，他们为所要推出的著作设置了很高的"门槛"，不达到一定的学术水准，不在理论上有一定的原创性，他们是决不会出版的。为了维持高品质，他们每年只推出为数很少的几种书，特别是研究马克思主义哲学方面的著作，更是寥寥无几。当我得知两位先生主动与我的学生罗骞联系，希望他把博士论文交给他们纳入该丛书出版时，我十分感慨。罗骞只是个刚拿到博士学位的"后生小辈"，博士论文也只能算作是他的处女作，我为他能及时碰上"伯乐"而庆幸和高兴。罗骞索序，作为他的导师，我乐意为之。

  2000 年秋季的一天，罗骞作为我的硕士研究生站在我面前，大概二十五六岁的样子，第一印象是他有些腼腆，不自在。后一深谈，才发现这个年轻人不错，具备较好的学术基础，有一种执着精神，一种强烈的社会责任感。他来自遥远的贵州山区，妻子小汪独自在家照顾刚出生的儿子，还要工作，靠她微薄的工资供养包括罗骞父母在内的一家五口人。虽然平时罗骞不大谈起这些，但他面临的压力和困难不难想象。像他这样的处境，没有远大的志向和刚强的意志是不可能选择出远门继续深造的。他来复旦以后，万分珍惜这来之不易的学习机会，其学习刻苦与认真的程度，常使我感慨系之，他真的是做到了发愤忘食。加上他原先的理论基础非常好，天资和悟性都不错，学习方法对头，他的学习成绩马上脱颖而出，一些讨论会的发言，以及所写的文章，都表明他是一个可造之才。

  硕士阶段的培养一结束，他就无可争议地被推荐免考直升攻读博士学位。由于那时我改带马克思主义哲学方向的博士，罗骞也跟我从西方哲学转到了马克思主义哲学,攻读马克思主义哲学博士学位。后来罗骞多次跟我说这一转变对他的学业发展具有重要影响。那时,他的妻子小汪也从贵州调到了上海,他们一家三口总算可以团聚了。但我十分担心,各种压力是否会影响甚至毁了他前途看好的学业。我的担心是多余的!我发现,自他攻读博士学位以后,他的心境更高了,读书与研究一如既往地废寝忘食、锲而不舍,常常在清晨把儿子一送到托儿所,就埋头扎进学校的图书馆里,徜徉在知识的海洋里。

到他读博士学位的第二学期,开始准备博士论文。撰写博士论文究竟选择什么主题呢?我与他共同的想法是所选择的主题必须既有理论价值又具现实意义。无论是在当今中国,还是在当今整个世界,人类所面临的最大的问题就是如何面对现代性。就拿我们国内来说,存在着这样两种对待现代性的倾向:其一,因为现代性给我们带来了磨难,使我们失去了诸多美好的东西,所以憧憬起前现代性的生活来,竟然产生了干脆放弃对现代性的追求,使中国成为一块置身于世界之外的"非现代化的圣地"的主张。这样一种观点通过哲学、文学等各种形式表现出来,与西方的浪漫主义和后现代主义等思潮遥相呼应。其二,现代性是人类的必由之路,西方人走过的道路我们中国人也得跟着走。现代性的正面效应与负面作用都不可避免。我们只能置现代化所带来的种种负面效应于不顾,继续沿着原先的路走下去,让中国这块古老的大地彻底经历一次西方式的现代性"洗礼"。只有等到中国的现代化过程基本完成了才有可能解决这些负面问题,倘若现在就着手去解决,只能干扰中国的现代化建设。我们总感到这样两种倾向都不可取。而理论学术界的当务之急正是在理论与实践的结合上探索出一条正确面对现代性的道路。基于这样一种思考,我们就不约而同地决定他的博士论文以现代性为主题。哪怕这篇论文只是为探索出这样一条道路作出那么一点点的贡献,也会令人欢欣鼓舞。作为一个理论工作者,会从中获得满足与安慰。

那么究竟如何入手呢?罗骞提出是不是通过研究马克思的现代性批判理论,来探索当今人类究竟应当如何面对现代性。我拍手叫好。确实,在分析当今中国与世界现代性展开之现状时,必须要有一种理论武器,一种衡量是非的正确标准。而这种理论武器,这种衡量是否的正确标准的形成,显然离不开马克思主义的指导。为了找到回答现代性难题的正确答案,首先必须要搞清楚的是马克思究竟如何面对现代性。马克思主义为人类解决现代性的难题提供了最丰富的理论资源。就这样，经过反复商议，罗骞的博士论文的主题定为《论马克思的现代性批判及其当代意义》，可以说，这是一个不讨巧的大题、难题，然而，深知这一论题的重大意义，罗骞表现出了极大兴趣和决心。

我要求他必须通读马克思的主要著作，从马克思青年时期的博士论文一直读到马克思晚年的《哥达纲领批判》，以至《人类学笔记》，必须真正搞清楚马克思在各个时期对待现代性的基本立场、观点和方法，不能人云亦云，而应当自己通过研读原著搞清楚。于是，罗骞再次埋头于马克思的原著之中，我目睹了一个年轻人在一些人对马克思的著作不屑一顾的境况下，如何呕心沥血地阅读马克思的著作。在这一基础上，我还要求他广泛收集中外学者研究马克思现代性批判理论的著作和论文，把握他人研究马克思的现代性批判理论的成果，努力使自己站到这一方面研究的最前沿。他都认真地去做了，而且确实做得很好。

功夫不负有心人，他的博士论文终于拿出来了。虽然在论文的撰写中罗骞随时与我沟通，但当我拿到20多万字的文稿时，还是吃了一惊。认真地通读完全文，我兴奋不已，我发自内心深处感觉到这是一篇优秀的论文，我深信它在理论上必然会得到学术界的认可。果然，在进行评审时，包括匿名评审在内的评阅专家好评迭至，论文答辩委员会的所有专家也都给予了高度评价，论文毫无悬念地以优秀成绩通过。现在又受到了《当代中国哲学丛书》两位主编的青睐。这些都是对他学识的肯定。

那么，这篇博士论文对马克思的现代性批判理论的研究提出了哪些创见呢？我在这里且列举若干。

文章提出，现代性批判存在两种倾向，即观念论批判路线和历史唯物主义批判路线。观念论批判是从现代的意识形态特征，诸如叙事方式、思维方式、价值取向等方面出发定义现代性，批判现代文明。历史唯物主义批判则是从现代性的存在论基础及其对制度和观念的影响方面着手展开批判。这一论断在纷繁复杂的理论思潮中抓住了问题的关键，既为现代性批判研究搭建了一个平台，同时也充分突出了马克思现代性批判的地位和性质。

文章提出，历史唯物主义强调生产方式对自然、人、社会的普遍中介性，要求联系生产方式对具体存在的社会性、历史性特征及其本质进行阐释,而不是将存在抽象为实践之外的绝对,历史唯物主义是后形而上学思想视域中存在论最本质的维度。马克思的现代性批判是现代性存在论批判,资本被阐释为现代性的本质范畴,而不是理性、主体性等,现代性批判的基本任务就是揭示资本原则在现代社会的普遍贯穿,它如何在政治、经济、文化、观念乃至人们的心理结构和日常生活中发挥统治。所以说,马克思的批判深入到了现代社会历史的存在论基础,而不只是作为"观念论副本"的现代性意识形态批判。

文章提出,政治经济学批判是历史唯物主义视域中现代性批判的"基础存在论",而不只是一种实证的经济科学。现代性的流动性、抽象性、矛盾性、世俗性,以及虚无主义等特征乃是资本原则的"现象",不能离开以资本为中介的存在论批判得到本质的揭示,比如工具理性的蔓延就不是理性自身的演进,而是资本原则普遍贯穿的结果。

文章提出,马克思的现代性批判是一种总体性批判,而不是一种经济主义的还原论,在资本对所有存在物全面总体化的今天,放弃总体性的批判在方法论上是错误的。马克思的现代性批判是"辩证历史的辩证批判",既充分地肯定了现代性的巨大成果,又强烈地批判了现代性的灾难,它以一种总体性的内在批判既区别于无批判的实证主义,也区别于面对现代性的历史虚无主义和保守主义的反动立场。

文章提出,马克思的现代性批判从不标榜自己是价值中立的科学,而是明确宣布了自己的阶级立场。马克思理论的阶级取向实际上继承了西方人文主义传统,无产阶级作为"新人"代表着人类发展的未来方向,并且是超越资本现代性能动的历史主体。马克思的现代性批判理论具有明显的实践取向,目的在于改变现实,而不只是解释现实,这同后现代思潮中流行的"话语游戏"和"思维操作"具有本质差别,理论批判的任务在于改造历史,而不是改造文本。

文章提出,当今资本全球化真正创造了一个"世界历史时代",提供了发挥马克思思想批判潜能的成熟的、真实的语境,这不应该是一个离开马克思,而是走进马克思的时代。对于不仅苦于现代性之发展并且苦于现代性之不发展的当代中国,马克思思想的基本意义在于提供超越资本现代性的指向,使实践具有走向未来的历史担当意识，而不至于全面陷入资本现代性的泥沼而失去创造历史的可能性。

在答辩中罗骞指出，整个论文从四个方面具体展开论述，上面我只是就某些方面指出了文章的一些亮点，可以说是挂一漏万。比如说，文章提出马克思的博士论文与《莱茵报》时期共同的思想基础是"启蒙现代性"，马克思思想最大的转折点发生在黑格尔法哲学批判时期，《神圣家族》与《德意志意识形态》在思想原则上没有根本的差异，异化劳动批判和后来侧重于所有制的批判之间具有内在的统一关系，早晚"两个马克思说"是以费尔巴哈和黑格尔为镜像的学科化解读结果，马克思思想不是思想内部的理论革命，而是改造社会的革命理论等等。马克思主义哲学领域内的学者都知道，这些论断在一系列很有争议的问题上标明了作者的见解，具有明显针对性和论战性。然而，文章却举重若轻，没有以醒目的专题化形式展开论述，而是将它们静悄悄地布置到行文之中，使得文章含金量高，内容充实，有读头，耐人寻味。

论文结构、逻辑、表述等方面的特点，不待多言。至于文章的不足，我想指出的是，从材料上看，对国内学者的研究成果关注不多，从内容上看，对马克思理论限度的讨论有待进一步深入，从论证来看，对少数论断的论证不够集中突出，显得分散。好在对这些方面的不足，罗骞自己也有充分认识，在论文获得较多赞誉时，他总是很谦虚地谈到论文的不足和遗憾，他甚至对这么快就交付出版显出犹豫，经我的多次鼓励他才拿定主意。他在论文的"前言"中曾经列举了研究的五个目的，可谓立意高远，尽管论文还存在这样或那样的遗憾和缺陷，然而瑕不掩瑜，在我看来，这篇论文达到了最初确定的高标准。我为它的面世感到由衷的高兴，也乐意向各位读者推荐它！

是为序！

陈学明

2007 年 3 月 22 日

前　言

一、论题的处境及其任务

从人类精神的自觉形态来说,"现代"始于怀疑和反思精神。现代精神批判传统,同时包含着自我指涉,现代社会始终伴随着自我批判。到了20世纪五六十年代以后,思想界和学术界开始以"现代性批判"来标识对现代文明的反思,形成了影响广泛的"后现代语境"。这一语境,一方面继承了启蒙的批判精神;另一方面又批判启蒙精神蕴含的价值取向、思维方式、文化风格等。"现代性"成为一个意识形态概念,"现代性批判"主要变成了对启蒙"主体性"和"理性"的批判。开始时,对纳粹法西斯主义、斯大林极权主义和以美国为代表的自由主义之间的同一性进行指认,把它们看成是启蒙现代性的必然结果,"现代性"范畴离开了历史形态和社会制度方面的含义,成为标志时代精神的意识形态范畴。到了20世纪90年代以后,随着苏东剧变,不少人宣布"后革命时代"到来,现代性批判进一步在主体性批判、理性主义批判、总体性批判等名誉下,批判"改造历史"的"社会工程"思维,将其指认为进步主义、乐观主义、工具主义等,是现代专制、暴政和战争的根源。于是,对元哲学还原主义、基础主义、本质主义的批判,迅速同政治哲学和历史哲学批判结合起来。问题变得越加的宽泛和复杂。

在这样的历史和思想背景之中,现代性批判变成了一种意识形态批判,马克思从社会制度、生产方式确定的"现代"和"现代性"概念被有意或无意地置换了。同时,由于现代性批判变成了一种观念论的意识形态批判,现代性有时就被阐释为一种思想风格和话语方式,由此,马克思的思想也被轻易地作为现代性理论处理,或被十分别扭地解读为一种所谓的后现代理论。另一方面,我们也看到,在对马克思思想进行的阐释中,缺乏一种总体性的视角。过去被作为学科建制中的三个组成部分来解读,现在,由于实践的挑战,科学社会主义和政治经济学几乎就要脱落,马克思思想再度被申诉为一种哲学上的思想革命。当然这一过程还伴随着相对主义的阅读策略等等。

我们知道,关于马克思主义三个组成部分的学科化解读是通过恩格斯、列宁到斯大林逐步形成的。这种解读对于马克思主义的普及和传播起到了十分重要的历史作用。但是,随着现代学科和专业分化的加剧,以这一架构为基础的马克思主义学科建制一定程度上遮蔽了马克思思想的总体性,三个组成部分分别作为基础、运用和结论之间的关系变成了一种线性的因果联系和相互并置的板块。尤其是面对今天变化了的实践,人们采取了对政治立场和思想原则本身进行划界的学理化方式,主要不再从政治立场和阶级化了的哲学路线来定位马克思思想,而是在衰退的政治实践中高扬马克思思想的哲学高度,并且不由自主地放弃了政治经济学批判和科学社会主义的理论。在国内,在传统马克思主义哲学教材被贬为教条,而重新肯定马克思哲学革命性意义的同时,科学社会主义作为学科已经全面萎缩,而经济学中西方经济学实际上占据了主要的地位。这不正是表明了分化解读中内在统一性的缺失吗?由于现代学科分化的强制,强化了马克思思想的学科还原主义解读。它不是被作为一种纯实证科学的经济学理论,就是被阐释为一种单纯的哲学思想革命,甚至是一种社会主义的乌托邦政治,列宁"铁板"一块的强调并没有防止后来实质上的分化解读。总体性解读视域的缺失,还表现在对马克思思想与其他思想流派的组合和搭接上,出现了存在主义的马克思主义、弗洛伊德主义的马克思主义、结构主义的马克思主义等,我们无意否定这些思想流派的重要意义和合理性,但它们的局限性在于只是对马克思主义的细化,甚至是片面的细化,或者是对马克思未涉足或涉足不多的某些领域的发掘或补充,而它们却往往被认为是本质性的替代和超越,马克思思想的问题域或基础性意义在这种揭示中被遮蔽。这种阅读视角的游移在中国还有特殊的表现形式。目前国内马克思主义哲学内部的争论,可以看成是历史上西方马克思主义与正统马克思主义辩论的当代版本,理论立场有趣地表现为一种外交视角的转移。

马克思的思想在众多的阐释中漂浮不定,就连基本的理论内核也众说纷纭。雷蒙·阿隆曾经说过,如果没有成千上万的马克思主义者,马克思基本的指导思想是不难确定的①。从知识社会学的角度说,这一现象可以看作马克思思想的生命力所在。但是,从思想自身的逻辑来看,它也导致了思想意义的严重流失和扭曲。具有讽刺意味的是,这种流失、扭曲和遮蔽总是在不断的"返回"、"坚持"和"重建"之中实现和完成的。这一状况甚至使得任何"重建"的努力以及那个被重建的对象都失去了基本的可信度,并自我消解。

阐释和研究马克思思想面临的这些特殊困难,可以说是史无前例的,因为它不仅涉及释义学的相对性和确定性问题,而且直接关系到经验的历史。由于以马克思的名义进行的社会实践的衰退,这种困难无疑是倍加严重了。到了20世纪90年代苏东剧变以后,所有对马克思思想的批判都迅速地汇集起来,成为这样一个命题和基本诉求:"实践"是马克思主义的"原罪",而且实践本身证伪了马克思的思想体系。我国台湾学者黄瑞祺在他的《马学与现代性》中就明确指出:"从今天的观点来看,马克思主义的'原罪'在于它用实践咒语……将政治妖魔召唤出来,闯了大祸,却不能再支配自己用咒符呼唤出来的魔鬼了。至今还不知道如何收拾残局。"②不少人认为马克思主义的生命力在于非政治的学理化,西方产生了各种将马克思思想进行"科学"研究的"马克思学"。国内也出现了要求马克思主义研究从"政治意识形态"中获得解放的"学术"诉求,要求研究的"去国家化"。

在这种情况下,马克思主义的革命性被消解,马克思的思想被净化为纯粹的原则,马克思主义的实践性不是被剥离,就是被曲解:一方面,"实践"再度被哲学化,变成解决理论对立的理论范式,从而论证马克思在思想领域

---

① [法]雷蒙·阿隆:《社会学主要思潮》,葛智强等译,华夏出版社2000年版,第91页。
② 黄瑞祺:《马学与现代性》,允晨文化实业公司2001年版,第22页。

的话语优势,实践范畴被封闭在理论的内在性之中,确保了一种学院化的思想激情对现实的拒斥和反思立场①;另一方面,实践隐藏在"尊重现实"的口号下,创造历史的主体性被转化为实证主义和实用主义立场,转化为面对现实的非批判的肯定态度,并以此批判第一种注解是学院的高头讲章,是源于"应然"的道德激情。这两种看似对立的思想倾向,隐含的共同基础其实都是马克思主义作为"革命实践"理论的所谓失败。实践中的所谓"失败"立即表现为思想话语中的激进主义和实际操作中的实用主义,实践的马克思主义从实践中退场。这两种策略似乎使得并且表明了"马克思主义主要在知识分子当中还存活着","作为变革社会的蓝图,马克思主义完全失去了信任。"②

由于马克思思想本身的实践品性,导致了阐释中理论与实践、学术与政治的紧张。在一种教条主义化的唯我独尊的框架下,的确出现过"爱之欲其生"和"恶之欲其死"的两极对立情绪③,构成了对马克思思想的曲解和遮蔽。对这种绝对主义姿态的批判曾经是马克思思想阐释的重要任务,国外的西方马克思主义和国内20世纪80年代开始的对马克思思想的阐释都有力地推动了马克思思想的研究,确立起了较为宽容的理性立场。但是,随着"解构主义"和"释义学"的兴起及其变形、扭曲和随意挪用,能够对抗"霸权"和"强制"的"多元性"与"相对性"宽容开始滑向理解的相对主义和虚无主义,在被简单化了的"怎么都行"的方法论指引下,对马克思思想的阐释变成了一种实用主义的随意取舍,我们甚至看到了主张市场经济的马克思,建构现代性的马克思,

---

① 按照马克思批评青年黑格尔派的说法,在此"实践性"变成了"震撼世界"的词句,而在马克思看来,"意识的一切形式和产物不是可以用精神的批判来消灭的,也不是可以通过把他们消融在'自我意识'中或化为'幽灵'、'怪影'、'怪想'等等来消灭的,而只有实际地推翻这一切唯心主义谬论所由产生的现实的社会关系,才能把它们消灭;历史的动力以及宗教、哲学和任何其他理论的动力是革命,而不是批判。"(《马克思恩格斯全集》第3卷,人民出版社1960年版,第43页。)革命乃是实践的批判,而不是批判的哲学,马克思由此批判当时思辨的理论家:"哲学家们反对'实体',他们完全轻视分工,即产生实体怪影的物质基础,这只是证明这些英雄们仅仅想消灭言词,而根本不想改变那些一定会产生这些言词的关系。"(《马克思恩格斯全集》第3卷,人民出版社1960年版,第460页)

② Joseph V.Femia,*Marxism and Democracy*,New York:Oxford University press Inc.,1993,p.1,p.2.

③ 黄瑞祺:《马学与现代性》,允晨文化实业公司2001年版,第27页。

形而上学的马克思,反形而上学的马克思等,马克思思想的阐释变成了马克思思想的"幽灵化"和对这种"幽灵化"的辩护。在国内,很快引起了目前关于"原道"与"诠释"之间的争论,这就涉及马克思思想的"确定性"和内在性问题。

马克思思想的基本论域是什么,在马克思的各种学科研究中,他关注的核心主题是什么,这一主题如何使他的思想构成一个"总体"? 这是一个什么样的总体,是硬化的,还是流动的,是机械的还是辩证的? 显而易见,马克思思想的阐释,需要从当今的具体语境提出贴切的问题域和视角,以揭示马克思思想的内在性和总体性。

本书以"现代性批判"为切入点对马克思思想进行研究,将马克思的思想和当今的"现代性批判话语"相互介入,通过对当今流行的现代性批判话语进行反思,结合苏东剧变后的世界形势和全球化趋势,为马克思思想的阐释提供现实的理论视角。这实际上涉及两个内在相关的方面,即在马克思的思想视域中探讨现代性问题,以及在现代性批判论域中阐释马克思的思想。我认为,马克思的基本论域就是现代性问题,并且恰恰是马克思清晰地揭示了现代性的存在论状况。因为在我看来,现代性是现代之为现代的基本历史建制,或者说,是现代之为现代在存在论上的本质规定,而不只是一种现代的"世界观",只有在对现实历史的批判中才能揭示现代性意识形态的社会历史基础。以"现代性批判"作为阐释马克思思想的基本视角,具有一种总体的特性,可以克服一种单纯学科化解读的局限,并提供出一条重新理解马克思思想发展及其性质的路径。同样,通过在马克思的思想视域中阐释现代性,也可以与当今流行的"现代性话语"进行一种批判性的对话,以期重建现代性批判的规范基础。这就是本文的基本任务。

我这里的所谓"重建",大体而言,意味着以下几方面的意思:一方面,就现代性批判论题而言,黑格尔在哲学的层次上完成了以"理性"命名"现代"和"现代性",而马克思通过黑格尔哲学批判和古典政治经济学批判,以"资本"概念重新命名"现代",进行现代性批判,将现代性批判奠定在"历史唯物主义"的基础之上。相对于"理性"的现代性概念及其观念论批判而言,马克思本身在存在论的意义上重建了现代性批判的规范基础;但是,在当今的现代性批判话语中,以马克思主义命名的社会历史运动的"失败",后现代语境中的现代性批判转向一种激进的意识形态批判或无批判的实证主义,因此,为现代性批判提供马克思历史唯物主义的思想维度,在当下的语境中也具有"重建"的意义;另一方面,就马克思思想解读和反思而言,一些人仅仅从现代学科分化的意义上理解马克思的思想,它被阐释为专业的哲学、政治经济学或关于社会理想的乌托邦政治等,马克思思想的基本视域和总体性被忽视,重新揭示和肯定现代性批判是马克思思想出场的基本视域,并以此重构马克思思想的历史和逻辑,无疑也是一种"重建";与此同时,由于一些人仅仅从思想风格、精神气质、叙事方式和价值取向等方面定义现代性和后现代性,马克思的理论就被指认为典型的现代性理论或后现代理论、形而上学或后形而上学等。因此,在现代性批判的论域中重新定位马克思思想的基本性质和意义,也是某种意义上的"重建"。

所谓的"重建",虽然包含了某种理论上的"雄心",但绝对不是推倒了重来的自是和武断,恰恰相反,它是为了表明"理解限度"的一种自觉意识。不论上面提及的哪一个角度,"重建"都只是指向基本的方面,既不是说马克思穷尽了现代性批判的主题,也不是说现代性批判能够涵盖马克思的全部思想。我们只是强调:现代性批判要想切实地得到推进,必须重新发掘并推进马克思提供的思想维度,否则,现代性话语将成为意识形态批判的观念旅行或无批判的顺从主义。同样,马克思思想的阐释要想走出教条主义的泥沼,从类似于"先有鸡还是先有蛋"这样的抽象争论中解放出来,在现代社会生活中发挥独特的批判潜力,现代性批判视角的引入是切近可行,并且是必须的。最后指明一点,"重建"来源于这样一种观察和思考:在不仅苦于现代性之发展,而且更苦于现代性之不发展的当代中国,马克思思想的历史性介入及其特定路径,使得问题尤其如此,并且从来如此。这亦即是说,马克思的思想曾经是以一种独特的"重建"方式成就自己,今天,其意义的阐释也就必然是某种方式的"重建"。

二、国内外研究的大致状况及面临的困难

如伊格尔顿说的那样,只要现代性还不死,人们还生活在现代性的矛盾之

中,马克思的思想就会是相关的①。不论是认可还是批判,"现代性"的讨论总是离不开马克思。这一点可以从国内外的广泛研究中得到证实,正是这些研究,为我们的论题提供了现实的语境和思想资源。当然,问题的关键还不在于这种相关性的指认,而在于马克思思想与现代性批判如何相关,马克思如何展开现代性批判,这种批判在今天的语境中具有何种意义。

在国外,涉及马克思与现代性问题的研究相对较多,比如哈贝马斯、吉登斯、列斐弗尔、詹姆逊、鲍德里亚、德里达、福柯等,都或多或少地涉及这一论题。但是,直接以现代性批判为切入点,对马克思思想进行专题化研究的并不多见。而且,一些以"现代性"为视角研究马克思思想的著作,其规范性基础也存在巨大的差异,有的"现代性"是指风格上的"现代主义";有的则主要指它的启蒙价值定向;还有的更加含糊,一般性地指现代社会理论。比如说,Nancy S. Love 的《马克思,尼采和现代性》(New York, Columbia University Press, 1986), John F. Rundell 的《现代性的起源——现代社会理论的起源,从康德到黑格尔再到马克思》(The University of Wisconsin Press, 1987), 以及 R. F. Baum 的《现代性的医生:达尔文、马克思和弗洛伊德》(Sherwood Sugden & Company, Publishers, 1988)等,由于对"现代性"这一范畴的规范基础不一样,他们阐释的重心、问题域存在很大的差异。近年来,马克思与现代性的相关性进一步引起人们的普遍关注。美国学者 Robert J. Antonio 2003 年编辑出版了《马克思与现代性——关键著作和评论》,主要是从现代性这一视角选编的马克思著作文选和相关评论。台湾学者黄瑞祺的《马学与现代性》等相关著作,对马克思与现代性的关系有较宽泛的研究。国内也零星地见到一些文章,比如说,俞吾金教授的《马克思对现代性的诊断及其启示》(《中国社会科学》

---

① 特里·伊格尔顿说:"很难看出马克思主义竟然会在现代性不死的情况下'死亡',这只是后现代主义期望发生的事情。如果后现代主义是正确的,也就是说,如果现代性确实已经结束,那么马克思主义也就非常可能随之而被废除了。但是,如果我们仍然在现代矛盾里挣扎,如果在这些矛盾得到解决之前现代性不会结束,如果定期发布的关于现代性的讣告是夸张不实之辞,那么马克思主义就一如既往地是相关的,当然这和说它是正确的并不是一回事。'现代性的终结'在任何情况下都是一个伪装成陈述性命题的行为性行为:到底谁想取消现代性,谁有资格这样做,谁要它停下来,目的何在?"([英]特里·伊格尔顿:《历史中的政治、哲学、爱欲》,马海良译,中国社会科学出版社 1999 年版,第 118—119 页)

2005 年第 1 期)、任平教授的《马克思的现代性视域与当代中国新现代性建构》(《江苏社会科学》2005 年第 1 期)等等。尤其是 2004 年"第四届马克思哲学论坛"曾以"马克思哲学与当代中国现代性建设"为主题举行,使得这一论题引起了人们的普遍关注,甚至形成了一种理论的"热点",会议论文集上的论文不少在公开刊物上得以发表,使得研究有了一定的深入。但似乎还没有推进到规范基础的层面,常常不是自说自话,就是陷入"概念"之争。由于缺乏批判和整合当今西方流行的"现代性话语"的理论高度和理论资源,还只是遵从西方现代性话语的基本定向切入这一主题,马克思思想与现代性批判之间的内在关系还没有被有效地确立起来。

就马克思与现代性的关系而言,目前国内外有以下一些主要的观点:马克思的理论是现代性理论,与古典哲学一样是一种本质主义、基础主义和还原主义,是一种典型的宏大叙事。虽然在概念的使用和表述上存在一定的差异,这一看法具有广泛的一致性,哈贝马斯、福柯和吉登斯等人对马克思的批判,都直接或间接持有这种批判立场;也有人认为马克思思想具有后现代的特征,詹姆逊就立足于后现代语境对马克思展开阐释,贝斯特和科尔纳认为从克尔凯郭尔和马克思开始了后现代的转向,国内也有人提出马克思思想的"后现代意蕴",以一种较为温和的方式确认马克思思想的后现代特征。

就马克思对现代性的批判来说,有人认为马克思的现代性批判受制于他的哲学视域,是一种经济主义和还原主义,基本上失去了效力,如福柯、吉登斯、鲍德里亚等人。也有人认为马克思的现代性批判奠定了现代性批判的基础,能够包容当今的现代性批判话语,如詹姆逊对马克思的阐释策略,伊格尔顿对后现代主义的批判,都立足于马克思的资本主义生产方式这一范畴之上。就现代性作为社会历史观来说,马克思的现代性思想更是遭到广泛批判。这主要有两种基本批判形态:一种形态是根本质疑和批判"改造社会历史"的保守主义和保守化了的自由主义对马克思的批判,如哈耶克、波普尔,到现在的福山。另一种形态是质疑马克思革命的宏大历史叙事,将自由、解放等看成是局部的乃至于个体的微观实践,宣布现代性没有一种总体化的"替代物",革命宏大叙事只是现代性的"虚假承诺",这一批判表现为当今的后马克思主义的"微观政治"和带有改良性质的"第三条道路"。

实际上,在国外理论界,通过"现代性批判"对马克思资本批判的置换,当今激进的现代性批判话语无意识地切合了苏东剧变以后所谓"后革命时代"的意识形态主题。由于马克思现代性批判思想维度的缺失,在哲学话语中"现代性"概念成了一个单纯的意识形态概念,现代性批判变成一种时代的意识形态、理论风格的批判,现代性批判离开了历史唯物主义的基础,马克思现代性批判的重要路向被遮蔽;与此同时,马克思的思想又被轻易地指认为现代性理论,或后现代理论,马克思现代性批判本身就较少地受到人们关注。目前的基本现状是:马克思思想阐释与现代性批判之间出现了双向的背离,一方面,现代性批判纠缠在意识形态批判和社会批判之间,缺乏总体性的视野;另一方面,马克思思想的阐释在所谓实践的挑战下,面对现代性问题似乎失却了基本的力度和意义,它不再是审判者,而变成了被审判者。

可以说,马克思的现代性批判这一主题,目前还没有一个确定的规范性基础,从一开始我就不认为自己选择了一个方便的论题。困难一点也不在于资料收集,而在于思想的深度和视角的形成上:一是现代性作为从西方理论界引进的范畴,在国外本身就众说纷纭,缺乏规范基础,如何在众多的文本和思想中进行归纳和取舍?马克思现代性批判与这些众多现代性话语的基本差异何在,这涉及论题的理论意义和实践意义。二是确定了"现代性"的规范基础之后,面对马克思的众多文本,如何做到文本的认真解读和逻辑勾勒之间的有机结合,这是阐释马克思现代性批判的根本所在,既不能流于文本内容的复述和介绍,又不能是"观念先行"的"目的论"解读。三是"现代性批判"是在当今思想界凸显出来的、对马克思现代性批判思想的阐释,势必与当今的话语进行批判性对话,哪些人对马克思现代性思想的研究和评价具有代表性,并且如何对它们进行深入的评判,这又一次将我带到了著作的汪洋大海和思想的紧张之中。四是通过以上一系列问题的引入和具体的研究,最后的问题是,在马克思现代性批判和当今现代性批判呈现出来的话语中,如何来理解现代和现代性?所有的这些问题最后都在文本中进行了适当的处理和回答。面对这样一个论题,我不认为这些处理方式和所有的解答都是完美的,但毫无疑问,它们肯定已经是我目前最满意的。

另外还有一点也需要进行说明,虽然面对如此多的挑战和困难,我并不认为这一论题是大而无当的。为什么人们可以研究吉登斯的现代性思想，研究哈贝马斯的现代性思想，而唯独研究马克思的现代性批判就会给人一种论题过于宽泛的感觉呢？这显然不是一个研究对象文本多少的问题，而是马克思的思想被赋予了一种超越的优先地位，他与其他的思想家似乎不可同日而语；同时，马克思的思想却又在众多的研究中被全面地细化，这一研究趋势恰好在纷繁复杂中遮蔽了马克思思想的基本论域和关注主题，使其失去了内在性，并在当今的现代性批判话语中被审判。这正好说明，马克思思想研究的视角需要具有原则高度的拓展，马克思思想本身的规范基础需要在新的"视界融合"中得到澄清。本文正是要以"现代性批判"作为基本的切入点，重新突出马克思思想的基本视域并在后现代语境中对其意义给予充分的估计，重现马克思理论思考的"效果历史"。

三、基本思路和最终目的

由于"现代性批判"是在后现代语境中被课题化的，"现代性"具有特定的内涵，因此，从现代性切入对马克思思想的研究，必须与当今的现代性话语进行批判性的对话，采取比较研究的方法，呈现马克思现代性思想与当今思想界流行的现代性概念的基本异同，在此基础上阐释马克思的现代性批判理论及其现实意义。由于各种著作和文本的繁多，本文只能采用文本解读和逻辑勾勒相结合的方法，在深入研究马克思经典原著和当今现代性批判重要著作的基础上，形成规范性基础，反过来切入研究对象。这也使得我们对于大量的一般性资料只是做到阅读和涉猎，而没有着重研究。

论文正文部分由具有总起意义的引论"马克思的现代与现代性概念"、上篇"马克思现代性批判理论的历史进展"、中篇"马克思现代性批判理论的逻辑结构"、下篇"与当代话语的批判性对话"和结束语几部分组成。文章"引论"在历史唯物主义视野中初步阐释了"现代"和"现代性"范畴，明确了马克思现代性批判理论的基本性质和基本方向。然后分三篇九章具体展开阐释：

上篇以现代性批判为线索对马克思思想发展进行重构式的解读，探索和勾勒马克思思想发展的内在逻辑，对马克思思想发展进行新的划界。文章指出，在《黑格尔法哲学批判》之前，马克思的思想具有启蒙现代性的基本定向，在《黑格尔法哲学批判》、《论犹太人问题》和《〈黑格尔法哲学批判〉导言》中，马克思已经在法哲学的视野中开始了现代性批判，并且初步形成了自己独特的"现代性"概念。从《1844年经济学哲学手稿》到《共产党宣言》，马克思的现代性批判理论全面展开，表现为哲学批判、政治经济学批判和政治学批判的内在融合和贯穿，逐步形成一种现代性批判的总体性思想。在1848年欧洲革命之后，马克思的现代性批判以政治经济学批判的方式展开，但是，政治经济学批判的基本地位和意义应该在"现代性批判"这一论域中得到定位。该部分以现代性批判为总体视角，通过文本解读，在对马克思现代性批判理论的再现中实现对马克思思想发展的历史重构。文章指出，在马克思思想的阐释中，已经形成的"两个马克思说"和三个组成部分的学科化解读模式具有明显的局限性，由于忽视了马克思思想的现代性批判这一"总问题"，导致从"历史"和"内容"两个方面的分解，遮蔽了马克思思想的总体性。

中篇从几个内在关联的方面勾勒了马克思现代性批判理论的内在结构，逻辑地重构马克思的现代性批判理论。第四章指出，马克思从批判黑格尔"理性"的现代性批判范式开始，进而批判了一般的思辨形而上学本身，由此走向了对现实历史存在的批判和分析，理论的主要任务不再是批判现代性的哲学或者说哲学的现代性特征，而是哲学地批判"现代性"。在马克思看来，"资本"是现代性的基本原则。现代性批判作为具体的存在论分析，就是揭示资本作为现代性原则的普遍贯穿及其内在限度。"现代性"和"资本"必须在历史唯物主义的视野中被理解为基本的存在范畴，并在这一理论定位中理解其相互关系。本章还讨论了马克思的"异化"概念，通过对马克思异化理论的阐释，从规范和描述两个方面揭示了马克思现代性批判的基本立场。第五章马克思对现代性基本特征的揭示，以当今现代性批判思想为背景，以理论抽象的方式概括马克思对现代性特征的深刻揭示和批判。在马克思看来，正是资本原则对存在的普遍抽象和全面贯穿形成了现代性一系列的特征，比如现代性政治解放的抽象本质，现代性的悖论和自我扬弃的内在动力等等。文章在马克思的思想视野中揭示了现代性诸种特征之间的内在关系，并试图表明，当今现代性批判的一些基本主题，在马克思思想的维度上才可能获得更加合理、更加深入的理解。由于后现代语境常常从叙事风格、理论特征、价值取向等方面来指认马克思是现代主义者,马克思的理论是"现代性理论",当然也有人指认他是后现代主义者。第六章从总体上归纳和阐释了马克思现代性批判本身的理论特征,试图通过对这些特征进行批判性的分析,在同现代主义和后现代主义的争论中,阐释马克思现代性批判作为一种"理论形态"所具有的特殊性,目的在于,通过这种特殊性的阐释彰显马克思现代性批判所具有的现实意义。

论文的下篇"与当代话语的批判性对话",总体上说属于结论部分。以前面对马克思现代性批判理论的历史和逻辑重构为理论基础,揭示出当今现代性批判理论的内在限度,目的在于,阐释马克思思想对现代性批判具有的奠基性意义。同时,通过与当今的现代性批判理论进行一种批判性的对话,揭示马克思思想的内在限度,要求辩证地对待马克思的现代性批判思想,在其规范基础上推进现代性批判。本篇分成三章。第七章主要揭示了后现代语境中"现代性批判"的理性和主体性批判主题,它将现代性理解为一种时代的意识形态特征和精神表现,现代性批判变成了观念论批判,这一批判的极端结果就是将理论和思想文本化、游戏化,并逐渐在现实中失去批判效力,现代性批判甚至仅仅变成了文本改造。在此基础上,文章揭示了当今现代性批判话语的基本分裂和限度,指明了马克思思想维度的缺失使得现代性批判遭遇的困境。第八章从"后现代语境"对马克思现代性思想的批判和反思角度出发,选择以哈贝马斯、吉登斯、詹姆逊、鲍德里亚为代表,勾勒他们从各自立场对马克思现代性理论的反思,为探讨和评价马克思的现代性理论确立一个直接对话的理论平台,提供当代著名思想家阐释马克思思想的最新成果,并进行了批判性的讨论。第九章,结合以上两章提供的对话语境,阐释了马克思现代性批判思想的重要意义及其限度,由此提出在马克思思想的基础上推进现代性批判的一些具体观点。

作为博士论文,通过以上各章内容的具体阐释,我相信该研究已经实现了预期的基本目的:第一,通过现代性论域的引入,为马克思的思想阐释提供了一个总体性的视角,克服单纯学科化解读带来的局限。第二,从理论上扭转现代性批判中马克思思想的长期"缺席",同时反思那些从风格上对马克思思想的"现代主义"或"后现代主义"指认。第三,将"现代性"批判从当今观念论批判的自足性中解放出来,重铸历史唯物主义视野中的现代概念和现代性批判范式。第四,从当今历史处境和现代性话语的变迁出发,反思马克思现代性批判的得失,在一定程度上推进马克思思想当代意义的阐释。第五,通过对马克思现代性批判思想的阐发,在乌托邦和实证主义的简单颠倒之外,以一种显著的现实关怀守护内在批判的精神空间。

引论　马克思的现代与现代性概念

　　"现代"作为生存处境,是我们透视人类历史和文化的意义空间,我们不可能离开这一语义生成的地平线获得对过去和未来的理解。从范畴的角度来看,"现代性"、"现代化"和"现代主义","前现代"、"现代"和"后现代"等概念,总是以"现代"这一基本概念为意义中轴。讨论相关问题的著作,常常会对"现代"这一术语进行词源学考察和语义学考察,以揭示这一术语的历史演变及其相互关联。一个术语总是在具体历史语境中获得普遍性含义,其"历史性"的意义更在于某种"差异"。比如就现代概念而言,在公元 5 世纪就首次出现的"现代"与 17 世纪古今之争中的"现代"显然是不同的。因此,对当今的现代性批判而言,对"现代"或"现代性"进行词源学上的谱系考察,大体只具有史料学的意义。越出这一界限,势必要涉及:人们如何区分出属于他们的"现代"并且使这种区分具有意义? 一种"现代"概念形成起来,它的内在逻辑和规范基础是什么? 进一步说,人们又如何来看待形成这一概念的规范基础? 在当代,以"现代"概念为基础的历史叙事就已经遭到了激烈的批判,当然,这一批判的基础和可信度本身还需要深入的反思。作为整篇论文的引论,将首先初步地揭示"现代"概念的一般含义,马克思如何将"现代"概念化,如何领会和阐释"现代",由此指明,"现代性"范畴在马克思思想视野中的基本意义和基本性质。

一、"现代"之一般

　　在西方,古代、中世纪和现代的划分始于文艺复兴早期。随着历史的发展,这种划分逐渐地固定下来。在这种三段论式的划分中,大体把公元 1500

年作为现代与中世纪的分水岭。黑格尔就将"新时代"追溯到 1500 年前后新大陆的发现、文艺复兴和宗教改革。哈贝马斯指出,在整个 18 世纪,1500 年都被追溯为现代的源头。① 当然,对于现代年代上的所指,也存在不同的看法。在《现代性现象学》中,俞吾金先生提出了一个较为确定的现代时间概念:"'现代'大致指的是从 17、18 世纪的启蒙运动到 20 世纪 40 年代二战结束这个历史时期。"②任何"现代"概念的时间界限,都以对历史的形态学领会为前提,对"现代"断代上存在着的差异,就是因为形态学领会的规范基础不同,"现代"外在的时间界限受制于内在的规范基础。为此,我们可以从两个方面来看待"现代"这一范畴的内在规定。

首先,"现代"概念蕴含着一种历史意识,建基于一种形态学的历史观。卡林内斯库说:"只有在一种特定时间意识,即线性不可逆的、无法阻止地流逝的历史实践意识的框架中,现代性这个概念才能被构想出来。在一个不需要时间连续型历史概念,并依据神话和重现模式来组织其时间范畴的社会中,现代性作为一个概念是毫无意义的。"③也就是说,"现代"并不是一个只具有编年史意义的时间概念。科塞勒克指出,表达在"现代"或"新时代"概念中的历史意识,已经构成了一种历史哲学的视角:一个人必须在作为整体的历史视野中才能对自己的位置做出反思性的认识。④ 换句话说,如果没有一种特定的总体性历史概念,作为形态学意义的现代概念是不可能也根本没有意义的。"现代"这一范畴,本身已经内在地包含了对过去和将来的领会。"现代"概念必然包含一种历史的方向观念,并且形态学意义上的"现代"概念从产生之日起,立刻就同一种进步主义观念联系起来,这一点在黑格尔"新时代"的概念中表现得相当明显。总之,历史形态学意义的"现代"概念已经内在地包含了一种总体性的历史叙事框架和历史哲学。作为标志具体历史形态的现代概

① Habermas, *The Philosophical Discourse of Modernity*, translated by Frederick Lawrence, Polity Press, 1987, p.5.

② 俞吾金等:《现代性现象学》,上海社会科学出版社 2002 年版,第 28 页。

③ [美]马泰·卡林内斯库:《现代性的五副面孔》,顾爱彬、李瑞华译,商务印书馆 2003 年版,第 18 页。他这里在时间意义上使用的"现代性"与"现代"同义。

④ Habermas, *The Philosophical Discourse of Modernity*, translated by Frederick Lawrence, Polity Press, 1987, p.6.

念,在对历史总体的领会中获得意义,并且使这种总体性的历史概念本身获得意义。

其次,人们如何领会"现代",如何规定和阐释"现代"的基本特征呢? 亦即是说,在这种总体性的叙事框架中,"现代"如何被区分出来成为一个"形态",这就涉及不同的规范基础。哈贝马斯称之为现代性的自我确证。他认为,现代哲学已经提出了有关现代的自我理解问题,而黑格尔则将其作为基本的哲学问题来加以探讨,是第一个将"现代"问题哲学化的思想家。实际上,黑格尔完成了现代性批判的第一个范式,即"理性"的现代性批判范式,理性精神是现代的本质规定,现代被称为"理性的时代",现代性批判也以理性批判的方式展开。在《法哲学原理》第 124 节的"附释"中,黑格尔指出:"主体的特殊性要求获得自我满足的权利,换句话说,主体自由的权利,是划分古代和现代的转折点和中心点。"①黑格尔还说:"我们时代的伟大之处在于自由地承认,精神财富从本质上讲是自在的","现代世界的原则就是主体性的自由,也就是说,精神总体性中关键的方方面面都应得到充分的发挥。"按照哈贝马斯的阐释,这种主体性的原则包括了个体主义、批判权利、行为自由和反思哲学自身。宗教改革、启蒙运动和法国大革命是贯彻主体性原则的主要历史事件②。当然,主体性原则实际上就是理性原则,因此韦伯有理由将理性概念同合理化联系起来阐释现代性的特征,由此工具理性概念直接就成为揭示现代主体性取向的基本范畴。韦伯的"合理性"概念揭示了现代理性中的另一个基本维度,补充了以"怀疑"精神为基础的批判理性和反思理性概念③。这样,"现代"就被称为理性的时代,人道的时代,同封建的、黑暗的传统对立,理性原则不仅体现在人们批判反思的精神之中,而且成为日常社会生活的组织原则。

"现代"概念内含的这种历史叙事框架和作为其规范基础的两大原

---

①　[德]黑格尔:《法哲学原理》,范扬、张企泰译,商务印书馆 1996 年版,第 126—127 页,译文有改动。

②　Habermas, *The Philosophical Discourse of Modernity*, translated by Frederick Lawrence, Polity Press, 1987, pp.16-17.

③　韦伯的理论从两个方向上发展为理性批判理论和现代化理论,直接形成了当代"现代性"理论的两个不同方向,我们在下篇第七章将作具体的阐释。

则——理性主义和人道主义原则——遭到了"后现代"思想普遍的批判，后现代思潮将坚持这种叙事框架和规范基础的理论都称为"现代性理论"，并对此进行批判和检讨。认为它是一种线性的、进步论的、普适性的宏大历史叙事，其叙事的基础只是从古代的"神义论"转向了现代的"人义论"，基本的构成逻辑没有任何改变。"现代"依赖知识和理性来实现的自由、解放、平等只不过是宗教"救赎"话语的世俗版本。具体来说，启蒙运动典型地代表了现代性的社会历史规划："这种观念就是要把许多个人自由地和创造性地工作所产生的知识的积累，运用于追求人类的解放和日常生活的丰富。科学对自然的支配使摆脱匮乏、愿望和自然灾害肆虐的自由有了指望。合理的社会组织形式和合理的思维方式的发展，确保了从神话、宗教、迷信的非理性中解放出来，从专横地利用权力和我们自己的人类本性黑暗的一面中解放出来。只有通过这样一种规划，全人类普遍的、永恒的和不变的特质才可能被揭示出来。"①现代性原则被概括为一种普适主义的人类发展模式，其动力在于相信依赖科学和理性，人们能够认识和改造现实，创造现实的生活，实现人的自由和解放。

由于 20 世纪"解放话语"导致的现实历史灾难——不管是集权的社会主义、法西斯主义，还是代表自由民主的美国向日本投下的原子弹，都对现代解放话语产生了巨大冲击。因此，霍布斯鲍姆说："自从'现代'于 18 世纪初出场，击败了'古代'以来，但凡现代社会所赖以存在的各项理念、前提——亦即自由派资本主义与共产主义共同持有的'理性'与'人性'假定——如今却都一一陷入莫大的危机之中。"②到了苏东剧变之后，人们基本放弃了现代性的自由解放话语，认为它是建基于宏大叙事的虚假承诺，并由此宣称所谓"后革命时代"的到来。后现代思想要求彻底从一种所谓宏大的现代叙事中解放出来，不仅批判以"现代"概念为基础的历史叙事框架，而且揭示这种叙事的人本论规范基础，即理性主义和人道主义，认为正是现代性本身带来了现实的压迫和灾难，这样，一个影响广泛的后现代语境迅速地呈现出来。

后现代思潮本来是为了冲击进步论的线性历史意识，在现代、前现代和后

① ［美］戴维·哈维：《后现代的状况》，阎嘉译，商务印书馆 2003 年版，第 18 页。
② ［英］霍布斯鲍姆：《极端的年代》，郑明萱译，江苏人民出版社 1999 年版，第 16 页。

现代的空间并置中解构宏大的历史叙事。结果是，历史时间反而只具有一种编年史的意义，也就是说，历史时间反而只具有了一种计算的年代学含义，就像一条均质等量的坐标，时间成为一个个没有内容的"时刻"和"位置"，类似于数学和物理学抽象的"点"，历史不是被夸大为无限的差异，就是被理解为无差异的同一。在这样的历史意识中，人们似乎只能按照编年时间来确定自己无内容的历史位置，而模糊或者说质疑年代的形态学意义。这种思潮和观念取向的困境何在，它可能导致什么样的后果？进一步说，产生这种思潮的历史语境是什么？一种历史时间意识是否只是一种叙事方式，一种自足的观念形态，换句话说，它是否在更大的范围中与人们的实际生活过程相关联？如果价值取向、精神风貌和叙事方式等不只是一种自足的精神形态，而与更加基本的社会历史基础相连，那么，以意识和精神形态方面的特征作为区分时代的规范基础，并由此命名时代，"现代"、"后现代"这些概念势必变成一个"唯灵论"范畴①，亦即是说，它们至多传达了社会历史的"观念论副本"，而此种"副本"坚实的存在基础却仍然隐没于未被洞穿的黑暗之中。

二、现代性范畴的历史唯物主义定向

因此，关键的问题不在于"现代"概念包含一种什么样的历史叙事框架，而在于人们为什么会形成这样的"现代"概念，会形成这样一种历史时间意识？按照马克思思想的一般原则，现代观念和现代意识的产生，必定与人们的实际生活过程紧密相连，因为在马克思看来，"意识在任何时候都只能是被意识到了的存在，而人们的存在就是他们的实际生活过程。"②"现代"概念并不能只从精神形态来赋予特征。马克思的历史唯物主义是从社会生产关系和生产方式的变迁中理解社会历史的演变，阐释不同时代的基本特征："生产关系总和起来构成所谓社会关系，构成所谓社会，并且构成一个处于一定发展阶段

---

① 关于这种"唯灵论"的时代概念，在艾尔伯特·鲍尔格曼的《跨越后现代的分界线》中可以见到。鲍尔格曼就明确地说："如果历史是可信赖的话，'后现代主义'，而不是诸如'信息时代'这样的实体词语将成为即将到来的新时代的名称。"（[美]艾尔伯特·鲍尔格曼：《跨越后现代的分界线》，孟庆时译，商务印书馆2003年版，第25页）

② 《马克思恩格斯全集》第3卷，人民出版社1960年版，第29页。

上的社会,具有独特的特征的社会。古典古代社会、封建社会和资产阶级社会都是这一生产关系的总和,而且其中每一个生产关系的总和同时又标志着人类历史发展中的一个特殊阶段。"①马克思以此明确了阐释社会与历史范畴的规范基础。在马克思看来,资本是现代社会历史的本质范畴,作为一种社会关系的资本,它是资产阶级的生产关系,是资产阶级社会的生产关系。这样,马克思就将"现代"概念奠定在历史唯物主义的理论基础之上,从一种存在论的立场上确定了"现代"概念的形态学意义。因为真正说来,"现代性"概念涉及现代概念的规范基础,亦即是现代之所以为现代的解释性原则,因此,对马克思现代概念的初步阐释,对于探讨马克思的现代性批判理论具有前提性的意义。

纵观马克思的著作,我们很难看到马克思在编年史的意义上提出"现代"概念,马克思总是在形态学的意义上来理解"现代"的含义。比如说,在《〈黑格尔法哲学批判〉导言》中,针对德国落后的现实制度,马克思说:"即使我否定了1843年的德国制度,但是按照法国的纪年,我也不会处在1789年,更不会是处在当代的焦点。"马克思明确指出,当时的德国不是"当代"历史的同时代人,而只是哲学的同时代人②。亦即是说,"时代"具有内在的规定,而不是单纯的、无规定的时间先后,而具体年代的意义要在"时代"的规定中得到理解。同一个年代,对不同的国家、民族和文化而言,完全可能意味着不同的时代,反之亦然。

关于现代的具体时限,马克思并没有明确规定,但我们可以根据马克思对现代的规范性规定做出推算。就上限来说,大体可以从两个方面来看。从现代社会的形成过程,或者说从古代向现代的过渡来看,现代可以追溯到16世纪初,这同整个18世纪关于现代的看法是一致的。而从现代社会的成熟形态来看,马克思把它放在了18世纪。在《德意志意识形态》和《共产党宣言》中,谈到资产阶级社会的产生时,追溯到了美洲的发现、绕过非洲的航线使得正在崩溃的封建社会内部革命因素的增长,到了法国的资产阶级大革命才真正确

---

① 马克思:《雇佣劳动与资本》,载《马克思恩格斯选集》第1卷,人民出版社1995年版,第345页。

② 《马克思恩格斯全集》第3卷,人民出版社2002年版,第201、205页。

立了资本的统治。在 10 年之后的《〈政治经济学批判〉导言》中,批判卢梭等人阐释的原子个人时,马克思又指出:"其实,这是对于 16 世纪以来就作了准备,而在 18 世纪大踏步走向成熟的'市民社会'的预感。""只有到了 18 世纪,在'市民社会'中,社会联系的各种形式,对个人来说,才表现为只是达到他私人目的的手段,才表现为外在的必然性。"①《资本论》第 1 卷谈到资本的原始积累时,马克思说:"虽然在 14 和 15 世纪,在地中海沿岸的某些城市已经依稀出现了资本主义生产方式的萌芽,但是资本主义时代是从 16 世纪才开始的。""为资本主义生产方式奠定基础的变革的序幕,是在 15 世纪最后 30 多年和 16 世纪最后几十年演出的。"②所有这些表述都能够充分说明,马克思将 16 世纪作为现代过渡性的时间起点。

不论是谈论现代社会的产生还是典型的成熟,马克思都是联系"资本主义生产方式"来理解现代的,对他而言,现代社会就是资产阶级社会,现代文明就是资产阶级文明。马克思说:"'现代社会'就是存在于一切文明国度中的资本主义社会,它或多或少地摆脱了中世纪的杂质,或多或少地由于每个国度的特殊的历史发展而改变了形态,或多或少地有了发展。"③在马克思的范畴系列中,现代、资产阶级时代、资本主义时代、第二大社会形态、商品经济形态等本质上是一致的。马克思以"资本主义生产方式"这一历史唯物主义的范畴,确定了"现代"概念的形态学含义。

在马克思对"现代"的阐释中,"资本"是本质的范畴。当然,这并不是说,在马克思那里,"现代"只是一个被"经济学"规定的概念,马克思将对现代社会的批判还原为一种经济学批判。马克思是以"资本"这一概念将现代概念化,对现代社会的经济学批判、意识形态批判、政治批判等都统摄于"资本"范畴,使各个领域中的批判具有一种内在贯穿的总体性,因为商品资本成了现代的"总体性范畴"。马克思之所以要以资本主义的经济现象作为基本研究对象,因为经济活动成为基本的活动,经济活动中的资本原则本身成为时代的基本原则,现代存在物的社会历史性是通过经济活动中的资本原则被规定的,对

---

① 《马克思恩格斯全集》第 30 卷,人民出版社 1995 年版,第 22、25 页。
② 《马克思恩格斯全集》第 44 卷,人民出版社 2001 年版,第 823、825 页。
③ 马克思:《哥达纲领批判》,载《马克思恩格斯选集》第 3 卷,人民出版社 1995 年版,第 314 页。

现代历史的批判必须通过经济学批判、资本批判才可能实现,这是由现实历史的原则所决定的,而不是任何意义上的先验建构。

在马克思看来,资本作为特定的生产关系,规定社会存在的一种典型形态,是特定的社会关系和特定的存在方式,不仅是人与人之间,而且是人与物之间、物与物之间的一种存在联系①。也就是说,在现代社会中,"物"通过资本这种社会"形式"表现自身,成就自身,资本是现代"存在"的存在方式。在资本主义生产方式占统治地位的现代,资本成为存在的普遍中介,贯穿于存在的方方面面,它不仅改变了人类社会的存在面貌、人们基本的意识形态,而且改变了与人类历史本质相关的自然形态。因此,资本本身也就能标志和揭示现代社会历史形态的基本特征,资本作为现代的本质要素,它"创造了这样一个社会阶段"。马克思《1857—1858年经济学手稿》中对资本的社会历史功能有深刻的概括,可以看成是马克思之所以要以资本来命名现代的典型说明:

> 如果说以资本为基础的生产,一方面创造出普遍的产业劳动,即剩余劳动,创造价值的劳动,那么,另一方面也创造出一个普遍利用自然属性和人的属性的体系,创造出一个普遍有用性的体系,甚至科学也同一切物质的和精神的属性一样,表现为这个普遍有用性体系的体现者,而在这个社会生产和交换的范围之外,再也没有什么东西表现为自在的更高的东西,表现为自为的合理的东西。以此,只有资本才创造出资产阶级社会,并创造出社会成员对自然界和社会联系本身的普遍占有。由此产生了资本的伟大的文明作用;它创造了这样一个社会阶段,与这个社会阶段相比,一切以前的社会阶段都只表现为人类的地方性发展和对自然的崇拜……资本按照自己的这种趋势,既要克服把自然神化的现象,克服流传下来的、在一定界限内闭关自守地满足于现有需要和重复旧生活方式的状况,又要克服民族界限和民族偏见。资本破坏这一切并使之不断革命化,摧毁一切阻碍发展生产力、扩大需要、使生产多样化、利用和交换自然

① 马克思说:"资本不是物,而是一定的、社会的、属于一定历史社会形态的生产关系,它体现在一个物上,并赋予这个物特有的社会性质。资本不是物质的和生产出来的生产资料的总和。"(《马克思恩格斯选集》第2卷,人民出版社1995年版,第577页)

力量和精神力量的限制。①

在马克思这里,由资本规定现代概念,不论对三大社会形态理论还是五大社会形态理论都具有枢纽地位。不论是恰如其分地理解过去,还是恰如其分地理解未来,都依赖于"对现代的正确理解"②。马克思在《1857—1858年经济学手稿》中称第二大社会形态是具有关键性地位的"过渡",资本摧毁了一切传统的生产方式和交往方式,同时为未来的人类存在奠定坚实的基础。如果没有对现代基本原则的正确揭示,我们就无法理解这种"过渡",不能理解历史的历史性——断裂与延续,历史概念将在混沌的同一或一维的直线观念中失却真正的历史性。同样,如果对"现代"的理解没有对社会存在论原则的揭示,从精神原则来规定现代的本质特征,现代性批判就会成为一种意识形态批判,在一种思想和话语革命中宣布"现代"的结束。在马克思看来,是资本主义生产方式的确立,以及它对人们现实生活和观念形态的改变,才使现代同中世纪的封建社会分离开来,也才产生了人们的"现代"概念,以及现代精神面貌和意识形态方面的特征。人们总体性的社会历史观的形成,并不是观念自身演变的结果,而是根源于存在历史的变迁,根源于人们现实的实践生活和存在体会。

资本推进的世界一体化过程,催生了人们的"现代"意识,逐渐形成了以现代概念为基础的历史叙事框架。马克思指出,从现代开始,人类文明就已经推进到了一个"世界历史时代",资本不断地抹平地缘的、历史形成的界限,"人们世界历史性的存在不只是地域性的存在"已经成为经验中的事实了③。

----

　　①　马克思:《1857—1858年经济学手稿》,载《马克思恩格斯全集》第30卷,人民出版社1995年版,第389—390页。

　　②　马克思:《1857—1858年经济学手稿》,载《马克思恩格斯全集》第30卷,人民出版社1995年版,第453页。

　　③　马克思说,资本的大工业"开创了世界历史,因为它使每一个文明国家以及这些国家中的每一个人的需要的满足都依赖于整个世界,因为它消灭了各国以往自然形成的闭关自守的状态"。(《马克思恩格斯选集》第1卷,人民出版社1995年版,第114页)"各个相互影响的活动范围在这个发展进程中愈来愈扩大,各民族原始闭关自守状态则由于日益完善的生产方式、交往方式以及因此自发地发展起来的各民族之间的分工而消灭得愈来愈彻底,历史也就在愈来愈大的程度上成为全世界的历史。"(《马克思恩格斯选集》第1卷,人民出版社1995年版,第88页)

资本是现代的本质,是现代的"概念",是资本推进了世界历史的总体化过程①,使人类成为共时态的"现代",资本按照自己的原则、自己的面貌创造世界,使世界上的存在之物毫无例外地成为它的现象,成为被它赋予灵魂的质料,它就是这个经验世界的超验存在,它布置、安排和摆弄这个世界的整体,它真正用无坚不摧的力量清除异己、排斥他者。如果没有资本推进的人类文明一体化过程,作为形态学的"现代"概念和总体性的历史叙事框架,是难以想象的。

既然现代概念是以资本为原则的,现代的价值观念、精神原则就应该在对资本的揭示中得到揭示。相反,不能把它们作为"现代"的本质特征和基本原则。在马克思看来,它们只是人们现实生活的"观念论副本"。马克思由此批判黑格尔"现代"、"新时代"概念,将黑格尔和青年黑格尔派的现代"主体性"原则和"自我意识"原则指认为"唯灵论"。当然,人们可以从精神的角度,确定人道主义和理性主义是现代性的标志,是启蒙运动所代表的现代精神的内在规定。但是,马克思进一步探寻了现代精神原则的存在论基础,揭示了它们受制于现实历史的内在限度②。

在马克思的思想中,资本主义生产方式,作为社会经济形态本身具有的历史性,决定了"现代"在人类历史演变中的位置和历史意义。这就使得马克思能够以一种真正辩证的超越眼光来批判现代社会,揭示现代历史的成果和内

---

① 《共产党宣言》中说:"它迫使一切民族——如果它们不想灭亡的话——采用资产阶级的生产方式;它迫使它们在自己那里推行所谓的文明,即变成资产者。一句话,它按照自己的面貌为自己创造出一个世界。"(《马克思恩格斯选集》第 1 卷,人民出版社 1995 年版,第 276 页)在《1857—1858 年经济学手稿》中,马克思说:"创造世界市场的趋势已经直接包含在资本的概念本身中。任何界限都表现为必须克服的限制。""在资本的简单概念中必然自在地包含着资本的文明化趋势等等。"(《马克思恩格斯全集》第 30 卷,人民出版社 1995 年版,第 388、395 页)

② 关于这一点,可以看马克思在多部著作中对自由主义的批判。比如,马克思在《神圣家族》中说:"在《德法年鉴》中已经向鲍威尔先生证明:这种'自由的人性'和对它的承认不过是承认利己的市民个人,承认构成这种个人生活的内容,即构成现代市民生活内容的那些精神因素和物质因素的不可抑制的运动;因此,人权并没有使人摆脱宗教,而只是使人有信仰宗教的自由;人权并没有使人摆脱财产,而是使人有占有财产的自由;人权并没有使人放弃追求财产的行为,而只是使人有经营的自由。"(《马克思恩格斯全集》第 2 卷,人民出版社 1957 年版,第 145 页)马克思在《共产党宣言》中说:"你们的观念本身是资产阶级的生产关系和财产关系的产物,正像你们的法不过是被奉为法律的你们这个阶级的意志一样,而这种意志的内容是由你们这个阶级的物质生活条件来决定的。""信仰自由和宗教自由的思想,不过是表明自由竞争在信仰领域里占统治地位罢了。"(《马克思恩格斯选集》第 1 卷,人民出版社 1995 年版,第 292、289 页)

在限度,从而探索人类文明未来的发展方向及其条件,而不是在现代的原则之内批判现代。为此,马克思批判了古典政治经济学家乃至黑格尔对待现代的"无批判的实证主义态度",将资本作为永恒的原则①,从而对现代的批判并没有触及现代的真正基础。这样,马克思就在过去、未来的历史框架中确定现代,而不是像黑格尔那样宣布世界历史的终结,将欧洲看成是"历史的绝对终点",从而使得现代在时间上有起点,而没有终点。而马克思只是将现代资产阶级社会看成"人类社会史前时期"的最后一个社会形态,作为形态学意义的"现代"概念并不存在时间上无限延伸的问题,在马克思以资本为本质范畴展开的现代性批判中,人类的历史真正是有将来的。

卡林内斯库认为,现代性作为一个历史时间概念,人们用它来表达历史现时性中对于现时的理解。也就是说,在把现时同过去及其各种残余或幸存物区别开来的那些特性中去理解它,在现时对未来的种种允诺中去理解它——在现时允许我们或对或错地去猜测未来及其趋势、求索与发现的可能性中去理解它。② 现代性就是现代之所以为现代的内在规定及其基本特征,马克思不是将现代性理解为启蒙运动所代表的精神原则、现代的思维方式、文化风格等,从意识形态上来确定现代概念的规范基础,诸如将现代称为"理性的时代"、"启蒙的时代"等等。相反,马克思将现代同资本这一历史原则本质地联系起来,揭示"现代"的基本规定及其特征。资本原则是现代社会历史的基本建制,它全面地贯穿到了自然、经济、政治、文化乃至人们的心理结构之中。这一点已经被众多的学者所论及。法国哲学家列菲弗尔就曾经明确地指出过:"马克思经常用'现代'一词来表示资产阶级的兴起、经济的成长、资本主义的确立、它们政治上的表达以及后来——但不是最终——对作为一个整体的这

---

　　① 　关于黑格尔对待资本的实证主义态度,梅扎罗斯在《超越资本——关于一种过渡理论》一书的第一章中有较详细的分析。他引用了黑格尔《法哲学原理》中的这段话加以说明:"通过辩证的运动,主观的利己主义借助普遍转化为特殊的中介,因此,每个人在为自己获取、生产和享受时,实际上是在为其他人的享受而获取和生产。造成这种情况的强制根源在于每个人对全体的复杂的相互依赖,它现在将自身向每个人展现为普遍永恒资本。"([英]L.梅扎罗斯:《超越资本——关于一种过渡理论》,郑一明等译,中国人民大学出版社2003年版,第32页)

　　② 　[美]马泰·卡林内斯库:《现代性的五副面孔》,顾爱彬、李瑞华译,商务印书馆2003年版,第337页。

些历史事实的批判。"①可以说,马克思的现代性概念就是资本现代性概念。"资本现代性"这一概念决不意味着在马克思那里还有其他的现代性,而是说现代性在本质上就是资本的,现代文明就是资本主义文明,现代性批判必须通过资本批判才能实现。我国台湾学者黄瑞祺指出,马克思"从'资本'的观点来理解及批判[现代社会],对他而言现代社会就是资本主义社会……又由于资产阶级乃资本主义的主角,故现代社会他也称为[资产阶级社会]或[布尔乔亚社会]"②。

马克思通过资本批判来揭示现代文明的特征、意义及其历史限度,相对于黑格尔的理性的现代性批判而言,马克思的资本现代性批判重建了现代性批判的规范基础,将现代性批判导向了历史唯物主义的批判路线,我们或可简约地称之为一种现代性存在论批判。马克思深刻地领会了黑格尔理性现代性批判的基本成果及其限度,揭示了青年黑格尔派"自我意识哲学"、以自由平等为核心的法国政治哲学同现代市民社会经济基础之间的同构关系。马克思根本没有放弃黑格尔对现代市民社会"形式性"、"抽象性"特征的揭示,而是通过对现代社会经济基础的解析和批判完成了这一揭示。他指明,在资本主义生产方式占统治地位的现代,解放只是形式的、抽象的政治解放,而不是"人类解放"。由于观念的意识形态、政治国家受到资本原则的规定和限制,观念范围内的批判和扬弃只具有"虚假"的性质。因此,现代性的真正批判就是揭示资本对现代存在的规定,并且以实践的方式消除资本的现实前提和存在基础,从而参与历史本身的创造,而不只是对现实历史的理论直观。只要资本还是基本的存在规定和存在形式,无论以何种话语来批判现代性的状况,宣布现代性的终结,人们并不会因此而超越现代性的历史境遇,至多不过是"话语"和"范畴"的自我翻新罢了。

三、马克思现代性批判理论的当代遭遇

在启蒙哲学和德国古典哲学的"理性时代"这一概念之后,马克思以"资

---

① Henri Lefebver, *Introduction to Modernity*, translated by John Moore, Verso, 1995, p.169.
② 黄瑞祺:《马学与现代性》,允晨文化实业公司 2001 年版,第 107 页。

本主义时代"这一范畴来定义现代,他不是推翻了"现代"这一概念蕴含的历史叙事框架,而是完成了这一框架,因为现代不再只是在古代、中世纪的范畴系列中被定位,不再被理解为"历史的终结",而是在未来的可能中实现了自我辨认。马克思揭示了现代的价值规范与历史建制之间的脱离,而且以阶级革命的历史实践指出了超越现代的未来维度。因此,当在马克思主义名义下进行的超越现代的历史实践落入现代怀抱的时候,马克思的思想基础似乎就被动摇了。

一方面,隔断现代性与资本之间的联系,以经济决定论等名义批判马克思的"生产"分析范式,重新从意识形态上来塑造现代概念,马克思的现代社会批判理论被作为意识形态批判的"现代性"批判置换,通过指认现实社会主义与资本主义之间的同质性,来抹去马克思社会形态定义的"现代"概念①。这一批判策略的基本结果是,激进的话语批判同现实制度之间巧妙的同谋。这也是哈贝马斯将一些后现代主义者称为新保守主义者的原因之一。

另一方面,以新的历史观念来质疑和批判现代概念蕴含的叙事框架。在这种情况下,因为马克思"现代"概念本身的辩证性,他遭到两个相反方向的批判。保守主义者继续以历史的连续性来批判现代概念的"断裂"意识,强调不仅是过去与现代,而且是现代与未来之间的渐变性质。这一点,直接指向马克思"改变历史"的革命话语;相反,现在的一些先锋派和伪激进主义者,却以历史的偶然性、无序性来批判马克思"现代"概念中蕴含的进步主义和线性历史观,指认马克思历史观的形而上学性质和神学性质。

对马克思的这种双重批判,直接动摇了马克思现代概念的叙事基础和规范基础。通过重申理性的"现代"概念,当代批判思想使"现代性"批判成为意识形态批判,离开了马克思从存在论的角度对现代展开的批判,使得马克思思想在现代性批判话语中严重被遮蔽;同时,由于将现代性定义为一种叙事方

---

① 关于这一点,詹姆逊的评论是击中要害的,他说:"在当前的语境中,'现代性'这个令人困惑的术语,恰恰是作为对于某种缺失的遮盖而被运用着,这种缺失指的是在社会主义丧失了人们的信任之后,不存在任何伟大的集体性的社会理想或目的。因为资本主义本身是没有社会目的的。宣扬'现代性'一词,以取代'资本主义',使政客、政府与政治科学家们得以混淆是非,面对如此可怕的缺失而依然可以蒙混过关。"([美]詹姆逊:《全球化与政治策略》,《当代国外马克思主义评论》第二辑,复旦大学出版社 2001 年版,第 285—286 页)

式、价值取向和思想风格等,马克思又被指认为典型的现代性理论而遭到严厉的批判。结果是,马克思思想与现代性批判的双向背离,不仅现代性批判缺失了马克思的维度,而且马克思思想的阐释也缺失现代性批判的视角。

这种背离,使得"现代"概念处于严重的意义流失之中,人们对现代的领会也陷入话语分裂和显著的自相矛盾。大体可以将现代性、现代化、现代主义看成是将"现代"概念化的三种不同方式,分别从制度、体验和价值的层面来理解"现代",使"现代"概念获得不同的具体内涵。由于不同层面对"现代"理解和阐释上的差异,导致了不同"现代"概念和理论之间的争论,比如说,在西方的语境中,"现代性"本身就可以指时间、体验和特性方面的含义①。在这种广泛的意义上,现代性涵盖了"现代"、"现代化"和"现代主义",②它既被用于指称社会学中制度化层面的"现代化"范畴,同时也被用于指称艺术上的"现代主义"。事实上,美学艺术意义上的"现代主义"恰恰具有批判现代制度合理化的"现代化"立场。如此等等的含混和矛盾,显然不是语词之间的词义学辨析所能揭示的,它恰恰是因为"现代"概念规范基础的缺失和游离,没有揭示现代在制度、体验、价值、时间之间的内在关联。

如果说,这还只是知识话语之间形式上的矛盾,现代性批判话语对马克思"现代"概念的远离,更重要的后果是人们面对现代文明时的非历史态度,在于"无批判的实证主义"和"极端批判的虚无主义"之间的简单对立。问题还不在于,这一状况使人们在一定程度上曲解了马克思现代性批判的基本立场和实质,更重要的是,在现代文明的成果和困境面前,人们困惑不解。无批判的实证主义在"现实性"的名誉下确证自己的合法性,与此同时,质疑现代理性的非理性态度到处蔓延,悲观主义和虚无主义的情怀获得了理论彻底性和深刻性的美名。实质上说,所谓的彻底和深刻,不过是马克思曾经批判的"极端",而不是"根本"。马克思从哲学、政治经济学、政治学多个角度来揭示"现

---

① [美]马泰·卡林内斯库:《现代性的五副面孔》,顾爱彬、李瑞华译,商务印书馆2003年版,第48页译注。

② 凯尔纳和贝斯特指出,现代性用于描述现代时期:"'现代性'一词指涉各种经济的、政治的、社会的以及文化的转型。正如马克思、韦伯及其他思想家所阐释的那样,现代性是一个历史断代术语,指涉紧随'中世纪'或封建主义时代而来的那个时代。"([美]道格拉斯·凯尔纳、斯蒂文·贝斯特:《后现代理论》,张志斌译,中央编译出版社2004年版,第2—3页)

代"的基本特征和基本限度,各个学科领域的研究共同指向现代性批判和现代性超越这一基本的主题,形成了马克思独具特色的现代性批判理论,这一理论意味着对各种"极端"和"折中"立场的批判和超越,可以称之为"辩证历史的辩证批判"①。对这一理论的当代阐释,将不仅关系到马克思思想的发展,关系到对当今现代性批判话语的反思,更重要的是它关系到人类对自身处境和未来命运的理解。在此,我们想引用伊格尔顿这段较长的话来结束这个"引论",它大体揭示了马克思在纷繁复杂的话语中,面对现代性的辩证立场:

> 现代激进思想往往在整体上分为怀旧—倒退的和进步—技术的两种
> 倾向……马克思主义在赞美现代的巨大成就方面超过了未来主义,同时
> 以它对这一时代的无情谴责超过了反资本主义的浪漫派。它既是启蒙主
> 义的后裔又是它的内在批判者,不能用当前西方文化争论中时髦的赞成
> 或反对现代主义的现成用语对它作出轻易的界定。现代主义本身在这个
> 问题上就是非常混乱的,它依赖着现代性,所以决不会真的反叛现代性。
> 后现代主义要么使过去商品化,要么抹掉过去。唯独马克思主义鲜明地
> 坚持了辩证法思想,就是说,现代历史是文明和野蛮不可分离的历史,既
> 与浪漫主义的怀旧思想相对立,也与现代化的自鸣得意相抵触。②

---

① 罗骞:《辩证历史的辩证批判》,《马克思主义与现实》2005 年第 4 期。

② [英]特里·伊格尔顿:《历史中的政治、哲学、爱欲》,马海良译,中国社会科学出版社 1999 年版,第 108 页。

上　篇

马克思现代性批判理论的历史进展

以恩格斯的一些提法为基础,列宁对马克思思想的发展和内容作出了两个影响深远的基本判断。在马克思的思想发展上,认为《德法年鉴》是基本界标,马克思的思想发生了根本性的转变,即从唯心主义转向唯物主义,从革命民主主义转向共产主义;就内容而言,由三个主要思想来源的指认,进一步确立了哲学、政治经济学和科学社会主义三个组成部分的说法。这两个判断,逐渐形成了马克思主义思想划界的党性原则和学科化解读模式。由于马克思早年的重要手稿在 20 世纪 30 年代前后相继问世,理论界又产生了早晚"两个马克思"的争论。从哲学上说,1845 年成为理解马克思思想发展的一个重要争论界点。20 世纪 90 年代以后,苏东剧变等经济、政治上的事件和真实历史状况,似乎已经构成了对马克思经济学理论和科学社会主义的否证,由此,马克思思想主要被坚持在较为抽象的哲学领域,其意义变成了一种思想史内部的革命。

这就是今天阐释马克思思想的基本语境。论文这一部分通过现代性批判这一视角,对马克思思想的发展进行梳理,一方面揭示马克思思想发展的历史差异和内在统一,另一方面展现马克思现代性批判的基本内容。通过这一工作,希望能为勾勒马克思现代性批判理论的内在逻辑提供基础。同时,也对如上提出的一些阐释倾向和争论焦点作出回应。本部分虽然主要是采用一种文本解读的方式进行,但不得不强调"现代性批判"这一特定解读视角,而不是一部"自在"的思想史进程,以明示解读自身的限度所在。

第一章　现代性批判的起点：
"自我意识"到"政治解放"

　　马克思成长于一种浓厚的启蒙精神氛围之中，这一点是没有疑问的①。人们对马克思与启蒙精神之间的联系也多有论证②。但是，不同立场的人往往从不同角度指认马克思与启蒙精神之间的这种关系。过去，正统的马克思主义强调这种联系，是为了认同革命精神；今天，在后现代语境中，启蒙精神已经被理解为现代性的基本内涵，这一问题变得复杂了：一些人指认马克思思想与启蒙精神的同一性，将马克思思想作为"现代性理论"加以拒斥；而另一些人则通过揭示马克思与启蒙之间的基本差异，来为马克思的"后现代性"辩护，认为马克思至少意味着一种后现代的转向。实际上，马克思追随启蒙现代

---

　　①　这一方面广为人们引用的材料可见梅林的《马克思传》（《马克思传》，樊集译，人民出版社 1965 年版）以及 Mclellan.David,*Karl Marx*:*His Life and Thought*,New York：Harper & Row,1967。马克思出生的莱茵省特里尔 1794 年被法国占领，直到 1815 年才归还德国。该地区深受法国大革命和启蒙精神的影响。后来还形成了资产阶级和左派力量对普鲁士专制主义的政治反抗。另一方面，马克思本身也直接接受了启蒙精神的教育和熏陶，影响主要来自他的父亲、后来的岳父和当时的中学老师，这时，马克思对启蒙人道主义、浪漫主义，甚至社会主义思潮都有明显的兴趣。在柏林读书期间，通过与青年黑格尔派的接触，马克思完全接受了资产阶级启蒙运动的精神原则。

　　②　比如说，日本学者城塚登就认为，"马克思思想的出发点就在于法国的启蒙思想。"（［日］城塚登：《青年马克思的思想——社会主义思想的创立》，尚晶晶、李成鼎等译，求实出版社 1988 年版，第 17 页）我国台湾学者黄瑞祺指出，马克思在很大程度上继承了启蒙运动和文艺复兴一些其他现代思想运动揭橥的理想。启蒙运动已经成为西方现代性的象征及主要内涵，文艺复兴及自然科学革命则为其思想上的先驱。（黄瑞祺：《马学与现代性》，允晨文化实业公司 2001 年版，第 108 页）［美］戴维·哈维更对马克思与启蒙理性的关系作出了细致的分析。（［美］戴维·哈维：《后现代的状况》，阎嘉译，商务印书馆 2003 年版，第 23 页）

性的时间相当短暂。这一过程理论上的标志是其博士论文以"自我意识"的方式对启蒙现代性进行哲学上的论证,以及《莱茵报》时期以"理性"、"自由"的名义对当时德国专制制度的尖锐批判。由于《莱茵报》政论遭遇的困境而返回到对黑格尔法哲学进行批判,马克思非反思的现代性追求宣告结束,很快就形成了批判现代性的思想起点和特定的切入视角。考察马克思与现代性的关系必须坚持历史的观点。本章探讨马克思从现代性定向转向现代性批判这一早年的思想历程,并揭示这一转向的基本性质及其对马克思全面展开现代性批判的基本意义。

第一节 "启蒙原则"与"自我意识"哲学

一

对马克思的博士论文,曾经存在两种不同侧重的本体论解读倾向,或是强调"自然哲学"的唯物主义因素,或是"自我意识"的唯心主义因素。这种本体论框架下的解读,最好的情况也不过是认为,马克思对唯物主义的颂扬开始走出黑格尔,而"自我意识"的创造性开始克服机械唯物主义。这种解读将马克思的博士论文完全看成是纯哲学的概念探索,而没有看到这种哲学话语同当时历史处境的真实关联,不能揭示文章的内在动因和马克思当时思想的基本特征。马克思后来准备发表博士论文时,在新写的"序言"中,马克思说:"只是现在,伊壁鸠鲁、斯多亚派和怀疑派的体系为人们所理解的时代才算到来了。他们是自我意识的哲学家。这篇论文至少将表明,迄今为止这项任务解决得多么不够。"①为什么马克思说到了"现在",理解这些"自我意识的哲学家"的时代才算到来呢?这些哲学家的"自我意识"的本质是什么?为什么说"这项任务解决得多么不够"?对这些问题的有效回答,需要探讨马克思的哲学工作与当时的时代精神和历史事件之间的关系。

卢格曾说,鲍威尔、科本和马克思的思想特征同资产阶级启蒙运动具有密

---

① 《马克思恩格斯全集》第 1 卷,人民出版社 1995 年版,第 103—104 页。

切的联系,他们是哲学上的山岳党①。也就是说,他们的哲学是一种革命的哲学,是与资产阶级革命精神本质相连的哲学。作为青年黑格尔派的核心成员,他们认为"自我意识"代表了时代的基本精神。在他们看来,"自我意识"的思想先驱是晚期古希腊的自由思想,对古希腊自我意识哲学的阐释与他们对现代精神的理解和倡导直接相关。他们力图将对古希腊自我意识哲学的阐释同现代资产阶级的启蒙精神结合起来,因为"18世纪资产阶级启蒙运动就是以古希腊怀疑派的怀疑、伊壁鸠鲁派对宗教的敌视和斯多葛派的共和主义观点来武装自己的"②。这是鲍威尔较早就已经形成的基本思想,马克思的博士论文不论是选题还是重要的观点都受到了鲍威尔这一思想的巨大影响③。"自我意识"的阐释实际就是启蒙人道和理性原则的哲学表达,是对宗教和非理性的批判,它标志的是怀疑、批判和反思精神的自我确证。精神的自由和独立是现代原则的基本表达。黑格尔说:"现代世界的原则就是主体性的自由,也就是说,精神总体性中关键的方方面面都应得到充分的发挥。"这一现代世界的精神原则是统治着马克思博士论文的最高"神性",马克思以此捍卫个性自由,确认自我意识的绝对地位,认为哲学的任务在于通过自我意识的绝对理性克服现实的非理性。

在博士论文的"序言"中,马克思说,普罗米修斯的自白——"总而言之,我痛恨所有的神"——就是哲学自己的自白,就是哲学自己的格言,表示它反对不承认人的自我意识是最高神性的一切天上的神和地上的神。不应该有任何神同人的自我意识相并列④。在马克思看来,"关于神的存在的证明"也不过是逻辑地证明了自我意识的最高地位:"对神的存在的证明不外是对人的本质的自我意识存在的证明,对自我意识的存在的逻辑说明。例如,本体论证

---

①　[德]弗·梅林:《马克思传》,樊集译,人民出版社1965年版,第29页。

②　[德]弗·梅林:《马克思传》,樊集译,人民出版社1965年版,第35页。

③　马克思在"序言"中说,博士论文是关于伊壁鸠鲁主义、斯多亚主义和怀疑主义这一组哲学的一部更大著作的先导。而关于这一组哲学的研究,鲍威尔在1838年的文章《从〈旧约〉的原则的历史发展来看宗教》和1839年的对福音书的批判中已经开始了。(《马克思早期思想研究译文集》,熊子云、张向东译,重庆出版社1982年版,第70页)

④　《马克思恩格斯全集》第1卷,人民出版社1995年版,第12页。

明。当我们思索存在的时候,什么存在是直接的呢? 自我意识。"①自我意识才是"直接的存在",绝对的存在。马克思批判神学的理论基础就是现代主体哲学的立场。在这里,他采取了笛卡尔"自我"哲学的立场,却批判了在"自我"哲学基础上对上帝的存在论证明。马克思说,对神存在的一切证明都是对神不存在的证明,是对一切关于神的观念的反驳,因为非理性的世界存在,神才存在。很显然,哲学对"自我意识"绝对性的捍卫,就是要承担批判非理性的宗教世界的任务,哲学具有一颗"征服世界的、绝对自由的"心脏。因此,马克思说,伊壁鸠鲁哲学的原则是"自我意识的绝对性和自由",他称赞具有无神论倾向的伊壁鸠鲁"是最伟大的希腊启蒙思想家,他无愧于卢克来修的称颂"。②

马克思博士论文的启蒙立场是十分明显的。可以说,在博士论文中,马克思完全是站在现代启蒙精神的立场上的。"自我意识"表达的"主体性"就是启蒙运动的理性精神和人本精神,因此,只有到了"现在",理解自我意识哲学的时代才算到来了。所谓的"现在",就是康德的"启蒙的时代",就是黑格尔所说的"理性的时代"、"新时代"。如果像当今的现代性话语所指认的那样,启蒙精神是现代性的基本内涵,那么,可以毫无疑问地说,马克思的博士论文具有"现代性"的基本定向。关于"自我意识"哲学与启蒙精神的内在关系,马克思后来批评德国的"思辨唯心主义"哲学时曾经指出,这种"自我意识"原则不过是现代平等精神在哲学上的反映。马克思说:

> 如果埃德加尔先生把法国的平等和德国的'自我意识'稍微比较一下,他就会发现,后一个原则按照德国的方式即用抽象思维的形式所表达的东西,就是前一个原则用法国的方式即用政治和思维直观的语言所表达的东西。自我意识是人在纯思维中和自身的平等。平等是人在实践领域中对自身的意识,也就是人意识到别人是和自己平等的人,人把别人当作和自己平等的人来对待。平等是法国的用语,它表明人的本质的同一、

---

① 《马克思恩格斯全集》第 1 卷,人民出版社 1995 年版,第 101 页。
② 《马克思恩格斯全集》第 1 卷,人民出版社 1995 年版,第 63 页。

人的类意识和人的类行为、人和人的实际的同一,也就是说,它表明人对人的社会的关系或人的关系。因此,德国的破坏性的批判,在以费尔巴哈为代表对现实的人进行考察以前,力图用自我意识的原则铲除一切确定的和现存的东西,而法国的破坏性的批判则力图用平等的原则来达到同样的目的。①

在这一后来的文本中,马克思确认,德国哲学的"自我意识"不过是法国启蒙平等精神的思辨表达,"自我意识是人在纯思维中和自身的平等","平等是人在实践领域中对自身的意识"。将马克思对青年黑格尔派的这种批判,应用于他的博士论文是完全恰当的,可以说博士论文所坚持的"自我意识"立场,就是对普遍权利、平等、自由等现代原则的哲学论证和捍卫。

二

马克思获得博士学位之后,很快参与了《莱茵报》的撰稿和编辑,投入对现实的政治批判中。他的政治评论反映和贯彻了博士论文的基本立场。他颂扬启蒙精神和启蒙理性。在这里,"自我意识"的绝对原则极力现实化为启蒙思想的"自由"和"理性",哲学的思辨立刻获得了现实的批判力量。这也可以看作是博士论文中所说的"心理学规律"的典型印证。在那里,马克思说:"在自身中变得自由的理论精神成为实践力量,作为意志走出阿门塞斯冥国,面向那存在于理论精神之外的尘世的现实。"②马克思《莱茵报》时期的评论工作,对马克思以后的思想发展具有重要意义,他明确地把哲学和政治结合起来。但是,这并不意味着他的政治和哲学思想本身进入了一个新阶段③,从而过高地估计政治评论中的思想成果。马克思的工作性质和活动方式发生了变化,他没有申请教职,而是直接从事以政治评论为核心的反对现实的政治斗争,决

---

① 马克思恩格斯:《神圣家族》,载《马克思恩格斯全集》第 2 卷,人民出版社 1957 年版,第 48 页。

② 《马克思恩格斯全集》第 1 卷,人民出版社 1995 年版,第 75 页。

③ MEGA2 第一部分第一卷的"导言"说马克思《莱茵报》时期的政治评论著作反映出他的政治和哲学新的发展阶段。(《马克思早期思想研究译文集》,熊子云、张向东译,重庆出版社 1982 年版,第 40 页)我认为这一论断是含混的,它没有真正地指示出马克思思想发展的阶段性特征,决

不能以此认为马克思思想基础本身有了实质性的变化,马克思的政治评论的思想基础仍然是启蒙主义。马克思以启蒙精神的理性、自由、人权的名义批评普鲁士的书报检查制度、等级代表制,捍卫人民的言论自由和民主权利,仍然坚持和推进一种非批判的启蒙现代性立场。

在《评普鲁士最近的书报检查令》中,马克思说,"精神的实质始终就是真理本身",精神的本质就是理性,就是"按照事物的本质特征去对待各种事物的那种普遍的自由思想"①。以此为基础,他批判新的书报检查令是对新闻出版自由的取消,因此,"整治书报检查制度的真正而根本的办法,就是废除书报检查制度。"同样的立场在《第六届莱茵省议会的辩论(第一篇论文)》中得到了重申,马克思说:"问题不在于新闻出版自由是否应当存在,因为新闻出版自由向来是存在的。问题在于新闻出版自由是个别人的特权呢,还是人类精神的特权。问题在于一面的有权是否应当成为另一面的无权。问题在于'精神的自由'是否比'反对精神的自由'享有更多的权利","自由报刊的本质,是自由所具有的刚毅的、理性的、道德的本质。……难道自由不是全部精神存在的类本质,因而也就是新闻出版的类本质吗?"②在这里,不论是使用的术语、思想的定向,还是批判的激情,马克思都是启蒙的传人。他把自由看成是人类理性精神的普遍本质和特权,"全部精神存在的类本质",为此,马克思高度颂扬自由报刊的意义:

> 自由的报刊是人民精神的洞察一切的慧眼,是人民自我信任的体现,是把个人同国家和整个世界联结起来的有声的纽带,是使物质斗争升华为精神斗争,而且把斗争的粗糙物质形式观念化的一种获得体现的文化。自由报刊是人民在自己面前毫无顾虑的忏悔,大家知道,坦白的力量是可以使人得救的……自由报刊是国家的精神,它可以推销到每一间茅屋,比物质的煤气还便宜。它无所不及,无处不在,无所不知。自由报刊是观念

---

① 马克思:《评普鲁士最近的书报检查令》,载《马克思恩格斯全集》第1卷,人民出版社1995年版,第112页。

② 马克思:《第六届莱茵省议会的辩论(第一篇论文)》,载《马克思恩格斯全集》第1卷,人民出版社1995年版,第167、171页。

的世界,它不断从现实世界中涌出,又作为越来越丰富的精神唤起新的生机,流回现实世界。①

恩格斯在谈到启蒙思想的理性精神时曾经说过:"在法国为行将到来的革命启发过人们头脑的那些伟大人物,本身都是非常革命的。他们不承认任何外在的权威,不管这种权威是怎么样的。宗教、自然观、社会、国家制度,一切都受到了最无情的批判;一切都必须在理性的法庭面前为自己的存在作辩护或者放弃存在的权利。"他们"把理性当作一切现存事务的唯一的裁判者"。② 马克思《莱茵报》时期的政论完全坚持着这种启蒙理性的立场,理性和自由成为批判现实制度的利剑,新闻出版、法律、国家都要符合理性,符合人的自由的类本质,符合"人类理性的自然规律",理性的法庭成了批判一切的基础。在《第179号"科伦日报"社论》中,马克思阐释了"理性的国家"概念。他指出:

实际上,国家的真正的'公共教育'就在于国家的合乎理性的公共的存在。国家本身教育自己的成员的办法是:使他们成为国家的成员;把个人的目的变成普遍的目的,把粗野的本能变成道德的意向,把天然的独立性变成精神的自由;使个人以整体的生活为乐事,整体则以个人的信念为乐事。

从前的国家法是根据本能,例如功名心、善、交际,或者甚至是根据理性,但并不是公共的而是个人的理性来看待国家的。最新哲学持有更加有理想和更加深刻的观点,它是根据整体的思想而构成自己对国家的看法。它认为国家是一个庞大的机构,在这个机构里,必须实现法律的、伦理的、政治的自由,同时,个别公民服从国家的法律也就是服从自己本身理性的即人类理性的自然规律。③

---

① 马克思:《第六届莱茵省议会的辩论(第一篇论文)》,载《马克思恩格斯全集》第1卷,人民出版社1995年版,第179页。

② 恩格斯:《社会主义从空想到科学的发展》,载《马克思恩格斯选集》第1卷,人民出版社1995年版,第719、722页。

③ 马克思:《第179号"科伦日报"社论》,载《马克思恩格斯全集》第1卷,人民出版社1995年版,第217、228页。

很显然,马克思阐释的国家概念,从属于黑格尔的逻辑,将符合人的理性和自由作为国家内在的规定,"国家应该是政治理性和法的理性的实现"。这种理性是"公共的理性"、"人类的理性",而不是"个人的理性"。专制主义的国家和法律是非理性的存在,它不是立足于这种"公共理性",理应遭到理性哲学的严厉批判。马克思在给卢格的信中说,普鲁士"可恶至极的专制制度已赤裸裸地呈现在全世界的面前","君主政体的原则总的说来就是轻视人,蔑视人,使人非人化","专制制度具有兽性是必然的,而具有人性是不可能的。"①在这里,马克思与黑格尔不同的是,他以理性的国家来批判德国现实的专制制度,而趋于保守的晚年黑格尔则将现实的德国制度提升为"理性的国家",这里的区别实际上表明了坚持激进启蒙的青年黑格尔派和保守的老年黑格尔派之间的差异,但它们同样居留于黑格尔理性哲学的视域之内。

马克思政论的启蒙思想基础,明显地体现在他同期对法国革命和启蒙精神正面的肯定和援引中。他说法国革命使人恢复为人,拿破仑法典来源于伏尔泰、卢梭和孟德斯鸠这一思想学派,来源于法国革命。在1843年给卢格的信中,将去巴黎称为"到新世界的新首府去"。总体上说,马克思对启蒙原则的认同是高度自觉的。马克思是以现代的自由、民主、平等立场批判落后的德国现实,专制德国与英法的对比成为其批判思想的历史背景,现代的自由解放原则是他的理论支持和基本诉求,目的就是要使现实理性化、人性化。1843年辞去《莱茵报》主编之后不久,5月上旬,马克思在给卢格的信中还说:"首先必须唤醒这些人心中的人的自信心,即自由。这种自信心已经同希腊人一同离开了世界,并同基督教一起消失在天国的苍茫云雾之中。只有这种自信心才能使社会重新成为一个人们为了达到自己的崇高目的而结成的共同体,成为一个民主的国家。"②

三

当然,马克思思想中的这种启蒙主义定向,并不意味着他的思想内部缺乏

① 《马克思恩格斯全集》第47卷,人民出版社2004年版,第55、59、62页。
② 《马克思恩格斯全集》第1卷,人民出版社1995年版,第57页。

一种新的因素和自我否定的可能性，相反，马克思遇到了"难事"和"疑问"。马克思后来说："1842—1843 年间，我作为《莱茵报》的编辑，第一次遇到要对所谓物质利益发表意见的难事。莱茵省议会关于林木盗窃和地产析分的讨论，当时的莱茵省总督冯·沙培尔先生就摩泽尔农民状况同《莱茵报》展开的官方论战，最后，关于自由贸易和保护关税的辩论，是促使我去研究经济问题的最初动因。""为了解决使我苦恼的疑问，我写的第一部著作是对黑格尔法哲学的批判性的分析"。① 马克思在《〈政治经济学批判〉序言》中的这一思想发展的回顾性报告至少说明，马克思《莱茵报》时期政论所依凭的思想基础被动摇了，在《莱茵报》的政论中，马克思并没有合理地解决他所面临的"难事"，正是这一难事推动他后来"从纯政治转向研究经济关系"②。因此，马克思对物质问题发表意见，并不能意会为所谓"唯物主义"的萌芽，恰恰相反，它表明马克思的思想遭遇到基本的困境。这一问题所具有的原则性，关键在于它在马克思那里所具有的性质，以及马克思独特的处理方式所带来的困难。

马克思在《关于林木盗窃法的辩论》中说，"维护林木所有者利益的法理感和公平感"是一项公认的原则，而这种法理感和公平感同维护另外一些人的利益的法理感和公平感正相对立。很显然，马克思意识到了原则的对立根源于"利益"的对立。他尖锐地指出，省议会将行政权、国家观念都"降低为私人利益的物质手段"，它根据自己的任务，维护了一定的特殊利益并把它作为最终目的。但是，马克思并没有提出理性的法和国家观念奠基于一定的物质利益和物质关系基础之上，像在后来的《黑格尔法哲学批判》中那样。相反，马克思仍然在理性的法和理性国家的基础上批判"私人利益"的非法，批判林木盗窃法是"下流的唯物主义"，是"违反各族人民和人类的神圣精神的罪恶"，它不是从政治，不是从整个国家理性和国家伦理来解决涉及物质利益的课题。十分显然，马克思批判的立场仍然是启蒙的"理性"和"人性"原则。

_____

① 《马克思恩格斯全集》第 31 卷，人民出版社 1998 年版，第 411、412 页。

② 这一点，正如阿尔都塞指出的那样，《莱茵报》时期马克思与经济的遭遇只是涉及具体的经济问题，涉及社会冲突特殊的经济状况，而没有涉及政治经济学本身。只是到了 1844 年马克思才直接面对政治经济学本身。（[法]路易·阿尔都塞：《保卫马克思》，顾良译，商务印书馆 1984 年版，第 130 页）可以说，还没有历史唯物主义视域的"物质"、"利益"问题，在这里本身只是具有一种直观的性质，并且没有成为马克思思想的立足点。

马克思同时又明确地揭示出,以"自我意识"为基础的理性和人道绝对原则面临"物质利益",已经摇摇欲坠了,"省议会不仅打断了法的手脚,而且还刺穿了它的心脏","法的利益只有当它是利益的法时才能说话,一旦它同这位圣者发生抵触,它就得闭上嘴巴"①。问题虽然已经明朗地展现出来了,马克思仍然是用理性的"法的利益"来批判"利益的法"。这就涉及问题的根本,启蒙理性和人道的绝对原则如何面对现实的物质利益关系? 应该以理性的"应当"来批判"现实"的利益关系,还是应该从现实的具体利益关系出发来阐释理性的原则? 具体到马克思遇到的问题就是:是现实的物质利益关系决定了法和国家,还是理性的法和理性的国家是现实物质利益关系的原则和本质? 这涉及思想的根本原则,而不是一个单纯形式的"物质利益"问题。正是这种思想的内在紧张,促使马克思以黑格尔法哲学批判的形式重新检视自己的基本哲学立场,并逐渐开始了对启蒙理性的反思和现代解放原则的历史定位,从而形成自己独特的"现代"概念。

由此也可以看出,马克思与黑格尔思想之间的联系一开始就是从"现代性"这一角度展开的。站在青年黑格尔派立场上的马克思,博士论文的动机是捍卫和阐释现代的"理性原则",为启蒙精神寻求哲学上的论证和辩护,"自我意识"哲学是现代理性和人道原则的哲学表达。马克思《莱茵报》时期的政治评论不过是博士论文现代原则的贯彻。带着《莱茵报》留下的"物质问题"的困惑,通过《黑格尔法哲学批判》,马克思很快就揭示了晚年黑格尔以绝对理性的国家和理性的法来克服现代性困境的思辨性质,指出市民社会是政治国家的基础而不是相反。

第二节　市民社会与政治国家的现代分离

按照马克思写给卢格的信,1842 年 3 月,马克思已经写成了一篇批判黑格尔法哲学的文章,它同收入《轶文集》的《评普鲁士最近的书报检查令》一起

---

① 《马克思恩格斯全集》第 1 卷,人民出版社 1995 年版,第 287 页。

是为《德国年鉴》写的。MEGA2 第一部分第一卷的《导言》根据马克思 1842
年 3 月 20 日给卢格的信称这一著作为《黑格尔法哲学批判》。① 这一未留下
来的文章具体内容不可得知,其主题与被后来的编辑者命名为《黑格尔法哲
学批判》的 1843 年手稿相似②。但是可以肯定,现在留下来的 1843 年的手
稿,不论在规模还是思想上都与前一著作有了原则性的不同。1843 年的手
稿,是在经历了《莱茵报》的政治斗争和思想困惑之后,重新"退回书房"从事
理论批判的结果,它在马克思思想发展中具有十分重要的意义。马克思指明
了现代国家的唯心主义的完成不过是现代市民社会的唯物主义完成这一基本
命题,抽象的政治公民与市民社会个人主义和利己主义之间内在同一性的揭
示③,马克思已经开始意识到现代社会的局限,政治生活的抽象解放意味着市
民社会的对立和冲突必然地被保留着。在此,马克思开始告别非反思的现代
启蒙主义,预示了现代性批判的开端,是马克思思想转变的"枢纽"。但是,这
一点并没有引起后来许多阐释者的充分重视,导致了各种各样的争论。倒是
马克思本人在《〈政治经济学批判〉序言》中醒目地指出了黑格尔法哲学批判
的基本意义。

一

前面我们说过,《莱茵报》遇到的"疑问"不是一个形式问题,而涉及思想
的基本立场。马克思以启蒙原则为基础批判宗教神学、专制主义国家和现存
法律制度,希望建立合乎理性的、人性的现实生活。而问题在于,面临现实的、
世俗的物质利益,理性的法不得不"闭上嘴巴"。启蒙的理性原则和人道原则
是为了确立人们现实生活的自由、平等、博爱,但它本身却遭遇了现实生活的
反讽。立足于理性的法和理性的国家的批判被质疑了。既然"利益的法"让

---

① 《马克思早期思想研究译文集》,熊子云、张向东译,重庆出版社 1982 年版,第 40 页。
(也可参见《马克思恩格斯全集》第 47 卷,人民出版社 2004 年版,第 23、27、36 页)
② 马克思在给卢格的信中说这一篇文章是在内部的国家制度问题上对黑格尔自然法的批
判,主要内容是与立宪君主制作斗争。(《马克思恩格斯全集》第 47 卷,人民出版社 2004 年版,
第 23 页)
③ 马克思:《黑格尔法哲学批判》,载《马克思恩格斯全集》第 3 卷,人民出版社 2002 年版,
第 141 页。

"法的利益"哑口无言,"利益的原则取得了胜利",岂不说明国家和法的基础不在于绝对的理性和自由,而在于尘世的现实关系?这一思想逻辑直接深入到黑格尔理性哲学的心脏,马克思迈出了批判黑格尔的关键一步。

《黑格尔法哲学批判》的现存手稿是从《A 国内法》第二节(即第 261 节)的批判开始的,但是可以肯定,不论从形式还是从逻辑上说,马克思的批判不可能只涉及第 261 节,而没有对更为基本的其他几节进行批判。现在有充分的证据显示,现存手稿缺失了第一印张,对第 261 节的批判中还提到了前面第 260 节的批判,第 260 节的批判就在这一缺失的印张中。全集中文版提及了这一点①。但是,十分明显,缺失的整整第一印张中,不可能只有对第 260 节一节的批判。从黑格尔本身文本的逻辑来说,《法哲学原理》的第三编第三章"国家"从第 257 节开始,第 257、258、259 三节是这一章的总论部分,而第 260 节对于《A 国内法》部分又具有总领的性质。现存手稿没有涉及的这几节对《法哲学原理》的整个第三章具有基础性作用。因此,可以肯定马克思的批判应该是从《法哲学原理》的第三编第三章"国家"(即第 257 节)开始。我们的考察也应该从这几节开始。

早年黑格尔曾经将拿破仑称为"马背上的世界精神",他和朋友们为法国大革命植下了一棵自由树。黑格尔断言,"现在及未来的所有法律和政治秩序都必须以大革命的普遍自由为前提,并继续前进。"②但是到了"保守"时期,黑格尔思想的出发点却是对启蒙精神和法国大革命的批判。《法哲学原理》尤其是其中的"国家章"充分体现了黑格尔基本的政治观点和立场,其国家理论的争论背景就是启蒙的国家学说和法国大革命的"残酷事变"。在《法哲学原理》第 258 节的"附释"中,黑格尔批判了以卢梭为代表的社会契约论,认为它以单个人的任性、意见和随心表达的同意为基础,"破坏了绝对的神物及其绝对的权威和尊严",结果是发生了人类有史以来不可思议的惊人场面,也就是法国大革命:"在一个现实的大国中,随着一切存在着的现存的东西被推翻之后,人们根据抽象思想,从头开始建立国家制度,并希望仅仅给它以想

---

① 参见马克思:《黑格尔法哲学批判》,载《马克思恩格斯全集》第 3 卷,人民出版社 2002 年版,第 650 页。

② 转引自[美]大卫·库尔珀:《纯粹现代性批判》,臧佩洪译,商务印书馆 2004 年版,第 49 页。

象的理性东西为其基础。又因为这都是缺乏理念的一些抽象的东西,所以它把这一场尝试终于搞成最可怕和最残酷的事变。"①正因为如此,黑格尔要重新确立理性国家作为神物的绝对权威和尊严。他说:

> 国家是绝对自在自为的理性东西,因为它是实体性意志的现实,它在被提升到普遍性的特殊自我意识中具有这种现实性。这个实体性的统一是绝对的不受推动的自身目的,在这个自身目的中自由达到它的最高权利,正如这个最终目的对单个人具有最高权利一样,成为国家成员是单个人的最高义务。②

在黑格尔看来,"国家是伦理理念的现实",它的使命不在于"保证和保护所有权和个人自由",否则,成为国家的成员就成为"任意的事"。黑格尔以"绝对理性"国家来克服大革命中"想象的理性",以国家来克服市民社会的"形式的普遍性",并且由此认为市民社会"必须以国家为前提"(第 182 节)。在这里,马克思遭遇了《莱茵报》政论中的难题。以理性的原则来批判现实的非理性,而非理性的现实恰好战胜了理性的原则。黑格尔由于看到了启蒙精神的"想象的理性"引出的"绝对否定性",而提出"绝对的理性",而"绝对的理性"最后却不得承认"现实的都是合理",从而导致"无批判的实证主义",导致理论上的"全部非批判性"。所以,马克思有理由批判黑格尔说:

> 黑格尔应当受到责难的地方,不在于他按照现代国家本质现存的样子描述了它,而在于他用现存的东西来冒充国家的本质。合乎理性的是现实的,这一点正好通过不合乎理性的现实性的矛盾得到证明,这种不合乎理性的现实性处处都同它关于自己的说明相反,而它关于自己的说明又同它的实际情况相反。③

---

① 〔德〕黑格尔:《法哲学原理》,范扬、张企泰译,商务印书馆 1996 年版,第 255 页。
② 〔德〕黑格尔:《法哲学原理》,范扬、张企泰译,商务印书馆 1996 年版,第 253 页。
③ 马克思:《黑格尔法哲学批判》,载《马克思恩格斯全集》第 3 卷,人民出版社 2002 年版,第 80—81 页。

真正的问题出在哪里呢？青年黑格尔派从黑格尔的"主体"出发，以"自我意识"为基础的"理性"和"人道"原则同启蒙结合，老年黑格尔派却从"属神"的理性和国家概念出发，批判启蒙原则，二者同样陷入了理论的困难。这一困境就是马克思在《莱茵报》时期遇到的"难事"，马克思在市民社会的物质利益冲突中看到了理性的法和理性的国家的脆弱，因此才将市民社会同国家的关系作为批判的焦点，揭示黑格尔理性国家观念的神秘主义本质，它触及的不仅是老年黑格尔，而且是青年黑格尔派的"理性"之基础，马克思的批判不是针对黑格尔的某一支脉，而是黑格尔的原则本身。

二

理性的法和理性的国家原则面临现实利益的挑战就哑口无言，国家和法本身成了维护现实利益的特殊工具。通过《莱茵报》的实际工作，马克思意识到抽象的理性观念本身的困境，获得了批判黑格尔法哲学的实践基础。在理论上，首要的任务是揭示黑格尔法哲学的观念论本质。在马克思为手稿编写的"索引"中，只有"体系发展的二重化"、"逻辑的神秘主义"和"作为主体的观念"三个关键词，而后两者占据了绝对位置，可见马克思批判的重心在于黑格尔基本的方法论和世界观方面。我们认为，正是这一批判为马克思自己的世界观奠定了基础。

马克思指出，现实的关系是这样的："对于单个人来说"，国家材料的"分配"是通过情况、任性和本身使命的亲自选择为中介的。但在黑格尔"思辨的思维"中，这种"现实关系"却成了非本质的"现象"。马克思批判指出："观念变成了主体，而家庭和市民社会对国家的现实关系被理解为观念的内在想象活动。家庭和市民社会都是国家的前提，它们才是真正活动着的；而在思辨的思维中这一切却是颠倒的。"①马克思说，"政治国家没有家庭的自然基础和市民社会的人为基础就不可能存在，它们对国家来说是必要条件"。因此，它们是应该作为"出发点的事实"，但在黑格尔那里却成为"神秘的结果"："观念反

---

① 马克思：《黑格尔法哲学批判》，载《马克思恩格斯全集》第 3 卷，人民出版社 2002 年版，第 10 页。

倒成了主体;各种差别及各种差别的现实性被设定为观念的发展,观念的产物,其实恰好相反,观念应当从现实的差别中产生"。由此,马克思批判黑格尔的文本是"神秘主义的产物",是"逻辑的、泛神论的神秘主义",黑格尔"不是用逻辑来论证国家,而是用国家来论证逻辑","整个法哲学只不过是逻辑学的补充"。马克思说,国家和法不是主语,而是谓语,黑格尔的法哲学恰好实现了基本的颠倒,"神秘的实体成了现实的主体,而实在的主体则成了某种其他的东西,成了神秘实体的一个环节。"

马克思对黑格尔的这一批判同费尔巴哈的思想有着深刻联系。在此期间,费尔巴哈发表在《轶文集》上的《关于哲学改革的临时纲要》和《基督教的本质》第二版"序言"的影响是巨大的。马克思这里批判黑格尔颠倒主语和谓语的基本思想也是直接来自于费尔巴哈的《关于哲学改革的临时纲要》。费尔巴哈指出,黑格尔主张自然界或实在是由观念来创造的说教,不过是神学说教的理性表现而已,黑格尔的绝对精神就是抽象的、与人分离的精神,其实不外乎是人的本质,黑格尔通过哲学抽象把人从自身中异化出去,因而对黑格尔的批判只要将谓语颠倒成主语就可以了。马克思明显地吸收了费尔巴哈批判黑格尔的基本路线,并且从来没有隐瞒费尔巴哈对自己的深刻影响①。

但需要指出的是,在《黑格尔法哲学批判》中,马克思将市民社会与国家的关系作为批判黑格尔的焦点,这同费尔巴哈从"自然的人"和"人的本质"出发批判黑格尔的"精神"概念,虽然存在着显著的联系,但基本的差别也是明显的。马克思在批判黑格尔的同时,这种差异已经出现了,正是这些基本的差异生长出了后来马克思对费尔巴哈的直接批判。比如说,马克思指出:

> 黑格尔抽象地、孤立地考察国家的各种职能和活动,而把特殊的个体性看作与它们对立的东西;但是,他忘记了特殊的个体性是人的个体性,

---

① 在《基督教的本质》第二版"序言"中,费尔巴哈提出,该书的基本原理不只适用于宗教领域,而是一般的原理,它可以在政治、科学和道德批判的领域普遍的适用。马克思充分地肯定了费尔巴哈的思想,并且指出,对谢林的批判"就是间接对我们全部政治的抨击,特别是对普鲁士政治的抨击"。从而请求费尔巴哈为《德法年鉴》写稿。这种影响,可见马克思1843年3月13日给卢格的信和1843年10月3日马克思给费尔巴哈本人的信。(《马克思恩格斯全集》第47卷,人民出版社1995年版,第53、68页)

国家的各种职能和活动是人的职能；他忘记了'特殊的人格'的本质不是它的胡子、它的血液、它的抽象的肉体，而是它的社会特质，而国家的职能等等只不过是人的社会特质的存在方式和活动方式。因此不言而喻，个人既然是国家各种职能和权利的承担者，那就应该按照他们的社会特质，而不应该按照他们的私人特征来考察他们。①

马克思的这段话，虽然是批判黑格尔的，但同时也可以看出他与费尔巴哈理论出发点的不同。马克思理解的人基本的方面是他的"社会特质"，而不是人的"自然"的"私人特征"，或抽象化了的"类本质"，由此自然容易进入对历史性和社会性的突出和强调。从这一点来看，我们容易理解后来马克思对费尔巴哈"人性"概念和"人道主义"的批判。在《关于费尔巴哈的提纲》中，马克思说，人的本质在其现实性上是一切社会关系的总和，由于费尔巴哈没有对这种现实性进行批判，从而假定了一种抽象的孤立的个体，本质被理解为"类"，理解为一种内在的、无声的、把许多个人自然地联系起来的普遍性②。如果前后联系起来看，我们就更容易理解为什么马克思在 1843 年就批评费尔巴哈强调自然太多，而强调政治较少了。实际上，不能认为马克思完全是用费尔巴哈的方法去批判黑格尔的法哲学，或者说只是费尔巴哈原则在法哲学领域的"实行"。③ 马克思从市民社会着手对黑格尔的批判，已经具有了一种不同于费尔巴哈的特质，但是，直到 1845 年的《关于费尔巴哈的提纲》和稍后的《德意志意识形态》才明确地将这一点指出来。

通过市民社会与政治国家关系的揭示，由于将市民社会确立为真正的"主语"，市民社会内在关系的分析和批判成为必然，虽然马克思此时还没有

---

① 马克思：《黑格尔法哲学批判》，载《马克思恩格斯全集》第 3 卷，人民出版社 2002 年版，第 30 页。

② 马克思：《关于费尔巴哈的提纲》，载《马克思恩格斯选集》第 1 卷，人民出版社 1995 年版，第 56 页。

③ 这种透过费尔巴哈的"镜像"来判断此时马克思思想性质的见解可参见弗·阿多拉茨基主编的《马克思生平事业年表》（生活·读书·新知三联书店 1977 年版，第 30 页），以及城塚登的《青年马克思的思想——社会主义思想的创立》（尚晶晶、李成鼎等译，求实出版社 1988 年版，第 49 页）。实际上，由于只是在黑格尔或者费尔巴哈的"类"中来解读马克思，此种划界归类的方法十分流行。

真正进入"政治经济学"这一门现代"市民社会"的科学,但方向性的东西已经确立了,它敞开了一条走向政治经济学批判的道路。马克思在《〈政治经济学批判〉序言》的回顾性报告中,明确指出了这一批判的基础性意义,马克思说:

> 法的关系正像国家的形式一样,既不能从它们本身来理解,也不能从所谓人类精神的一般发展来理解,相反,它们根源于物质的生活关系,这种物质的生活关系的总和,黑格尔按照 18 世纪的英国人和法国人的先例,概括为'市民社会',而对市民社会的解剖应该到政治经济学中去寻找。①

三

马克思在《黑格尔法哲学批判》中,对现代市民社会与政治国家关系的准确理解,对现代政治原则抽象本质的指认,形成了马克思关于现代社会的一系列基本观念。当然,这些观念还是从国家学说方面入手的,它意味着对现代市民社会的经济学解剖成为必要和可能,但仍然没有展开这一本质重要的领域,现代还只是在"纯政治抽象"的意义上理解,现代的基本意义被规定为市民社会和政治国家的双重抽象。

马克思说,黑格尔以市民社会和政治国家的分离作为前提,并把这种"现代状况"阐释为观念的必然环节、理性的绝对真理②。在马克思看来,黑格尔"正确地描绘了现代的经验状况",并且不满足于这种"分离",揭示出现代市民社会与政治国家之间的矛盾,是黑格尔比较深刻的地方。但是,黑格尔力图以君主立宪制下的行政权和立法权来解决这一矛盾,却是黑格尔的基本错误,因为政治国家和市民社会的"分离"是"现代社会的结果",也是现代解放的意义之所在。在这个意义上,被黑格尔不屑一顾的、要求二者"分离"的理论恰好是现实关系的"实际表现",因而这样的要求是有理由的③。相反,黑格尔在

---

① 《马克思恩格斯全集》第 31 卷,人民出版社 1998 年版,第 412 页。

② 马克思:《黑格尔法哲学批判》,载《马克思恩格斯全集》第 3 卷,人民出版社 2002 年版,第 92 页。

③ 马克思:《黑格尔法哲学批判》,载《马克思恩格斯全集》第 3 卷,人民出版社 2002 年版,第 94 页。

不触及现代市民社会基础的前提下,企图克服市民社会的困境实现"同一",乃是"虚构的同一"。马克思说,"黑格尔在市民社会和国家之间构思的同一,是两支敌对军队的同一",黑格尔的"等级要素是市民社会的政治幻想"①。也就是说,黑格尔在现代社会的内部,试图建构市民社会与理性国家的同一与"和谐"关系,并没有改变社会的现实基础,没有触动真正的"实体"和"主语",因此是不可能真正实现的。

黑格尔认为,在过去的中世纪,市民社会的等级和政治意义上的等级是同一的,因为市民社会就是政治社会,市民社会的有机原则就是国家的原则。由于同一性的消逝,"只有市民等级和政治等级的分离才表现出现代的市民社会和政治社会的真正的相互关系。"马克思充分肯定了黑格尔对现代社会这种"分离"和"矛盾"的揭示,但是马克思认为,这种分离是现实社会运动的结果,而不是所谓同一精神的消逝。马克思说:"国家本身的抽象只是现代才有的,因为私人生活的抽象也只是现代才有。政治国家的抽象是现代的产物。""抽象的反思的对立性只是现代才有。中世纪是现实的二元论,现代是抽象的二元论。"②马克思正是在这个意义上肯定了法国大革命的巨大历史意义,他说:

> 只有法国大革命才完成了从政治等级到社会等级的转变过程,或者说,是市民社会的等级差别完全变成了社会差别,即在政治生活中没有意义的私人生活的差别。这样就完成了政治生活同市民社会的分离。③

马克思将法国大革命作为现代社会的基本标志来确认它基本的历史地位。现代社会的基本含义就是使私人生活的差别在政治生活中失去意义,从而完成政治国家和市民社会的分离。这样,国家公民和作为市民社会成员的

①　马克思:《黑格尔法哲学批判》,载《马克思恩格斯全集》第3卷,人民出版社2002年版,第65、62、79页。

②　马克思:《黑格尔法哲学批判》,载《马克思恩格斯全集》第3卷,人民出版社2002年版,第42、43页。

③　马克思:《黑格尔法哲学批判》,载《马克思恩格斯全集》第3卷,人民出版社2002年版,第100页。

市民也就是相互分离的："市民社会和政治国家的分离必然表现为政治市民即国家公民脱离市民社会,脱离自己固有的、真正的、经验的现实性,因为国家公民作为国家的理想主义者,是完全另外一种存在物,一种与他的现实性不同的、有差别的相对立的存在物。"①在马克思看来,"现代的市民社会是实现了的个人主义原则;个人的存在是最终目的;活动、劳动、内容等等都只是手段。"②

然而,真正深入的是,马克思进一步揭示了这种分裂只是一种形式上的分离。真正说来,政治国家和市民社会只是"现代解放"同一过程两个内在相关的方面。对于现代政治来说:"现实的人就是现代国家制度的私人",从而被排除于政治之外;与此相应,"政治国家是从市民社会中得出的抽象",政治生活中的"国家公民"却是一个脱离了"经验现实性"的抽象的"人格",因此,市民社会在自己的政治行动中陷入了"原子论"。这一过程的本质在于:

> 国家观念在现代只能表现为'纯政治国家'的抽象或市民社会脱离自身、脱离自己的现实状况的抽象,所以必须承认法国人的功绩,这些法国人确立并且创作了这种抽象的现实,从而创作了政治原则本身。③

马克思明确指出了现代政治原则只是市民社会的"抽象的现实",并且强调指出,国家观念在"现代"只能表现为这种抽象,表现为政治国家和市民社会的分离。这一论断意味着,既然抽象国家只是现代市民社会的"抽象现实",那么,要在这种抽象对立中以"国家"来克服现代的"分离"就是不可能的"虚构",现代市民社会才是现代政治真正的根源和基础。由此已经明确,诉诸于理性的国家和理性的法不可能克服现代的矛盾。马克思开始形成了一种新的"时代"意识,他开始探索现代社会的原则和基本特征。所

---

① 马克思:《黑格尔法哲学批判》,载《马克思恩格斯全集》第3卷,人民出版社2002年版,第97页。

② 马克思:《黑格尔法哲学批判》,载《马克思恩格斯全集》第3卷,人民出版社2002年版,第101页。

③ 马克思:《黑格尔法哲学批判》,载《马克思恩格斯全集》第3卷,人民出版社2002年版,第141页。

以,马克思说:

> 对现代国家制度的真正的哲学的批判,不仅揭示这种制度中存在的矛盾,而且解释这种矛盾,了解这些矛盾的形成过程和这些矛盾的必然性。这种批判从这些矛盾的本来意义上来把握矛盾。但是,这种理解不在于到处去重新辨认逻辑概念的规定,像黑格尔所想象的那样,而在于把握特有对象的特有逻辑。①

这里所谓"把握特有对象的特有逻辑",就是指现代社会经验实践中的矛盾和特征,一方面指责黑格尔的观念论批判,同时指明了真正的哲学批判的基本对象,是现代社会制度本身,而不是现代的思想观念。总之,在《黑格尔法哲学批判》中,马克思取得了两个基本的成果:一个是从方法论讲,揭示了市民社会对于政治国家的基础性地位,要求从市民社会的现实关系中理解国家制度和法律关系,而不是把它们看成是精神外化的结果;另一个成果是,作为现代标志事件的法国大革命创造了"政治原则本身",也就是市民社会同政治家的分离,现代解放的限度在这里已经初步被暗示出来了。前者涉及马克思对黑格尔哲学立场的根本批判,这一批判在以后的发展中逐渐清晰地呈现出来,形成历史唯物主义——"社会存在决定社会意识"这一一般的原则。马克思以此为基础,从"市民社会"到"经济基础"、"生产关系"的转变,显然不是一种"物质本体论"对"精神本体论"的置换。如果说马克思的思想是"历史唯物主义"或者"唯物史观",这里的"物"显然具有一种比喻的意义,不能等同于物质本体论的"物",以物质本体论来解读马克思"市民社会"显然是降低了马克思所取得的基本成果。后来的一些阐释者,离开马克思现代性批判的具体语境,将历史唯物主义概括和阐释为一种抽象的哲学,甚至是一种建立在"物质本体论"基础之上的哲学,实际上是将马克思拖回了近代哲学的争论之中。后者涉及马克思对现代社会进行批判的基本方向,现代解放的意义在于抽象

---

① 马克思:《黑格尔法哲学批判》,载《马克思恩格斯全集》第 3 卷,人民出版社 2002 年版,第 114 页。

政治原则的确立,在市民社会的范围内人们仍然作为真正的"私人"同自身相对立,因此,必须对此岸的市民社会本身展开批判①。这一思想立场,在《德法年鉴》的两篇重要文章中直接地体现出来了。它们以现代解放只是政治解放这一命题,在法哲学批判的视域中形成了马克思确定的"现代"和"现代性"概念。

第三节　"现代"作为"政治解放"

1843年10月底,为了同卢格编辑出版《德法年鉴》,马克思移居巴黎,形成了他一生中一次重要的转折。其思想和政治立场上的转变十分明显地表现在《德法年鉴》上发表的两篇重要文章《论犹太人问题》和《〈黑格尔法哲学批判〉导言》中。如果说,在博士论文和《莱茵报》的政论时期,马克思是以现代理性和人道的原则来批判专制的德国现实,《黑格尔法哲学批判》从方法论上反思这一立场,开始触及现代解放的实质,充分肯定了法国革命的现代历史意义,那么,《德法年鉴》的两篇文章紧接着《黑格尔法哲学批判》,马克思明确地揭示了现代解放本质上只是"政治解放",他不再非批判地站在启蒙原则和现代政治解放的立场上批判"过去",而是对"现代解放"本身开始展开了批判。对现代解放限度的揭示,确立了马克思对待现代性的一些基本态度和思想发展的基本方向。这是马克思在法哲学的视域中批判现代性的基本成果,同时也标志着马克思正式实现了从追求现代性向批判现代性的彻底转变。

一

《论犹太人问题》是为了批判鲍威尔1843年的《犹太人问题》和《现代犹太人和基督徒获得自由的能力》而写的两篇文章,这是总的名称。文章的写作应该略早于《〈黑格尔法哲学批判〉导言》。文章通过批判鲍威尔对政治解

---

①　这样,马克思哲学思想原则的转变同他对现代社会的批判本质地结合起来了,马克思说,"真正的理论必须结合实际情况并根据现存条件加以阐明和发挥"。这意味着马克思思想境域的变革不是在哲学自身的领域之内确立一种抽象的理论体系,同样,马克思的现代性批判不是一种实证的非哲学的"科学主义",更不仅仅是一种意识形态的批判。关于这一点我们在中篇的第四章还将着重谈到。

放和人类解放的混淆,揭示了现代解放的本质在于"政治解放",而不是真正的"人类解放",一种独特的"现代意识"被以概念的方式确定下来,马克思对现代政治解放的限度进行了深入揭示。

马克思对鲍威尔的批判集中在两个基本问题上。鲍威尔要求犹太人放弃犹太教,要求一般人放弃宗教,以便作为公民得到解放。鲍威尔坚决认为宗教在政治上的废除就是宗教的完全废除,以宗教为前提的国家还不是真正的、现实的国家。马克思认为,鲍威尔混淆了政治解放和人类解放的关系①。在马克思看来,"政治的解放本身并不就是人的解放",在政治解放已经完成的国家,宗教还生气勃勃地存在,说明宗教与现代国家的完成并不矛盾。事实上,现代的解放本质上并不以废除宗教为前提。"人是把宗教从公法领域驱逐到私法领域中去,这样人就在政治上从宗教中解放出来……人分为公人和私人,宗教从国家向市民社会的这种转移,这并不是政治解放的一个阶段,这是它的完成;因此,政治解放并没有消除人的实际的宗教笃诚,也不力求消除这种宗教笃诚。"②在人没有从宗教中获得解放以前,现代国家却可以从宗教中获得解放,在人没有从私有财产中获得解放以前,人可以获得政治上的解放。由此,马克思指出,只有对政治解放本身的批判,"才能使这个问题真正变成'当代的普遍问题'。"③对政治解放本身的批判作为当代的普遍问题,实际上就是对现代解放限度的揭示和批判,这样的批判不再是对神学的批判,不再是以"现代原则"来批判过去,而是对现代"政治国家的批判",对现代解放本质的揭示。结合《黑格尔法哲学批判》中市民社会基础性地位的确立,通过现代解放的本质是政治解放这一思想,从批判鲍威尔出发,马克思明确了现代性批判的基本立场。

马克思说,政治解放的限度首先就表现在,即使人还没有真正摆脱某种限

---

① 马克思说:"鲍威尔的错误在于他批判的只是'基督教国家',而不是'一般国家',没有探讨政治解放和人类解放的关系,因此,他提出来的条件只能说明他毫无批判地把政治解放和人类解放混淆了起来。"(马克思:《论犹太人问题》,载《马克思恩格斯全集》第1卷,人民出版社1995年版,第167—168页)

② 马克思:《论犹太人问题》,载《马克思恩格斯全集》第3卷,人民出版社2002年版,第174—175页。

③ 马克思:《论犹太人问题》,载《马克思恩格斯全集》第3卷,人民出版社2002年版,第167页。

制，国家也可以摆脱这种限制，即使人还不是自由的人，国家也可以成为共和国，现代政治解放从根本上确立了人生活的"二重性"，马克思说：

> 完成了的政治国家，按其本质来说，是人的同自己物质生活相对立的类生活。这种利己生活的一切前提继续存在于国家范围以外，存在于市民社会之中，然而是作为市民社会的特性存在的。在政治国家真正形成的地方，人不仅在思想中，在意识中，而且在现实中，在生活中，都过着双重的生活——天国的生活和尘世的生活。前一种生活是政治共同体的生活，在这个共同体中，人把自己看作社会存在物；后一种生活是市民社会中的生活，在这个社会中，人作为私人进行活动，把他人看作工具，把自己也降为工具，成为异己力量的玩物。政治国家对市民社会的关系，正像天国对尘世的关系一样，也是唯灵论的……人在其最直接的现实，在市民社会中，是尘世存在物。在这里，即人把自己并把对别人看作是实在的个人的地方，人是一种不真实的现象。相反，在国家中，即在人被看作是类存在的地方，人是想象中的主权中虚拟的成员；在这里，他剥夺了自己现实的个人生活，却充满了非现实的普遍性。①

也就是说，"政治解放一方面把人归结为市民社会的成员，归结为利己的、独立的个体，另一方面把人归结为公民、归结为法人。"②作为政治的人只是"抽象的、人为的人"，而不是市民社会的"私人"。因此，政治解放只是一种形式的解放，"形式主义国家"的完成同市民社会的形成是内在统一的过程："国家的唯心主义的完成同时也是市民社会的唯物主义的完成。消灭政治桎梏同时也就粉碎了束缚市民社会利己主义精神的羁绊。政治解放同时也就是市民社会从政治中获得解放，甚至是从一切普遍内容的假象中获得解放。"③

---

① 马克思：《论犹太人问题》，载《马克思恩格斯全集》第 3 卷，人民出版社 2002 年版，第 172 页。

② 马克思：《论犹太人问题》，载《马克思恩格斯全集》第 3 卷，人民出版社 2002 年版，第 189 页。

③ 马克思：《论犹太人问题》，载《马克思恩格斯全集》第 3 卷，人民出版社 2002 年版，第 187 页。

现代市民社会与政治国家的这种形式上的分离,在马克思看来,恰好说明了市民社会是政治国家的现实基础。没有市民社会的形成就不会有现代抽象的"政治国家"。马克思说,市民社会的、利己主义的成员是政治国家的基础和前提,政治国家通过承认这样的人的权利获得自己的基础。宗教、私有财产都被政治解放推到了市民社会的"私人的领域"①。政治解放不是废除宗教、私有财产等,恰好相反,政治解放"必然要以宗教、私有财产和市民社会一切要素的恢复而告终"。马克思说,在政治解放中:"人并没有摆脱宗教,他取得了宗教信仰的自由。他没有摆脱财产。他取得了占有财产的自由。他没有摆脱行业的利己主义,他取得了行业的自由。"②

马克思从市民社会与政治国家的分裂这一黑格尔的前提出发,但他不像黑格尔那样以理性的国家来虚构一种"同一",而是指出,现代抽象的理性国家和现代政治,恰好以现代市民社会的形成为基础,马克思揭示了现代解放的抽象主义和形式主义实质。以此为基础,马克思批判了卢梭和法国大革命1793年宪法的基本原则,批判了天赋人权,自由人性的理论。马克思明确批判了启蒙的现代性原则,相对于博士论文和《莱茵报》,由于已经经历了《黑格尔法哲学批判》的理论清算,这里的立场发生了明显变化。马克思认为,现代的人权一部分属于政治自由的范畴,即公民权利的范畴,而不同于公民权利的人权不过是市民社会的"利己主义的人的权利",自由这一人权实际就是私有财产权,平等无非是"每个人都同样被看作孤立的单子",不是建立在人与人结合的基础上,而是建立在人与人分离的基础上。因此,马克思说:

> 任何一种所谓人权都没有超出利己主义的人,没有超出作为市民社会的成员的人,即作为封闭于自身、私人利益、私人任性、同时脱离社会整体的个人的人。在这些权利中,个人决不是类存在物,相反地,类生活本

---

① "从政治上废除私有财产不仅没有废除私有财产,反而以私有财产为前提。……国家根本没有废除这些实际差别,相反,只有以这些差别为前提,它才存在,只有同自己的这些要素处于对立的状态,它才感到自己是政治国家,才会实现自己的普遍性。"(马克思:《论犹太人问题》,载《马克思恩格斯全集》第3卷,人民出版社2002年版,第172页)

② 马克思:《论犹太人问题》,载《马克思恩格斯全集》第3卷,人民出版社2002年版,第188页。

身即社会却是个人的外部局限,却是他们原有的独立性的限制。把人和社会联系起来的唯一纽带是天然必然性,是需要和私人利益,是对他们的财产和利己主义的保护。①

马克思指出,实际需要、利己主义就是市民社会原则;只要市民社会完全从自身产生出政治国家,这个原则就赤裸裸地显现出来②。因此,现代解放只是确认了市民社会的利己主义原则。在马克思看来,只有当现实的个人同时也是抽象的公民,并且作为个人,在自己的经验生活、自己的个人劳动、自己的个人关系中,成为类存在的时候,只有当自己认识到自己的"原有力量"并把这种力量组织成为社会力量,因而不再把社会力量当成政治力量跟自己分开的时候,只有到了那个时候,人类解放才能完成③。

需要指出的是,马克思虽然对现代的政治解放进行了深刻批判,不再站在"激进自由主义"的立场上非反思地认同现代的启蒙原则,但他仍然充分地肯定现代政治解放的巨大意义,而不是像保守主义和浪漫主义那样只是陷入对现代文明的抽象批判和否定。马克思肯定地说:"政治解放当然是一大进步;尽管它不是一般人的解放的最后形式,但在迄今为止的世界制度内,它是人的解放的最后形式。不言而喻,我们这里指的是现实的、实际的解放。"④在这里,何种意义上的解放才是完全的、彻底的人类解放,以及如何来实现这种解放,马克思的阐释还是相当含混的。马克思只是一般地提及了要求现实个人同抽象公民的同一,成为"类存在",至于如何实现这种同一则语焉不详。他对私有财产制度的批判也只是从政治解放限度这一角度出发的,并没有取得基本的理论地位。马克思只是一般地说,从做生意和金钱中解放出来,就会是

---

① 马克思:《论犹太人问题》,载《马克思恩格斯全集》第3卷,人民出版社2002年版,第184—185页。

② 马克思:《论犹太人问题》,载《马克思恩格斯全集》第3卷,人民出版社2002年版,第194页。

③ 马克思:《论犹太人问题》,载《马克思恩格斯全集》第3卷,人民出版社2002年版,第198页。

④ 马克思:《论犹太人问题》,载《马克思恩格斯全集》第3卷,人民出版社2002年版,第174页。

现代的自我解放了①。如何才能从做生意和金钱中获得解放呢？这才真正涉及前提性的追问。

但是，毫无疑问，在马克思"政治解放"与"人类解放"的区分中，现代被作为"政治解放"来定位，它没有使人从市民社会中解放出来，而是确立了市民社会的原则。在马克思的批判思想中，这意味着现代的自我解放必然需要从市民社会的原则中得到解放。这样，马克思政治经济学批判的道路就更加明确地显现出来了。从现代性批判的角度来看，"现代"在马克思思想中已经成为人类文化或者说人类文明的形态学概念，政治国家实现的形式解放同市民社会的异化构成了现代的内在矛盾。在这里，现代的意义不再只是与"传统"和"过去"的比较中得到肯定，而是通过对其限度的揭示，指示了一种超越现代的未来可能向度。马克思对现代的批判，不再像黑格尔那样在现代市民社会前提之下来批判现代原则，也不是像保守主义那样从传统的立场批判"现代"。马克思获得了批判现代性的基本立场，其对待现代性的辩证的、历史的态度终其一生没有改变。

二

在《论犹太人问题》中，马克思主要的成果侧重于揭示现代政治解放的实质，而对于"未来"语焉不详，而在紧接着的《〈黑格尔法哲学批判〉导言》（以下简称《导言》）中，马克思明确提出要从理论上和实践上对现代社会本身进行批判②。这一充满激情的精悍论文，可以说是马克思最早的"阶级革命"宣

---

① 马克思认为，犹太精神体现了现代市民社会的原则，犹太教中"现代的反社会的要素"达到了自己的顶点，"即达到它必然解体的高度"，在犹太精神中，"实际需要和自私自利的神就是金钱"，金钱剥夺了整个世界的固有价值，是人的劳动和人的存在同人相异化的本质。（马克思：《论犹太人问题》，载《马克思恩格斯全集》第3卷，人民出版社2002年版，第194页）。

② 《〈黑格尔法哲学批判〉导言》在《德法年鉴》中顺序上在先，而《论犹太人问题》在后，这使得梅林根据发表顺序错误地理解了两篇文章的写作顺序，从而对两篇文章的阐释出现了基本的失误。认为两篇文章是一种方法与目的之间的关系，前一篇文章紧接着费尔巴哈，概述了无产阶级的阶级斗争，而后一篇文章接着第一篇文章，从哲学上概述了社会主义社会。（参见［德］弗·梅林：《马克思传》，樊集译，人民出版社1965年版，第86页）MEGA2虽然在时间上没有明确指出二者的先后（只是说明同样写于1843年10月至12月中），在编排上采用了《论犹太人问题》写作在先，而《导言》在后的说法。这样，二者之间思想上的内在关系也就更加确定了。这种关系的确定和阐释，可以参见［日］城塚登：《青年马克思的思想——社会主义思想的创立》，尚晶晶、李成鼎等译，求实出版社1988年版，第60页。

言书。它以言简意赅的方式宣布了超越现代的历史任务和承担这一任务的历史主体。从现代性批判的视角来看，马克思的这一著作具有对其以前思想全面反思和高度总结的性质，标志着马克思彻底放弃了早年的启蒙诉求，预示了马克思今后从理论和实践上批判现代性的基本走向。

不少人认为，在《导言》中，马克思完全还是站在费尔巴哈的立场上[①]，在我看来，这是对马克思思想进行哲学还原论解读带来的基本误解。实际上，马克思此文一开始就明确了费尔巴哈的意义和限度，并指出了自己的旨趣所在。在马克思看来，对宗教的批判只具有政治解放的意义。在德国，这一批判"基本上已经结束"。虽然这一批判是其他一切批判的前提，但是马克思认为，德国的现状只是"旧制度的公开完成"，批判如果只从德国的"现状"出发，即使采取"否定的"唯一正确的方式，"结果依然是时代错乱"，"一旦现代的政治社会现实本身受到批判"，"批判就超出了德国现状"。对德国制度，包括宗教制度的批判"不会是处于当代的焦点"。在马克思看来，"当代的焦点"不在于从现代政治解放的立场对"过去"进行批判，而在于对"当代"本身的批判，对宗教的批判只是对苦难尘世的批判萌芽：

> 因此，彼岸世界的真理消逝以后，历史的任务就是确立此岸世界的真理。人的自我异化的神圣形象被揭穿以后，揭露非神圣形象中的自我异化，就成了为历史服务的哲学的迫切任务。于是对天国的批判就变成对尘世的批判，对宗教的批判就变成对法的批判，对神学的批判就变成对政

---

① 比如，海德格尔在《晚期海德格尔的三天讨论班纪要》（发表在《哲学译丛》2001 年第 3 期上）中对马克思的批判。马克思在《导言》中说："所谓彻底，就是抓住事情的根本。而人的根本就是人本身。"海德格尔认为这是全部马克思主义论题的依据，根本上说它就是一个形而上学命题，黑格尔把知识的事情作为辩证生成中的绝对，而费尔巴哈不过是把人而不是把绝对做成知识，从而颠倒了黑格尔。在海德格尔看来，马克思所说的"对宗教的批判最后归结为人是人的最高本质"这一命题"与费尔巴哈式批判意义完全一样"，他说："这一命题的意思无非是：在那个说明'人是人的最高本质'的学说中得到了最终论证和确认的是，作为存在的存在对于人不再存在。"海德格尔从根本上忽视了马克思与费尔巴哈的差异。比如说马克思虽然谈人，但马克思明确指出，"人不是抽象的蛰居于世界之外的存在物。人就是人的世界，就是国家，社会。"（《〈黑格尔法哲学批判〉导言》，载《马克思恩格斯全集》第 3 卷，人民出版社 2002 年版，第 199 页）

治的批判。①

这明确地标志着马克思立足于费尔巴哈又走出费尔巴哈的基本动向,因为我们知道,费尔巴哈宗教批判的基本意义在于对"人的自我异化的神圣形象"的揭示。在马克思看来,人不是纯自然的抽象的存在物,"人就是人的世界,就是国家,社会。"宗教作为人的异化,根源于人的世界本身是异化的颠倒的世界。对"现代的政治社会现实"的批判,任务就不再是对宗教的批判,而应该变成对"现代"政治经济制度的批判。马克思已经明确指出:"工业以至于整个财富领域对政治领域的关系,是现代的主要问题之一。"

马克思认为,虽然德国不是"当代历史的同时代人",但德国是"当代哲学的同时代人","德国的法哲学和国家哲学是唯一与正式的当代现实保持在同等水平上的德国历史"。因此,对黑格尔法哲学的批判"恰恰接触到了当代所谓的问题之所在的那些问题的中心。在先进国家,是同现代国家制度实际分裂,在甚至不存在这种制度的德国,却首先是同这种制度的哲学反映批判地分裂。"②在这里,马克思再一次说明了德国哲学与现代制度之间的内在关系,它是这些现代国家"理论上的良心"③。马克思说,对黑格尔法哲学的批判"既是对现代国家和对同它相联系的现实所作的批判性分析,又是对迄今为止的

---

① 马克思:《〈黑格尔法哲学批判〉导言》,载《马克思恩格斯全集》第 3 卷,人民出版社 2002 年版,第 200 页。

② 马克思:《〈黑格尔法哲学批判〉导言》,载《马克思恩格斯全集》第 3 卷,人民出版社 2002 年版,第 205 页。

③ 马克思早在 1842 年的《历史法学派的哲学宣言》中,就明确地提出过康德的哲学是法国革命的德国理论。在谈到胡果和康德同法国革命的关系时,马克思说:"胡果同 18 世纪的其他启蒙思想家的关系,大体上就像摄政者的淫乱宫廷主政时期法兰西的国家解体和国民议会时期法兰西国家的解体的关系一样。……因此,如果说有理由把康德的哲学看成是法国革命的德国理论,那么,就应当把胡果的自然法看成是法国旧制度的德国理论。"(《马克思恩格斯全集》第 1 卷,人民出版社 1995 年版,第 233 页)关于德国哲学与现代资产阶级革命之间的复杂关系,在当时的德国哲学界存在自觉的意识。由此才有了激进主义的青年黑格尔派自觉地以哲学的方式论证启蒙的基本精神。在青年黑格尔派中,以不同的方式表达了"高卢—日耳曼精神"的联姻,就是这一看法的具体体现。这一观点对马克思有深刻的影响,直到晚年的《1857—1858 年经济学手稿》和《资本论》,马克思还从批判的立场上指认过这种关系。

德国政治意识和法意识的整个形式的坚决否定"①。在此,马克思指出了《黑格尔法哲学批判》的基本命意,就是对现代制度及其"观念上的延续"的批判。因此,我们完全可以把它看成是马克思的一部批判"现代性"的著作。

　　既然对黑格尔法哲学的批判,密切关涉对现代国家和现代制度的批判,它是现代国家和现代制度的"政治意识形式"。对于要"实现哲学"的马克思来说,这种批判就不会只是面对意识形式本身,"而会必须面向只有用一个办法即实践才能解决的那些课题",由此,理论的批判与革命的实践结合起来了。在马克思看来,"现代的自我解放"不再是德国的现实状况所要求的政治解放,不再是"部分的纯政治的革命",不再是市民社会的一部分的自我解放,而应该是"彻底的革命、全人类的解放",是无产阶级反对资产阶级的革命。

　　那么,对于"还没有处于欧洲解放的水平"的德国来说,它是否可以不但提高到现代各国的正式水平,并且达到这些国家即将要达到的人的高度的革命呢? 亦即是说,它是否可能不仅越过自身的障碍,而且同时越过现代各国面临的障碍呢? 马克思的回答是肯定的。这就是无产阶级的形成和无产阶级革命。在这里,似乎存在一次巨大的思想跳跃,马克思第一次提出了无产阶级革命的基本原则,奠定了马克思现代性批判的一个最为关键,同时也最易遭到批判的基本立场②。马克思说:

　　　　无产阶级宣布迄今为止的世界制度的解体,只不过是揭示自己本身的存在的秘密,因为它就是这个世界制度的实际解体。无产阶级要求否定私有财产,只不过是把社会已经提升为无产阶级的原则的东西,把未经无产阶级的协助就已作为社会的否定结果而体现在它身上的东西提升为

---

① 马克思:《〈黑格尔法哲学批判〉导言》,载《马克思恩格斯全集》第3卷,人民出版社2002年版,第206—207页。

② 这一跳跃,引起了众多阐释。有人认为此时马克思的革命观完全是一种根源于形而上学人本主义的异化史观,有人认为完全是一种道义上的激愤。在《后现代转向》(陈刚等译,南京大学出版社2002年版,第367—368页)中,贝斯特、科尔纳则认为马克思的整个阶级革命理论都是一种还原论和本质主义的政治观点,并在这个意义上指认马克思思想的现代主义性质。

社会的原则。①

在《后现代的状况》一书中,戴维·哈维说:"马克思在很多方面都是启蒙思想的儿子,他力求把乌托邦思想——如他在自己的早期著作中提出的,为人类实现自己的'类的存在'而奋斗——转变为一种唯物主义的科学,揭示人类的普遍解放如何从阶级的范围内和资本主义发展明显压迫性的却相互矛盾的逻辑中产生出来。他这么做时,把焦点放在了作为人类解放之力量的工人阶级之上,恰恰因为它是现代资本主义社会中被统治的阶级。他论证说,只有当直接的生产者掌握了自己的命运时,我们才可能希望以社会的自由王国取代统治和压迫。但是,如果'自由王国只有在必然王国被超过之时才开始的话',那么资产阶级历史的进步一面(尤其是它所创造的巨大生产力)就必须得到承认,启蒙理性的积极结果就必须得到充分利用。"②哈维准确地概述了马克思现代性批判的思想走向。在几年的时间之内,马克思就由一个启蒙思想的诉求者很快变成了启蒙思想和现代最内在的批判者。可以说,到了《德法年鉴》时期通过无产阶级革命思想的提出,马克思完成了他从现代性的基本定向到对现代性进行批判的思想历程。《德法年鉴》的两篇文章表明,马克思已经形成了现代性批判的一些基本原则,这些原则在马克思以后的思想中得到了进一步的推进和发挥。

---

① 马克思:《〈黑格尔法哲学批判〉导言》,载《马克思恩格斯全集》第3卷,人民出版社2002年版,第213页。

② [美]戴维·哈维:《后现代的状况》,阎嘉译,商务印书馆2003年版,第23页。

第二章　现代性批判的全面展开：
"劳动异化"到"社会异化"

　　马克思通过法哲学批判，确立了现代性批判的基本立场，理论的倾向使一个崭新思想视域的出现成为可能。移居巴黎以后，通过对法国革命历史的考察和政治经济学的初步批判，马克思的现代性批判理论全面地展开了。这一批判得到了哲学、历史学、经济学、政治学等多种思想资源的广泛支持，以一种非学科化的总体性方式展开。马克思这一阶段思想发展的结束，理论上以《共产党宣言》的发表为标志。

第一节　以"抽象劳动"为核心的现代性批判

一

　　我们前面已经指出，在《黑格尔法哲学批判》之后的《德法年鉴》时期，马克思形成了现代性批判的基本立场，现代性批判理论和实践的萌芽，预示着哲学批判、政治思潮批判和对市民社会的经济学批判之间的内在贯穿成为可能。通过对黑格尔逻辑主义观念论的批判，马克思肯定了市民社会相对于政治国家的基础性地位。通过现代解放只是政治解放这一本质的揭示，市民社会批判和阶级革命之提出成为必然。到了《1844 年经济学哲学手稿》（以下简称《手稿》）中，不同学科领域的研究被有意识地融合在一起，贯穿政治经济学批判、哲学批判和空想社会主义批判成为基本的理论任务。《手稿》不能读成专业的"经济学手稿"或"哲学手稿"。虽然可以从学科化解读的角度找到相应的"材料"和"成果",但这种解读难以揭示和领会这一著作的内在逻辑。从现代性批判的视角来看,马克思的《手稿》可以看成是现代性批判的第一个总体性文本。它承续了前一阶段的思想成果,表明马克思自觉地从多个内在关联的领域展开现代性批判。虽然马克思未必是在自觉地创建一个科学的理论体系,但是,从思想自身的关联来说,将《手稿》看成是马克思思想的"真正诞生地和秘密"是十分恰当的①。这一著作,在马克思思想发展史上,不能单纯看成是马克思学科研究领域的转移,因而,也就不能单纯看成是学科体系意义上的思想史革命,而是马克思直接指向现代性批判,并进而批判现代性思想及其学科的初步成果。在马克思的思想中,这种双重意义上的批判是直接相关、合而为一的。

在《手稿》中,马克思第一次本质性地与经济学"遭遇"。这一遭遇的重要性不在于对政治经济学本身的批判,而在于通过政治经济学对市民社会中现实的社会经济关系进行批判性的分析,揭示现代社会的基本原则和内在限度之所在。在《黑格尔法哲学批判》和《论犹太人问题》等著作中,马克思揭示了现代作为"政治解放"的限度,要求对现代市民社会本身进行批判,但在那里还只是一般地谈到市民社会的"利己主义"、"个人主义"和"原子主义"。而在《手稿》中,问题的提法已经具有了原则性的高度,按照马克思的说法,"问题的这种新的提法已经包含问题的解决"。那么,在《手稿》中,马克思如何切中了现代性问题之根本呢?在《手稿》笔记本Ⅰ的"工资"节中,他提出了两个根本性的追问:

(1)把人类的最大部分归结为抽象劳动,这在人类发展中具有什么意义?

(2)主张细小改革的人不是希望提高工资并以此来改善工人阶级的状况,就是(像蒲鲁东那样)把工资的平等看作社会革命的目标,他们究竟犯了

---

① 关于马克思《手稿》的地位,虽然我们强调的侧重点不同,但我很同意阎树森先生在《创立马克思主义理论体系的开端——〈1844年经济学哲学手稿〉的解释与探索》中的这一说法。阎先生是从三个组成部分的内在统一性来强调这一著作作为"开端"的"有机同一性"。而我解释的侧重点在于,各个学科的批判从属于先前确立的"现代性"批判立场,通过"现代性批判"这一总问题,学科批判之间才得以相互贯穿。而且,我不认为这一著作是马克思思想体系的"开端",而是以《黑格尔法哲学批判》为起点的思想发展的结果,只是以后思想进一步发展的"中间站"。

什么错误?①

　　马克思的这两个内在关联的追问,具有本质的重要性。现代资本统治的确立,作为私有制的最后完成,实质就是"抽象劳动"对人的统治,它表现为劳动异化这一"经济事实"。对"抽象劳动"历史意义的把握和揭示,实际上就是对现代性原则的追问,这一追问从经济学批判的角度深化了先前提出的"现代"只是政治解放这一命题。同时,马克思也明确了在现代资本(或抽象劳动,或私有财产)范围之内的改良不可能取得成功,"现代的自我解放"必须是工人从"抽象劳动"中获得解放,而不是获得进行"抽象劳动"的权利,"解放成为现代"和"从现代获得解放"已经被原则性地区别开来。这样,马克思一开始就跃出了国民经济学的水平,划定了"现代"的原则性界限。其经济学批判本身也就不再只是具有专业学科的意义,而是像先前的法哲学批判一样从属于现代性批判这一基本的"总问题",它是先前思想明确预示的"市民社会"物质关系批判的具体展开,已经使现代性批判触及了"经济关系"或者说"生产关系"这一社会历史的存在论基础。在黑格尔那里处于核心地位的"抽象理性"和"形式理性"概念被抽象劳动的异化关系概念取代,现代性批判新的路线被开启出来,直接指向了人们现实的普遍存在状况和存在关系。

二

　　在马克思看来,资本是私有财产制度发展的必然结果,是私有财产的纯粹表现。马克思说,作为外化劳动的结果,私有财产的关系潜在地包含着劳动和资本的对立。资本与地租的差别、动产与不动产的差别等,乃是一种"历史的差别,而不是基于事物本身的差别。这种差别是资本和劳动之间的对立形成和产生的一个固定环节","自由的资本"是劳动发展的必然结果。动产战胜不动产,资本家战胜土地所有者是一种现实发展的必然。动产作为资本,是"现代之子",作为不动产的地产不过是没有完成的资本。马克思说:"与资本不同,地产是还带有地域的和政治的偏见的私有财产、资本,是还没有完全摆

----

① 马克思:《1844年经济学哲学手稿》,载《马克思恩格斯全集》第3卷,人民出版社2002年版,第232页。

脱同周围世界的纠结而达到自身的资本,即还没有完成的资本。它必然要在它的世界发展过程中达到它的抽象的即纯粹的表现。"①地产的买卖,使地产转化为商品和资本,使得浪漫主义者留下了"伤感的眼泪"。但马克思指出,地产这个私有财产的根源必然卷入私有财产的运动而成为商品;所有者的统治必然要失去一切政治色彩而表现为私有财产的、资本的单纯统治。马克思把资本看成现代社会的普遍原则,资本成为最本质的、基本的力量,它表明了"死的物对人的完全统治"。马克思说,工业资本是私有财产的完成了的客观形式,"只有这时私有财产才能完成它对人的统治,并以最普遍的形式成为世界历史性的力量。"②资本作为私有财产的"抽象"或"纯粹表现",它是私有财产发展的"最后的、最高的阶段",也只是到了这个阶段,私有财产作为外化劳动后果的秘密才暴露出来。③

用马克思后来使用的术语来说,资本对人的统治,实质就是抽象劳动对具体劳动的统治,死劳动对活劳动的支配。而对于工人来说,就是资本对其产品和劳动的支配,使人类最本质的活动——劳动——处于一种普遍的异化之中。马克思较为详细地分析了异化劳动四个方面的内涵或者说特征。通过这一分析,马克思从根本上阐释和描述了现代社会中无产者的存在论处境,揭示了工人被剥削和被统治的地位。在马克思看来,对"异化劳动"概念的这种分析,只是分析了一个现实的"经济事实",而对这种事实和"现象"的分析在国民经济学那里已经完成了。马克思的意义在于揭示了这一经济事实的本质及其根源。马克思在国民经济学家的基础上进一步追问道:"应该怎样在现实中去说明和表述异化劳动和外化劳动这一概念呢?"此一追问抵达了问题的根本。马克思将"异化劳动"同私有财产这一概念结合起来,揭示了私有财产的本质

---

① 马克思:《1844 年经济学哲学手稿》,载《马克思恩格斯全集》第 3 卷,人民出版社 2002 年版,第 288 页。

② 马克思:《1844 年经济学哲学手稿》,载《马克思恩格斯全集》第 3 卷,人民出版社 2002 年版,第 293 页。

③ 马克思还说,从外化劳动和异化劳动得出了私有财产概念,同样可以从这两个因素来考察买卖、竞争、资本货币,它们只是这两个基本因素的特定的、展开了的表现。但在《手稿》中马克思并没有实现这种考察,从内容上看,笔记本Ⅲ中的"分工"和"货币"两个片断,应该属于这里所提及的内容的一部分。

和来源,批判了以为只有谈劳动才是谈到人,而谈论私有财产是谈论某种人之外的东西的错误观点。马克思说,私有财产是外化劳动的产物和结果,只是到了后来,由于二者表现为相互作用的现象才掩盖了这一根本事实。实质上,作为私有财产之最后阶段,资本对人的统治,就是积累起来的劳动对人的统治,就是抽象劳动获得了基本的地位,成为现代劳动的本质形式。马克思说,"资本的文明的胜利恰恰在于,资本发现并促使人的劳动代替死的物而成为财富的源泉"①,这里的劳动就是指抽象劳动。

　　抽象劳动或者说异化劳动,是现代社会本质的劳动形式,其中蕴含着现代社会基本的社会异化关系,从而规定了人们普遍的社会存在状况。马克思认为,现代资本完成了对人的统治,不仅是对工人的统治,而且也包括对资本家的统治。马克思说,资本的支配权力不仅支配着工人的劳动,而且也支配着资本家本身②,还说:"地产必然以资本的形式表现为对工人阶级的统治,也表现为对那些因资本运动的规律而破产或兴起的所有者本身的统治。"③但是,马克思并没有对资本家的"异化"进行具体的分析。在《手稿》中马克思说:"到目前为止,我们只是从工人的方面考察了这一关系;下面我们还将从非工人的方面加以考察。""我们已经考察了一个方面,考察了外化劳动对工人本身的关系,也就是说,考察了外化劳动对自身的关系。我们发现,这一关系的产物或必然结果是非工人对工人和劳动的财产关系。"那么,如何来考察资本家与异化劳动的关系呢? 在马克思提示考察这一关系的时候,《手稿》就此中断了。我们只是见到马克思写下的三条写作要点,马克思认为:

　　首先,必须指出,凡是在工人那里表现为外化的、异化的活动的东西,在非工人那里都表现为外化的、异化的状态。

　　其次,工人在生产中的现实的、实践的态度,以及他对产品的态度(作为一种内心状态),在同他相对立的非工人那里表现为理论的态度。

---

　　①　马克思:《1844 年经济学哲学手稿》,载《马克思恩格斯全集》第 3 卷,人民出版社 2002年版,第 287 页。

　　②　马克思:《1844 年经济学哲学手稿》,载《马克思恩格斯全集》第 3 卷,人民出版社 2002年版,第 239 页。

　　③　马克思:《1844 年经济学哲学手稿》,载《马克思恩格斯全集》第 3 卷,人民出版社 2002年版,第 262 页。

最后，凡是工人做的对自己不利的事，非工人都对工人做了；但是，非工人做的对工人不利的事，他们对自身却不做。①

从这些粗略的要点中，我们很难推测马克思具体的阐述。但十分确定的是，马克思并不认为，作为非工人的资本家就是"非异化的人"，是人的实现。在马克思看来，异化也包括资本家本身，虽然资本家的异化与工人的异化之间存在着形式上的差别。马克思在笔记本Ⅱ中说："生产不仅把人当作商品、当作商品人、当作具有商品的规定的人生产出来；它依照这个规定把人当作既在精神上又在肉体上非人化的存在物生产出来。——工人和资本家的不道德、退化、愚钝。这种生产的产品是自我意识的和自主活动的商品……商品人……"②亦即是说，商品性成了人本身的"内在规定"，是人实现自身的基本形式，是人与人之间的基本关系。所以马克思在笔记本Ⅲ中说，异化表现为"一种非人的力量统治一切"。马克思由此分析了资本家的奢侈和节约如何从属于资本的计算，并且受到资本原则本身的统治。国民经济学家关于奢侈和节约的争论，不过是已弄清了财富本质的国民经济学同还沉湎于浪漫主义的反工业的回忆的国民经济学之间的争论③。

由于在《手稿》中马克思没有完成以"异化劳动"来具体阐释"非工人"（即资本家）的异化。这样一来，不少人往往只是将异化劳动看成工人阶级一种不幸的生存论状况，甚至将马克思的"异化理论"看成是根源于这种不幸状况的阶级"怨恨"和道德化批判。无产阶级革命的任务和目的被理解为工人和资本家身份的简单颠倒。实际上，"异化作为一种非人的力量统治一切"，异化不仅是工人阶级的异化，而且包括资本家的异化，马克思的这一观点是一贯的，在后期的作品中也多有提及。当然，这并不是说，马克思通过人的异化这一概念成为抽象的人道主义者或存在主义者，马克思的人是一个非社会的、

---

① 参见《1844年经济学哲学手稿》笔记本Ⅰ（《马克思恩格斯全集》第3卷，人民出版社2002年版，第280页）。这也符合马克思的写作习惯。马克思常常在手稿中写下即将展开论述的要点，以便在写作停下来的地方，留下已经形成的思路。

② 马克思：《1844年经济学哲学手稿》，载《马克思恩格斯全集》第3卷，人民出版社2002年版，第282页。

③ 马克思：《1844年经济学哲学手稿》，载《马克思恩格斯全集》第3卷，人民出版社2002年版，第345页。

非阶级的“抽象同一性”概念。恰恰相反，马克思是在现实的劳动经济关系中分析了人的存在状况，揭示了现代社会中人们不同的阶级地位和社会对抗性质。然而，马克思明确强调，这种对抗不具有个人之间的性质，而是根源于作为私有财产制度之完成形态的“资本统治”，按照马克思在《资本论》中的说法，工人和资本家不过是劳动和资本的“抽象人格”。

《手稿》的“异化劳动”批判，实际上已经明确地表现了马克思的“人”的概念从原则上不同于费尔巴哈的“类”概念，并构成了对费尔巴哈的批判。马克思一开始就按照国民经济学“工资”、“资本利润”和“地租”三个范畴来分析了工人、资本家和土地所有者之间的地位和相互关系，并且指出，资本的运动将使整个社会必然分化为资产阶级和无产阶级，劳动和资本的对立一旦达到极端，就必然是整个关系的顶点、最高阶段和灭亡①。这一过程是通过工人解放的形式表现出来的，它将克服现代单纯政治解放的限度，而成为普遍的人的解放②。当然，这种解放决不是将工资的提高和工资的平等作为社会革命的目标，而是对作为“人的自我异化的”资本主义私有财产制度的积极扬弃，消除资本主义制度存在的根本前提；不是一种角色关系的互换，当然也不是人人都成为工人或者人人都成为资本家的空想，而是整个人类生存处境和生存状态的根本改变。正因为如此，在后来的《哲学的贫困》和《共产党宣言》中，马克思批判了那种只想要资本主义的好方面，而不要它的坏的方面的幼稚想法。

三

马克思说，把私有财产的起源问题变成外化劳动对人类的发展进程的关系问题，问题的这种新的提法本身已经包含了问题的解决③。正是这一问题

---

①　马克思：《1844 年经济学哲学手稿》，载《马克思恩格斯全集》第 3 卷，人民出版社 2002 年版，第 266、283 页。

②　马克思说：“社会从私有财产等等解放出来，从奴役制解放出来，是通过工人解放这种政治形式来表现的，这并不是因为这里涉及的仅仅是工人的解放，而是因为工人的解放还包含普遍的人的解放；其所以如此，是因为整个的人类奴役制就包含在工人对生产的关系中，而一切奴役关系只不过是这种关系的变形和后果罢了。”（《马克思恩格斯全集》第 3 卷，人民出版社 2002 年版，第 278 页）

③　马克思：《1844 年经济学哲学手稿》，载《马克思恩格斯全集》第 3 卷，人民出版社 2002 年版，第 279 页。

的新的提法,使得马克思获得了批判古典政治经济学、以黑格尔为代表的德国古典哲学和空想社会主义的超越性立场,并将这三方面的批判熔铸于现代性批判的统一性视角之中,对现代性的批判与对现代性的观念论"副本"的批判紧密地结合起来。总体来说,可以说国民经济学、黑格尔哲学和空想社会主义面对现代状况只是一种"非批判的实证主义",它们对现代社会的批判只是停留在现象的表面之上,而没有触及问题的根本。

马克思在工资、资本利润和地租三个范畴下对现代阶级状况的分析,完全采用了国民经济学的语言和规律,揭示和描述了现代社会的基本状况和发展趋势。但马克思立即指出,国民经济学从私有财产的事实出发,而没有揭示私有财产的本质及其根源,将需要说明的事实当作无须批判的前提,使得国民经济学自身陷入混乱,不能真正揭示现代社会的实质。马克思说,国民经济学"把私有财产在现实中所经历的物质过程,放进一般的、抽象的公式,然后把这些公式当作规律。它不理解这些规律,就是说,它没有指明这些规律是怎样从私有财产的本质中产生出来的。国民经济学没有向我们说明劳动和资本分离以及资本和土地分离的原因"①。在马克思看来,国民经济学没有将私有财产和外化劳动结合起来考察,从而不能揭示私有财产和现代资本乃是外化劳动的历史结果这一本质,不能揭示资本的统治之下工人劳动的异化,不能揭示出资本的统治乃是一种可以并且必然被扬弃的历史现象。相反,国民经济学本身只是现代原则的产物,是资本家"科学上的自白和存在"。马克思说,以斯密为代表的国民经济学,揭示了私有财产的主体本质就是劳动,将劳动视为自己的原则,这种国民经济学:

> 应该被看成私有财产的现实能量和现实运动的产物(这种国民经济学是私有财产的在意识中自为地形成的独立运动,是现代工业本身),现代工业的产物;而另一方面,正是这种国民经济学促进并赞美了这种工业的能量和发展,使之变成意识的力量。②

①　马克思:《1844年经济学哲学手稿》,载《马克思恩格斯全集》第3卷,人民出版社2002年版,第266页。

②　马克思:《1844年经济学哲学手稿》,载《马克思恩格斯全集》第3卷,人民出版社2002年版,第289页。

马克思称这样的经济学为"启蒙的国民经济学"。启蒙的国民经济学家们只是在私有制的范围内,揭示了财富的主体本质。因为,私有财产体现在人本身之中,人本身被设定为私有财产的规定,这样,财富的"外在的、无思想的对象性"被扬弃了。但是,就像路德扬弃了外在的宗教,而将僧侣移入人的心中一样,在马克思看来,这种以劳动为原则的国民经济学只不过是表面上承认了人,而本质上却是对人的彻底的否定①,因为在将人本身规定为私有财产的本质的时候,已经非批判地将私有财产作为不变的"事实"和"前提",而不是对私有财产的本身进行批判。马克思指出,斯密之后的国民经济学,作为这一科学的更加真实、更加彻底的发展,在排斥人的方面走得更远,因为它使具有活动形式的私有财产成为主体。就是说,既使人成为本质,又同时使作为某种非存在物的人成为本质,所以现实中的矛盾就完全符合它视为原则的那个充满矛盾的本质。马克思同时也肯定了国民经济学的进步,说它认出了财富的普遍本质,并因此把具有完全绝对性即抽象性的劳动提高为原则,是一个必要的进步②。

马克思在后来的著作中多次批判了国民经济学家们对资本主义私有制的论证和辩护性质,指出他们将资本主义制度看成一种永恒的社会制度。当然,马克思不是最早提出对私有制进行批判和扬弃的思想家。对私有制的激进批判首先是空想社会主义者。但是,在马克思看来,早期的空想社会主义,或者说"粗陋的共产主义"并不构成对私有制真正的积极扬弃,相反,它本身还受到私有财产的束缚和感染。为此,马克思批判了多种形式的"未完成的共产主义",包括"用普遍的私有财产来反对私有财产"的共产主义、既有民主的或专制政治的共产主义、要求废除国家的共产主义。马克思说,第一种共产主义

---

①　马克思说:"如果上述国民经济学是从表面上承认人、人的独立性、自主活动等等开始,并由于把私有财产移入人自身的本质中而不再受制于作为存在于人之外的私有财产的那些地域性的、民族的等等规定,从而发挥一种世界主义的、普遍的摧毁一切界限和束缚的能量,以便自己作为唯一的政策、普遍性、界限和束缚取代这些规定,——那么国民经济学在它往后的发展过程中必定抛弃这种伪善性,而表现出自己的十足的昔尼克主义。"(《马克思恩格斯全集》第3卷,人民出版社2002年版,第290页)

②　马克思:《1844年经济学哲学手稿》,载《马克思恩格斯全集》第3卷,人民出版社2002年版,第292页。

是对整个文化和文明的世界的抽象否定,它不仅没有超越私有财产的水平,甚至从来没有达到私有财产的水平;而后两种共产主义形式,都认识到自己是人的异化的自我扬弃,但是,它们虽然已经理解了私有财产的概念,却还没有理解私有财产的积极的本质。在马克思看来,真正的共产主义不是对私有财产的抽象否定,相反,它本身根植于私有财产的运动之中。马克思说:"不难看到,整个革命运动必然在私有财产的运动中,即在经济的运动中,为自己既找到经验的基础,也找到理论的基础。"①这样,马克思就将他对现代社会的政治批判和政治经济学批判本质地结合起来了。共产主义决不再只是具有"政治的性质",相反,它越过了现代政治解放的限度,不是确立现代市民社会的地位,而是使人们从市民社会本身中获得解放,从而具有"人类解放"的性质。

我们前面说过,马克思在《黑格尔法哲学批判》中已经确立了必须对市民社会本身展开批判的立场。在《手稿》中,马克思通过国民经济学进行的"市民社会"批判,揭示了人们劳动经济关系中的对立和异化。由此,马克思获得了批判黑格尔哲学的坚实基础,并展开了"对黑格尔的辩证法和整个哲学的批判"。总的说来,马克思认为黑格尔"只是为历史的运动找到抽象的、逻辑的、思辨的表达"。黑格尔阐释和理解的"异化"、"外化"并不是现实的、经济实践活动中的现象。在黑格尔那里:

> 全部外化历史和外化的全部消除,不过是抽象的、绝对的思维的生产史,即逻辑的思辨的思维的生产史。因此,异化——它从而构成这种外化的以及这种外化之扬弃的真正意义——是自在和自为之间、意识和自我意识之间、客体和主体之间的对立,就是说,是抽象的思维同感性的意识或现实的感性在思想本身范围内的对立。②

黑格尔异化对象的占有和扬弃,只具有一种批判的否定的外表,因为它并

①　马克思:《1844年经济学哲学手稿》,载《马克思恩格斯全集》第3卷,人民出版社2002年版,第298页。
②　马克思:《1844年经济学哲学手稿》,载《马克思恩格斯全集》第3卷,人民出版社2002年版,第318页。

不触及现实的客观经济关系和经济基础的变革,更没有要求在现实的历史运动中理解和促成此种变革。所以,马克思说黑格尔是站在现代国民经济学家的立场上,他把劳动看成人的自我确证的本质,但他只看到了劳动的积极方面,没有看到劳动的消极方面。这就是说,黑格尔像国民经济学家那样没有在现实的经济关系中揭示出劳动异化的实质和克服劳动异化的必然性。这样一来,"人的本质的全部异化不过是自我意识的异化。自我意识的异化没有被看作人的本质的现实异化的表现,即在知识和思维中反映出来的这种异化的表现……对异化的对象性本质的全部重新占有,都表现为把这种本质合并于自我意识:掌握了自己的本质的人,仅仅是掌握了对象性本质的自我意识。"①

马克思认为,黑格尔晚年以理性的政治国家批判现实市民社会的原则,本身也不再具有彻底的意义,反而是一种"非批判的实证主义"和"非批判的唯心主义",这种立场已经秘密地存在于《现象学》之中了②。对此,马克思不久以后在《神圣家族》中深刻地指出:"在黑格尔的'现象学'中,人类自我意识的各种异化形式所具有的物质的、感觉的、实物的基础被置之不理,而全部破坏性工作的结果就是最保守的哲学,因为这样的观点以为:既然它已经把实物的、感性现实的世界变成'思维的东西',变成自我意识的纯粹规定性,而且它现在又能够把那变成了以太的东西的敌人溶解于'纯粹思维的以太'中,所以它就把这个世界征服了。因此,最后完全合乎逻辑地用'绝对知识'来代替全部人类现实。"③

马克思揭示了黑格尔全部观点的"形式性"和"抽象性",但同时也指出了这种抽象观点后面的辩证法的"积极环节",黑格尔的"扬弃"和"中介"思想对于理解"共产主义"的积极意义。马克思指出,共产主义作为对私有财产的扬弃,即作为对人的现实异化的扬弃,"是在以往发展的全部财富范围内生成的",它"决不是人的采取对象性形式的本质力量的消逝、舍弃和丧失,决不是

---

① 马克思:《1844 年经济学哲学手稿》,载《马克思恩格斯全集》第 3 卷,人民出版社 2002 年版,第 322 页。

② 马克思:《1844 年经济学哲学手稿》,载《马克思恩格斯全集》第 3 卷,人民出版社 2002 年版,第 318 页。

③ 马克思恩格斯:《神圣家族》,载《马克思恩格斯全集》第 2 卷,人民出版社 1957 年版,第 245 页。

返回到非自然的、不发达的简单状态去的贫困"。这种对异化状态的扬弃和超越，是一条内在批判的道路，是实际生活的状态产生出自我扬弃的批判因素。无产阶级革命内在于这一过程，是这一过程的人格化表达。它体现出了这一辩证过程的创造性和主体性，并且使得黑格尔的过程性概念、创造性概念获得了真正的历史性和时间性。

这样一来，马克思就将对政治经济学的批判、对空想社会主义的批判和对黑格尔哲学的批判紧密地结合起来了：以社会主义思潮对私有制的批判和黑格尔辩证法的扬弃和中介思想批判国民经济学对待资本主义私有制的非批判的实证主义态度；以政治经济学批判对私有制发展规律的揭示和黑格尔的辩证运动观批判社会主义思潮对私有制的抽象否定；以政治经济学对现实社会经济异化关系的批判和社会主义运动的政治实践本质批判黑格尔辩证法及其整个哲学思想的抽象性和形式性。政治经济学、空想社会主义和古典哲学之间批判性的相互克服、相互扬弃，实现了当时主要学科和思想之间的相互贯穿，由此而形成了一个总体性的思想视域。在这个意义上，我认为可以称之为"历史唯物主义"，也就是马克思所说的"唯一的历史科学"，它不是游离于政治经济学批判、社会主义思潮批判之外的抽象教条。当然，此时范畴的使用还没有稳定下来，思想的基本视域只是蕴含在文本的表述之中。但是，《手稿》确定了马克思批判理论的核心观点和方法论特征是毋庸置疑的。《手稿》的这种奠基性的意义，不仅从《手稿》自身的内容可以得到说明，马克思 1859 年的《〈政治经济学批判〉序言》也揭示了这一点。从马克思对自己思想发展的回顾性报告来看，他明确地把"历史唯物主义"的基本思想看成是在巴黎和布鲁塞尔研究政治经济学的"总的结果"，并且被看成是以后研究工作的指导思想。十分显然，马克思在《〈政治经济学批判〉序言》中对历史唯物主义思想的经典概括只是"表述在后"[①]。所以，后来恩格斯回忆说，1845 年春天马克思已经向他讲述了历史唯物主义基本思想，马克思和他已经决定共同阐释他们的见解同德国哲学的意识形态的对立，并且准备清算自己从前的哲学信仰。对此有太多的误解。认定马克思思想存在"1845 年断裂"的人，认为这种清算

① 《马克思恩格斯全集》第31卷，人民出版社1998年版，第412页。

包括对《手稿》和《神圣家族》中的哲学思想的清算,实际上,《神圣家族》和《德意志意识形态》都是在《手稿》思想的基础上对"德国哲学的意识形态"的清算。从这两部著作的"序言"就可以明显地看出,它们持有相同的目的和思想立场,甚至它们的论战对象也大致相同。不同主要在于,《德意志意识形态》中明确将费尔巴哈作为主要的批判对象,而在《神圣家族》中,还说了"他的好话"。正是这一点,致使很多人认为马克思在《德意志意识形态》之前还属于费尔巴哈的"类",《德意志意识形态》才真正形成了历史唯物主义。事实上,如我们前面已经揭示出的那样,马克思对费尔巴哈的批判已经早就逐步地展开了,《德意志意识形态》只不过是更明确地标示出来而已,并没有形成一种思想上的飞跃和"断裂"。马克思和恩格斯的哲学清算的主要性质,可以看成是"历史唯物主义基础上的现代性意识形态批判"。也就是说,它是在确立了现代社会的存在论批判路线之后,回复到对现代性观念论批判路线的批判。

第二节　历史唯物主义基础上的
现代性意识形态批判

我们前面的研究和阐释已经说明,马克思在博士论文和《莱茵报》政论中,基本理论立场是青年黑格尔派的"自我意识"哲学,其基本性质不在于是唯物主义还是唯心主义的"本体论",而在于通过"自我意识"哲学的"主体"精神和"理性"精神追随"启蒙"和"现代"社会原则。经过了《黑格尔法哲学批判》到《1844年经济学哲学手稿》的思想历程,马克思对现代社会及其思想原则展开批判,形成了基本的立场和见解,从而获得了指导其研究工作的理论基础——历史唯物主义,或者说唯物史观。在此基础上,通过《神圣家族》、《德意志意识形态》和《哲学的贫困》等一系列论战性著作,马克思以理论批判的形式批判了现代的"观念论副本",揭示了现代性观念论批判路线在思想方向上的"唯灵论"本质,以及现代性意识形态本身的虚假性和虚伪性,从而推进和阐释了自己独特的现代性批判理论。可以将马克思的这一系列作品看作是现代性批判的全面展开,它们以一种非学科化的方式总体性地对现代性的存在论基础及其"观念论副本"进行了广泛批判。如果说马克思的思想具有三个主要来源的话,它们在此已经被熔铸为一个总体性的现代性批判视域,而不是三个并置的组成部分。按《德意志意识形态》中的说法,这一总体视域不再是由这些不同思想组成的"调色板"。

一

马克思这一时期的著作,核心的任务就是对"唯灵论"和"观念论"的批判。这一批判是《黑格尔法哲学批判》和《1844 年经济学哲学手稿》中黑格尔哲学批判的展开和推进,涉及方法论和世界观的基本原则。《神圣家族》主要批判的是思辨唯心主义的"自我意识"哲学;《德意志意识形态》则进一步批判了费尔巴哈的半截子唯物主义,即"历史唯心主义";《哲学的贫困》批判了蒲鲁东政治经济学与德国唯心主义哲学的思辨结合。批判的理论基础是《手稿》已经初步形成的"历史唯物主义",基本的方法是三大领域批判性的相互克服和相互贯穿。这意味着从唯心主义到历史唯物主义并不是政治经济学和德国古典哲学简单的相互引入,更不是像后来一些人阐释的那样是"物质"对"精神"的颠倒,"经济关系"对"政治国家"的颠倒。马克思结合现实历史的存在论分析,实际上已经超越了任何抽象意义上的本体论框架,揭示了唯心主义和唯物主义观念论的抽象本质,并正面地阐述了历史唯物主义的基本原理,历史唯物主义的主要范畴也相应地稳定下来。

在《神圣家族》中,作者对自己曾经由之出发的青年黑格尔派"自我意识"哲学展开批判。这一批判以同布鲁诺·鲍威尔等人出版的《文学总汇报》论战的形式展开。《文学总汇报》的中心论点是"群众"与"精神"的对立,鲍威尔对此种对立作了如下综述:"迄今为止,历史上的一切伟大活动之所以从一开始就是不成功的和没有实际成效的,就是因为它们引起了群众的关怀和唤起了群众的热情。换句话说,这些活动之所以必然遭到非常悲惨的结局,是因为它们的主导思想是这样一种思想:它必须满足于肤浅的理解,因而也就必然指望博得群众的喝彩。"①对此,马克思和恩格斯在《神圣家族》的"序言"中一开始就拟定了批判的基本纲领:"在德国,对真正的人道主义者来说,没有比

---

① [德]弗·梅林:《马克思传》,樊集译,人民出版社 1965 年版,第 128 页。

唯灵论即思辨唯心主义更危险的敌人了。它用'自我意识'即'精神'代替现实的个体的人,并且向福音传播者一样教诲说:'精神创造众生,肉体则软弱无能。'显而易见,这种超脱肉体的精神只是在自己的想象中才具有精神的力量。"①因此,整个写作的目的就在于"识破思辨哲学的幻想。"在之后不久的《德意志意识形态》"序言"中,这一立场又一次被提出。"序言"指出,一些天真的幼稚的空想构成现代青年黑格尔派哲学的核心,他们相信现实世界是"观念的产物",将对观念的批判当成对现实世界本身的批判,作品的目的就是揭示这种观念批判的虚假性,使人们对这种观念的斗争失去信任。

在《神圣家族》中,青年黑格尔派的"主体"和老年黑格尔派的"实体"之争,被理解为仍然停留在黑格尔哲学范围之内的争论,根本没有触及黑格尔哲学的观念论路线。因此,在施特劳斯和鲍威尔关于实体和自我意识的争论中,"他们两个人在自己的批判中都超出了黑格尔哲学的范围,但同时他们两人都继续停留在黑格尔思辨的范围内,而他们之中无论哪一个都只是代表了黑格尔体系的一个方面。"②《德意志意识形态》更一般地指出,青年黑格尔派和老年黑格尔派之间的争论只是黑格尔"绝对精神"的解体过程。"他们同黑格尔的论战以及他们之间的论战,只局限于他们当中的每一个人都抓住了黑格尔体系中的某一方面来反对他的整个体系,和反对别人所抓住的那些方面。"他们的"共同思想前提"在于"认为宗教、观念、普遍的东西统治着现存世界",不过,青年黑格尔派认为这种统治是篡夺而加以反对,而老年黑格尔派认为它是合法的而加以赞扬。马克思进一步批判指出,青年黑格尔派的激进"反对"只是一种观念批判:"他们只是用词句来反对这些词句,既然他们只反对现存的世界的词句,那么他们就绝对不是反对现实的、现存的世界。"③马克思尖锐地指出:"这些哲学家们没有一个想到要提出关于德国哲学和德国现实之间的关系问题,关于他们所作的批判和他们自身的物质环境之间的

---

① 马克思恩格斯:《神圣家族》,载《马克思恩格斯全集》第2卷,人民出版社1957年版,第7页。

② 马克思恩格斯:《神圣家族》,载《马克思恩格斯全集》第2卷,人民出版社1957年版,第177页。

③ 《马克思恩格斯选集》第1卷,人民出版社1995年版,第66页。

联系问题。"①他们的出发点是意识,是精神,而不是从事实际活动的人。

思辨的唯心主义,将现实变成"抽象","它把自己同一切隔绝开来",从而"确立了自己的抽象的性质——作为绝对抽象的性质"。青年黑格尔派虽然"批判一切",但他们的所谓批判"不是现实的生活在现代社会之中并同这个社会同甘共苦的人类主体所特有的活动。现实的个人只是偶性,只是批判的批判借以表现自己为永恒实体的人间的容器。主体不是人类中的个人所实现的批判,而是批判的非人类的个人。并非批判是人的表现,而是人是批判的异化,因此批判家完全生活在社会之外。"②他们把历史和自然科学、工业分开,认为历史的发源地不在尘世的粗糙的物质生产中,而在天上的云雾中,在人们的自我意识和精神之中,他们只是宣扬精神自由、理论自由这样一些"唯灵论自由",这种自由认为自己即使在束缚中也是自由的,因为这种自由仅仅在于"观念中"③。为此,马克思批判地指出:"世俗社会主义的第一个原理就否认纯理论领域内的解放,认为这是幻想,为了真正的自由它除了要求唯心的'意志'外,还要求完全能感触到的物质的条件。"④

马克思在此基础上概括出了历史唯物主义的基本思想,意识任何时候都只是被意识到了的存在,而人们的存在就是他们的实际生活过程,不是意识决定生活,而是生活决定意识。因此,纯理论领域的解放,只是幻想,而不是真正的解放。马克思对唯心主义哲学的批判完全立足于政治经济学批判和无产阶级革命实践的理论基础之上,立足于他已经确立的新的思想基础之上。这一思想基础,在《神圣家族》中还只是侧面地提及,而《德意志意识形态》将新思想的基本观点作了明确的概括。《德意志意识形态》成为马克思历史唯物主义的标志性著作。唯物史观从直接的物质生产出发来考察现实生产过程,并

---

① 马克思恩格斯:《德意志意识形态》,载《马克思恩格斯全集》第3卷,人民出版社1960年版,第21、22、23页。

② 马克思恩格斯:《神圣家族》,载《马克思恩格斯全集》第2卷,人民出版社1957年版,第204页。

③ 马克思恩格斯:《神圣家族》,载《马克思恩格斯全集》第2卷,人民出版社1957年版,第120页。

④ 马克思恩格斯:《神圣家族》,载《马克思恩格斯全集》第2卷,人民出版社1957年版,第121页。

把与该生产过程相联系的、它所产生的交往方式,即各个不同阶段上的市民社会,理解为整个历史的基础;然后必须在整个国家生活的范围内描述市民社会的活动,同时从市民社会出发来阐释各种不同的理论产物和意识形式,如宗教、哲学、道德等,并在这个基础上追溯它们的产生过程。①

马克思指出,这种历史观不是在每个时代中寻找某种范畴,而是始终站在现实历史的基础上,不是从观念出发来解释实践,而是从物质实践出发来解释观念的东西。历史的动力不在于观念的"批判",而在于革命的"实践",在于实际地改变"现实的社会关系",改变人们实际的物质生活条件和社会交往形式。在马克思看来,"……实际上和对实践的唯物主义者,即共产主义者说来,全部问题都在于使现存世界革命化,实际地反对和改变事物的现状。"②如果说可以将马克思的整个思想称为"历史唯物主义"的话,显然,这种历史唯物主义是哲学、经济学和共产主义思潮之间批判性的相互贯穿。不论从马克思思想发展的过程还是思想本身的逻辑上说,并不存在一个外在于、理论上先行于政治经济学和科学社会主义的历史唯物主义哲学。

二

《德意志意识形态》说费尔巴哈的思想中也有某些共产主义的萌芽,但始终不过是一些零星的猜测,并不构成其思想的本质。马克思明确表达了对费尔巴哈的批判。马克思说费尔巴哈将世界理解为"感性世界",但他只限于对这一世界单纯的感觉和单纯的直观。费尔巴哈谈到的人是"人自身",而不是"现实的历史的人",他只是把人看成"感性的对象",而不是"感性的活动",马克思恩格斯批判指出,费尔巴哈说:

　　仍然盯在理论的领域之内,而没有从现有的社会关系,从那些使人们成为现在这个样子的周围生活条件来观察人们;因此毋庸讳言,费尔巴哈

①　马克思恩格斯:《德意志意识形态》,载《马克思恩格斯全集》第3卷,人民出版社1960年版,第42—43页。
②　马克思恩格斯:《德意志意识形态》,载《马克思恩格斯全集》第3卷,人民出版社1960年版,第48页。

从来没有看到真实存在着的大写的、活动的人,而是停留在抽象的'人'上……他没有批判现实的生活关系,因而他从来没有把感性世界理解为构成这一世界的个人共同的、活生生的、感性的活动,因此……正是在共产主义的唯物主义者看到改造工业和社会制度的必要性和条件的地方,他重新陷入唯心主义。①

我们知道,在《神圣家族》中马克思还高度地肯定了费尔巴哈的贡献,而在《德意志意识形态》中,马克思立刻将费尔巴哈作为主要的批判对象。是不是像一些人说的那样,短短的时间之中,马克思实现了一次思想的断裂,《德意志意识形态》之前的马克思还从属于费尔巴哈的"类",而不属于"马克思主义呢"? 这一问题涉及对马克思思想发展及其性质的不同理解。

在《1844年经济学哲学手稿》中,马克思说费尔巴哈为国民经济学的批判和"整个实证的批判"打下了"真正的基础"②,明确地将政治经济学的批判建立在费尔巴哈对黑格尔的"颠倒"上。但是很显然,马克思虽然运用了一些费尔巴哈的术语和范畴,并且指明了费尔巴哈的基本意义。但是,马克思的论域本身是越出费尔巴哈的。真正说来,马克思只是在批判唯灵论观念的意义上分享了费尔巴哈的思想前提,但马克思的基础不是哲学人本主义,马克思对人的理解、对自然的理解,对现实的"异化"关系的理解定位于社会经济劳动的具体分析之中。这一点我们在前面已经指明。在《神圣家族》中,马克思说:"只有费尔巴哈才是从黑格尔的观点出发而结束和批判了黑格尔的哲学。费尔巴哈把形而上学的绝对精神归结为'以自然为基础的现实的人',从而完成了对宗教的批判。同时也巧妙地拟定了对黑格尔的思辨以及一切形而上学的批判的基本要点。"③在此,马克思虽然肯定了费尔巴哈的巨大贡献,明确提出费尔巴哈的出发点是"以自然为基础的现实的人",其基本的意义在于完成了对宗教的批判。结

---

① 马克思恩格斯:《德意志意识形态》,载《马克思恩格斯全集》第3卷,人民出版社1960年版,第50—51页。

② 《1844年经济学哲学手稿》,载《马克思恩格斯全集》第3卷,人民出版社2002年版,第220页。

③ 马克思恩格斯:《神圣家族》,载《马克思恩格斯全集》第2卷,人民出版社1957年版,第177页。

合《〈黑格尔法哲学批判〉导言》所说的"宗教的批判在德国已经结束"以及《1844年经济学哲学手稿》的立场,可以说,马克思对费尔巴哈的意义和限度的理解是十分自觉的。这一点只是到了《德意志意识形态》中才被集中地、肯定地揭示出来。在《德意志意识形态》中,马克思对费尔巴哈的定位相对于以前并没有改变,仍然认为其出发点是"以自然为基础的现实的人",他所理解的自然是没有被工业和历史改变过的自然。马克思批判的方面在于指出,费尔巴哈脱离了劳动关系和经济关系,脱离了工业和历史来谈论人和自然,因此,他的出发点还不是真正的"以社会为基础的现实的人"。由于脱离了对现实社会关系的批判,他只是满足于对现实世界的"直观",因此,他只是一个"理论家、哲学家"。

马克思对费尔巴哈的批判,不过是正面地阐述了他自己思想的基本方面而已。马克思和恩格斯之所以要在《德意志意识形态》中揭示和批判费尔巴哈,一个重要的原因是,1845年3月,《维干德季刊》第三卷中发表了鲍威尔和施蒂纳批判费尔巴哈、赫斯、马克思和恩格斯的文章。在他们看来,马克思和恩格斯的"共产主义"是"以费尔巴哈为支柱的",由此,马克思恩格斯意识到正面地澄清他们与费尔巴哈关系的必要。

《德意志意识形态》指出,运用黑格尔的理论武器不能理解人们经验的物质行为,费尔巴哈虽然揭示了宗教世界和黑格尔的精神世界只是"世俗世界的幻想",但他并没有揭示出人们如何将这些幻想塞进自己的脑袋里,亦即是说没有能揭示这些幻想阐释的现实历史条件和社会基础。马克思说,对这一问题的回答为德国理论家开辟了通向唯物主义世界观的道路,而这一切在他的《德法年鉴》的两篇文章中已经指出了,但其思想的成果没有被德国的理论家们发现:

> 这一道路已在《德法年鉴》中,即在《〈黑格尔法哲学批判〉导言》和《论犹太人问题》这两篇文章中指出了。但当时由于这一切还是用哲学词句来表达的,所以,那里所见到的一些习惯的哲学术语,如'人的本质'、'类'等等,给德国理论家们以可乘之机不去正确地理解真实的思想过程并以为这里的一切都不过是他们的穿旧了的理论外衣的翻新。①

---

① 马克思恩格斯:《德意志意识形态》,载《马克思恩格斯全集》第3卷,人民出版社1960年版,第261—262页。

《德意志意识形态》还经常大段地引证《神圣家族》里的思想,并多次重申《德法年鉴》中的基本论点,而且这些地方往往都是涉及基本的方面,而不是枝节。所有这些都能充分说明,马克思思想与费尔巴哈的基本差异和分歧并不发生在《德意志意识形态》之中。不能以马克思是否公开地批判费尔巴哈来指认马克思思想的发展。如果仅以马克思公开对待费尔巴哈或者说对待黑格尔的态度,甚至是以马克思在不同时期是否使用他们的术语和范畴作为判定马克思思想性质思想发展的尺度,势必只是确立一种外在的标准,而没有进入马克思思想的内部。我将这种解读称为马克思思想阐释的黑格尔和费尔巴哈镜像。以 1845 年马克思对费尔巴哈的批判作为划定马克思思想发展的转折点,判定两个马克思思想的不同性质,就是由此常犯的基本错误。

三

马克思在对思辨唯心主义的批判中阐释了历史唯物主义的基本观点,揭示出意识任何时候都只是被意识到了的存在,而人们的存在就是他们的实际生活过程这一原理。在马克思看来,虽然费尔巴哈已经揭示出了哲学、宗教只是"世俗世界的幻想",但是费尔巴哈的世俗世界还不是真实的世界,"仍然不过是些词句",他没有真正揭示出现代历史运动和人们实际生活过程同这种"幻想"之间的真实关系,他没有回答人们是怎样把这些幻想塞进自己的头脑这一问题。因此,揭示当时流行的哲学观念、宗教意识、价值取向等意识形态同现实历史之间的关系,成为马克思批判的一个重要主题。在马克思看来,思辨的唯心主义者,从观念和原则出发,而没有揭示出这些观念存在论上的基础。他们是一些"没有任何前提的德国人",他们没有想到要提出关于德国哲学和德国现实之间的关系问题,关于他们所作的批判和他们自身的物质环境之间的联系问题。

"如果完全不考虑这些思想的基础——个人和历史环境,那就可以这样说:例如,在贵族统治时期占统治地位的概念是荣誉、忠诚,等等,而在资产阶级统治时期占统治地位的概念则是自由、平等,等等。"①在马克思看来,考察

---

① 马克思恩格斯:《德意志意识形态》,载《马克思恩格斯选集》第 1 卷,人民出版社 2012 年版,第 180 页。

一个时代的思想、概念的时候,一定要揭示它的现实的基础,现实的历史条件,现实的社会关系。是现实历史的变革推动了思想观念的运动,而不是相反。正是在这个意义上,马克思甚至说意识形态"没有历史,没有发展。"作为"上层建筑"的意识形态与现实的历史运动之间存在着一种内在的同构关系。对于这种关系的揭示,马克思往往有不同的表达,但思想的基本性质是完全一致的。比如,后来在《剩余价值理论》中,马克思说:

> 要研究精神生产和物质生产之间的关系,首先必须把这种物质生产本身不是当作一般范畴来考察,而是从一定的历史的形式来考察。例如,与资本主义相适应的精神生产,就和与中世纪生产方式相适应的精神生产不同。如果物质生产不从它的特殊的历史的形式来看,那就不可能理解与它相适应的精神生产的特征以及这两种生产的相互作用。从而也就不能超出庸俗的见解。这一切都是由文明的'空话'而说的。①

我们前面说过,马克思早在《德法年鉴》时期就明确地指出过康德哲学与法国大革命的关系。在《神圣家族》中,马克思批判埃德加尔时说:"如果埃德加尔先生把法国的平等和德国的'自我意识'稍微比较一下,他就会发现,后一个原则按照德国的方式即用抽象思维的形式所表达的东西,就是前一个原则用法国的方式即用政治和思维直观的语言所表达的东西。"②对于这种关系,《德意志意识形态》在批判施蒂纳对自由主义的批判时,做出了更为直接的揭示:

> 在康德那里,我们又发现了以现实的资产阶级利益为基础的法国自由主义在德国所采取的特有形式。不管是康德还是德国市民(康德是他们的利益的粉饰者),都没有觉察到资产阶级的这些理论思想是以物质利益和由物质生产关系所决定的意志为基础的。因此,康德把这种理论

---

① 马克思:《剩余价值理论》,载《马克思恩格斯全集》第26卷,人民出版社1972年版,第296页。

② 马克思恩格斯:《神圣家族》,载《马克思恩格斯全集》第2卷,人民出版社1957年版,第48页。

的表达与它所表达的利益割裂开来,并把法国资产阶级意志的有物质动机的规定变为'自由意志'、自在和自为的意志、人类意志的纯粹自我规定,从而就把这种意志变成纯粹思想上的概念规定和道德假设。①

马克思指出,德国哲学中的"自我意识"、"意志自由",不过是法国启蒙精神自由、平等原则的特殊表达,"是现实的自由主义在观念上的反映",是把现实的自由主义变成了"纯粹概念的规定"。在马克思看来,自由主义的词句也不过是"资产阶级的现实利益的唯心的表达"。在《神圣家族》中批判鲍威尔时也指出了,现代资产阶级社会对"自由人性"、对"人权"的承认,不过是对市民社会的利己主义原则的承认。不论是在《神圣家族》还是在《德意志意识形态》中,马克思都多次揭示了人权、平等、自由与现实市民社会的内在关系。现代政治解放所确立起来的这些原则,不过是现代资产阶级市民社会原则在观念上的表现。马克思已经从原则上揭示出了自由主义意识形态同资本主义生产方式之间的内在关系,马克思以资本主义生产方式作为现代社会形态的基础,相应的,现代社会占统治地位的意识形态就是自由主义。在马克思看来,现代社会中的保守主义(在德国是以浪漫主义为代表)和空想社会主义思潮从两个相反的方向构成与自由主义意识形态的对立。它们同样没有揭示出自由主义作为现代意识形态的社会存在基础,它们没有在对现代社会经济关系的分析中揭示出现代社会的特征及其限度。相应的,马克思揭示了现代市民社会内部的对立和矛盾,获得了批判自由主义意识形态的历史唯物主义基础。于是,不仅是当时哲学上的青年黑格尔派,而且启蒙思想家(如爱尔维修、霍尔巴赫)、《人权宣言》、边沁等都遭到了批判。

早年的马克思和青年黑格尔派都认为德国哲学与法国革命之间存在着紧密的关系,德国哲学是法国革命的理论表达。他们自觉地以"自我意识"哲学来阐释和捍卫法国的启蒙精神和启蒙原则。这一立场构成了马克思博士论文和《莱茵报》时期的基本旨趣。经过了对现代政治解放和现代社会经济关系

---

① 马克思恩格斯:《德意志意识形态》,载《马克思恩格斯全集》第3卷,人民出版社1960年版,第213页。

的批判,马克思确立了现代性批判的理论基础,当他以此为基础系统地回溯到对哲学意识形态进行批判的时候,马克思清算了这一立场。在《神圣家族》和《德意志意识形态》中,马克思和恩格斯揭示了当时的德国哲学与现代政治思想之间,现代政治思想与市民社会原则之间的相互关系。当时的德国哲学和以法国为代表的现代政治思想原则只是现代历史运动和现代市民社会原则的观念论表达。当然,这种"表达",有可能是自觉的"编造",也可能是不自觉的"回声",马克思称之为"意识形态"。就它们与现实历史的内在关系而言,它们是真实的,甚至是必然的。因此,要改变这种"现实的"意识形态,依靠的不能是理论的批判,而必须是革命的实践。在这里,虽然同样确认了德国哲学同法国革命之间的这种关系,但这一次它不再是被推进,而是被作为现代原则的观念论副本遭到批判了。马克思明确地将德国古典哲学、法国的启蒙精神看成是现代资本主义社会的意识形态表达。因此,这一批判的意义就不仅只是清算自己从前的哲学信仰,而且具有现代性意识形态批判的一般意义。它揭示了启蒙精神及其哲学表达同现实历史之间的内在关系,从而也揭示了现代精神原则自身的内在限度和困境所在。

　　《神圣家族》和《德意志意识形态》的主要任务是对意识形态的批判,在揭示这些意识形态的社会基础时,也深刻地揭示了现代社会本身的矛盾和特征。这些揭示是以《德法年鉴》中"现代只是政治解放"这一思想为基础的,马克思反复地引证和转述了《德法年鉴》中的基本观点,揭示现代国家的本质①。但

---

　　① 马克思说,在《德法年鉴》中已经指出:"现代国家承认人权同古代国家承认奴隶是一个意思。就是说,正如古代国家的自然基础是奴隶制一样,现代国家的自然基础是市民社会以及市民社会中的人,即仅仅通过私人利益和无意识的自然的必要性这一纽带同别人发生关系的独立的人,即自己经营的奴隶,自己以及别人的私欲的奴隶。现代国家就是通过普遍人权承认了自己的这种自然基础。而它并没有创立这一基础。现代国家既然是由于自身的发展不得不挣脱旧的政治桎梏的市民社会的产物,所以,它就用宣布人权的办法从自己的方面来承认自己的出生地和自己的基础。""现代的'公法状况'的基础,现代发达国家的基础,并不像批判所想象的那样是由特权来统治的社会,而是废除了特权和消灭了特权的社会,是使政治上仍被特权束缚的生活要素获得自由活动场所的发达的市民社会……民主的代议制国家和市民社会的对立使公法团体和奴隶制的典型对立的完成。在现代世界中每一个人都是奴隶制度的成员,同时也是公法团体的成员。市民社会的奴隶制恰恰在表面上看来是最大的自由,因为它似乎是个人独立的完备形式。"(马克思恩格斯:《神圣家族》,载《马克思恩格斯全集》第2卷,人民出版社1957年版,第145、148、149页)

是,通过政治经济学展开的市民社会批判,正面揭示出了现代社会在劳动经济关系中体现出来的矛盾和困境,使得现代解放并不是真正的人类解放这一思想获得了政治经济学批判的支持,现代自由的抽象性和形式性通过现代资本主义私有制条件下的异化劳动和阶级剥削暴露出来了。马克思说:"现代国家、即资产阶级的统治,建立在劳动的自由之上……劳动在所有文明国家中已经是自由的了;现在的问题不在于解放劳动,而在于消灭这种自由的劳动。"①因为劳动仍然束缚在私有制为基础的剥削关系中,按照《资本论》中的说法,这里的自由劳动不过是工人获得了人身自由,能够自由地出卖自己的劳动力给能够自由购买它的资本家,这种形式上的自由掩盖了真实的剥削和异化关系。消灭此种劳动就是消灭私有制,消灭资本主义生产方式本身。

四

马克思在《〈政治经济学批判〉序言》中说,"我们见解中有决定意义的论点,在我的 1847 年出版的为反对蒲鲁东而写的著作《哲学的贫困》中第一次作了科学的、虽然只是论战性的概述。"《哲学的贫困》是马克思个人公开出版的第一部完整的著作。在这一公开出版的著作中,马克思以不长的篇幅熔铸了他思想的基本成果,这一著作的意义不可低估。梅林在《马克思传》中,以"历史唯物主义"这一标题来概括《哲学的贫困》;日本学者城塚登在《青年马克思的思想》一书中,把它和《共产党宣言》一起看成是马克思主义诞生的标志。从这一著作的公开发表的性质、范畴、使用的稳定性,以及表达方式的特点来说,这样的看法是理所当然的。但是我们从马克思思想发展的过程和全部著作活动来看,这一著作不过是将前期各类著作中的思想有机地结合并公开表达出来而已。

我们说过,《神圣家族》和《德意志意识形态》以《1844 年经济学哲学手稿》中形成的基本见解为基础,侧重点是对青年黑格尔派思辨哲学的清算,批

---

① 马克思恩格斯:《德意志意识形态》,载《马克思恩格斯全集》第 3 卷,人民出版社 1960 年版,第 223 页。

判他们脱离现实政治经济关系和实践运动的哲学抽象。但是，马克思的历史唯物主义并不是哲学和政治经济学的简单相互介入，《哲学的贫困》对蒲鲁东的批判深刻地揭示了这一点。实际上，通过与马克思的讨论，蒲鲁东意识到了贯穿哲学批判、政治经济学批判和社会主义批判的必要性。《贫困的哲学》就是蒲鲁东实现这一贯穿的努力，而马克思批判这一著作的目的恰恰在于指明蒲鲁东这一努力的基本失败，揭示他政治经济学和思辨哲学的抽象结合，及其小资产阶级的社会主义立场。马克思批判蒲鲁东说："蒲鲁东先生自以为他既批判了政治经济学，也批判了共产主义；其实他远在两者之下。说他在经济学家之下，因为他作为一个哲学家，自以为有了神秘的公式就用不着深入纯经济的细节；说他在社会主义者之下，因为他既缺乏勇气，也没有远见，不能超出（哪怕是思辨地也好）资产者的眼界。他希望成为合题，结果只不过是一种结合的错误。"①马克思认为蒲鲁东的《贫困的哲学》只是"小资产者社会主义的法典"。

在《1844年经济学哲学手稿》中，马克思对蒲鲁东的局限性就有明确的意识，并且将对这种局限性的克服当作自己理论探索的指向。我们前面在讨论《1844年经济学哲学手稿》时，已经强调了马克思如下提问的重要意义："主张细小改革的人不是希望提高工资并以此来改善工人阶级的状况，就是（像蒲鲁东那样）把工资的平等看作社会革命的目标，他们究竟犯了什么错误？"这一根本问题可以看作是马克思政治经济学批判和社会主义理论探索的出发点，在此已经明确了对蒲鲁东立场的反思，将探讨其错误的根源作为理论的基本任务。后来，马克思在《神圣家族》中批判蒲鲁东时说："由于他对政治经济学的批判还受着政治经济学的前提的支配，因此，蒲鲁东仍以政治经济学的占有形式来表现实物世界的重新争得……'平等占有'是政治经济学的观念，因而还是下面这个事实的异化表现：实物是为人的存在，是人的实物存在，同时也就是人为他人的定在，是他对他人的人的关系，是人对人的社会关系。蒲鲁东在政治经济的异化范围内来克服政治经济的异化。"②马克思的这一批判实

---

① 《马克思恩格斯选集》第1卷，人民出版社1995年版，第155—156页。
② 马克思恩格斯：《神圣家族》，载《马克思恩格斯全集》第2卷，人民出版社1957年版，第52页。

际上已经本质性地回答了《1844年经济学哲学手稿》中的提问,说明了蒲鲁东的以"工资平等"为目标的社会主义思想的小资产阶级本质,他对现代资本主义的批判根本没有触及资本主义私有制的本质。虽然马克思对蒲鲁东还有比较肯定的论述,而且总是以一种辩证的眼光来看待蒲鲁东的成果,比如在《神圣家族》中,马克思指出:"蒲鲁东既把劳动时间,即人类活动本身的直接定在,当作工资和规定产品价值的量度,因而就使人成了决定性的因素;而在旧政治经济学中决定性的因素则是资本和地产的物质力量,这就是说,蒲鲁东恢复了人的权利,虽然是以政治经济学的、因而也是矛盾的形式来恢复的。"①但是,马克思的这一批判却涉及了本质的方面。虽然,此时马克思明显地同情蒲鲁东的社会主义取向,并且深受蒲鲁东经济学思想的影响,但他已经洞悉了蒲鲁东理论上的基本失误。

到了《哲学的贫困》中,马克思公开地与蒲鲁东决裂了。一方面批判蒲鲁东政治经济学本身的矛盾和含混,另一方面批判蒲鲁东方法论上的形而上学本质。马克思将他和恩格斯批判青年黑格尔派的成果运用到了对蒲鲁东政治经济学的批判之中。马克思指出,不能将对现代社会的政治经济学批判纳入哲学思辨的范畴演绎,把现代资产阶级生产关系看成是先验的逻辑关系,不受时间影响的自然规律支配着这些关系,从而把政治经济学弄成"应用的形而上学",而必须考察现实历史本身的运动,在现实的运动中揭示范畴和规律的历史性。"历史的运动创造了社会关系",产生了现代经济关系。马克思说:"人们按照自己的物质生产率的发展建立相应的社会关系,正是这些人又按照自己的社会关系创造了相应的原理、观念和范畴。所以,这些观念、范畴也同它们所表现的关系一样,不是永恒的。它们是历史的暂时的产物。"②马克思还指出,随着社会历史的演进和阶级斗争的发展,社会主义理论也将变成"革命的科学",作为无产阶级理论家的社会主义者和共产主义者,只需要注意眼前发生的事情,并把这些事情表达出来就行了,不再需要到头脑中寻找科学了。马克思明确地将这种无产阶级的理论家同宿命论的经济学家、人道学

---

① 马克思恩格斯:《神圣家族》,载《马克思恩格斯全集》第2卷,人民出版社1957年版,第61页。
② 《马克思恩格斯选集》第1卷,人民出版社1995年版,第142页。

派、博爱学派对立起来,批判了这些理论家面对现代社会困境时的思想局限性和阶级立场。蒲鲁东希望凌驾于资产者和无产者之上,结果只是一个小资产者,摇摆于资本与劳动、政治经济学与共产主义之间。

在这一著作中,马克思通过批判蒲鲁东,阐释了现代资本主义社会一系列重要范畴,分析了现代分工和生产、现代竞争和垄断以及工人运动等如何在具体的历史条件下产生、它们在现代社会所具有的特征及其真正的社会后果。这里,马克思以更加明晰和简洁的方式展开和深化了《1844 年经济学哲学手稿》和《德意志意识形态》的相关主题,明确地将这些分析看成是对现代社会的产生、发展和变化过程的诊断。马克思以对历史现实运动的考察为基础,从阶级分析与经济分析内在关联的方面揭示了现代社会对立、对抗的性质。《1844 年经济学哲学手稿》中的"异化劳动"概念延伸到了对社会宏观结构的阐释之中,社会冲突和阶级对抗的范畴取得了主导地位,并在《共产党宣言》中获得了鲜明的阐释。

第三节 现代性批判的纲领:《共产党宣言》

《共产党宣言》是一部具有高度概括性的理论著作,不能只看成是革命实践的行动纲领或单纯动员性的檄文。宣言的形式和呼唤革命的激情往往掩盖了它理论的深邃,不少人甚至从今天历史经验的变化来判定《共产党宣言》的地位,将它归属于现代性文本加以批判。我们先不就此展开讨论,但可以明确地指出,《共产党宣言》是现代性分析和现代性批判的一部伟大的理论著作。它以对现代历史的唯物主义分析为基础、从阶级斗争的视角切入,几乎展开了现代性批判的所有主题。它成功地浓缩了马克思和恩格斯先前思考的主题和思想成果,以一种简洁明快、气势磅礴的宣言方式步入了历史。《共产党宣言》发表后的历史事实表明,它为人们阐释了一个鲜明的现代性形象,形成了明确的现代概念,它真正带我们走进了对现代社会的理解,向我们肯定了现代的辉煌,同时也让我们感受到现代历史的漩涡和现代历史的困境,并以独特的方式参与了现代历史本身的构成。对现代性的批判和诅咒不是始于马克思,但是,现代性危机意识是随着《共产党宣言》的诞生而得到明确,并通过它的历史效果得到加强的①。"理性时代"的非理性本质,再也不能单纯看成是文人和思想家立足于形而上学"预设"的主观感受及其表达,其历史的存在论基础被《共产党宣言》深刻地揭示出来了。

一

阶级分析是《共产党宣言》现代性分析和现代性批判的切入视角。《共产党宣言》通过阶级分析的方法阐释现代社会产生、发展和最后灭亡的道路。同样,它以阶级斗争的方式阐释现代社会的特征,批判了现代社会主要的思想流派。这种阶级分析的立场今天遭到了尖锐的批判,就像过去它曾经被有力地捍卫和辩护一样。阶级分析方法在马克思那里,并不是一种意识形态的分析方法,也不是一种法哲学的分析方法,而是一种建基于历史唯物主义的生产关系和生产方式的分析方法。人们之间的阶级关系不过是人格化了的生产关系,体现的是人们实际生产和交往过程中的存在关系。在早期的著作中,资产阶级和无产阶级之间的关系被直接地称为资本与劳动之间的对立。资产阶级是现代社会的主导阶级和统治阶级,所以马克思直接将现代社会表述为"现代资产阶级社会"、"资产阶级时代"等,现时代是在"资本"范畴中被把握的,资产阶级不过是资本的人格化。如果资本主义的结构性关系不被打破,雇佣劳动关系仍然是人们之间的主导关系,不管其形式如何,人类的处境都不会有根本的改变,即使人们以新的术语来称谓这个历史时代,如后现代等等。

《共产党宣言》首先指出,从封建社会中产生出来的现代资产阶级时代,并没有消除阶级之间的对立,它只是用新的阶级、新的压迫条件和斗争形式代替了旧的,它将阶级之间的对立简化为资产阶级和无产阶级之间的对立。现

---

① 对此,戴维·哈维的如下评论是正确的:"各种变化当然受到了丧失对于进步之必然性的信念的影响,也受到对于启蒙思想的绝对稳定性日益感到不安的影响。这种不安部分源自于阶级斗争动荡不安的道路,尤其是1848年革命和《共产党宣言》发表之后。在那之前,具有启蒙运动传统的思想家,如亚当·斯密和圣西门,可以理性地论证说:一旦封建阶级关系的镣铐被摆脱掉,一种慈善的资本主义(或者通过市场的隐蔽之手建立起来,或者通过圣西门出了很大力创建的协会的力量建立起来)就可以把资本主义现代性的福利带给一切人。这是一个受到马克思和恩格斯严厉拒斥的主题,随着那个世纪的消逝和资本主义内部产生的阶级悬殊越来越明显,它就越来越站不住脚。社会主义运动日益向启蒙运动理性的同一性挑战,并把阶级之维插入到现代主义之中。"([美]戴维·哈维:《后现代的状况》,阎嘉译,商务印书馆2003年版,第43页)

代资产阶级是现代生产方式和交换方式变革的产物,这一过程还伴随着相应的现代国家形式的形成。现代的国家政权不过是服务于资本主义生产方式和资产阶级利益的工具。在封建社会的生产关系被炸毁以后,"取而代之的是自由竞争以及与自由竞争相适应的社会制度和政治制度、资产阶级的经济统治和政治统治。"但是,在马克思看来,这种现代统治只是历史的、暂时的,并且将是人类历史发展最后的阶级对抗形式,它将在革命无产阶级的创世活动中被炸毁。这种历史变革的动力何在呢? 它是一种被剥削阶级的怨恨和冲动,还是一种客观的现实趋势? 这里,我们可以看到马克思内在统一的双重论证逻辑。这种双重性制约和影响了以后的不同解释路线。马克思说:

> 资产阶级用来推翻封建制度的武器,现在却对准资产阶级自己了。
> 资产阶级不仅锻造了置自身于死地的武器;它还产生了将要运用这种武器的人——现代的工人,即无产者。①

生产力与生产关系、经济基础与上层建筑之间的辩证运动推动历史的发展,是马克思历史观的一个基本命题。在马克思看来,资产阶级创造了巨大的生产力,使得封建的生产关系和交往关系成为生产力发展的桎梏,生产力是现代资产阶级推翻封建社会的武器,它使得野蛮让位于文明,东方从属于西方,农村从属于城市,从而建立起了一个统一的世界体系和新的历史时代,马克思称之为"世界历史时代"。但是,曾经摧毁了封建社会的现代生产力,本身又成了资本主义制度的威胁和挑战,它使得现代资本主义社会再度陷入危机和困境之中,成为置资产阶级于死地的武器。为此,马克思似乎是一个生产力决定论者,似乎遵循着一种刚性的客观逻辑,马克思的理论甚至被作为一种经济决定论来解读。但另一方面,马克思认为历史不过是追求自己的目的的人类活动而已,它不是无主体的宿命论过程。资本主义的生产方式并不是一种外在于人类活动的力量,它是人与人之间对象化了的社会关系和社会力量,资本

---

① 马克思恩格斯:《共产党宣言》,载《马克思恩格斯选集》第 1 卷,人民出版社 1995 年版,第 278 页。

主义生产力对生产关系的否定同代表这种生产力的无产阶级对资产阶级的反抗是同一过程,后者不过是前者的人格化表达。这里并不存在二元对立的主体和客体逻辑。因此马克思说,无产阶级的反抗意识和共产党人的理论原理,并不是以这个和那个世界改革家所发明和发现的思想、原则为根据的,它不过是现存的阶级斗争、我们眼前的历史运动的真实关系的一般表达①。历史的现实运动就是这种主客体之间的具体的辩证法,无客体性的主观或无主体性的客观,主观与客观之间难以消解的对立其实只是一种话语的理论抽象。

二

正如特里·伊格尔顿指出的那样,面对现代性,马克思鲜明地坚持了辩证法,指出了现代历史是文明与野蛮交织的历史,既与保守的浪漫主义怀旧相对立,也与自由主义现代化的自鸣得意相抵触。马克思对资本现代性的尖锐批判和高度赞扬,在《共产党宣言》中集中地体现出来。

马克思充分地肯定了资产阶级巨大的历史贡献,说它在不到一百年的阶级统治中创造了比过去一切时代的总和还要多得多的生产力。马克思以一种磅礴的语气概括了资本现代性的确立过程。它摧毁了封建的、宗法的、地缘之间的关系,斩断了形形色色的封建羁绊。它使得物质和精神的生产都具有了世界性,成为一个不可分割的总体过程。"它迫使一切民族——如果它不想灭亡的话——采取资产阶级的生活方式;它迫使它们在自己那里推行所谓的文明,即变成资产者。一句话,它按照自己的面貌为自己创造出一个世界。"②这个世界就是资本全面统治的世界,就是"现代社会"或"现代历史",就是"形态学"意义上的"现代"。从时间上说,资本炸毁了代表过去传统的封建主义及其遗留,将开化的、半开化的文明淘汰,纳入资本的文明中;从空间上说,它使农村从属于城市,东方从属于西方,它到处开发,到处建立联系,确立起了全球的统治。今天被称为全球一体化的过程不过是资本全球统治的

---

① 马克思恩格斯:《共产党宣言》,载《马克思恩格斯选集》第1卷,人民出版社1995年版,第285页。
② 马克思恩格斯:《共产党宣言》,载《马克思恩格斯选集》第1卷,人民出版社1995年版,第276页。

深度发展。

保守的浪漫派对此大为惋惜,而在马克思看来,这是历史必然的过程,对人类社会起到了巨大解放作用。当然,这种解放作用的限度对马克思来说是相当明确的。这一点在《论犹太人问题》中早就以法哲学批判的方式揭示出来了。在这里它更获得了政治经济学批判的基础,并被再一次加以简洁的表述。在马克思看来,资本的统治简化了人们之间的交往关系,它将人们之间的关系变成了赤裸裸的"现金交易":"它把宗教虔诚、骑士热忱、小市民伤感这些情感的神圣发作,淹没在利己主义打算的冰水之中。它把人的尊严变成了交换价值,用一种没有良心的贸易自由代替了无数特许的和自力争得的自由。"①人与人之间的关系变成了纯粹的金钱关系。"资产阶级抹去了一切向来受人尊崇和令人敬畏的职业的神圣光环。它把医生、律师、教士、诗人和学者变成了它出钱招雇的雇用劳动者。"②可以说,马克思对资本统治后果的这种揭示,这种"物化关系"真正触及了后来现代性讨论中的"世俗化"和"虚无主义"主题的历史基础。在资本拓展和全面统治的现代社会,"一切固定的僵化的关系以及与之相适应的素被尊崇的观念和见解都被消除了,一切新形成的关系等不到固定下来就陈旧了。一切等级的和固定的东西都烟消云散了,一切神圣的东西都被亵渎了。人们终于不得不用冷静的眼光来看他们的生活地位、他们的相互关系。"③

在马克思看来,资本不是一种个人的力量,而是一种社会的力量。作为一种普遍的"异化"关系,它是一种时代的状况。作为资本人格化的资本家也同样受这种异化关系的统治。不过,正如《神圣家族》中说的那样,虽然有产阶级和无产阶级同时处于异化关系之中,但是"有产阶级在这种异化中感到自己是被满足的和被巩固的,它把这种异化看成是自身强大的证明,并在这种异化中获得人的生存的外观。而无产阶级在这种异化中则感到自己是被毁灭

---

① 马克思恩格斯:《共产党宣言》,载《马克思恩格斯选集》第 1 卷,人民出版社 1995 年版,第 275 页。

② 马克思恩格斯:《共产党宣言》,载《马克思恩格斯选集》第 1 卷,人民出版社 1995 年版,第 275 页。

③ 马克思恩格斯:《共产党宣言》,载《马克思恩格斯选集》第 1 卷,人民出版社 1995 年版,第 275 页。

的,并在其中看到自己的无力和非人的生存现实"①。马克思对现代困境的揭示并没有放弃阶级分析的立场,从属于抽象人本主义或人道主义的方向。承接着《1844 年经济学哲学手稿》中劳动异化的思想,马克思阐释了现代资本主义社会中无产阶级的存在状况和阶级地位,并把这种阶级地位看作是阶级革命意识的根源,从而指出超越现代性的实践维度,使得马克思的现代性批判从根本上同一种单纯的话语批判本质性地区别开来。

三

《共产党宣言》指出,人们的意识随着人们的生活条件、人们的社会关系、人们的社会存在条件的改变而改变,共产主义革命要同传统的所有制关系实行彻底的决裂,同时也要同传统的观念实行彻底的决裂。② 作为无产阶级革命的理论纲领,《共产党宣言》以阶级分析的方法批判了当时的各种理论思潮和意识形态,将它们与共产党人的理论意识对立地区别开来,通过对诸种面对现代文明的抽象立场进行批判,巩固和明确了自己的辩证批判态度。

在马克思看来,自由主义思想是资本主义经济关系在观念上的反映,是现代社会占统治地位的思想。确切地说,它就是现代性的意识形态。对自由主义意识形态的批判,是马克思批判理论的基本方面,在《黑格尔法哲学批判》及《论犹太人问题》中就已经开始。在那里,自由和平等被指认为政治意义上的形式解放,它释放了现代市民社会的利己主义潜能。通过《1844 年经济学哲学手稿》的异化劳动批判,到了《神圣家族》等著作中,自由主义被明确地阐释为由法国大革命和启蒙运动确立的现代意识形态,它以资本主义市场经济中的自由贸易和平等交换作为社会历史的存在论基础。《共产党宣言》承接了这些思想指出,在现代资产阶级生产关系的范围之内,所谓的自由只是自由贸易、自由买卖,资产阶级关于自由的大话只是对中世纪的市民才有意义,自由的观念、利己的观念等都是由现代资本主义的物质生活条件所决定的。思

---

① 马克思恩格斯:《神圣家族》,载《马克思恩格斯全集》第 2 卷,人民出版社 1957 年版,第 44 页。

② 马克思恩格斯:《共产党宣言》,载《马克思恩格斯选集》第 1 卷,人民出版社 1995 年版,第 291、293 页。

想观念的斗争与现实的斗争紧密相连。马克思说："当基督教思想在 18 世纪被启蒙思想击败的时候，封建社会正在同当时革命的资产阶级进行殊死的斗争。信仰自由和宗教自由的思想，不过表明自由竞争在信仰领域里占统治地位罢了。"①现代的自由只是形式上的、抽象的自由，人们本质上处于异化和对立的社会关系之中。自由主义作为现代性的意识形态，没有通过对现实历史的批判揭示出自己的限度所在，对现代只会采取一种非批判的肯定态度。

如果说自由主义意识是现代社会的肯定意识，那么，各种社会主义和共产主义思潮就代表了对现代社会的批判。《共产党宣言》第三节对这些思想进行了清算，将社会主义的思潮概括为反动的、保守的和空想的三大类，进行了准确的定位和深入批判。这些思潮，实际上是批判现代性的不同立场和方向，在批判现代资产阶级社会的意义上，在当时获得了"社会主义"和"共产主义"这一共同的称谓。这些对待现代性的不同立场，在当今的现代性争论中还残留着各自的身影，只是名称发生了改变。考察马克思 150 多年前实现的深入批判，的确让人感受到了思想跨越历史的强劲穿透力。

《共产党宣言》把站在旧的保守主义立场上批判现代社会的思想称为"封建主义的社会主义"，其阶级基础是封建贵族。《共产党宣言》风趣地指出，他们的臀部带有旧的封建的纹章。他们装模作样地站在无产阶级利益的立场上撰写反对现代资产阶级社会的控诉书，认为是现代的资产阶级产生了贫困的无产阶级，为旧的剥削方式和社会制度辩护。这种封建主义的社会主义："半是挽歌，半是谤文，半是过去的回音，半是未来的恫吓；它有时也能用辛辣、俏皮而尖刻的评论刺中资产阶级的心，但是它由于完全不能理解现代历史的进程而总是令人感到可笑。"②在以前的著作中，马克思曾经将这种现代性批判思想称为怀旧的浪漫主义③。在马克思看来，对现代的内在批判不可能退回

---

① 马克思恩格斯:《共产党宣言》,载《马克思恩格斯选集》第 1 卷,人民出版社 1995 年版,第 292 页。

② 马克思恩格斯:《共产党宣言》,载《马克思恩格斯选集》第 1 卷,人民出版社 1995 年版,第 295 页。

③ 这里需要说明的是,浪漫派(或浪漫主义)在不同的历史时期、不同国家具有不同表现。马克思时代的德国浪漫主义是一种怀旧的保守主义思潮,而法国大革命时期的浪漫派则多是趋向于革命的自由主义。

到过去的、落后的传统立场上。

在现代社会,由于农民阶级和小资产阶级的存在,也产生了小资产阶级的社会主义思想,《共产党宣言》把西斯蒙第看作这类著作家的首领。这种社会主义思想从小资产阶级的立场为工人阶级说话,非常透彻地剖析了现代生产关系的矛盾,揭穿了资产阶级经济学家的粉饰,分析了现代资产阶级社会面临的各种困境。但是,他们是站在旧的落后的生产方式来批判现代资本主义社会,本身是反动的,同时又是空想的,"当顽强的历史事实把自我欺骗的一切醉梦驱散的时候,这种社会主义就化为一种可怜的哀愁。"①

在德国产生的"真正"的社会主义,不过是法国的社会主义和共产主义思想同德国旧的哲学信仰的调和,成为关于真正的社会、关于现实人的本质的无谓思辨,完全失去了直接实践的意义。在马克思看来,法国社会主义理论对现代社会的批判,是以现代社会的产生和形成为前提的,而德国根本还缺乏这样的现实基础。因此,这种社会主义思想变成了专制政府批判资产阶级的武器,发展到最后,它宣布自己超乎于任何阶级斗争之上,反对共产主义"野蛮破坏的"倾向。其实,这种社会主义,直接代表了一种反动的利益,它只是德国小市民的夸夸其谈的代言人。

以上三种都是在落后于现代社会的生产方式和社会制度的立场上对现代社会的批判,因此被称为反动的社会主义。在资产阶级的立场上对现代社会的批判,则被称为保守的或者资产阶级的社会主义。这种思想是为了消除现代资产阶级社会的弊病,以保障它的生存。出于他们的阶级立场,他们颂扬现代社会,想保持现代社会的生存条件,同时希望根除由这些条件必然产生的斗争和危险。他们反对无产阶级的革命,希望通过经济条件的改变来缓解矛盾。他们只是在现代生产关系的基础上提出了改良的措施,而不是从根本上改变资本和雇佣劳动关系。它要求无产阶级停留在现今的社会里,放弃他们关于这个社会的可恶的观念。可以说,这是后来一系列改良主义的根源和本质。

本来意义上的社会主义和共产主义体系,《共产党宣言》指出他们具有批

---

① 马克思恩格斯:《共产党宣言》,载《马克思恩格斯选集》第 1 卷,人民出版社 1995 年版,第 298 页。

判的、空想的性质,同面对现代社会的反动和保守思想相区别,是无产阶级斗争初期的产物,以圣西门、欧文和傅立叶为理论上的代表。这种思想,批判了现代社会的全部基础,看到了现代社会里的阶级对立,要求消灭阶级对立,消灭私有制,并提出了关于未来社会的积极主张。但是,它并没有揭示出无产阶级解放的物质条件和历史主动性,因此也就不可能揭示出阶级革命的必然性和必要性。在他们看来,无产阶级只是一个被动的受苦最深的阶级,等待通过宣传和实施他们的社会计划加以解放。他们想通过和平的方式,通过小型试验开辟通向未来社会的道路,最后落入幻想。

总的说来,以历史唯物主义为基本的理论立场,《共产党宣言》分析了现代社会的产生发展,现代社会的阶级状况,现代社会的特征和基本困境,并且揭示了各种批判现代社会的理论思潮的阶级本质和历史限度。马克思的这种现代性批判立场,是一种社会存在论的唯物主义分析,它将对现代性意识形态的批判同历史的存在论分析紧密地结合起来。这里,我们看不到哲学批判、经济学批判和社会主义思想批判各自孤立的身影,而是有机地构成一种现代性批判的总体性视角。我认为,《共产党宣言》是现代性批判的一个纲领性的文献,不仅对马克思恩格斯思想的发展如此,而且对于人类现代文明的自我批判和自我反思亦是如此。《共产党宣言》意味着马克思现代性批判理论的成熟。马克思以后的政治经济学批判,是以专业学科的方式推进和捍卫了以《共产党宣言》为标志的现代性批判理论。在1848年革命以后,通过对革命运动的反思,政治经济学批判在马克思思考中的地位,使得现代社会的政治批判、精神批判、哲学批判等从形式上降到了补充和边缘的位置,这体现了政治经济学批判的"科学性"。但是,政治经济学批判从本质上从属于现代性批判的总体视角,不可能只在一种实证学科的科学主义立场上得到正确的理解,在此种意义上,"科学主义"的马克思与"意识形态"的马克思的对立是虚构的对立。

第三章　政治经济学批判作为现代性批判

前面已经指出,《共产党宣言》标志着马克思现代性批判理论的全面成熟,它以阶级分析的视角将阶级革命的实践维度插入现代性的批判之中,在现代性批判的话语中获得了独特的历史地位。可以说,《共产党宣言》和1848年欧洲革命成为现代性危机的基本标志。1848年欧洲革命失败之后,马克思意识到了现实阶级斗争的复杂性,对这一历史事件进行了深入的阐释。面对资本主义在新的历史条件下的蓬勃发展,马克思回到了对资本主义社会的政治经济学批判,将专业化的政治经济学批判作为现代性批判的基础性工作。既然现代社会是"资本"统治的社会,对资本原则和资本运动的分析实际上就是对现代社会的历史唯物主义的批判,是现代性存在论批判的奠基性课题。通过揭示现代社会的矛盾和困境,展望人类的未来,马克思意在为改造现代社会的革命运动提供"科学"的根据。通过这一批判,马克思对现代的"资本"命名得到了具体落实。坚持"资本"批判对于现代性批判具有的理论彻底性,晚年的《哥达纲领批判》以一种决不妥协的理论高度揭示了现代社会与未来社会的原则区别。

第一节　1848年革命的失败及其反思

1848年,不仅对于马克思来说,而且对于整个现代社会的批判来说都是一个象征性的年代,它标志着现代性危机意识的普遍确立。马克思在《人民报》创刊纪念会上曾经明确地指出,欧洲社会在1848年以前并没有感觉到从四面八方包围着它、压抑着它的革命氛围,1848年革命暴露出了坚硬外壳下面的无底深渊,在看来似乎坚硬的外表下面显现出了一片汪洋大海,只要它动荡起来,就能把由坚固岩石构成的大陆撞得粉碎。① 但是,马克思同时指出,1848 年的一系列革命只是模模糊糊地宣布了 19 世纪无产阶级解放这个革命的秘密,而不是无产阶级革命本身。相反,无产阶级革命遭到了彻底的失败。面对这种时代的危机,马克思坚持阶级革命和阶级分析的批判道路,对时代做出诊断。相反,以波德莱尔为代表开创的"现代主义",以艺术审美的立场对现代性展开批判,同样传递了强烈的现代性危机意识,它从另一个方向构成了现代性批判的又一重要理论渊源。这两种不同的现代性批判路线,构成了今天现代性批判话语犬齿交错的复杂关系。但毫无疑问的是,1848 年革命与现代性危机意识和现代性批判之间的关系,已经广泛地被人们意识到了。②

　　对于作为革命理论家的马克思来说,1848 年革命具有特殊的重要性。1848 年 2 月诞生的《共产党宣言》以阶级斗争和阶级革命的维度切入现代性批判,全面总结了马克思和恩格斯先前的理论思考,并向革命的无产阶级发出了战斗号角,以一种满怀激情的乐观宣布:"无产者在这个革命中失去的只是锁链。他们获得的将是整个世界。"③由于政治的、经济的危机,1848 年 2 月法国爆发了革命,并迅速席卷整个欧洲。直到 1851 年 12 月路易·波拿巴确立帝制为止,法国都处于不断的革命动荡之中。在整个过程中,巴黎的无产阶级表现出了伟大的革命激情,但却毫无例外地遭遇了失败。他们非但没有像《共产党宣言》宣称的那样失掉锁链,而只是使国家回到了最古的状态,回到了宝剑和袈裟的极端原始的统治。④ 如何看待这一复杂曲折的历史,并将它同自己的理论思考结合起来,成为当时马克思面临的重要任务。

　　随着反动势力的恢复,马克思被迫离开编辑出版《新莱茵报》的科隆,最

---

① 马克思:《在〈人民报〉创刊纪念会上的演说》,载《马克思恩格斯选集》第 1 卷,人民出版社 1995 年版,第 774 页。

② 可见列菲弗尔的 *Introduction to Modernity*, Verso, 1995, pp. 172-173; 还可以见 Marshall Berman, *All that is Solid Melts into Air*, Simon & Schuster。

③ 马克思恩格斯:《共产党宣言》,载《马克思恩格斯选集》第 1 卷,人民出版社 1995 年版,第 307 页。

④ 马克思:《路易·波拿巴的雾月十八日》,载《马克思恩格斯选集》第 1 卷,人民出版社 1995 年版,第 588 页。

后在伦敦居住下来,在革命失败的情绪和艰难的流亡生活中开始了对 1848 年革命的反思。到伦敦之后的两三年中,马克思写成了《1848 年至 1850 年的法兰西阶级斗争》和《路易·波拿巴的雾月十八日》这两篇著作。两篇著作在风格和立场方面具有许多相同之处。它们是马克思阐释具体历史事件的光辉著作。马克思以辩证的态度总结了法国革命运动,但是,不论在《1848 年至 1850 年的法兰西阶级斗争》还是在《路易·波拿巴的雾月十八日》中,先前那种对革命激进的、乐观的态度明显让位于沉闷的悲观情调。马克思从无产阶级革命的主动性和现实经济条件的不成熟性,从阶级斗争的必然性和现实政治运动的偶然性中分析了这一系列历史事件。但是,在对未来革命可能性的阐释中,侧重点已经从阶级创造历史的主动性转向了生产力发展的革命性,开始强调现实经济的发展对于资本主义的肯定方面,无产阶级革命的可能性在这种经济的客观性面前不得不无限期地延宕了。今天看来,这一转变表现了马克思对现实形势的准确把握。

这一思想转变,是马克思反思 1848 年及之后的一系列历史运动的基本指向,同时也可以看作是马克思对先前激进情绪的冷静反省。为此,激进的革命分子往往指责它们过于悲观的论调,相反,一些人又质疑它们尖锐的阶级分析和经济决定论立场。恩格斯在 1895 年出版《1848 年至 1850 年的法兰西阶级斗争》时,在"导言"中说它是"马克思用他的唯物主义观点从一定经济状况出发来说明一段现代历史的初次尝试"。在《路易·波拿巴的雾月十八日》1885年第三版"序言"中,恩格斯也阐释了这一看法,他以一种决定论的规律概念阐释马克思的基本观点,并认为马克思的这一著作是对他所发现的历史规律的有效检验。恩格斯说:"正是马克思最先发现了历史运动规律。根据这个规律,一切历史上的斗争,无论是政治、宗教、哲学的领域中进行的,还是在其他意识形态领域中进行的,实际上只是或多或少明显地表现了社会各阶级的斗争,而这些阶级的存在以及它们之间的冲突,又为它们的经济状况的发展程度、它们的生产的性质和方式以及由生产所决定的交换的性质和方式所制约……马克思用这段历史检验了他的这个规律。"①相反,在后来的雷蒙·阿

---

① 《马克思恩格斯选集》第 1 卷,人民出版社 1995 年版,第 583 页。

隆看来,马克思的这两部著作中交织着两条不同的线索,即政治因素相对独立性的解释路向和以"社会—经济"的决定论"教条"为基础的阶级斗争分析方法。他指出:"作为一个理论家,马克思希望把政治和政治冲突归结到社会阶级关系和社会阶级斗争上来,但他的观察家的远见卓识在许多基本方面战胜了他的教条。他虽然有点不太自愿,但还是承认了政治冲突的纯政治因素以及国家与各种集团相对而言的自主性。只要存在着这种自主性,社会变革的因素就不能简化为阶级斗争。"①雷蒙·阿隆的意思是说,马克思的分析在方法论上存在着二元论倾向,主导的倾向是阶级还原论和经济决定论,只是在不自觉的情况下马克思才承认了政治活动的相对独立性。事实上,我们知道,马克思从不抽象地谈论经济的决定性或政治经济等其他因素的自主性,而是将各种因素放置到具体的历史实践条件中进行具体的分析,以揭示和把握它们之间的相互关系。关于这一点,《关于费尔巴哈的提纲》第一条已经做出了深刻的哲学表达。然而,最能说明问题的是在《路易·波拿巴的雾月十八日》第二版"序言"中,马克思比较了自己的著作同雨果和蒲鲁东同类著作的区别。他说:"相反,我则是证明,法国阶级斗争怎样造成了一种局势和条件,使得一个平庸而可笑的人物有可能扮演英雄的角色。"十分显然,我们很难说马克思采用的是一种还原论的揭示方法,在对具体历史事件的阐释中坚持一种必然性的决定论观点。同样,在他的思想中也不存在一种分裂的二元论方法。

马克思认为,在 1848 年革命中,无产阶级登上了历史舞台,但它很快就退到革命舞台的后台去了。无产阶级对现代社会的反抗还只具有部分的意义,它甚至希望在资产阶级的旁边实现自己的愿望,因此,在具体的行动中总是为资产阶级效劳。无产阶级参与的革命还只是在自己的面前形成一个"联合起来的、强大的反革命势力",只有在同这一反动势力的斗争过程中,才能从一个变革的党成为一个革命的党。在马克思看来,这一过程受到现代经济条件的制约,对于无产阶级来说:"在工业资产阶级统治下,它才能获得广大的全国规模的存在,从而能够把它的革命提高为全国规模的革命,在这种统治下,它才能创造出现代的生产资料,这种生产资料同时也正是它用以达到自身革

---

① [法]雷蒙·阿隆:《社会学主要思潮》,葛智强等译,华夏出版社 2000 年版,第 198 页。

命解放的手段。只有工业资产阶级的统治才能铲除封建社会的物质根底,并且铺平无产阶级革命唯一能借以实现的基地。"①从法国开始的革命还不具备这样的基础,"巴黎的无产阶级还只能在想象中、在观念中越出资产阶级共和国的范围"。在考察了革命进程中随即出现的工商业繁荣后,《1848 年至1850 年的法兰西阶级斗争》的第四部分"1850 年普选权的废除"②中指出:

> 在这种普遍繁荣的情况下,即在资产阶级社会生产力正以整个资产阶级关系范围内所能达到的速度蓬勃发展的时候,也就谈不到什么真正的革命。只有现代生产力和资产阶级生产方式这两个要素相互矛盾的时候,这种革命才是可能的……社会关系的基础在目前是那么巩固——这一点反动派并不清楚——是那么明显地具有资产阶级特征。一切想阻止资产阶级发展的反动企图都会像民主派的一切道义上的愤懑和热情的宣言一样,必然会被这一基础碰得粉碎。新的革命,只有在新的危机之后才可能发生。但它正如新的危机一样肯定会来临。③

正如恩格斯说的那样,如果说《1848 年至 1850 年的法兰西阶级斗争》的前三篇文章还期待不久革命力量新的高潮就会到来,那么第四篇文章的这一论断无疑"永远抛弃了这种幻想"④,它重新肯定了革命失败之后资本主义社会的发展趋势。真正说来,现代性的危机虽然明显地暴露出来,但那不过是现代社会自我展开过程中的危机。对于欧洲来说,现代社会尚且不是处于崩溃,而是处于全面形成和全面实现时期,对于欧洲之外的广大世界,现代性的原则更是还在遥远的彼岸,等待着历史的唤醒,作为资本扩张的殖民掠夺实际上

---

① 《1848 年至 1850 年的法兰西阶级斗争》,载《马克思恩格斯选集》第 1 卷,人民出版社 1995 年版,第 385 页。

② 这一部分是 1895 年恩格斯编辑这一著作时加入的,由他们两人合著的时评的一部分。具体情况见《马克思恩格斯选集》第 1 卷尾注 175,第 817 页;《马克思恩格斯选集》第 4 卷恩格斯的导言,第 507—508 页。

③ 《1848 年至 1850 年的法兰西阶级斗争》,载《马克思恩格斯选集》第 1 卷,人民出版社 1995 年版,第 470—471 页。

④ 《马克思恩格斯选集》第 4 卷,人民出版社 1995 年版,第 508 页。

充当了这一历史的动力。因此,毫无疑问,从现代性中获得解放,具有原则高度的"新的革命"必须以现代性的完成,亦即是以现代性的成熟和崩溃作为基本前提,革命只能在现代性的自我完成和自我否定中参与现代性的超越。在资本还处于自我巩固和自我推进的历史阶段,一切以超越资本命名的"革命"都会直接或间接地回到资本现代性的怀抱,被现代社会关系的基础强制性地实现同一化,动员革命的理论宣称最终遭遇恩格斯所说的"革命之后的第二天"的困境。

革命的失败和流亡英国,在总结了这一时期的历史事件和社会经济形势以后,马克思很快回到了被"1848 年和 1849 年《新莱茵报》的出版以及随后发生的一些事变"打断了的经济研究工作。谈到从头开始研究经济学的原因时,马克思指出"资产阶级社会看来进入了新的发展阶段"①。这一点具有决定性的意义,它无异于从根本上宣布了早期革命冲动的破产,要求重新对现代资产阶级社会进行考察。这种考察是以专业化的经济学方式展开的,1848 年革命构成马克思现代性批判思想一个重要的转折点。在反思这一历史的两部著作之后,马克思的现代性批判从总体性转向学科化的专业性批判,经历了法哲学的专业化批判,到非专业化的总体性批判,再到政治经济学的专业化批判这样一条特殊的自我推进路线。在这一复杂的思想历程中,从专业化到总体性原则的提炼,再到专业化批判的具体推进,思想的发展表现为自我深化的辩证过程,因此,我们认为,一定要在这一总体历程中才能阐释后来的政治经济学批判的基本性质及其意义。

第二节　现代性批判的经济学视域

一

经过了对 1848 年革命的反思之后,经济学研究主导了马克思后期理论活动。人们从不同的意义上看到了马克思理论活动和思想的某种转折。但是,

---

① 《马克思恩格斯全集》第 31 卷,人民出版社 1998 年版,第 414 页。

一些人完全从后期的经济研究工作来理解马克思的思想,将马克思的经济学研究工作理解为实证的科学主义努力,甚至形成了解释社会历史的经济决定论倾向。政治经济学批判被看成了马克思所批判的实证经济学,马克思的理论被理解为经济还原论。这样一来,经济学视域中的现代性批判成了经济主义的现代性批判。现代性批判和政治经济学批判之间真实的内在关系需要澄清。在此,我们先看一看马克思晚年经济学研究的基本状况,然后再探讨现代性批判视野中经济学研究的基本性质。

大体上可以把马克思后半生的经济学研究活动分为三个时期。从1850年到1857年,主要是材料的收集研究和笔记摘录,其中有著名的《伦敦笔记》;然后是为《资本论》写作的几大手稿,其中包括了最为著名的《1857——1858年经济学手稿》;最后是《资本论》第1卷的正式出版、为第2卷与第3卷的继续研究和准备出版做出的艰苦努力。

第一阶段主要是大量的资料收集、消化、吸收、整理时期,为后面《资本论》及其手稿打下了思想基础。代表性成果是1850年9月到1853年8月的笔记和手稿,被称为《伦敦笔记》,现在保存于荷兰阿姆斯特丹国际社会史研究所。《马克思恩格斯全集》中文第一版第44卷收入了《伦敦笔记》中有关李嘉图的笔记、笔记索引和一个单独的手稿。全部《伦敦笔记》将发表在MEGA2第四部分的第7—11卷。① 手稿主要是一些经济学专题的摘录,比如货币理论、银行理论和农业问题等,但也涉及更宽泛的妇女问题、伦理史等,马克思关注的焦点是这些问题同经济因素之间的关系,而不是孤立地考察这些关系本身。

第二阶段,主要是指《资本论》第1卷正式出版之前的一系列手稿和少量的经济学著作,它们是马克思加工整理和对自己的理论加以体系化的努力。其中包括了《1857—1858年经济学手稿》,中文第一版收入第46卷(上、下分册),第二版收入第30卷、第31卷。在这一手稿的基础上,马克思1858年开始整理部分材料付印,并于1859年正式出版了《政治经济学批判》第一分册,包括了"商品"和"货币"两章,其主要的内容后来被概括进了《资本论》第1卷

---

① 参见张一宾:《回到马克思》,江苏人民出版社1999年版,第545页。

第一章中①；为了写作《政治经济学批判》的第二分册，马克思又作了部分笔记并写作了《引文笔记》、《引文笔记索引》、《我自己的笔记本的提要》、《〈政治经济学批判〉资本章计划草稿》，于1861年正式开始写作第二分册，也就是《政治经济学批判》的"资本章"，后来内容不断扩大，形成了庞大的1861—1863年经济学手稿。② 这一手稿的一部分收入《马克思恩格斯全集》中文第一版第47卷、第48卷，第二版收入第32、第33卷，其中的大部分以《剩余价值理论》为名作为《资本论》的第4卷收入《马克思恩格斯全集》中文第一版第26卷。

然后是在这些大量的经济笔记和少量著作的基础上，马克思于1867年整理出版的《资本论》第1卷，这是马克思最主要的著作，同时也是马克思在世时公开发表的为数不多的著作，后来的早期马克思主义者大多数是通过这一著作走进马克思的思想。《资本论》第1卷出版以后，马克思一方面继续参与领导第一国际的实际斗争，同时开始着手第2卷和第3卷的整理出版。然而，第一国际内部激烈的斗争和分裂极大地影响了马克思的工作。

在巴黎公社影响的消退和1873年国际工人协会解散之后，历史发生了惊人的重复，马克思像1848年革命之后一样，又回到了书房，回到了他的政治经济学批判。马克思真正开始了他的晚年生活，不仅身体条件而且创作的能力和精力也逐日的衰退，马克思生命的最后十年甚至被称为"慢性死亡"。马克思虽然仍然致力于《资本论》第2卷、第3卷的研究和写作，但他终究没有完成这一艰巨的任务，留下了永久的遗憾。经过恩格斯后来的艰苦努力，第2卷和第3卷才分别于1885年和1894年得以出版。关于马克思为什么在第1卷出版之后近15年没有能够完成自己的著作，恩格斯认为主要是马克思严谨的自我批判精神和日益恶化的身体状况（参见恩格斯为《资本论》第2卷写的序言），也有的人认为是因为马克思思想自身内在的矛盾，马克思对自己理论的质疑，甚至是马克思儿童时期产生的心理问题等。③

---

① 参见马克思：《资本论》第1卷"第一版序言"，载《马克思恩格斯全集》第44卷，人民出版社2001年版，第7页。

② 《马克思恩格斯全集》第32卷"前言"，人民出版社1998年版，第2页。

③ See *Marx and Modernity*, edited by Robert J.Antonio, Blackwell Publishers Ltd., 2003, p.14.

二

从现代性批判的角度来看,我们大体将马克思的思想发展划分为三个主要的阶段。从前面的介绍可以看出,第三阶段的研究与前面两个阶段之间具有显著的区别,它主要是一种经济学的专业化研究,对现代性的批判变成了对现代经济关系的剖析和内在矛盾的揭示,我们可以从不同阶段的特征来透视它们之间的关系。

在第一阶段,马克思追随启蒙现代性,批判专制的德国现实制度,从传统走向理性的现代是马克思基本的政治诉求。但是,马克思很快就发现了现代解放的限度,认为现代只是一种政治意义上的形式解放,由此开始转向了批判现代性的立场。这一切都是在哲学,尤其是法哲学的领域之内发生的。马克思的现代性批判首先具有一种政治哲学的意义,此时的现代概念具有明确的"政治的含义"①。在第二阶段,由于经济学批判视野的引入和对法国历史和各种社会主义思潮的研究,哲学批判、政治经济学批判和政治思想批判失去了独立的性质,现代性批判具有一种非学科化的总体性特征。如果可以将马克思的思想称为"历史唯物主义"或者"唯物史观"的话,它显然不应该被阐释为一种抽象的历史哲学,它是在现代性批判的过程中呈现出来的总体性的思想视域。因此,从形式上看,我们根本无法从学科分化的角度来定位这一阶段著作的性质和意义。如《1844 年经济学哲学手稿》、《神圣家族》、《德意志意识形态》、《共产党宣言》都具有总体性的特征,而不从属于某一学科或专业。甚至像《关于费尔巴哈的提纲》这样精练的文献,也从属于这一总体视野,单纯把它纳入哲学思想史变革的话语谱系,势必使之失去丰富的阐

---

① 列菲弗尔在《现代性导论》中指出:"因此,在 1840 年至 1845 年间,马克思的思想中产生了现代性的观念。这个概念虽然不只是政治的,但它主要是一个政治概念。它表示一种提升到社会之上的国家形式,也表示这种形式与日常生活和社会实践的一般关系。这种国家形式将日常生活(私人生活)同社会生活和政治生活分离开来。反过来,国家也奠基于实践的内部分离之上,就像意识形态奠基于劳动的破碎与分化之上一样。结果是:私人生活和国家——即政治生活——同时堕入相互等同又冲突的抽象性中。在每一个领域的每一个地方,非理性和理性分离着,但同时还相互混淆。在一个单一而矛盾着的现实中,一者隐藏于另一者之后,理性(社会和政治的)统一体只是在表面上,其后是普遍化的非现实。只有革命的(总体性的)实践才能重新建立真正的统一体:被重新揭示、控制、认识和恢复的自然。"(Lefebvre Henri, *Introduction to Modernity*, translated by John Moore, Verso, 1995, p.170)

释空间。①

到了第三阶段,马克思转向了一种专业化的经济学研究,一直持续到生命的结束也没有完成巨著《资本论》第 2 卷、第 3 卷的工作。像第一阶段一样,第三阶段的工作具有一种学科专业化的特征,它不再像第二阶段一样,采取一种总体贯穿的方式,明显地跨越学科之间的界限,而是集中到政治经济学的研究上,其逻辑的、体系化的努力体现出"科学"的特征。由于后来的马克思主义理论家大都是通过《资本论》认识和阐释马克思思想的,以一种经济学的视野来反观马克思思想的性质和特征,科学主义和经济决定论的解读因此占据了重要的地位。这一解读模式一直延续到当今对马克思现代性理论的反思之中。马克思经济学研究本身的性质和意义没有获得一个正确的解读视角,反而变成了一种解读马克思思想的基本视角,这是马克思现代性批判思想遭遇遮蔽的重要原因之一。

在本章的第一节,我们从历史的角度探讨了马克思转向经济学研究的原因,它与 1848 年革命失败之后,欧洲政治上的反动、经济上的发展和马克思移居伦敦这些具体事件密切相关。但是,这一转向实际上也体现了马克思思想发展内在逻辑的深化。马克思的经济学研究没有脱离现代性批判的路线,因此应该在这一总体视角中获得正确的定位和理解,它构成现代性批判的经济学视域。马克思在政治经济学批判的范围内对资本主义生产方式的分析和考察,奠定了现代性批判的基础,使得资本现代性概念成为一个基本的范畴,现代和资本之间建立起了内在关系,或者说,现代被资本本质地命名了。对资本的经济学分析和批判,实际上就是现代性批判在政治经济学批判的领域之内展开,其经济学并不是一种科学主义的实证经济学,而是马克思历史唯物主义的内在构成部分,是马克思现代性批判思想的一个基本视域。

我们说马克思思想的发展具有这三个阶段,它们之间并不是一种层级的线性关系,是就思想的特征、关注的领域和时间的先后而言。思想的发展(不论是个体的还是类的)既不是线性的关系,也不是无差异的同一和循环,其中

---

①　在我的论文初稿已经结束之后,看到了任平教授的一篇论文,我惊喜地发现,现代性批判的总体性视域已经被引入了《关于费尔巴哈的提纲》的阐释。(参见《江海学刊》2005 年第 3 期)

充满了交叉、重叠、模仿、再现、断裂、连续,并不存在简单的置换、取代、进步、落后等。我们把现代性阐释为理解马克思思想的一个基本平台,同时马克思本身也提供了理解现代性的平台。早年的法哲学批判,其后的总体性批判,最后的经济学批判,在一种特定视角的解读中可以相互印证、相互介入,使之相互浸透、相互支撑,而又相互克服、相互扬弃。比如说,经济学的批判贯彻了法哲学批判时期形成的主题,并且推进法哲学时期对现代性抽象性、分裂性的诊断,但同时显现了法哲学批判的限度,克服其抽象性和思辨性的同时指明经济学批判的基础重要性。同样,后期的经济学批判具有了"科学性"和"实证性"的特征,但却没有脱离前面确立的、现代性批判的反思的、批判的、超越的视域。如果脱离了这一视域,它就会被理解为纯实证的"政治经济学",而不是政治经济学批判,从而因为某一具体结论的错误而宣布整个体系的"破产"。

三

晚期的政治经济学批判构成马克思现代性批判的基本维度,这绝对不是说,现代性批判可以化简为经济学批判,经济学批判构成现代性批判的最"高峰",构成对前面各阶段的"扬弃",马克思主义的历史性地位就是晚期"科学性"的获得。在一些人看来,前期属于意识形态的思辨批判,而后期科学主义的形态才是真正的马克思主义。哲学的批判和科学的批判,人道主义和科学主义被尖锐地对立起来,形式上表现为各种形态的"断裂说"。经济学批判被作为"科学主义"得到坚持,或遭遇批判,不论哪一种立场都把马克思晚期的经济学研究看成是纯实证的科学主义活动,同以前的思想进程区别开来。这样一来,马克思经济学批判中展开的现代性批判就被阐释为一种"经济主义批判",在历史观上就被阐释为一种经济决定论。

其实,在马克思看来,对资本主义生产方式的分析,构成批判现代社会的基础。经济运行方式和生产关系内部的矛盾是现代社会分裂和对立的根源,经济上的剥削和统治限定了现代政治解放的意义。现代社会及其基本的特征应该在对资本的分析中得到理解,因为资本是其内在的规定。对资本现代性的批判应该以政治经济学批判的方式进行。但这并不是说,资本只是一个政治经济学的狭义范畴。因此,即使在专业经济学的分析中,马克思也总是不忘记画龙点睛地指出这些分析的一般意义,指出资本的原则在政治上层建筑和意识形态之间的浸透和贯彻。但是,我们绝对不能将马克思看作是经济决定论。关于这一点,恩格斯晚年的辩解是有力的。恩格斯说:"根据唯物史观,历史过程中的决定性因素归根到底是现实生活的生产和再生产。无论马克思或我都没有肯定过比这更多的东西。如果有人在这里加以歪曲,说经济因素是唯一的决定性的因素,那么他就是把这个命题变成毫无内容的、抽象的、荒诞无稽的空话。"①

我们知道,马克思主义的基本命题是社会存在决定社会意识。在马克思看来,人们的"社会存在"是指"现实生活的生产和再生产",《德意志意识形态》中概念化、理论化了的这一思想,完全是针对青年黑格尔派的观念论而言的。"社会存在"并不是指单纯的物质生产或经济活动,这里并不存在一种"经济唯物主义"的哲学前提。② 忽视了这一根本之点,形而上学决定论和抽象本体论的基本原则总是会直接或间接地被认为是马克思思想的内在灵魂,马克思对现代性的经济学批判就会被理解为一种经济还原主义批判(如吉登斯)、劳动还原主义批判(如哈贝马斯)等。实际上,马克思并没有把现代性批判还原为一种经济学批判,从《德意志意识形态》中我们就可以明显看出这一点。在那里,马克思指出:"作为一门独立的专门的科学,它还得包括其他一些关系,如政治关系、法律关系等等,因为它常常把这些关系归结为经济关系。但是它认为这些关系对它的从属只是这些关系的一个方面,因而在其他方面仍旧让它们保留经济学以外的独立的意义。"③马克思十分清楚地说明了经济关系同其他社会关系之间的联系,并且指出了经济学是在何种意义和何种限度之内谈及其他的社会关系。马克思并没有用经济学的批判取代其他的批判视角,经济学批判的基础重要性是由资本经济关系在现代社会生活中的地位决定的。对现代性进行经济学批判具有"基础性"的意义,这里的"基础性"意

---

① 《马克思恩格斯选集》第4卷,人民出版社1995年版,第695—696页。

② 我认为,阿尔弗雷德·施密特在《马克思的自然概念》中,将马克思思想称为"经济唯物主义",虽然它反对对马克思思想的本体论阐释,但本质上说,这一判断仍然是物质本体论阐释的延续。在他看来,马克思的贡献不过是在经济学的视野中贯彻了唯物主义的立场。

③ 马克思恩格斯:《德意志意识形态》,载《马克思恩格斯全集》第3卷,人民出版社1960年版,第483页。

味着"必要性"的概念,而不是所谓的"充分"、"充要"乃至于"唯一"。这里显然不存在所谓批判中的还原论问题。在这种意义上,我们可以将马克思以《资本论》为标志的政治经济学批判看成是现代性批判理论大厦的"基础存在论"。

第三节 《资本论》及其手稿与现代性批判

一

我们在"引论"中曾经简单地指出,现代性概念具有一种形态学的意义,意味着现代之为现代的基本特征和原则,由此规定了现代年代学上的界限。这种形态学的现代性概念是在一种总体性的历史视野中得到呈现的。马克思批判了黑格尔"理性"为规范基础的现代概念,将资本阐释为现代的本质范畴。资本主义时代作为现代的同名,它揭示了现代的内在规定、基本机制和本质特征。而这一切都建立在马克思社会历史形态理论的基础之上,正是马克思的社会历史形态理论,强化了现代性概念的形态学意义,不管它遭遇了多少不同角度的批判,这一理论已经成为一个基本的社会历史理论平台。

马克思社会历史形态理论及其现代概念虽然萌芽较早,但其成熟的形态是在《1857—1858年经济学手稿》和《资本论》之中,并且存在不同的提法,一种是五大社会形态理论,一种是三大社会形态理论。20世纪80—90年代初,国内理论界进行过一次有关三大社会形态与五大社会形态的争论,争论的问题主要集中为两个:马克思的社会发展理论是三大社会形态理论还是五大社会形态理论,进而,是三大社会形态理论还是五大社会形态理论更具有对历史和现实的解释力。

不论是三大社会形态理论还是五大社会形态理论,在马克思的著作中都有文本方面的依据,而且典型的形态都出现在《1857—1858年经济学手稿》之中。马克思在《1857—1858年经济学手稿》中指出:"人的依赖关系(起初完全是自然发生的),是最初的社会形态,在这种形式下,人的生产能力只是在狭小的范围内和孤立的地点上发展着。以物的依赖性为基础的人的独立性,是第二大形式,在这种形式下,才形成普遍的社会物质交换、全面的关系、多方面的需求以及全面的能力的体系。建立在个人全面发展和他们共同的、社会的生产能力成为他们的社会财富这一基础上的自由个性,是第三个阶段。第二阶段为第三阶段创造条件。因此,家长制的、古代的(以及封建的)状态随着商业、奢侈、货币、交换价值的发展而没落下去,现代社会则随着这些东西同步发展起来。"①这一段话被看成是马克思三大社会形态理论的典型表述。在1867 年出版的《资本论》第 1 卷第一章第四节"商品拜物教"中,马克思进一步将这一理论概括为"直接的社会关系"、"物化的社会关系"和"自由人的联合体"三大社会发展阶段。这三大社会发展阶段分别对应以自然经济为基础的社会、以商品市场经济为基础的社会和以产品经济为基础的社会。②　三大社会形态划分的基本尺度是商品生产在自由生活中的总体地位。在第一社会形态,虽然存在着商品生产和商品交换,但并不像在现代社会中这样在量上和质上都获得了普遍的性质,连劳动力也成为商品,从而使商品资本化,第三大社会形态则是消灭了商品生产和商品交换的产品经济时代。

五大社会形态理论在《德意志意识形态》中已经有了萌芽,马克思明确用"所有制"作为社会形态划分的依据,但那里还没有"亚细亚"形态的概念。后来(1847 年)在《雇佣劳动与资本》中,马克思又提出生产关系的总和构成社会,构成具有不同特征的社会发展阶段,并列举了古典古代社会、封建社会和现代资产阶级社会。到了《〈政治经济学批判〉序言》关于历史唯物主义的那一段经典表述中,有了这样的说法:"大体说来,亚细亚的、古代的、封建的和现代资产阶级的生产方式可以看作是经济的社会形态演进的几个时代。"③后来,斯大林在《辩证唯物主义与历史唯物主义》中系统地提出了五大社会形态的理论,主要依据的就是这一表述。但不同的地方在于,他用"原始社会"取代了马克思文本中的"亚细亚"形态,用"奴隶社会"取代了"古代的"(或者

---

① 马克思:《1857—1858 年经济学手稿》,载《马克思恩格斯全集》第 30 卷,人民出版社1995 年版,第 107—108 页。

② 马克思:《资本论》,载《马克思恩格斯全集》第 44 卷,人民出版社 2001 年版,第 97 页。

③ 马克思:《〈政治经济学批判〉序言》,载《马克思恩格斯全集》第 31 卷,人民出版社 1998年版,第 413 页。

"古典古代"的），构建了一条历史发展的线性模式，马克思"大体说来"这种具有列举意义的表述被建构成人类发展具有决定论性质的必然性模式。

　　大体可以这样说，历史决定论作为一种基本的历史观，经历了不同的发展阶段，由神学决定论到自然环境决定论，到理性决定论，再到经济决定论等，表现为不同的发展形态。在一些人那里，马克思的历史理论似乎只是历史决定论发展的一个环节，至多被指认为一个最合理、最辩证的环节罢了，是扬弃了启蒙时代典型的自然环境决定论的社会经济决定论。马克思主义被作为历史决定论得到坚持（如传统马克思主义），同时也遭到批判，比如波普尔、哈耶克等人①。马克思是否是历史决定论者，这是一个涉及马克思理论根本定性的本质问题。记得弗洛姆曾经说过："马克思既是决定论者，又是非决定论者，或者说既不是决定论者也不是非决定论者。"这一说法虽然比较笨拙，但在对马克思历史理论的定性上给予了我们足够多的启示：以决定论来对抗非决定论并不是马克思的本质态度，反之亦然。因为，当你将马克思的理论作为辩证的决定论来阐释的时候，非决定论也可以将自己的立场阐释为辩证的非决定论，从而陷入了概念之争。

　　在我看来，虽然两种社会形态理论的表述都存在于马克思的文本中，但不论是三大社会形态理论还是五大社会形态理论，在马克思那里都不是一种机械的决定论结构，决定论与非决定论的抽象争论与马克思的思想视域无关。马克思的两种表述之间并没有原则上的对立。是按照所有制、生产关系、生产方式还是商品经济在自由生活中的不同地位进行划分，从历史唯物主义的基本立场来看，它们的规范基础并无不同，只是表述的视角存在差异。是将现代称为资本主义时代（社会）还是商品经济时代并没有本质的不同，都是资本成为时代的本质范畴，全面的交换关系浸透到社会生活的方方面面，商品和资本关系规定着人们基本的生活方式，并决定了现代社会的特征及其走向。因此，对资本主义生产方式的阐释成为现代性批判的理论基础，它使得以前的法哲学批判和总体性批判中形成的洞见获得经济学的具体支持。

------

　　① 　比如波普尔的《历史主义的贫困》、哈耶克的《通向奴役之路》等著作，就是将马克思的历史理论作为决定论来批判，波普尔本身成了著名的非决定论的代表。像罗素这样著名的思想家甚至将马克思的历史理论同基督教的神本学决定论作了不恰当的比较。

对于现代性批判来说，无论三大社会形态理论还是五大社会形态理论都提供着同样的思想基础，使得一种明确的现代概念显现出来，既提供了现代概念内在的规范基础，同时也由此在形态学的意义上显示了现代概念的时间界限。现代性的超越将意味着人类社会"资本"形态的终结，也就是"人类社会史前时期"的终结。马克思抓住了"终结"概念的根本，可以指明一系列"终结"话语虚假的终结性质。只要资本还存在，对立、冲突、分裂、错乱、剥削、压抑、危机、恐怖都将不可避免地成为人们的存在论处境。但是，马克思说，资本不是我们能够取消的，它的超越同时是内在的自我扬弃。在马克思这里，黑格尔理性的辩证力量转移到了资本关系的矛盾运动之中，现代性批判首要的任务是通过政治经济学分析资本主义生产方式以及与它相适应的生产关系和交换关系，揭示现代社会的经济运动规律。①

二

我们知道，商品和商品生产并不是现代社会才产生的，那么为什么将现代社会称为商品经济社会，或者资本主义社会呢？这里面存在什么样的关系？马克思在《资本论》的开篇就说，资本主义社会表现为商品的巨大堆积，商品是资本主义社会的细胞，也就是说，商品是现代社会的"抽象总体"，因此，对资本主义生产关系的分析逻辑上应该以商品分析开始。但是，商品在现代社会的基本地位并不只是"量"的扩张，而是在"量"的扩张中发生了基本性质的转变。这就是劳动力的商品化，使得商品获得了资本的性质，货币成为资本，资本效率和增殖的原则又反过来推动了商品关系的全面普及和浸透，资本主义的生产方式逐渐取得了经济生活中的主导地位。伴随这一过程，政治国家和意识形态也发生改变，人类社会进入了资本主义时代，进入到了现代社会。

劳动力成为商品，使得雇佣劳动关系成为现代最基本的社会关系，这一过程具有双重意义。劳动力市场的形成，致使劳动者可以自由地出卖自己的劳动力，从而解脱地缘、血缘、宗法、等第等形成的人身依附关系。人们获得了相应的自由和平等，人们之间的关系变成了经济活动之中契约的平等关系，并且

---

① 马克思：《资本论》，载《马克思恩格斯全集》第44卷，人民出版社2001年版，第8、10页。

获得了法律的保障,资本与劳动之间是一种形式上平等的交易关系。但马克思的分析指出,这种平等和自由,以一种交换平等的形式掩盖了实质上的不平等,实际上是一种更加隐蔽、从而也更加残酷的剥削形式。

马克思同意古典政治经济学家的劳动价值论。在马克思看来,在现代社会,劳动力是一种特殊的商品,劳动力的使用能够创造出比自身的价值更多的价值,从价值创造的角度来看,它是一种可以发生价值增殖的可变资本。资本家以平等交换的形式购入一定比例的不变资本和劳动力,通过生产领域实现了价值增殖,然后又以平等交换的形式出卖商品,无偿地占有了工人创造的剩余价值,实现对工人的剥削。工人阶级和资产阶级之间的关系就是劳动和资本关系的人格化。阶级关系首先是一种经济关系,无产阶级的革命和斗争根源于这种生产关系的对立并以消除这种对立的前提——资本主义私有制——为目的,它不是一种道德的怨恨和主观愿望的表达,它的胜利是资本遭遇自身限度的结果。

马克思指出,资本主义生产方式具有摧毁一切界限的力量,但是资本主义只是在它自身的限度之内感到自由,感到没有限制。也就是说,资本的发展最终将受到自己的限制,并且创造打破自身限制的客观条件。因此,宣布资产阶级的统治是世界历史终结的说法,只是暴发户们愉快的想法。① 马克思说:"资本生产的真正限制是资本自身,这就是说,资本及其自行增殖,表现为生产的起点和终点,表现为生产的动机和目的;生产只是为资本而生产,而不是反过来,生产资料只是生产者社会的生活过程不断扩大的手段。"②这已经意味着生产的能力和产品与实际需求和购买能力之间存在基本的分离。由于价值增殖和资本积累的推动,生产力不断发展,产品不断增加,而人们相对购买能力不断下降,从而导致了生产相对过剩的经济危机,它表现了资本主义社会化大生产和生产资料私人占有制之间的内在矛盾,马克思把它称为整个社会生产"无政府状态"的必然结果。经济危机不断地冲击着资本主义的生产方

---

① 马克思:《1857—1858 年经济学手稿》,载《马克思恩格斯全集》第 31 卷,人民出版社 1998 年版,第 41、42 页。

② 马克思:《资本论》第 3 卷,载《马克思恩格斯全集》第 46 卷,人民出版社 2003 年版,第 278 页。

式。在《资本论》第 1 卷的结尾，马克思以一种预言式的口吻宣告，资本的垄断成了与这种垄断一起并在这种垄断之下繁荣起来的生产力的桎梏。生产资料的集中和劳动的社会化，达到了同它们的资本主义外壳不能相容的地步。这个外壳就要炸毁了，资本主义的丧钟就要敲响了，剥夺者就要被剥夺了。遵循黑格尔辩证法的思路，马克思说：

> 从资本主义生产方式产生的资本主义占有方式，从而资本主义私有制，是对个人的、以自己劳动为基础的私有制的第一个否定。但资本主义的生产由于自然过程的必然性，造成了对自身的否定。这是否定之否定。这个否定不是重新建立私有制，而是在资本主义时代成就的基础上，也就是说，在协作和对土地及靠劳动本身生产的生产资料的共同占有的基础上，重新建立个人所有制。①

在这里，马克思似乎完全成了黑格尔逻辑学的牺牲品，建立了一种绝对必然性基础上的刚性决定论结构。阶级革命的主体性逻辑似乎已经湮没在了经济规律的客观性之中，批判的规范性完全让位于科学的描述性。如果不结合马克思整个思想视域来考察，得出这样的结论是理所当然的。所以，对于主要通过《资本论》尤其是第 1 卷来认识马克思的早期马克思主义理论家，经济决定论的阐释是可以理解的。但是，20 世纪，在大量早期手稿发表之后，以一种批判的人道主义的话语来构成与这种经济决定论的对立，却是不能原谅的，它同样只是极端化了马克思辩证思想的一个方面，将对人本质的阐发同对社会经济关系的批判性研究对立起来。由于这种对立，在对马克思思想发展过程的理解上，才出现了两个马克思的不同说法。

当然，这样说，并不意味着我们认为马克思思想前后之间没有差异，要把不同时期的思想按照"目的论"解读方式连成一个整体，而是认为，我们应该在充满差异、矛盾甚至对立的文本之间进行互文性的阅读，把它们看成是同一

---

① 马克思：《资本论》第 1 卷，载《马克思恩格斯全集》第 44 卷，人民出版社 2003 年版，第874 页。

论题不同的侧面、层次、环节的展开,看成不同时期、不同语境、不同论域下的不同思考,使之相互参证、相互批判、相互补充、相互克服,由此呈现出一个充满生机和活力的总体性思想视域。这样,我们就可以看到,马克思后期政治经济学批判同前期思想之间的复杂关系,它既深化了阶级斗争和阶级革命的学说,使之得到经济学的支持,同时由于视角的限制,阶级斗争的主体性(道德激情、价值取向、实践鼓动等)遭遇一定程度的遮蔽;它通过经济剥削关系的揭示,深入说明了自由主义意识形态的虚假性、欺骗性,将法哲学时期现代只是政治解放的命题奠定在经济学批判的基础上,但是,对意识形态的批判降到了注释和补充说明的地位,虽然这种补充和说明总是起到画龙点睛的妙用。

正因为如此,如果不同前面的思想联系起来,马克思的政治经济学批判就容易被作为一种专业化的经济学来解读,政治经济学批判就不会被看成现代性批判的具有本质重要性的奠基性工作——在我看来,这一工作的意义诚如海德格尔的《存在与时间》被其称为“基础本体论”一样——而只是被看成建立在劳动价值论这一抽象基础之上的实证经济学研究。我们从劳动价值论和剩余价值论遭到当代经济学的实证批判可以看出这一点。在这些批判者眼里,劳动价值论和剩余价值论首先被理解为一个实证的经济学概念,它像其他的自然科学规律一样反映现实,然后再证明它是错误的,而根本无视这一理论的历史存在论基础本身的历史性,无视这一理论内涵的价值规范性。再如,关于无产阶级或工人阶级这个概念,不少人就不注意它的价值规范基础和雇佣关系中定位的性质,从而以所谓中产阶级、白领等概念来对它进行质疑,宣布它的消逝等,无产阶级革命甚至等同于“饥民的造反”。

三

在马克思的思想之中,生产关系、生产力,进而是生产方式获得了经济基础的地位,政治的上层建筑和观念的上层建筑以此为基础并受其制约。因此,《资本论》对资本主义生产方式的分析,实际上是剖析了现代社会的存在论基础,或者说“座架”。价值抽象、劳动力的商品化、雇佣劳动和资本、剩余价值理论、利润率下降趋势、生产的社会化与私人占有制之间的矛盾等,都在经济学批判的范围内得到揭示。但是,这种经济学的揭示,却在现代性的批判视野中获得一般社会批判的理论意义。这两者之间有一种内在关联,并不是说现代性批判被还原为经济学批判,或者说经济学批判被泛化为一般的社会批判。这里可以指出几层需要考虑的关系,从中可以看出马克思经济学批判的基本性质。

首先,在后来的经济学批判之中,马克思虽然不再像以前那样将经济学、哲学和政治思潮的批判交织在一起形成一种明显的总体性文本,但是,马克思总是在政治经济学批判的过程中,画龙点睛地指出其一般意义,指明政治、意识形态同经济基础之间的关系,随时突破经济学自身的封闭线,经济学的专业化没有取代现代性批判的总体架构,而是在实现这一架构。为此,我们经常看到,马克思在后期的经济学著作中,总是恰当地引用以前的思想成果,将以前批判意识形态和一般哲学的见解有机地融合到经济学著作中,以表明经济学研究的真正意义。

其次,马克思之所以将后半生的精力都应用于经济学的研究,阐释资本主义的经济运动规律,一般地说,这是经济基础决定上层建筑原则的贯彻。但是,更重要的是,经济生活的重要性在现代资本主义社会取得了典型的意义。因此,这里具有其思想视域的一般原则,更有现实历史性的考量。在现代社会,经济生活获得了主导的地位,政治经济学成了现代市民社会"唯一的科学",所以,对现代性的批判必须得以政治经济学批判为基础性的维度展开。很难想象,在前资本主义社会或马克思意义上的后资本主义社会,社会批判和社会分析会需要以经济学批判的形式展开。

再次,在社会生活的内部,经济基础和上层建筑之间并不是一种一元论的派生关系,也不是一种二元论的独立关系,这是我们理解马克思所说的二者之间"决定"关系时应该注意的。在现代资本主义社会,经济关系、经济活动主导地位的确立和强化,使得经济生活中的基本原则向其他生活领域浸透,社会制度、生活模式、意识观念,乃至于心理结构都受到了侵蚀。因此,经济学批判中的资本这一概念就具有了一种"总体性"的意义,成为现代的本质范畴,经济关系就成为理解现代社会关系的基本原型。

最后,从理论的内在逻辑来看,马克思并没有认为经济学批判可以取代其他研究,他并没有将政治上层建筑和意识形态,简单地束缚在经济基础的桎梏之中,而是强调上层建筑的反作用和相对的对立性。这一点在《政治经济学批判》未完成的"导言"中明确地强调了,并提供了对艺术作品进行分析的一个简单的、未完成的范例。国家、意识形态等的作用,没有得到专门的讨论和研究,但不能由此说明马克思是"经济主义"和"经济决定论"。从马克思的思想出发,同样可以发展出一种批判的形式,比如法兰克福学派的文化批判理论和意识形态理论,但不能把这些批判形式看成是对马克思思想具有本质意义的置换和取代。

总之,我们认为,马克思的政治经济学批判为现代性批判奠定了基础,可以看成是历史唯物主义视野中现代性批判的"基础存在论",它既是现代性经济维度的专业化批判,同时又打破了专业经济学实证主义的封闭线,拓展出了现代性批判一个开放的理论平台。政治批判、文化批判、艺术批判、制度批判等可以在这一平台上展开有效对话,同时也可以从这个平台本身出发,发展出一种总体的现代性批判形式,克服现代性批判话语的分裂。

第四节　现代性批判的结晶:《哥达纲领批判》

晚年的马克思,虽然仍然致力于《资本论》第 2 卷、第 3 卷的研究和写作,但他终究没有完成这一艰巨任务,后来经过恩格斯的艰苦努力,第 2 卷和第 3 卷才得以分别于 1885 年和 1894 年出版。从马克思晚年著述情况来看,《哥达纲领批判》虽然不是一部严格的理论著作,却具有重要的代表意义,可以看作是马克思批判现代社会和现代性的最后遗言。它以论战的风格简洁地突出和总结了马克思现代性批判的基本思想。马克思思想的彻底性,甚至先期地揭示了后来"现实社会主义社会"的现代性质,它们同现代资本主义遵循着"同一原则",而不是突破了资本现代性的规定,从根本上说,它们至多具有"过渡"的性质。

一

马克思在 30 年前就曾经指出了现代解放只是政治解放,现代市民社会从政治原则中独立出来成为政治国家的基础。市民社会的私有财产制度、个人主义、利己主义的原则确立起来,私人性与公共性的分离意味着现代解放并不是人真正意义上的解放。紧接着,马克思通过政治经济学的批判揭示了资本主义私有财产制度同现代异化劳动之间的本质联系,从而提出了劳动解放的命题。劳动解放就是对现代异化劳动的克服,消灭抽象劳动为基础的雇佣劳动制度,彻底废除以私有制为基础的现代资本主义生产关系。从而,自由、平等、民主的原则突破现代单纯政治解放的意义,在"劳动解放"的基础上成为未来社会的基本特征,未来社会作为"自由人的联合体"将是人的"全面而自由的发展"。没有资本主义私有制的废除,没有真正意义上的劳动解放,这一切将是不可能的。

马克思指出,《哥达纲领》本身也提到了"劳动解放"这一根本原则,但完全陷入错误的提法。它抽象地提出"劳动是一切财富"的源泉,而不是具体地揭示劳动得以可能的条件和现实的社会制度,它没有从劳动社会性质的发展中揭示出现代社会的困境和出路,得出彻底与现代社会决裂的无产阶级革命结论。马克思说:"不应该泛泛地谈'劳动'和'社会',而是应当清楚地证明,在现今的资本主义社会中怎样最终创造了物质的和其他的条件,使得工人阶级能够并且不得不铲除这个历史祸害。"①这是马克思通过政治经济学的批判得出的历史结论,是马克思现代性批判的基本命题,是马克思一生全部理论思考的结论。劳动的解放和消灭资本主义生产方式是同一个命题,因为受到资本主义生产方式规定的现代劳动本质上是异化劳动,劳动解放不是要求获得现代劳动的条件,而是从现代异化劳动的条件中获得解放,一句话,就是在生产力发展的基础上消除生产的资本主义条件。马克思说,在集体的、以生产资料公有制为基础的社会中,"生产者不交换自己的产品;用在产品上的劳动,在这里不表现为产品的价值,不表现为这些产品所具有的某种物的属性,因为这时,同资本主义社会相反,个人的劳动不再通过迂回曲折的道路,而是直接作为总劳动的组成部分存在着"②。这是马克思对未来共产主义

①　马克思:《哥达纲领批判》,载《马克思恩格斯选集》第 3 卷,人民出版社 1995 年版,第 300 页。

②　马克思:《哥达纲领批判》,载《马克思恩格斯选集》第 3 卷,人民出版社 1995 年版,第 303 页。

社会劳动性质的描述,它根本扬弃了现代社会"抽象劳动"的异化性质,强制性的社会分工已经消失,劳动成为生活的第一需要,生产力和财富的增长,个人得到了全面的发展,从而"各尽所能,按需分配"成为社会的基本原则。这是马克思从他的理论思考出发,描述的未来共产主义社会的基本原则。

在马克思看来,共产主义社会与以按劳分配为特征的"过渡社会"之间存在着重要的差别,"过渡社会"在经济、政治、道德方面都还带着资本主义社会的痕迹。按劳分配实际上遵循的是商品交换的等价原则,即一种形式的一定量的劳动同另一种形式的同量劳动相交换,它仍然是以价值抽象为基础的,只是说,劳动所创造的价值在扣除了必要的费用之后全部归劳动者所有。劳动者平等地按劳取酬,这里所谓平等的权利实际上仍然是资产阶级的权利,因为它默认了劳动者本身的差异,并且以这种差异为前提。"就它的内容来讲,它像一切权利一样是一种不平等的权利。"马克思说,在共产主义社会的第一阶段,这是不可避免的,因为权利决不能超出社会的经济结构以及由经济结构制约的社会文化的发展。马克思认为,《哥达纲领》大谈"平等的权利"、"公平的分配",实际上是和资产阶级经济学家一样,把分配看成并揭示成一种不依赖于生产方式的东西,把社会主义描写成围绕分配问题兜圈子,从而放弃了对资本主义生产方式性质的揭示和批判。这是一种开倒车,真实的关系早已经弄清楚了。联系 20 世纪现实社会主义把"平均主义"式的按劳分配称为区分社会主义和资本主义的本质特征,我们不能不承认马克思批判的彻底性和深刻性。

二

《哥达纲领》从错误的劳动解放原则出发,强调国家的作用,提出要以合法的手段建立"自由国家"和社会主义社会,依靠国家建立社会主义的生产合作社等,甚至提出将平等的国民教育作为"国家的精神和道德的基础"。马克思对此进行了简要的批判。批判虽然不如对劳动解放原则的批判那样详细和深入,基本的要点仍然是说《哥达纲领》还是停留在现代资本主义社会的原则范围内。它并不是一个彻底工人阶级政党的纲领,其理论的基础是拉萨尔的政治经济学。从一些点到为止的要点中①，我们可以看到马克思思想的一贯立场。

马克思明确指出，将建立"自由的国家"作为工人阶级政党的目的，根本没有超出现代国家的观念。希望依靠国家来建立社会主义的生产合作社更是颠倒了国家和社会的基本关系。它不是把现存社会看成是现存国家的基础，反而把国家当成具有自己的"精神的、道德的、自由的、基础的"独立存在物。马克思指出了现代国家和现代社会的真正关系。马克思说："'现代社会'就是存在于一切文明国度中的资本主义社会，它或多或少地摆脱了中世纪的杂质，或多或少地由于每个国度的特殊的历史发展而改变了形态，或多或少地有了发展。"②"现代国家"虽然形式纷繁复杂，却有共同的特点，它们建立在现代资产阶级社会的基础之上，只是这种社会的资本主义发展的程度不同罢了，它们都有某些根本的共同特征。资产阶级社会是"现代国家制度"的根基，在未来的共产主义社会中行将消灭。当然，在现代国家随着资本主义生产方式消灭的时候，存在一个政治上的过渡时期。马克思说，这个过渡时期的国家职能只能是"无产阶级的革命专政"。必须科学地回答这种国家职能的变化。

马克思批判地指出，《哥达纲领》根本不谈无产阶级专政和未来的国家制度。它所提出的国家其实就是"现代国家"，民族国家的独立和宪政只是现代社会的成果和基本要求。当然，对于落后的德国来说，这种国家还处于它的范围之外。但事实上，《哥达纲领》提出的普选权、直接立法、人民权利、国民军等，没有任何真正的内容，"纯粹是资产阶级的人民党、和平和自由同盟的回声"，它们早已在成熟的资本主义国家中实现了。而《哥达纲领》希望在一个"军事专制国家"中，"用合法手段"从它那里争得这些东西。《哥达纲领》不知道，无产阶级的斗争是要同现代国家这种最后的国家形式决战，而不

---

① 很显然，马克思的重点是"劳动解放"阐释，批判了《哥达纲领》错误的理论基础，后边的批判大体就只具有附带的意义。同时恐怕也与当时的身体条件等有关。的确像马克思自己说的那样，写这么长的东西，对当时的马克思来说决不是一种享受。我们可以看到，后面的行文明显显得简约和仓促，甚至随意。

② 马克思：《哥达纲领批判》，载《马克思恩格斯选集》第3卷，人民出版社1995年版，第313页。

是建立这样的国家。它把国家理解为由于分工而同社会分离的独特机体,并提出把所得税作为国家的经济基础。这完全是以现代资本主义社会为前提的。

以这种现代的国家制度为基础提出的措施和要求,仅只是现代资本主义的要求。义务教育或免费教育,并没有超出现代社会的要求,前者甚至存在于德国,而后者在美国等已经实现。至于"由国家实行平等的国民教育"完全是一个含混的说法。在现代社会,国家是教育法律实施情况的监管者,而不是人民的教育者。关于"科学自由"和"信仰自由"也完全处于资产阶级的水平。关于"信仰自由",马克思认为完全是自由主义者的旧的口号,只是表明宗教的信仰不受警察的干涉,正确的提法应该是:"资产阶级的信仰自由不过是容忍各种各样的宗教信仰自由而已,工人党则力求把信仰从宗教的妖术中解放出来。"①其实,马克思早在《论犹太人问题》中就已经明确地提出了这样的观点。在现代的政治解放中,人并没有摆脱宗教,而是获得了宗教信仰的自由,宗教的信仰成了市民社会中私人的事情,同时国家本身也从宗教原则中解放出来,成为完成了的现代意义上的国家。②

作为对德国工人党纲领的批注,《哥达纲领批判》涉及了基本的理论问题,梅林称它为"关于科学社会主义基本原理的一篇具有教益的论文"。批判从经济基础、政治国家、价值观念等关键的方面,简明地阐释了现代社会、过渡社会和未来共产主义社会各自的基本特征和相互之间的原则性区别。马克思提出的几乎所有观点都以他全部著作的发展为基础。因此,对于每一个论断马克思没有作具体的阐释,马克思往往只是点明"真实的关系已经清楚了"如此等等。可以说,马克思是以论断的方式原则性地总结了他一生提出的基本理论和基本思想,它是一份具有原则高度的思想纲领,以一种总体的形式完成

① 马克思:《哥达纲领批判》,载《马克思恩格斯选集》第3卷,人民出版社1995年版,第317页。

② 事实上,马克思在《论犹太人问题》中就已经明确了这样的观点:在现代的政治解放中,人并没有摆脱宗教,而是获得了宗教信仰的自由,宗教的信仰成了市民社会中私人的事情,同时国家本身也从宗教原则中解放出来,成为完成了的现代意义上的国家。(相关内容可见本文第一章第三节)

了马克思一生致力的现代性批判这一基本的主题,实现了贯穿他一生的思想旨趣:"从世界的原理中为世界阐发新原理","对当代的斗争和愿望作出当代的自我阐明"①。

---

① 这是马克思 1843 年决定到巴黎去之后,写给卢格的信中的话。而到巴黎之后,马克思才算真正开始了他批判现代社会的思想和实践历程,具有重要的转折意义。

本 篇 小 结

　　以现代性批判为基本视域,我们看到,马克思思想的发展以一种新的面貌呈现在我们的面前。可以说,《黑格尔法哲学批判》以前的马克思,有一种明显的启蒙主义定向,不论是在博士论文还是之后的重要政治评论中,虽然当时他面临"对物质问题发表意见的难事",总体上说他还是以现代的自由、民主、平等立场批判落后的德国现实,专制德国与英法的对比成为其思想批判的历史背景,现代性的理性和人道主义原则是他基本的理论支持,追求现代的自由和解放是基本目标。为了解决面对"现实的物质"和"经济问题"上苦恼的疑问,通过黑格尔法哲学的批判性分析,在《德法年鉴》时期的《〈黑格尔法哲学批判〉导言》以及《论犹太人问题》中,现代性的基本原则遭到了初步质疑和批判,马克思从思想上已经开始同青年黑格尔派分离。其理论成果表现为对"政治解放"和"人类解放"的原则性区分,"现代"被作为纯粹政治解放规定下来,一种形态学意义的现代概念初步地被提出,现代的基本原则和内在限度已经从法哲学批判的角度被历史地确定了。

　　在《黑格尔法哲学批判》中确立了市民社会是政治国家的基础这一基本理论原则。既然政治解放只是表达了市民社会抽象的利己主义和个人主义原则,对市民社会现实物质关系的批判就潜在地成为基本的理论导向。从方法论上来看,这意味着,马克思不再在哲学自身内部来把握哲学,而把哲学看作现实存在历史的"副本",走出了抽象形而上学的思辨视野,对现代性原则的批判与历史存在论分析具有了一种本质性的关联。1843年移居巴黎,开始对政治经济学的研究和批判,哲学与经济学真正本质性的接触在此种视域中得以逐步展开。从此,现代性状况和现代性原则本身受到哲学式的总体性反思和批判,马克思将哲学批判、政治经济学批判和社会主义思潮批判有意识地贯穿起来,汇聚于现代社会批判这一根本的主题。

自《1844年经济学哲学手稿》以后,马克思一方面批判青年黑格尔派的理性形而上学本质,揭示他们的思辨哲学只是无意识地表达了现代社会的精神原则;另一方面,展开对现代社会历史的存在论分析,通过对私有制、社会分工、资本货币等为中介的存在论分析,对"现代"进行以历史唯物主义为基础的存在论批判,揭示现代之为现代的基本原则,同时为历史之未来向度提供现实的可能性根据,并且以实践的态度力图促成此种可能性的实现。1848年《共产党宣言》以阶级革命的视角汇聚了所有这些主题,是马克思现代性批判的纲领性文件。1848年开始的革命失败以后,马克思的现代性批判以专业经济学批判的形式展开,但其基本的意义必须在对现代性总体批判的视角下才能领会。最后,我们以对《哥达纲领批判》的解读结束对马克思现代性批判的历史重构。我们指出,《哥达纲领批判》虽然不是一部严格的理论著作,但它体现了马克思现代性批判的光辉思想。

中 篇

马克思现代性批判理论的逻辑结构

从"现代性批判"这一总问题出发,我们阐释了马克思思想发展不同阶段上的差异和内在关联。马克思不同历史时期和不同学科的研究和思考,共同地指向现代性批判这一主题。通过在现代性批判视角下的历史追踪,马克思思想在"时间"和"内容"上的总体性是我们已经获得的基本见解。当然,历史的"追踪"已经意味着一种逻辑的先行介入,而逻辑的勾勒只是对内容的抽象,思想的结构性和历史性之间应该确立一种内在的联系。因此,如果只是一种历史的追溯,马克思现代性批判思想的总体性本身还处于我们的视域之外,我们还没有本质性地揭示出马克思现代性批判的内在逻辑,而只是实现了这一论题下的思想史追踪,获得了思想的质料方面而没有完成对这一思想的根本把握。在这一部分中,我们将勾勒马克思现代性批判的范畴逻辑、马克思对现代性特征的揭示以及马克思现代性批判理论本身的特征。在这一勾勒中,思想发展的历史过程性被"忽略",即使有对范畴的历史追踪,它也明确地从属于逻辑的"前见",思想被抽象为一些具有内在联系的范畴,各个范畴之间的关联表现为一种总体性的结构。

第四章　马克思现代性批判的基本概念

　　作为对马克思现代性批判理论本身进行抽象的基础,本章首先阐释马克思现代性批判的历史唯物主义视域,并在此视域中本质地透视"商品"范畴、"资本"和"异化"范畴的含义以及它们之间在"现代性批判"论域中的相互关联。我认为,在马克思后形而上学的思想视域中,以资本为基本建制的现代世界成为批判的直接对象。由此,传统形而上学在抽象主义、还原主义基础上建构的本体论及其二元论哲学建制被击破,观念体系的自足性作为"唯灵论"被宣布为"思辨哲学的幻想"①;这意味着另一方面,理论的任务既然在于揭示"感性世界"本身的存在原理,要求对现实社会历史进行批判,这就使得"商品"、"资本"、"异化"这三个基本的范畴在马克思"历史唯物主义"的视域中获得一种存在论意义,并成为对现代性进行存在论批判的基本概念,而不再被束缚在实证经济学或思辨哲学的解释重压之中。

第一节　历史唯物主义:现代性批判的基本视域

　　在对马克思主义学科化的传统解读中,马克思主义哲学作为政治经济学和科学社会主义的理论基础,本身被命名为辩证唯物主义和历史唯物主义,并被构建为以物质本体论为基础的世界观体系。这一哲学体系一直处于激烈的

---

　　①　马克思恩格斯:《神圣家族》的"序言",载《马克思恩格斯全集》第2卷,人民出版社1957年版,第7页。

批判和捍卫之中,在此,我们无法作详细地考察和思想史追踪。我们以"历史唯物主义"或"唯物史观"来标识马克思现代性批判的基本视域,阐释它在思想史上的地位以及它在马克思现代性批判思想中的基本重要性。这一理解将使"历史唯物主义"范畴获得新的阐释空间。至于说,这是否意味着它将不再是哲学,或者说哲学的意义将由此发生根本的改变,这倒不是十分重要的。

一

黑格尔在《哲学史讲演录》第 4 卷"引言"中精当地概括了近代哲学的主题,即思想与实存的差异发展成为对立,并以消除这一对立作为自己的任务。黑格尔以自己的同一哲学来解决近代哲学的这一基本任务,在"真理即是全体"的演绎中完成了形而上学。黑格尔以"绝对精神"为本体,同时引进了现象学原则,利用过程意识,其同一哲学容纳了具体性和对象性。但是,绝对精神的本体论地位决定了其现象学只是形式上对还原主义的克服。"自我展开"只是逻辑联系中的具体,缺乏一种真正的历史向度和实践意识,因为单纯的过程性还不是历史意识中的时间性,相反,历史经过抽象接受逻辑的强制,成了历史的反面。黑格尔实际上确立了绝对精神本体论上的同一性先于现象学意义上的差异性。诚如哈贝马斯所说的那样,黑格尔把一和多、有限和无限、普遍和特殊、必然和偶然相应地联系了起来,但即使这种逻辑学最终也不得不确定一元性、普遍性和必然性在唯心论中的统治地位。因为中介概念本身就同时贯穿着整体性和自我关涉的理性活动。[1] 在黑格尔那里,辩证法只表现为一种概念之间的必然联系,概念之间的过程性潜伏着亚里士多德的"四因说",缺乏一种真正的具体历史实践,所以卢卡奇说他"不能深入理解历史的真正动力"。[2] 马克思也同样指出,黑格尔只是为历史找到了抽象的、思辨的表达,不过是 17 世纪形而上学"胜利的和富有内容的复辟"[3]。

---

① [德]于尔根·哈贝马斯:《后形而上学思想》,曹卫东、付德根译,译林出版社 2001 年版,第 31 页。

② [匈]卢卡奇:《历史与阶级意识》,杜章智等译,商务印书馆 1996 年版,第 670 页。

③ 马克思恩格斯:《神圣家族》,载《马克思恩格斯全集》第 2 卷,人民出版社 1957 年版,第 159 页。

哈贝马斯曾经指出,后黑格尔哲学流派的立足根基在于对待形而上学的态度,他甚至说:"我们在后形而上学思想面前已经别无选择了。"①在黑格尔之后,对形而上学的批判从各个不同的方面全面地展开,如孔德、克尔凯郭尔、马克思、尼采、长尔纳普和海德格尔等,即使个别的方面因为理论的不彻底性而复归于形而上学,大体还是可以说,后黑格尔哲学本质上是后形而上学的。后形而上学思想,反对先验的、超感性世界的本体论预设及其论证,这同时内在地意味着反对一种抽象主义、还原主义和本质主义的思维方式。在黑格尔哲学中,现象学和过程意识与绝对本体并置,将传统形而上学推至最后的极端,从而成为传统形而上学的典型完成。后形而上学的思想是在解构本体论和现象学的思辨结合中诞生的。对"存在"的理解本质地引进现象学原则,存在不再是抽象的本体,同样,现象学不再是精神的意识现象学。前者揭示出,物质本体对精神本体的置换本身仍然是形而上学内部的颠倒。后者意味着,如果现象学原则只是被标志为一种认识的方法论,它将居留于意识哲学的道路,不会是对形而上学的克服,而会重新拾起形而上学的绝对先验性,比如胡塞尔前期的意识现象学。

后形而上学的存在论必须是现象学才是可能的,同时,这种现象学必须引进存在论才可能对抗先验哲学。这一点海德格尔在《存在与时间》中有深刻阐释。② 但是,现象学因素与存在论的结合却不能终结于对"此在"生存论结构的现象学揭示,像海德格尔的解决方案那样,相反,最根本的应该是一种历史和实践视域的展开,使得具有对象性的"中介"和"过程"分析成为存在论的本质内容,并且在社会历史中获得本质的客观性规定。我认为,这正是马克思"唯物史观"的基本定向和思想史意义所在。马克思的"资本现代性批判"可以看作是以资本为基本建制的现代性存在论批判,它是历史唯物主义基本视域的内在展开。历史唯物主义代表了后形而上学思想视域中存在论最本质的

---

①　[德]于尔根·哈贝马斯:《后形而上学思想》,曹卫东、付德根译,译林出版社2001年版,第27、18页。

②　海德格尔在《存在与时间》(陈嘉映、王庆节译,生活·读书·新知三联书店1999年版,第42页)中说过,"存在论只有作为现象学才是可能的",将现象学与存在论相结合是海德格尔《存在与时间》的根本任务。

维度,同时也为现代性批判的存在论批判奠定了思想基础。

二

马克思并不是一个将哲学课题化的专业哲学家,他对哲学的批判内在地包含在对现实历史存在的具体分析之中,并且在此基础上攻击思辨形而上学的观念自足性。马克思从事的是一种具体的、现实的、社会的、历史的存在分析,马克思称之为"实证的批判"、"历史科学"、"实证的科学"、"现实的描述"等①,以冲击哲学的抽象思辨。《德意志意识形态》批判施蒂纳时,马克思风趣而精妙地说:"哲学和对现实世界的研究这两者的关系就像手淫和性爱的关系一样。"②以第一性和同一性为根本问题的近代哲学,形成了唯物主义和唯心主义两种基本的本体论形态,它们分享着同样的抽象前提,没有在真正的感性活动中理解存在,或者说,没有把现实世界理解为感性活动中的生成,而是以还原论的方式本质主义地追问终极的存在本源,因此构成存在与思维的二元对立,和对这种对立的思辨消解。从哲学本身的范围来说,马克思洞穿了这一路线的抽象本质,以实践范畴终结了形而上学的本体论抽象和由此抽象构成的近代哲学困境,马克思甚至由此宣布了哲学的终结。

当然,这并不是马克思思想的主旨所在。抽象的第一性和同一性问题并不构成马克思思想的出发点,即使在早年的博士论文中亦是如此,如我们在第一部分中已经揭示出的那样。早在《黑格尔法哲学批判》中,他就对抽象本体论进行了顺带的批判。在马克思看来,抽象的唯物主义和抽象的唯心主义只是构成相互对立的极端,他说"任何极端都是它自己的另一个极端。抽象的

---

① 参见《1844年经济学哲学手稿》(《马克思恩格斯全集》第3卷,人民出版社2002年版,第220页)、《德意志意识形态》(《马克思恩格斯全集》第3卷,人民出版社1960年版,第20、30—31页),马克思这些不同的表述,其内在的理论含义是相同的,它们显示了这种全新思想视域的开启,与这一视域相对的是形而上学的思辨,是本体论的抽象思维。一些人没有领会马克思思想的基本视域,反而以这些范畴指证马克思的"实证主义"、"经验主义"、"科学主义"等,对马克思的思想做出了基本错误的判断。

② 马克思恩格斯:《德意志意识形态》,载《马克思恩格斯全集》第3卷,人民出版社1960年版,第263页。

唯灵论是抽象的唯物主义;抽象的唯物主义是物质的抽象唯灵论"。而成为极端这一特性,必然包含在与它对应的极端的本质之中,因此它对另一个极端"并不具有真正现实的意义",极端与极端就其相互规定而言"并不形成真正的对立面"。① 很显然,在马克思的思想中,唯物主义和唯心主义(或唯灵论)已经被作为抽象的极端来看待,并初步地指出了二者都是立足于思辨的概念抽象。

后来在《哲学的贫困》第二章"政治经济学的形而上学"中,马克思专门批判了抽象主义的观念体系建构,表明了它批判形而上学本体论的基本成果。马克思指出,在抽象的体系建构中,现实的运动、历史变成了一成不变的范畴、原理,变成了无身体的理性,变成了"脱离了个体的纯理性的语言"。"形而上学者认为进行抽象就是进行分析,越远离物体就是日益接近物体和深入事物。这些形而上学者说,我们世界上的事物只不过是逻辑范畴这种底布上的花彩……既然如此,那么一切存在物,一切生活在地上和水里的东西经过抽象都可以归结为逻辑范畴,因而整个现实世界都淹没在抽象世界之中,即淹没在逻辑范畴的世界之中,这又有什么奇怪呢?"马克思批判形而上学本体论的这一基本立场,可以说在《关于费尔巴哈的提纲》第一条中已经得到了原则性的总结②,马克思宣告了"唯物"、"唯心"本体论的覆灭,其根本的成果就是与任何形式的抽象本体论决裂。马克思并不是先论证和肯定绝对的第一性存在,然后在此基础上谈论存在的中介性、谈论人类实践与存在的关联。在马克思的思想视野中,脱离人类的实践,脱离现实的社会历史活动和具体条件,谈论所谓的本体和存在,是一种无意义的抽象。在这个意义上,唯灵论和唯物论是同构的,因此马克思说"唯灵论是随着与其对立的唯物主义一起消逝的"。

然而,在传统的解读框架中,"唯物史观"被建构成一种抽象的哲学体系,是物质本体论在社会历史领域的推广和运用。马克思思想视域的阐释被安置

---

①　马克思:《黑格尔法哲学批判》,载《马克思恩格斯全集》第 3 卷,人民出版社 2002 年版,第 111 页。

②　从如上的分析和引证来看,与其说《关于费尔巴哈的提纲》是一个研究纲要,毋宁说它是一个思想的总结,关于马克思思想的各种阶段和断裂说恐怕只是过多地注意了前者,秉承恩格斯"萌芽"说的观点。可以说《关于费尔巴哈的提纲》的基本观点都可以在这之前的著作中找到源头,甚至基本一致的表达。

在抽象本体论及以此为基础的认识论问题框架之下,马克思被看成是第一性问题和同一性问题科学的回答者,而不是本质的超越者。本体论问题的提问方式,从方法论上隐含了被当代哲学揭示出来的抽象主义、还原主义和本质主义。这种抽象本体论思维寻找第一因,寻找不须生成的作为起点的起点,抽象的"外在性"和"先在性"成为规定物质本体或与精神本体的前提性范畴,这种本体概念本身是没有实践,从而不受实践中介的。物质与精神,思维与存在之间的对立与同一只能是一种等级系列中外在的、思辨的同一。在这样的前提下,中介性范畴,哪怕是双向的中介性范畴,最终也只能是"第一哲学"的牺牲品、本体论的配料,它非但不能终结所谓的思辨哲学,反而成为思辨哲学继续生存的拐杖。马克思历史唯物主义的基本视域并不是抽象的本体论框架,回答形而上学框架下提出的第一性问题和同一性问题不是马克思思想的基本任务。相反,马克思的思想内在地包含了对这一框架思辨本质的揭示和超越,在对存在的理解中本质性地引进了实践观,引进了社会性和历史性。在这个意义上,如果说马克思的历史唯物主义是一种存在论的话,它一定是对概念论的、抽象的唯物主义和唯心主义的克服。它指向具体的存在分析,而不是对存在的抽象还原。由此才形成了以生产方式为核心的唯物史观,和以此为基础的资本主义现代性批判。

三

"唯物史观"认为,社会存在决定社会意识,而社会存在就是人们的实际生活过程,就是人们现实生活的生产和再生产。存在并不是一个没有具体规定性的、抽象的实体性范畴,不是作为物的物性,也不是作为精神的精神性存在,而是实在与非实在在人之活动过程中的统一,自然、人、社会都只能在历史实践的总体化过程中得到确定和理解。在这一思想视野中,存在是现实的生成过程,不再是作为"绝对者"(或者说最初者、最高者、外在者、先在者等)意义上的本体,而是实践中对象性的存在,是历史性的现实存在本身。这样,单纯的过程性就不再被理解为历史性,比如说黑格尔哲学意义上的过程性,在那里,创造性原则和推动性原则本质上外在于具体历史实践的主体性,实际上保留着亚里士多德目的论前提下的"潜能"思想。而在马克思的思想视域中,历史是生存、生产中的实践,是现实存在在实践中的一体化或总体化过程,社会和历史是从时间维度和空间维度标识存在之历史性或实践性的总体性范畴。因此,时间和空间本身不再是均质的、外在于实践的物理学性质的概念,不再是主体先天地具有的直观条件,也不只是从个体的存在体验中得到领会和确立的生存论结构,而是在人们实践性的社会和历史关系中得到领会的历史唯物主义范畴。同样,"历史唯物主义"本身就同物质本体论区别开来,同先验哲学区别开来,也同存在主义或生存主义的一般倾向区别开来。

"历史唯物主义"中的"物",并不是作为"共相"的物质本体,也不是与抽象本体对立的具体的物质形态,而是指在人们的实践过程中形成的、对象性的、客观的社会历史关系,或者说人们的实际生活过程,马克思在与思辨唯心主义的"精神"和"意识"相区别的意义上称之为"物质关系"。这种关系,并不建立在物质与精神抽象二元划分的基础之上,而是建基于历史和实践的对象性关系。"唯物史观"总是在现实的实践过程中理解精神或物质因素的具体规定,因此,社会性和历史性成为基本的理论视域。① 对于唯物史观来说,任何存在都是社会历史性的存在,是受特定历史条件和原则规定和中介的存在,因此理论的任务变成了对现实社会历史过程的"描述",而不是抽象观念体系的建构。马克思在《德意志意识形态》中说:

> 思辨终止的地方,在现实生活面前,正是描述人们的实践活动和实际发展过程的真正的实证科学开始的地方。关于意识的空话将终止,它们一定为真正的知识所代替。对现实的描述会使独立的哲学失去生存环境,能够取而代之的充其量不过是从对人类历史发展的考察中抽象出来的最一般的结果的概括。这些抽象本身离开了现实的历史就没有任何价

---

① 所以,有的人强调马克思的理论是历史的、社会的"物质主义",而认为"历史唯物主义"这个译名不十分恰当,我国台湾学者黄瑞祺在《马学与现代性》中对此进行了辨析,美国的Robert J.Antonio 在《马克思与现代性》一书中把马克思的思想理解为一种"Sociological Materialism"等。这显然不是一个译名和用语的问题,它涉及对马克思思想的基本理解。

值。……它们绝不提供可以适用于各个历史时代的药方或公式。①

"唯物史观"作为基本的理论视域,一方面,摧毁了抽象形而上学观念体系的自律性,将其奠基于现实生活的生产之基础上,由此展开对"当今之生产"的批判,探索社会存在的未来向度并阐述其现实根据,亦即是说"未来"不是被给出的,而是"现实性",是存在自身的原则;进而在另一方面,它要求走出纯理论的立场,在现实中解决理论本身的对立,直接参与现实生活的"生产",改造现实本身。由此而来,"哲学"(如果还能称其为哲学的话)就是现实实践活动的内在构成要素,是实践地批判现实的理论武器,而不是关于先在或外在于"生产"的理念——不论是抽象的物质还是抽象的精神——的纯粹理论。这样,马克思不同学科领域之间的研究就在"唯物史观"的视域中内在地贯穿起来了,某一问题的历史实际上变成诸问题总体的历史,哲学、政治、经济、文化内在地汇合起来。也正是在这个意义上,卢卡奇指出,对马克思来说,归根结底就没有什么独立的法学、政治经济学、历史科学等,而只有一门唯一的、统一的、历史的和辩证的——关于社会(作为总体)发展的科学。② 我们正是在此意义上称马克思的思想为"历史唯物主义","唯物史观",它是马克思在现代性批判过程中形成并用以指导其现代性批判的基本视域,而不是脱离现代性批判的一般哲学教条。马克思的现代性批判也正是因为这一思想视域而具有了原则性的高度,其基本范畴、原理和观点正是这一视域的实现和展开。

马克思现代性批判有三个基本的范畴——商品、资本和异化,其他的范畴都建立在这三个范畴的基础之上。马克思以这三个范畴为基本的概念工具,对现代性本质和基本特征进行了深刻揭示。在马克思思想中,商品是现代社会的"抽象总体",任何存在物总是以商品的方式存在,劳动力的商品化最终使商品达到了它的完成形态,从而,资本原则成为现代社会的基本历史建制。通过对资本主义生产方式的批判性分析,马克思判定了现代性状况的"异化"本质,试图以阶级革命的维度指明克服现代性从而走向未来的通道。范畴之

---

① 《马克思恩格斯选集》第 1 卷,人民出版社 1995 年版,第 73—74 页。

② [匈]卢卡奇:《历史与阶级意识》,杜章智等译,商务印书馆 1992 年版,第 11 页。

间这种内在关系的揭示,是因为历史唯物主义思想视域实现的内在贯穿,现代性批判成为历史唯物主义视域中的存在论批判,必须在马克思唯物史观的深度和高度理解这些范畴及其相互之间的内在关联。这样,我们才能深入领会马克思对现代性特征的揭示,同时也才能把握马克思现代性批判本身的理论特征。

第二节　商品:现代性批判的逻辑起点

马克思从什么时间、以什么问题为出发点开始了现代性批判的思想历程?这种历史的出发点是否构成了他现代性批判的逻辑起点? 如果不是,那么,这种历史的出发点又是如何导向他现代性批判思想的逻辑起点呢? 这一逻辑起点是什么,它如何构成了马克思现代性批判理论的"抽象总体"? 这一问题的探索对于逻辑地重构马克思现代性批判思想具有前提性的意义。

一

在前面历史性的重构中,我们指出,马克思追随启蒙现代性只是很短的一段时间。以《黑格尔法哲学批判》为起点,马克思已经开始反思和批判启蒙现代性的基本观念和原则,他的现代性批判思想的历史出发点是黑格尔的问题,即市民社会与政治国家的关系问题。在这一批判中,马克思从法哲学批判角度确立了现代性作为"纯政治解放"的基本特征,指示了他的现代性批判思想的基本路径。

说黑格尔是第一个系统地批判现代性的思想家,同说他是第一个将现代性形成概念的思想家一样不让人感到惊讶,并且同样正确。黑格尔批判现代性的关键之处在于对市民社会的批判和"理性国家"的提出。在黑格尔那里,市民社会是家庭和国家之间的中间环节。这一概念包含了双重的对立:它是家庭和私人领域的超越者,同时,其内在的限度意味着它必须以国家为前提并且被作为伦理实现的理性国家所扬弃。黑格尔认为,现代社会中形成起来的市民社会包括了特殊性和普遍性两个原则,但是,市民社会中普遍性和特殊性作为各自独立的原则,只是完成了形式上的统一。在现代市民社会中,权利、自由、平等是以抽象理性和抽象自由为基础的,只具有形式的必然性,而不具有真理性和伦理性。于是,黑格尔提出了"绝对自在自为的理性"国家作为家庭和市民社会的统一,以扬弃现代市民社会的内在限度。为此,黑格尔还从绝对理性的立场批判了启蒙精神和以此为基础的法国大革命,认为它们破坏了国家的绝对权威和尊严,只是崇尚一种"绝对否定性"的自由原则和"想象的理性"。

在马克思看来,黑格尔正确地描绘了市民社会和政治国家分裂的"现代经验状况",但是,黑格尔试图以理性的国家来克服这种分裂,以君主立宪制来构思市民社会和国家之间的同一,这是一种虚构的"同一"。经历了《莱茵报》时期的"物质问题",通过返回到黑格尔法哲学批判,马克思明确了市民社会的物质关系是国家和法律关系的基础,现代市民社会的原则决定了现代国家性质,政治国家的形成同现代市民社会的产生具有内在的同构关系,即所谓"国家的唯心主义的完成同时也是市民社会的唯物主义的完成"①。这意味着国家本身只是现代市民社会的抽象表达,不可能构成对现代市民社会限度的扬弃。

政治国家确立起来的抽象公民关系,使得市民社会的生活变得只具有私人的性质,从而被排除于政治生活之外,市民社会内部的冲突和矛盾被合理地确立起来并保留着,人们过着政治国家和市民社会的双重生活。由此,马克思形成了现代只是政治解放这一基本命题。政治生活中的自由、平等、民主、权利,都只具有抽象的性质,确立起了人们之间抽象的普遍联系。在市民社会"利己主义"的原则范围内,人还是异己的存在物,人们之间还充满了现实的对立和冲突。因此,现代并不是人类意义上的解放,而只是政治解放。现代解放是确立市民社会的原则,而未来人类的解放却是从现代的市民社会的原则中获得解放。

这样,马克思就放弃了先前现代政治解放的诉求,开始了现代性批判的思

---

① 马克思:《论犹太人问题》,载《马克思恩格斯全集》第 3 卷,人民出版社 2002 年版,第 187 页。

想历程,市民社会与政治国家的关系构成马克思现代性批判的历史起点。在这一起点中,已经内在地包含马克思思想发展关涉的几个领域。理性国家与市民社会真实关系的揭示奠定了批判抽象唯心主义的基础,揭示现代市民社会物质关系的内在原则,要求以政治经济学批判的方式展开,现代解放只是"纯政治的解放",而没有实现市民社会内部物质关系的解放,这就意味着,真正的人类解放必须从现代市民社会的经济关系中获得解放。课题化的哲学批判、政治经济学批判和对各种社会主义思潮的批判是这一起点内在包含的基本趋势。它们已经在这一历史起点中以萌芽的方式存在了,并且内在统一于现代性批判这一"总问题"。

二

马克思现代性批判的历史出发点是市民社会与政治国家的关系问题,他从法哲学的角度揭示了现代的基本成就和内在限度。充分地肯定了以法国大革命为代表的现代革命运动作为政治解放的历史意义,同时他又指出了市民社会内在的分裂决定了这种解放所具有的纯形式的意义。既然现代政治国家和政治生活的基础是现代市民社会,那么,对现代社会和现代历史具有本质意义的分析就是对市民社会本身展开批判,揭示市民社会内部的运行原则和状况,而不能停留于市民社会与政治国家形式上的分离与统一上。这样,马克思的现代性批判逻辑地要求对现代市民社会展开批判,这一过程是移居巴黎后在《1844 年经济学哲学手稿》中开始的。

马克思明确指出:"对市民社会的解剖应该到政治经济学中去寻找"①。马克思从法哲学的批判跃进到了对现代社会和现代历史的政治经济学批判,以揭示现代社会的基本原理。市民社会获得了"直接性",作为现代社会意义上的市民社会概念被资本主义生产方式、资本主义生产关系等替代。马克思将对资本主义生产方式的分析看成是现代性批判的基本任务。在他看来,这一批判是政治上层建筑和意识形态批判的基础,马克思建立了现代性批判的"生产分析范式"。现代概念自然地被规定和理解为资本主义社会和资本主

---

① 《马克思恩格斯全集》第 31 卷,人民出版社 1998 年版,第 412 页。

义时代。对资本主义生产方式内在剥削和压迫关系的揭示,从政治经济学批判的角度本质地深化了现代只是政治解放这一法哲学批判得出的基本命题。

马克思在《资本论》第一版"序言"中明确指出,《资本论》研究的是"资本主义生产方式以及和它相适应的生产关系和交换关系",它最终的目的是"揭示现代社会的经济运动规律",①这就是对现代社会经济基础的剖析。在马克思看来,正是现代社会的经济基础决定了现代性的基本状况和基本原则。那么,如何从理论上开始这一分析呢?马克思在《政治经济学批判》未完成的导言中阐释了方法论上的基本原则,这就是从抽象上升到具体,"抽象的规定在思维行程中导致具体的再现"。经济范畴在思维中的地位不是由它们在历史中的先后次序决定的,而是由"它们在现代资产阶级社会中的相互关系决定的"②。

那么,现代资本主义社会中最本质的抽象范畴是什么呢?在《资本论》中,马克思指出,对于现代资产阶级社会来说,劳动产品的商品形式是经济的细胞,"资本主义生产方式占统治地位的社会的财富,表现为'庞大的商品堆积',单个的商品表现为这种财富的元素形式。因此,我们的研究就从分析商品开始"③。商品是现代社会的"抽象总体",在商品关系中包含了一切现代关系的萌芽,因此商品范畴成为马克思理解"现代"和进行现代性批判的逻辑起点。关于商品分析在马克思思想中的这种逻辑地位,卢卡奇在《历史与阶级意识》中有精辟的论述。卢卡奇说,成熟马克思的著作之所以从商品分析开始,并不是偶然的:

> 因为在人类的这一发展阶段上,没有一个问题不能最终追溯到商品这个问题,没有一个问题的解答不能在商品结构之谜的解答中找到。当然,只有当这个问题的提法达到马克思的分析所具有的那种广度和深度时,只有商品问题不仅仅表现为个别的问题,也不仅仅表现为按专业科学理解的经济学的核心问题,而是表现为资本主义社会生活各个方面的核

---

① 马克思:《资本论》,载《马克思恩格斯全集》第44卷,人民出版社2001年版,第8、9页。
② 《马克思恩格斯全集》第30卷,人民出版社1995年版,第49页。
③ 马克思:《资本论》,载《马克思恩格斯全集》第44卷,人民出版社2001年版,第47页。

心的、结构的问题时,才能在商品关系的结构中发现资本主义社会一切对象性形式和与此相适应的一切主体性形式的原形。①

"商品"理论上的逻辑地位的确立,一方面,因为它本身成了现代社会核心的、结构性的问题,它表明了现代本质的"存在规定";另一方面,从思想发展的方面来看,这种逻辑地位的确立,是马克思思想发展的结果,马克思通过理论的不断探索,最后将"商品"范畴提高到了原则性高度,而不再是一个纯经济学的范畴。在马克思三大社会经济形态的概念中,现代又被称为"商品经济时代",它同作为"自然经济时代"的古代和"产品经济时代"的未来相区别,是一个"过渡时代"。资本主义生产方式的确立表明了商品经济时代的到来,是传统走向现代的本质。资本主义生产方式统治地位的确立就是商品关系的全面实现,它通过劳动力的商品化完成了这一过程。资本是商品关系的全面的、最终的展开,因而是本质的商品形式。在现代社会中,商品成为基本的中介因素,一切存在物都采取了商品的形式来确认和实现自己的价值,通过市场来肯定自己的存在,商品拜物教成为现代的普遍现象。人的异化、自然的异化、观念的异化同商品成为存在的普遍形式紧密相关。

马克思通过对商品二因素和劳动二重性的分析,为揭示资本的抽象功能提供了坚实的理论基础。马克思对交换价值、抽象劳动的分析,从来不只是局限于单纯的经济学领域,而是把它延伸到人类学、社会学、心理学、政治学所有的层面,从而提升到哲学的高度,本质上说,它是一种以经济学为基础的存在论分析。关于这一点,卡尔·洛维特有深刻的阐释:"作为现代世界所有对象可出售性之代表的'商品'是人的异化的经济学表达。马克思意义上的商品并不是指所有对象中的一种特定类型的对象,相反,对他来说,商品包含了我们所有对象基本的存在论性质,即'商品形式'。"②《资本论》从商品分析开始,恰恰就是从现代社会所有对象基本的存在论性质出发,政治经济学批判本质上就是社会批判,就是对现代社会的存在论批判。马克思总是在必要的时

① ［匈］卢卡奇:《历史与阶级意识》,杜章智等译,商务印书馆1992年版,第143页。
② Karl Löwith, *Marx Weber and Karl Marx*, Translated by Hans Fantel, George Allen & Unwin (Publishers) Ltd., 1982, p.76.

候画龙点睛地指出专业经济学批判的一般意义,这些非专业性的评论或脚注往往表达了马克思理论的根本指向。马克思以商品分析为起点,在政治经济学批判的范围内揭示了现代资本主义生产方式的基本原则和运行规律。以此为基础,马克思对现代政治国家、现代意识形态、现代生活状况展开了批判,揭示了现代性的基本特征和根本动力。

三

从法哲学批判的市民社会同政治国家的关系这一问题出发,马克思提出了现代解放只是政治解放这一基本的现代命题。通过长期的理论探索之路,马克思在政治经济学批判中揭示了现代资本主义社会的经济运行方式,揭示了"商品关系"在现代社会中的总体地位。从商品分析出发,马克思以"资本"范畴本质地命名了现代,构成对黑格尔"理性时代"概念的扬弃。对"资本主义生产方式的分析"揭示了现代社会基本的存在论状况和存在论原则,现代精神原则的存在论基础第一次被真正地揭示出来了。在马克思的思想中,现代就是商品经济时代、现代社会就是资本主义社会,这些内涵相同的命题实际是"现代解放只是政治解放"这一法哲学批判命题深化了的不同表达。

但是,商品分析只是现代性批判的逻辑出发点。商品的资本化才是现代性的现象,或者说资本才是商品的现代形式,从而才是现代社会的本质规定。马克思以"资本原则"为基础展开的社会制度批判、政治国家批判、意识形态批判,从不同的角度揭示了作为形态学意义上的"现代"的具体规定和基本特征。当然,由于马克思的理论活动更多地集中于现代性批判的基础方面,"资本"这一范畴也更多是在经济基础的方面被揭示,资本原则在政治国家、文化意识、日常生活等方面的贯穿最多只是获得了原则性的勾勒。这往往使人们忽视马克思政治经济学批判对于现代性批判的基础性地位,要么把现代性批判等同于经济学批判,要么将现代性批判还原为意识形态批判。这一思想史发展的历史和现状,明显体现了一种二元论思维和还原论思维仍然占据着重要的位置,马克思现代性批判的历史唯物主义视域仍然在人们的意识之外,人们还没有正确地理解"资本原则"在现代性批判中的地位。不少的学者明确

地指出,马克思的现代性概念就是"资本现代性",马克思的现代性批判就是
资本批判。的确,在马克思的提问原则和提问方式下,资本是马克思现代性批
判的本质范畴。如前所述,唯物史观不是一种经济决定论,同样,马克思的资
本现代性批判也不是一种经济学还原论批判。

第三节　资本:现代的基本历史建制

马克思以"资本"这一范畴将现代概念化,他将资本领会为现代的基本原
则。也就是说,将资本作为最基本的范畴来分析现代社会历史。在马克思的
理论视野中,资本具有总体性的意义,而不只是一个单纯的经济学范畴。马克
思的经济学批判、意识形态批判、政治批判等都统摄于资本这一核心概念,马
克思的现代性批判可以被称为"资本现代性"批判。这当然不是说,在马克思
看来还有其他形态的"现代性",恰恰相反,现代性本质上是"资本主义的"。
因为在马克思的思想中,现代社会就是资产阶级社会,现代文明就是资产阶级
文明,"资本"是现代性的本质范畴,它规定了不同于"古代"和"未来"的"现
代",是现代社会历史的基本建制。当然,资本范畴的意义必须在历史唯物主
义的高度上被揭示,它才能获得这种普遍的意义。否则,马克思的资本现代性
批判总免不了被责备为经济还原论的分析,像众多理论家指责的那样。

一

马克思对资本本质的揭示具有历史唯物主义的基本性质。马克思说:
"资本不是物,而是一定的、社会的、属于一定历史社会形态的生产关系,后者
体现在一个物上,并赋予这个物以独特的社会性质。资本不是物质的和生产
出来的生产资料的总和。"①说资本不是物,是指作为资本的物并不是物作为
物的物性、自在性,而是它的非物性,它的社会性质。作为物性的物仅只是资

---

①　马克思:《资本论》第3卷,载《马克思恩格斯全集》第46卷,人民出版社2003年版,第
922页。

本的载体,只是社会关系的媒介。资本作为特定的生产关系,它通过物而存在,在物之中存在,作为物的特有的社会性质,与其说物取得了社会性,毋宁说资本就是现代的社会存在物本身,社会存在物的一种典型的历史形态,它表明了特定历史时代的社会关系和社会存在方式。不仅是人与人之间,而且是人与物之间、物与物之间的一种存在联系。资本成为存在的普遍抽象形式,不仅是物作为社会的物的抽象形式,而且是人作为社会的人的普遍抽象形式。资本家和雇佣工人只不过是资本的人格化。资本是现代存在物的存在形式和存在规定,资本的运行原则是现代社会历史的构成原则,亦即是现代历史的存在论基本建制,马克思的历史唯物主义,以资本为核心范畴展开现代性批判,本质上是一种存在论路线上的现代性批判。

资本原则作为现代社会历史形态的基本建制,贯穿于存在的方方面面,它不仅改变了人类社会的存在面貌、人们基本的意识形态,而且改变了与人类历史本质相关的自然形态。马克思在《1857—1858 年经济学手稿》中的这一段话,可以看作是资本作为现代社会历史基本建制这一判断的典型说明:

> 如果说以资本为基础的生产,一方面创造出普遍的产业劳动,即剩余劳动,创造价值的劳动,那么,另一方面也创造出一个普遍利用自然属性和人的属性的体系,创造出一个普遍有用性的体系,甚至科学也同一切物质的和精神的属性一样,表现为这个普遍有用性体系的体现者,而在这个社会生产和交换的范围之外,再也没有什么东西表现为自在的更高的东西,表现为自为的合理的东西。以此,只有资本才创造出资产阶级社会,并创造出社会成员对自然界和社会联系本身的普遍占有。由此产生了资本的伟大的文明作用;它创造了这样一个社会阶段,与这个社会阶段相比,一切以前的社会阶段都只表现为人类的地方性发展和对自然的崇拜。只有在资本主义制度下自然才真正是人的对象,真正是有用物;它不再被认为是自为的力量;而对自然界的独立规律的理论认识本身不过表现为狡猾,其目的是使自然界(不管是作为消费品,还是作为生产资料)服从于人的需要。资本按照自己的这种趋势,既要克服把自然神化的现象,克

服流传下来的、在一定界限内闭关自守地满足于现有需要和重复旧生活方式的状况，又要克服民族界限和民族偏见。资本破坏这一切并使之不断革命化，摧毁一切阻碍发展生产力、扩大需要、使生产多样化、利用和交换自然力量和精神力量的限制。①

资本在现代性分析中的意义，同时也决定了它在历史哲学中的基本意义。马克思将"资本"作为划分世界历史形态的核心范畴，不论是三大社会形态理论还是五大社会形态理论，资本都是资本主义时代或者说第二大社会形态的本质要素，是资本"创造了这样一个社会阶段"。在马克思的三大社会形态理论中，资本的这种意义就更显而易见了，此前的自然经济形态和此后的产品经济形态都在资本为本质原则的商品经济形态中得到领会和规定。在《1857—1858年经济学手稿》中，第二大社会形态被看成是具有关键性地位的"过渡"。资本摧毁了一切传统的生产方式和交往方式，同时为未来的人类存在奠定坚定的基础。在马克思的范畴里，现代、资产阶级时代、资本主义时代、第二大社会形态、商品经济形态等本质是一致的，根本的一点就是"资本"成为时代的原则。② 没有什么东西还能超越于资本的原则之外成为自在存在，表现为自为的合理的东西，一切存在物都要在资本的法庭面前为自己的存在辩护。"资本是资产阶级社会的支配一切的经济权利"，因此，当代思想对个人存在的分析、对社会历史存在的分析、对自然存在的分析、对科学技术的分析等，都必须领会资本原则作为现代基本建制的存在论意义。

通过对资本主义生产关系的经济学分析揭示，马克思把握了时代的基本主题和基本特征，并将这一分析总体性地贯穿到对时代的全面批判之中。卡尔·洛维特明确地指出，马克思的经济学是一个统摄了经济存在和精神因素的辩证范畴。③ 马克思对现代文明形态的分裂性和两重性在经济学的基础上

①　《马克思恩格斯全集》第30卷，人民出版社1995年版，第389—390页。
②　有的人有意地区分资本主义社会形态和商品经济形态，认为后者的外延更大，包含了现实中实行市场经济的社会主义，这种区分实际上没有根本的意义。
③　Karl Löwith，*Marx Weber and Karl Marx*，Translated by Hans Fantel，George Allen & Unwin（Publishers）Ltd.，1982，p.68.

进行了深刻的揭示,但其基本的意义并不局限于经济学的领域。之所以以经济活动为基本的分析对象,乃是因为经济活动成了基本的活动,经济活动中的资本原则本身成为时代的基本原则,存在的社会历史性是通过经济活动中的资本原则被规定的,历史的存在论批判必须通过政治经济学批判、资本批判才可能实现。由此我们也能够理解,马克思为什么说市民社会本身只有一门唯一的科学就是政治经济学,市民社会的哲学就是法哲学。可以说,如果没有在资本概念下对当今时代基本原则的形态学揭示,我们就无法理解过去和未来,不能理解历史的历史性,历史也将在混沌的同一或一维的直线观念中失却真正的历史性。没有以资本为"中介"的现代性存在论批判,现代性批判就会成为一种封闭的观念论意识形态批判,同样,被抽象化了的唯物史观本身也将蜕变为方法论的教条。

二

资本成为时代的基本原则,不仅表现为资本在深度上的渗透,而且表现为空间上的拓展。随着资本主义社会的到来,人类社会总体化的速度在迅速地加快。马克思多次谈到的历史向世界历史的转变实际上就是指"全球化"。今天人们广泛谈论的全球化就其本质而言,就是资本原则在全球范围内的贯穿和实现。其中包含的对立和冲突本质上是资本原则和非资本原则的冲突,而不是所谓的狭义的文明即价值观念和文化形态的冲突。在资本原则占统治的情况下,现代性境域中的文化多元性和差异性只具有某种局部的意义,它们不过体现为现代内部不同的"经验"现象。

正如约翰·卡西迪指出的那样,全球化这一时髦的语词,实际上马克思早就预见到了它的许多后果。① 事实上,不仅如此,马克思已经先期地揭示了这一过程及其本质,现实的经验历史全面地展现和证实了马克思的一些基本思想。马克思指出,从现代开始,人类文明就已经推进到了一个"世界历史时代",这一过程的到来及其加速发展与资本的扩展本质地联系在一起。马克

---

① [英]齐格蒙特·鲍曼:《全球化——人类的后果》,郭国良等译,商务印书馆2001年版,第211页。

思指出："创造世界市场的趋势已经包含在资本的概念本身中。任何界限都表现为必须克服的限制。"①"在资本的简单概念中必然地包含着资本的文明化趋势"②等，马克思明确地揭示了资本的全球化功能和资本推动下人类文明的全球化趋势，到处游走的资本不断地抹平地缘的、历史的界限。资本是现代的"概念"，现代不过是资本原则的经验。资本以空间来征服时间，使人类成为共时态的"现代"，成为一个动荡的总体。马克思说：

> 资产阶级，由于一切生产工具的迅速改进，由于交通的极其便利，把一切民族甚至最野蛮的民族都卷到文明中来了。它的商品的低廉价格，是它用来摧毁一切万里长城、征服野蛮人最顽固的仇外心理的重炮。它迫使一切民族——如果它们不想灭亡的话——采用资产阶级的生产方式；它迫使它们在自己那里推行所谓文明，即变成资产者。一句话，它按照自己的面貌为自己创造出一个世界。③

资本按照自己的原则、自己的面貌来创造世界，使世界存在之物毫无例外地成为它的现象，成为它赋予灵魂的质料，它就是这个经验世界的超验存在，它布置、安排和摆弄这个世界的整体，它真正用无所不摧的力量清除异己、他者。这一过程随着资本成为人类历史的普遍形式而大大地加深加快了，不仅是作为商品的资本按照经济原则的扩张，而且伴随着战争、政治、文化和一切可能的殖民和后殖民手段迅速地加快。人类历史的总体化在资本的推动下真正推进到了全球总体性的阶段，资本成了现实存在真正同一的原则。④

---

①　马克思：《1857—1858 年经济学手稿》，载《马克思恩格斯全集》第 30 卷，人民出版社 1995 年版，第 388 页。

②　马克思：《1857—1858 年经济学手稿》，载《马克思恩格斯全集》第 30 卷，人民出版社 1995 年版，第 395 页。

③　马克思恩格斯：《共产党宣言》，载《马克思恩格斯选集》第 1 卷，人民出版社 1995 年版，第 276 页。

④　如卢卡奇所指出的那样，"资本主义生产的自然规律遍及社会生活的所有表现；在人类历史上第一次使整个社会（至少按照趋势）隶属于一个统一的经济过程；社会所有成员的命运都由一些统一的规律来决定"。（《历史与阶级意识》，杜章智等译，商务印书馆 1992 年版，第 154 页）

但是,作为无所不在的"狡计",资本隐身为幽灵、为幻象,为不在场的在场,人们甚至可以安然地忘却它的存在,将它悬置为一个"不在家的上帝",来谈论尘世的生活,世俗的存在。这一事实不过表明,当资本的总体性普遍地确立的时候,它成为事实,成为自然,成为没有阻力的力,从而成为没有力量的力量,它毫无觉察地穿透我们的感官,穿透我们的意识,成为我们的呼吸,成为我们感觉不到的自然不过的空气。资本就是我们的社会空气。一旦人们习惯了用肺顺畅呼吸,人也就感觉不到空气的存在了,就像久居噪音的环境噪音似乎不再成为噪音一样。现在的"全球化"话语也好,现代性批判也好,"资本"成了不值一提的陈词滥调,工业社会、消费社会、信息社会成为时代新的名称。

事实上,从早期资本主义到当代资本主义的所有变化不过是以物为形式的资本取得了一种纯粹的形式,金融资本不过是资本的纯粹抽象。马克思说:"如果说起初在流通的表面上表现为资本物神,表现为创造价值的价值,那么,现在它又在生息资本的形式上,取得了它最异化最特别的形式",[1]这并没有改变它作为资本的本质。诚如马克思早在《雇佣劳动与资本》中就指出的那样,"资本的躯体可以经常改变,但不会使资本有丝毫改变"[2]。如今,脱掉了物质外衣的资本,更是获得了全能的神秘力量,像空气一样在全球上空无形地游走,真正成为人们"可感觉而又超感觉的物",成为普遍的"天命"。

三

我们说过,哲学自身内部的革命本身并不直接构成马克思思想之主题,马克思终究不是一个将哲学思想课题化的专业的体系化哲学家。在马克思那里,对哲学的批判内在地贯穿于对现实历史的存在论分析,现实本身成为批判的对象,理论的任务是要揭示"此岸世界的真理",对现代之存在论状况和原则的揭示成为马克思思想的基本主题。实际上,马克思的资本批判,在"资本"的中介性分析中对现代社会历史进行批判,表明马克思哲学上的革命与对现代性的存在论批判内在关联,而不只是范畴史上的观念更替。

---

① 马克思:《资本论》,载《马克思恩格斯全集》第 46 卷,人民出版社 2003 年版,第 939 页。
② 马克思:《雇佣劳动与资本》,载《马克思恩格斯选集》第 1 卷,人民出版社 1995 年版,第 345 页。

马克思对资本和商品抽象功能的揭示和具体的存在论描述,为我们对现代性的存在论分析奠定了坚实的基础。任何还谈得上是对现代性的存在论分析,都不可能回避马克思的这一思想维度。所谓现代性条件下需求的强制、进步的强制、生产的强制,对自然的掠夺、技术的拜物教、虚假的消费等无不是资本增殖原则的当然结果。后工业社会、后资本主义社会、后现代社会、消费社会、金融资本主义等,也不过是资本在自身原则之内的嬗变。资本脱掉感性的物质外衣变成赤裸裸的抽象,由此它才可能在全球的上空随意地游走。资本仍然是当今进行现代性批判的基本范畴。资本作为时代的基本原则无疑是历史地生成的,但就它自身的过程来说,是逐步的展开。也就是说,那个真正能作为起点的起点乃是抽象的全体本身,对于这个全体来说,它是先在的,内在地同一的不变的"实体",否则它就不可能被标志为一个时代。马克思对资本的批判,把握到了资本的基本原则及其限度,彻底地抓住了事情的根本。不触及其内核和基本纲领的证实或证伪,既无损于它的高度,当然也无增于它的高度。因为它是触及了时代的基本原则,并对这一资本原则进行了实质性的揭示,而不是对资本的现实社会进行百科全书式的实证主义研究,也不是进行一种形式主义的非此即彼的选择,而是为我们提供了一种辩证的、历史的现代性批判态度。

马克思对资本原则的揭示,对现代社会的历史唯物主义批判,相对于"思辨哲学"而言,是一种"实证的研究",是对"经验现象的描述"。但是,马克思的分析并不仅是一种单纯的学科化研究,并不仅只是对现实的描述,而是从属于对现实的批判。按照马克思的话说,它并不是"一种非批判的实证主义",而是要在经济的阐释中为革命找到经验的基础和理论的基础。① 可以说,马克思不是"为资本"立论,不仅只是客观地描述资本运行的规则,虽然这是基本的方面,更不是要确立起资本"非历史的永恒"地位,像国民经济学家所做的那样,而是"以资本"立论,通过资本原则和限度的揭示,提供价值判断和革命运动的"客观根据"。在马克思的思想中,科学研究和价值评判是内在地结

---

① 马克思说:"不难看到,整个革命运动必然在私有财产的运动中,即在经济的运动中,为自己既找到经验的基础,也找到理论的基础。"(马克思:《1844 年经济学哲学手稿》,载《马克思恩格斯全集》第 3 卷,人民出版社 2002 年版,第 298 页)

合在一起的。通过对现代社会资本主义生产方式和人们存在状况的分析,马克思揭示了现代社会阶级剥削和阶级压迫的本质,指明了现代解放的历史局限性。马克思用"异化"这一范畴指明了他对现代性状况的基本判定。"异化"这一范畴的内在逻辑贯穿于马克思的整个思想之中,虽然在不同的历史时期,范畴的取用上会有具体的变化。在马克思的异化范畴中,"应该"和"现实"之间不存在所谓的对立。当然,异化范畴需要在马克思历史唯物主义的视域中得到阐释,才能摆脱形而上学的身份。

第四节　异化:现代性状况

一

马克思说,"人不仅在思维中,而且以全部感觉在对象世界中肯定自己"。劳动是人最基本的活动方式,本质上是人的自我产生和自我实现。作为社会性的劳动产生了人与自然、人与人之间的存在关系,在劳动中体现着人最基本的存在方式。马克思说:"生产生活就是类生活。这是产生生命的生活。一个种的整体特性、种的类特性就在于生命活动的性质,而自由的有意识的活动恰恰就是人的类特性。"①因此,对劳动形式和劳动状况的考察实质上就是对人的存在论分析,这种分析包括了劳动过程本身和劳动的外在组织形式两个基本的方面。马克思在《1844 年经济学哲学手稿》中明确地指出"把私有财产的起源问题变为异化劳动同人发展的关系问题",问题的这种新提法本身就包含着问题的解决,这种提法克服了把私有财产当作人之外的东西,认为只有谈劳动才是谈人本身的观点。马克思将作为过程的劳动同作为制度的劳动形式结合起来,阐释了二者之间本质上的联系,并且在这种阐释中揭示了现代社会的"异化"状况和异化本质,使得异化范畴具有了历史唯物主义的性质,成为马克思现代性批判的基本范畴之一。

---

① 　马克思:《1844 年经济学哲学手稿》,载《马克思恩格斯全集》第 3 卷,人民出版社 2002 年版,第 273 页。

对人的存在状况的分析同对劳动过程的分析、对生产资料所有制形式之间的分析本质上是一致的。马克思晚年侧重于制度的分析同早年的侧重于活动的异化劳动分析之间没有所谓断裂。我们不必纠缠于马克思在概念使用上的不确定性，即使在范畴的使用上会有一些差别，但可以说，马克思对资本主义条件下劳动异化的批判是一以贯之的。生产资料的所有制形式和生产方式不过是劳动的结果和凝聚，是异化劳动的形式方面。因此，问题只在于马克思后来更多地在制度的层面上谈论对立与冲突，阶级剥削、阶级压迫等范畴不过是劳动异化的另一种表达。推翻资本主义生产方式和资本主义制度本质上就是"异化劳动的解放"。早年的"异化劳动"为马克思后来的思想奠定了基础，后来的著作对这一思想的推进——尤其在《资本论》中——使之具备了更为合理的逻辑形态。马克思自己也不认为他的思想有一种逻辑上的断裂或飞跃，他更多的是强调自己研究的前后联系，他在《〈政治经济学批判〉序言》中明确说，1853 年之后的政治经济学研究是继续 1844 年之后中断了将近 10 年的工作。

异化概念在马克思思想中的基本地位，还体现在各学科研究的内在关联上。在《1844 年经济学哲学手稿》中，马克思以"劳动异化"概念来贯穿对国民经济学的批判、对以黑格尔为代表的古典哲学的批判和对社会主义思潮的批判，由此，异化概念才成为现代性批判的一个基本范畴。我们前面历史性的重构中已经指出，这种贯穿初步地呈现了历史唯物主义的基本视域，并使得该著作成为现代性批判的第一个总体性文本。在那里，黑格尔精神异化的概念被劳动异化取代，异化被看成是在劳动过程中形成的现实状况和现实关系，理论的任务在于对这种现实历史关系的揭示和批判。这样，概念之间的辩证运动过程被奠定在现实的社会历史过程之上，现实的社会历史被看成是一个自我否定的过程。黑格尔的辩证法被指认为现实历史的思辨表达，而国民经济学则被看成是对现代资产阶级社会非批判的"自我意识"。这意味着，马克思获得了批判思辨哲学和国民经济学的理论基础，同时，实践的无产阶级革命被看成对现实异化的"扬弃"，是现实存在自身蕴含的"真理"。对现代性的理论批判和实践批判变成了内在同一的过程。

二

在对私有制、社会分工和异化劳动的分析中,马克思不仅对当代人的存在状态作了现象上的描述,精辟地阐释了当今人类的存在处境,并且深刻地揭示了异化劳动的实质。人在资本统治下生存的抽象性是马克思所揭示的人的基本存在状况。在现代社会,人们之间确立了普遍的社会联系,建立了全面的关系。但是,商品的普遍抽象只是形成了一种形式的全面性和多样性,通过商品交换建立的社会关系不是人们之间自由的联合,人的独立性建立在对作为商品和资本的"物"的依赖基础上,用哲学的语言说即是"异化"、"物化"、"单面化"的社会等。现代社会的发展建立在"普遍的社会物质交换"基础上,克服了古代那种单纯的原始丰富性。以抽象劳动为基础的商品交换价值确立起来的普遍抽象,建立起来丰富的关系,然而,这种关系在异化劳动中作为外在的力量与人自己相对立。马克思说:"这一事实无非是表明:劳动所产生的对象,即劳动产品,作为一种异己的存在物,作为不依赖于生产者的量,同劳动相对立。劳动产品是固定在某个对象中的、物化的劳动,这就是劳动的对象化。劳动的现实化就是劳动的对象化。在国民经济学假定的状况中,劳动的这种现实化表现为工人的非现实化,对象化表现为对象的丧失和被对象奴役,占有表现为异化、外化。"①"人同自己的劳动产品、自己的生命活动、自己的类的本质相异化的直接后果就是人同人相异化。当人同自身相对立的时候,他也同他人相对立。"②

马克思在《1857—1858年经济学手稿》中又说:"在资产阶级经济以及与之相适应的生产时代中,人的内在本质的这种充分发挥,表现为完全的空虚,这种普遍的对象化过程,表现为全面的异化,而一切既定的片面的目的的废弃,则表现为为了某种纯粹外在的目的而牺牲自己的目的本身。"③在马克思看来,人的存在的丰富性变成了一种单纯的追求财富的运动,从属于"纯粹外在的目的",被外在的关系所支配。在这种情况下,不论是穷得只剩下钱,还

---

① 马克思:《1844年经济学哲学手稿》,载《马克思恩格斯全集》第3卷,人民出版社2002年版,第267—268页。

② 马克思:《1844年经济学哲学手稿》,载《马克思恩格斯全集》第3卷,人民出版社2002年版,第274页。

③ 马克思:《1857—1858年经济学手稿》,载《马克思恩格斯全集》第30卷,人民出版社1995年版,第480页。

是穷得一点钱都没有,资本、货币都成了人存在的唯一的尺度、价值、意义,客体获得了真正主体的支配地位。作为媒介,"货币是真正的创造力",把每一种本质力量都"变成它本来所不是的那个东西,即变成它的对立物"①。

人在这种普遍的抽象中变得越来越失去人的机能和属性,越来越失去人本身的存在,人的属性乃至于人的身体本身都变成可以被货币衡量的要素。②在资本占主导地位的社会条件下,财富和货币是人存在的基本尺度,你的能力、你的情趣、你的风度、你的梦想、你的个性没有货币和财富的外化,都只是"唯灵论的观念的存在"。这样的时代,"占有"成为存在关系的本质方式,人与人的关系、人与物的关系,都化约为一种占有关系、交换关系,占有、征服是人最基本的价值取向和生命活动。在这种占有式的存在关系中,利益是主体存在的依据、自我确证的依据,不论是采取竞争还是合作的方式,追求利益的最大化是最终的目的,人类的活动本质上被化约为一种单纯的工具性活动。功利性的竞争和冲突成为时代的主题,制度、秩序、法律、规则等等不过是这一主题顺理成章的表现。在这个时代,竞争、占有、交换、消费成为生命的本质活动,能力的集聚和释放成为一切主体存在的状态。能力的本质是一种资本,是能够占有对象,使对象成为资本的资本,因此,我们不仅使对象成为对象,而且首先使自己成为对象,成为能够占有资本的资本。③

---

① 马克思:《1844年经济学哲学手稿》,载《马克思恩格斯全集》第3卷,人民出版社2002年版,第363页。

② "你的存在越微不足道,你表现自己的生命越少,你拥有的就越多,你的外化的生命就越大,你的异化本质也积累得越多。国民经济学家把从你的生命和人性中夺去的一切,全用货币和财富补偿给你。你自己不能办到的一切,你的货币都能办到:它能吃,能喝,能赴舞会,能上剧场,它能获得艺术、学识、历史珍品和政治权力,它能旅行,它能为你占有一切;它能购买这一切;它是真正的能力。……因此,一切情欲和一切活动都必须淹没在贪财欲之中。"(马克思:《1844年经济学哲学手稿》,载《马克思恩格斯全集》第3卷,人民出版社2002年版,第342—343页)

③ 马克思说:"私有财产使我们变得如此愚蠢而片面,以致一个对象,只有当它为我们拥有的时候,就是说,当它对我们来说作为资本而存在,或者它被我们直接占有,被我吃、喝、穿、住的时候,简而言之,当它被我们使用的时候,才是我们的。尽管私有财产本身又把占有的这一切直接的实现仅仅看成生活的手段,而以占有的这一切直接的实现为手段的那种生活是私有财产的生活——劳动和资本化。因此,一切肉体的和精神的感觉为这一切的感觉的异化即拥有感所代替。为了使属人的存在物能够从自身产出自己的内在的财富,必须使他沦落到怎样一种绝对的贫困呀。"(马克思:《1844年经济学哲学手稿》,载《马克思恩格斯全集》第3卷,人民出版社2002年版,第303页)

在这种"占有"和"强制"的支配下,一切存在物都变成了算计的对象,关系的多样性单面化为一种"工具"或者说"效用",一切存在的东西都遵循"被计算和能被计算"的合理化原则(卢卡奇语),不仅人们的劳动产品,而且人们的劳动过程本身都成为分解和组织的对象。问题当然不在于这种分解,而在于这种分解的"占有"和"强制",在于它不是自由自觉的活动,不是人的自由的全面发展,而是劳动的异化,人的异化。

三

那么,马克思"异化"的概念是一个以抽象人性论为基础的概念吗?这并不是一个形式的问题,它意味着对马克思思想性质的基本判定。这一判定,在思想史上有两种形式:一些人认为马克思整个理论的基础就是抽象的人性论,因而总体地属于形而上学;另一些人则采取一种分期的立场,认为马克思的早年思想属于抽象的人性论,从而属于形而上学,晚年则是克服了抽象人性论和道德评判的科学。这两种判定都确认马克思的"异化"概念与抽象人性论和形而上学的本质联系,认为在马克思的"异化"理论中,存在着以历史目的论为基础的形而上学预设,因此不过是弥赛亚主义的世俗版本。这一批判涉及马克思整个现代性批判理论的基本视域,涉及唯物史观的基本性质。

在一些人看来,只要一谈到异化,就设定了非异化的存在状态,就有一种理想的、观念的设定在先,因而就是形而上学的,就是抽象的人性论。不要这样看问题,因为这样看问题本身就将问题抽象化了。难道作为人他不是应该并且本身就具有一种为人的尺度吗?超越的意识并不都是以不可能为基础的,恰恰相反,真正的超越意识是对不可能性和绝对必然的双重扬弃,它既不仅仅立足于"实存",也不仅仅立足于"应该"的基础之上,而是探索存在的可能性真理。从来不可能有无标准的裁判,各种社会理想、社会运动,都有自己的目标、尺度,就像个人的行为一样,有的留恋既往,有的憧憬将来。人类不可能只存在于经验(实存)的世界之中,反思意味着超越的冲动,生产意味着对实存的突破。问题的关键只在于,"理想"、"目标"是否穿透了历史性的真理,而不只是一个抽象的"应然"。

异化理论的逻辑就是批判的逻辑、反思否定的逻辑。粗略说来,"异化"

思维的实质就是对社会现实的批判性反思，一种否定性的立场、态度和结语，一种克服和超越的过程意识。反思就意味着批判，没有批判就没有思想。但是，反思和批判并不意味着就只是一种道义上的激愤，而是通过阐释现实的存在原理，以探询未来的向度。真正说来，未来乃是真正的"现实"，而不是一种抽象的观念设定。所以马克思在《德意志意识形态》中说："共产主义对我们来说并不是应该确立的状况，不是现实应该与之相适应的理想。我们称为共产主义的是那种消灭现实的状况的现实的运动。这个运动的条件是由现有的前提产生的。"①"只有在现实的世界中并使用现实的手段才能实现真正的解放……'解放'是一种历史活动，不是思想活动，'解放'是由历史的关系，是由工业状况、商业状况、农业状况、交往状况促成的。"②这样的表述同《1844年经济学哲学手稿》中说的"异化和异化的克服走的是同一条道路"内在的逻辑是一致的。马克思认为现代社会是一个异化社会，人们生活在普遍的异化关系和异化状态之中，这是对现代只是"政治解放"这一思想的具体推进和阐释。他一方面具体阐释了现代人类的生存论处境，同时指出了克服这种异化处境的必然性和必要性，两者之间存在内在的联系。就马克思理论本身的正确性不谈，至少可以明确的是，"异化"思想的立足点并不是单纯的"应该"，不是抽象状态和抽象的人性论预设。

马克思揭示了现实的人的异化，这是对人们实际生存论状况的描述和批判。他经过政治经济学的批判，揭示了现代社会自我否定的必然性，未来社会的可能性，为从价值上判定现代的"异化"性质奠定了基础。异化的存在论描述和价值判断并不是两分和对立的。"异化"的价值判断并不是来自于不变的人性抽象和未来完满性的预设。马克思既然认为人是一切社会关系的总和，而社会关系是人们实际生活过程的凝聚，马克思不是满足而是批判了非历史的、非社会的抽象人性概念。马克思总是从特定的社会经济关系从而是从一定的阶级关系中来阐释他对人的理解。甚至在谈人异化的时候，马克思也不忘记从特定的阶级地位出发，指出现实异化对于不同阶级地位的人产生不

---

① 《马克思恩格斯选集》第1卷，人民出版社1995年版，第87页。
② 《马克思恩格斯选集》第1卷，人民出版社1995年版，第75页。

同影响和不同表现。"有产阶级和无产阶级同是人的自我异化。但有产阶级在这种异化中感到自己是被满足的和被巩固的,它把这种异化看成是自身强大的证明,并在这种异化中获得人的生存的外观。而无产阶级在这种异化中则感到自己是被毁灭的,并在其中看到自己的无力和非人的生存现实。"①将马克思的异化思想同抽象的人性论联系起来,从而同形而上学联系起来②,是没有根据的。

同样,以异化理论为基础的共产主义不是根源于抽象人性的目的论预设。如果可以说马克思的"共产主义"概念是一个目的论的范畴,它一定是一种内在的目的论,它建立在对现代性异化状况的科学批判和科学揭示上,而不是出于抽象的观念论预设。对此,伊格尔顿曾经指出:"对于马克思来说,关键不是使我们朝着大写的历史目的前进,而是从这一切的下面解放出来,以使我们能够从此开始——以便严格意义上的历史,带着所有它们的丰富差异,能够从此开始。"③还是在《神圣家族》中,马克思就对目的论进行了深入的批判,马克思说:"从前的目的论者认为,植物所以存在,是为了给动物充饥,动物所以存在,是为了给人类充饥,同样,历史所以存在,是为了给理论充饥(即证明)这种消费行为服务。人为了历史而存在,而历史则为了证明真理而存在。在这种批判的庸俗化的形式中恢复了思辨的高见:人和历史所以存在,是为了使真理达到自我意识。因此,历史也和真理一样变成了特殊的个性,即形而上学的主体,而现实的人类个体反倒仅仅变成了这一形而上学的主体的体现者。"④

出于对形而上学目的论的批判,马克思总是自觉地将自己的理论活动定位为对现实存在的分析,是从现实世界的存在原理中阐发未来的原理,而且从

① 马克思恩格斯:《神圣家族》,载《马克思恩格斯全集》第2卷,人民出版社1995年版,第44页。

② 建立这种根本性联系方面,海德格尔是一个典型的代表,可见他的《关于人道主义的书信》和《晚期三谈讨论班》。(参见《海德格尔选集》,孙周兴选编,上海三联书店1996年版;《晚期海德格尔的三天讨论班纪要》发表在《哲学译丛》2001年第3期上,摘译自V.克罗斯特曼出版社1977年出版的《四个讨论班》,标题应该是由译者所加)

③ [英]特里·伊格尔顿:《后现代主义的幻象》,华明译,商务印书馆2000年版,第78页。

④ 马克思恩格斯:《神圣家族》,载《马克思恩格斯全集》第2卷,人民出版社1995年版,第100—101页。

来不把思想的成果当成不变的教条和先验预设的纲领。马克思指出,理论的抽象不过是从人类历史发展的观察中得出的,"这些抽象本身离开了现实的历史就没有任何价值"①。关于这一点,晚年马克思(1877 年)在给《祖国纪事》杂志社的信中批判俄国民粹思想家米海洛夫斯基时还有具体的论述。马克思说:

> 他一定要把我关于欧洲资本主义起源的历史概述彻底变成一般发展道路的历史哲学理论,一切民族,不管他们所处的历史环境如何,都注定要走这条道路,——以便最后都达到在保证社会劳动生产力既高度发展的同时又保证每个生产者个人最全面的发展的这样一种经济形态。但我要请他原谅。他这样做,会给我过多的荣誉,同时也会给我过多的侮辱。……极为相似的事情,发生在不同的社会历史环境中就会引起完全不同的结果。如果把这些演变中的每一个都分别加以研究,然后再把它们加以比较,我们就会很容易地找到理解这种现象的钥匙;但是,使用一般历史哲学理论这一把万能钥匙,那是永远达不到这种目的的,这种历史哲学理论的最大长处就在于它是超历史的。②

在这里,马克思明确地批判了抽象的历史哲学,在一种目的论观念的支持下,历史被阐释为一般的绝对过程,具体和差异被抽象的刚性结构消解在绝对必然的一般道路之中。在这样的逻辑下,历史失去了历史性、实践性,从而失去了具体性、差异性、丰富性,因此,马克思说它是"超历史的"。实际上,在马克思的思想中,个体、差异、偶然性、非同一性等具有真正的地位,但它们本身不再被当作绝对来崇拜。偶然性、可能性同因果性、必然性一样在马克思的思想中都具有当然的合法性。所谓决定论与非决定论之争只是一种抽象的对立,马克思的思想并不抽象的是决定论的或非决定论的。真正需要把握的是历史性的实践主体的主体性,即创造性原则及其限度。

---

① 《马克思恩格斯全集》第 3 卷,人民出版社 1960 年版,第 31 页。
② 《马克思恩格斯选集》第 3 卷,人民出版社 1995 年版,第 342 页。

第五章　马克思对现代性基本特征的揭示

上一章中,我们揭示了历史唯物主义、现代性批判和政治经济学批判之间的内在关系,并在这种内在关系之中揭示了商品、资本和异化范畴在马克思现代性批判理论中的一般意义。按照马克思的说法,范畴反映一定的存在关系和存在形式,这些范畴在现实中的地位决定了它们在理论中的地位。① 资本的规定和推动决定了现代性的特征。真正说来,现代性的基本特征不过是资本原则及其异化本质的具体展现。虽然马克思没有明确地概括现代性的特征,但马克思对现代性特征的揭示贯穿在他一生的理论思考之中。我们从马克思现代性批判理论中逻辑地提炼出的这些现代性特征,密切结合着马克思本身的论述进行阐释,实际上是"商品"、"资本"和"异化"范畴的进一步展开。

第一节　"个人现在受抽象统治":
现代性的抽象性

马克思曾经说过,在现代社会中,"个人现在受抽象统治"。实际上,不仅个人,而且自然、社会都处在一种"抽象统治"之中,"抽象统治"是现代性最重要的特征。虽然各个时期视角和切入点不同,但马克思始终将抽象性理解为现代性的基本特征。从《黑格尔法哲学批判》时期对市民社会和政

---

① 《马克思恩格斯全集》第30卷,人民出版社1995年版,第48页。

治国家抽象分裂的揭示,到市民社会物质关系的政治经济学解剖,再到对"德意志意识形态"观念论抽象本质的批判,马克思不仅阐释了现代性的抽象特征,而且揭示了这种抽象性的基本动力及其自我扬弃的内在必然性。马克思对现代性抽象特征的揭示,深化了现代性批判的基本主题,也与当代的现代性批判话语直接地关联起来,可以发展出一种具有本质意义的现代性批判思路。

一

事实上,与启蒙思想家对理性和人道主义的呼唤相反,黑格尔已经通过理性批判的方式,在他的市民社会理论中揭示了现代性的抽象特征。在黑格尔看来,现代形成的市民社会,作为对家庭环节的扬弃,私人的生活从家庭过渡到了公共的领域。但市民社会只是在利益的基础上确立了一种形式的普遍性,市民社会范围内的行政机关和法律制度只是对人们抽象权利的维护,人们处于利益对立的全面联系之中。因此,市民社会仅只是从家庭向绝对理性国家过渡的中介环节,绝对理性的国家作为绝对伦理理念的实现,才真正是真理性和伦理性的,它扬弃了市民社会的抽象性,成为最终的合题。我们前面说过,通过对黑格尔《法哲学原理》的批判,马克思开启了一种新的现代性批判范式。从对现代性的"抽象性"特征的揭示来看,这里也明显体现了一种内在的批判继承关系。一方面,马克思汲取了黑格尔市民社会批判的思想,也认为抽象性是现代性的本质特征,对这种抽象性的扬弃才可能走出现代性的矛盾和困境。但是,马克思完全不同意黑格尔的理性批判范式,通过对市民社会基础地位的揭示,马克思进而在资本批判范式中奠定了阐释现代性抽象特征的存在论基础,揭示了现代性的抽象性特征形成的资本动力。

马克思认为,抽象性不仅是现代市民社会的特征,而且也是现代政治国家的基本特征。政治国家的抽象性是一种现代的产物,它同市民社会私人生活的抽象性之间存在同构关系。整个现代只是在人们之间确立了一种形式化的普遍联系,因此,现代的政治解放只具有抽象解放的意义,而不是真正完全意义上的人类解放。抽象性是现代性的基本特征,它不仅是现代社会历史的存在论特征,也是现代性意识形态的基本特征。现代的自由、平等、人权、博爱等价值取向受到资本主义生产方式的制约，都只具有抽象的、形式上的意义。由此，马克思建立了私人生活、国家的抽象性和侵入社会实践的普遍抽象与形式主义之间的关系。①

在《黑格尔法哲学批判》中，马克思指出了政治国家的普遍抽象同市民社会的普遍抽象之间的同一关系。在《神圣家族》中，马克思又明确提出，理论的任务在于表明，国家、私有财产等怎样把人化为抽象，或者他们怎样成为抽象的人的产物，而不成为单个的、具体的人的现实。② 后来在《1857—1858年经济学手稿》中，马克思更是一般性地指出："个人现在受抽象统治，而他们以前是相互依赖的。但是，抽象和观念，无非是那些统治个人的物质关系的理论表现。"③马克思在人们现实生活的抽象关系和观念的抽象统治之间建立了明显的联系，也就是说，抽象的统治不仅是指物质的生活方面，而且贯穿到精神的、观念的领域。显然，从马克思的表述和马克思思想的内在逻辑来看，都可以把抽象性看成是马克思揭示出的现代性的一个统一特征，它不是就某一方面，而是就其整体而言，现代性是抽象的。

马克思现代性批判理论的根本意义还不在于一般地指出了现代性的抽象特征，而在于他在资本的批判范式中深刻地揭示了现代抽象的历史动力和异化本质。以资本主义经济为基础的世界历史时代，资本就是存在物的存在形式，也就是说，任何存在物都要在资本这一抽象的形式中表现自己的存在。所以马克思说，工人只有对他自己作为资本存在的时候才作为工人存在，而只有当某种资本对他存在的时候，他才作为资本存在。资本的存在是他的存在、他的生活，资本的存在以一种外在的形式规定着他的生活内容。④ 存在的丰富性化为资本的抽象规定，资本以它自身的原则改变了普遍的存在关系，按照它自己的形象创造出一个新的世界历史时代。资本总是在有用性的意义上看待和理解一切存在物，一切存在物都失去了"感性的光辉"，变成了有用性的具

① 包亚明主编：《现代性与空间的生产》，上海教育出版社2003年版，第3页。
② 马克思恩格斯：《神圣家族》，载《马克思恩格斯全集》第2卷，人民出版社2005年版，第246页。
③ 《马克思恩格斯全集》第30卷，人民出版社1995年版，第114页。
④ 《1844年经济学哲学手稿》，人民出版社2002年版，第282—282页。

体体现者。一切存在都在效用关系中，建立起一种普遍的联系。在这里，普遍联系和全面发展是以价值抽象的贯彻为本质的，在社会生产和交换的范围之外，再没有任何存在物表现为自为的合理的东西。①

马克思从社会异化的意义上来理解这种抽象的全面关系。马克思指出，这只是人们之间以物的依赖为基础的全面发展，它使得外在于人的社会关系和社会权力同人自己相对立，而不是人的真正的、具体的现实。这种全面联系的形式性和抽象性，意味着个人关系和个人能力的全面发展是同普遍的异化同时并存的，它们只是为未来的"自由个性"的实现创造过渡条件②，本身并不是人真正的全面发展和自由的联合。

二

最初，在《黑格尔法哲学批判》的视野中，马克思揭示了现代的解放只是一种抽象意义上的解放，政治国家中人们所过的共同体的生活以公民抽象的人格为基础。而在以利益为基础的市民社会生活范围内，人们之间存在着普遍的对立和冲突。之后，在《政治经济学批判》的视野中，马克思揭示了现代性抽象的经济学基础，指出了商品交换中的价值抽象是现代性抽象的基本原型。与商品分析是马克思现代性批判的逻辑起点相应，商品价值抽象的阐释是马克思揭示现代抽象性的理论起点。

我们曾经指出，在《1844年经济学哲学手稿》中，马克思以一个根本性的问题超出了当时国民经济学家的视角，这就是，"把人类的最大部分归结为抽象劳动，这在人类发展中具有什么意义？"这一追问开启了马克思现代性批判的基本方向。劳动作为人最基本的生命活动和生命表现获得了抽象的性质，这具有根本的意义。在《资本论》中，马克思说："劳动，这只不过是一个抽象，就它本身来说，是根本不存在的；或者，如果我们就它在这里所标示的意思来说，只是指人借以实现人和自然之间的物质变换的人类一般的生产活动，它不仅已经脱掉一切社会形式和性质规定，而且甚至在它的单纯的自然存在上，不

---

① 《马克思恩格斯全集》第30卷，人民出版社1995年版，第390页。
② 《马克思恩格斯全集》第30卷，人民出版社1995年版，第107—108页。

以社会为转移,超越一切社会之上,并且作为生命的表现和证实,是尚属非社会的人和已经有某种社会规定的人所共同具有的。"①因此,对劳动的真正理解恰恰在于对具体社会形式和性质规定的揭示,而不是把它化为这种空洞的抽象。在现代社会中,劳动的形式是"抽象劳动",也就是说,"抽象劳动"成为了劳动的本质。因此,对这种"抽象劳动"及其历史意义的分析成了现代性批判的基础性工作。

在现代社会,人们之间的关系表现为生产关系和交换关系的纯粹产物。②劳动抽象是分工和交换发展到一定历史阶段的结果,在资本建立起了普遍统治的现代社会,本身又对人类社会的发展产生了巨大的影响。以抽象劳动为基础的交换价值实现了对存在的同一化过程,不同的存在类型和同一类型的不同个体之间变成了量上的可通约的同一。存在物在市场中只是代表着一定量的交换价值,个体性和差异性覆盖着被本质化了的社会幻相,存在的丰富性、多样性变成了没有意义的杂多,它们只是作为本质的交换价值的现象,亦即是所谓的"物质承担者"。这样,在商品的普遍中介下,资本主义生产方式,建立了普遍有用性的体系,存在关系被抽象为以交换为目的的单纯效用关系。

在效用关系的体系中,任何存在必然被抽象为可计算的存在、量化的存在。存在变成了可计算的存在,这并不是自然科学、数学推动的结果,不是人们思维方式变革的结果,而是根源于社会历史的存在变迁,其基础就是资本主义生产方式中价值抽象的全面落实。随着商品的量化和抽象化原则向社会生活的全面渗透,抽象性成为这个时代最根本的存在论特征。自然、人、思想、知识、职业等所有的一切都受到价值抽象的统治,都变成交换的媒介,利益的工具,一切关系都成为"纯粹的金钱关系",失去了任何超验的价值和神圣的光辉。"资产阶级抹去了一切向来受人尊崇和令人敬畏的职业的神圣光环。它把医师、律师、教师、诗人和学者都变成了它出钱招雇的雇佣劳动者。"③

---

① 马克思:《资本论》第 3 卷,载《马克思恩格斯全集》第 46 卷,人民出版社 2003 年版,第 923 页。

② 《马克思恩格斯全集》第 30 卷,人民出版社 1995 年版,第 115 页。

③ 马克思恩格斯:《共产党宣言》,载《马克思恩格斯选集》第 1 卷,人民出版社 1995 年版,第 275 页。

现代的抽象性特征远远不只是市场交换中的价值抽象,但是,毫无疑问,商品的价值抽象,是最重要的发动者和推动力。当今时代最基本的工具理性、计算理性、实用理性等,都与商品交换和价值抽象的普遍性贯彻具有本质的联系。《共产党宣言》指出,现代资产阶级社会中,人们之间的关系除了赤裸裸的"现金交易"而外,再没有其别的联系了。"它把宗教虔诚、骑士热忱、小市民伤感这些情感的神圣发作,淹没在利己主义打算的冰水之中。它把人的尊严变成了交换价值,用一种没有良心的贸易自由代替了无数特许的和自力挣得的自由。"①可以说,只要是作为商品完成形态的资本还占据着统治的地位,就不可能结束这种"抽象"关系的统治,存在关系将是一种抽象联系。

在马克思那里,商品交换是同生产的社会分工和私有制紧密联系在一起的。早在《1844年经济学哲学手稿》中,马克思就揭示了抽象劳动和分工与私有制之间的内在关系,社会分工和私有制由异化劳动的结果变成了现实劳动的前提和现实条件,本质就是抽象劳动对活劳动的统治。这种统治既表现为现代分工的普遍强制性,也表现为劳动过程抽象的合理化过程。在资本主义条件下,由于利润和效率原则驱动,社会的劳动分工越来越细密和精确化,人们被束缚在分工的专业领域乃至于某一个领域具体的细微环节上,按照分析原则细化的原子个人被组织进全面联系的抽象体系,这种抽象的"合理化"过程使人的生活失去了原始的"丰富性",而朝片面化的方向发展。马克思指出,现代社会内部分工的特点在于它产生了特长和专业,同时也产生了职业的痴呆。② 按照计算和效率原则推进的劳动合理化过程,实际上是对个性和特长的消除,是对差异的标准化强制。分工和劳动过程的合理化分解,在现代表现为资本增殖原则的强制,作为对活劳动的片面抽象,它们使人失去了全面和自由发展的可能性,处于"合理化"的"铁笼"之中。③

马克思对分工如何在现代社会中迅速地发展起来并促进生产力的提高有

①　马克思恩格斯:《共产党宣言》,载《马克思恩格斯选集》第1卷,人民出版社1995年版,第275页。

②　马克思:《哲学的贫困》,载《马克思恩格斯选集》第1卷,人民出版社1995年版,第169页。

③　关于这一点,可以参见卢卡奇《历史与阶级意识》中对物化现象的精彩分析。在那里,卢卡奇在韦伯的"合理化"概念与马克思的"异化劳动"之间建立了联系,在我看来,核心的中介概念就是"抽象"。

充分的肯定,但与此同时,马克思对外在性的普遍联系和分工本身造成人的片面性有深刻的批判。消除资本主义条件下的分工同消灭私有制一样,是克服抽象劳动的基本方面。在马克思看来,人的解放从本质上说就是劳动的解放,就是从"抽象劳动"的现实条件中解放出来,使劳动成为自由自觉的活动,从而成为人的第一需要,而不是屈从于生存的强制性压力,在市场的竞争中获得自由出卖"生命活动"的权利。当然,从抽象劳动中,亦即是从形成抽象劳动的各种现实条件中解放出来,只具有基础性的、前提性的意义,而不是解放的全部,所以马克思在《共产党宣言》中强调不仅要同传统的所有制关系实行最彻底的决裂,也要同传统的观念实行最彻底的决裂。①

三

我们说过,马克思对现代性抽象特征的揭示,很大程度上受惠于黑格尔的市民社会"形式普遍性"思想的影响,理性的发展在市民社会之中表现为"抽象理性"。可以说,是黑格尔开创了揭示现代性抽象性特征的基础。在当代的批判话语之中,工具理性批判、科学主义批判、实证思维批判等都与对现代性抽象特征的揭示和批判有关。它们从不同的角度切入抽象性批判这一主题。我们以这一主题为视角,也可以透视出形形色色的当代理论之间的关联。马克斯·韦伯的合理化理论、卢卡奇的物化批判、海德格尔对技术思维的批判、马尔库塞的实证主义批判,等等,不同的进路却暗合相同的"抽象性"批判。

正是在这一当代的思想视野中,我们能深刻地领会马克思思想维度的重要性。我们认为,在对现代性抽象特征的揭示中,马克思的思想维度具有奠基性的意义,马克思的资本批判深刻地揭示了现代性抽象的动力和本质。马克思不像黑格尔及其后继者一样,从理性批判的角度将"抽象性"看成时代精神的基本特征,而是通过政治经济学批判展开的历史唯物主义分析,揭示了现代性抽象特征的历史存在论基础。这一分析,将抽象性特征同社会形态意义上

---

① 马克思恩格斯:《共产党宣言》,载《马克思恩格斯选集》第 1 卷,人民出版社 1995 年版,第 293 页。

的社会制度批判联系起来,超越了一般实证社会学对合理化限度范围内的"抽象性"批判。同样,由于对"抽象性"的扬弃同社会制度的变迁结合起来,马克思没有陷入观念论批判和"悲观主义",他只是在具体的分析中揭示出现代抽象的进步意义及其限度,阐释它同现实的社会基础之间的存在论关联,而不是将它还原为话语批判中道义的激愤谴责。

在当今的时代,现代性的抽象性得到了全面的推进,金融资本的统治实际上是商品资本统治的进一步抽象,而不是脱离。如我们已经指出过的那样,当代资本主义的所有变化不过是资本脱离实物的纯粹抽象,它并没有改变资本和商品的抽象原则,由"G-W-G′"到"G-G′"的演变以更加抽象的形式将人无一例外地纳入一个全球抽象总体。这一存在论抽象过程的推进,决定着我们实际的生存状况和观念原则。从抽象的统治中获得解放不可能在单纯经济关系的变革中实现,但没有经济基础方面的变革要结束这种抽象的统治也是不可能的。在今天纷繁的现代批判话语中,指出马克思现代性批判的这一基本原则是极为重要的,它能够杜绝那种将对现代性抽象特征的批判转化为一种个体审美实践和道德倡议的封闭的内在路线,指明抽象统治的客观性力量并不是仅靠一种精神原则的提升就能够超越的。

第二节　"所有固定的一切都烟消云散": 现代性的流动性

在当代的哲学探讨中,时间性和空间性作为存在论范畴取得了重要的地位,而且浸透到了社会学理论和文艺批判理论之中,成为人们广泛采取的阐释工具。在我看来,所谓的"时空抽离"、"时空紧缩",等等,不过是人类历史总体化这一存在论事实的概念表达,马克思的资本批判揭示了这一过程的基本历史动力。因此,对时空的存在论阐释应该凸显"资本"这一中介范畴在理论分析中的基本地位。资本原则在时空中迅速而全面地贯穿,显示了对现实存在强劲的抽象功能。马克思的名句:"所有固定的一切都烟消云散",意味着资本现代性流动的特征。资本摧毁了一切形式和一切界限,成为现代时空组织和融合的根本动力和历史原则。由此,时间和空间范畴才真正具有了现代性的存在论意义,在对时间和空间的阐释中离开了对资本动力的强调,时空作为理论工具将变为无规定的抽象,失去历史规定性的支撑。

一

在现代性批判话语中,面对 19 世纪的现代性危机,现代主义作为审美批判,代表了一种与马克思思想基本不同的现代性批判路线。一方面,它对现代性的世俗性和异化进行了强烈的谴责和激进批判;另一方面,在其审美原则中体现和传达了一种强烈的现代性时间意识。在波德莱尔那里,美在永恒与瞬间的交织中共同现身,当代生活中瞬间美的特性被他称作"现代性"。① 这意味着在现代主义的开创者那里,对现代性流动时间的体验和传达成为艺术的基本指向。转瞬即逝,流变不止的现代性意识取得了主导的地位,美学转变为瞬间性和内在性美学,其核心的价值就是变化和新奇,传递着一种强烈的相对主义意识。② 所以,齐美尔说,现代性的本质是心理主义的,它根据人们对内在生活(内在世界)的反应来体验和解释这个世界,"在躁动的灵魂中凝固的内容已经消解,一切实质性的东西均已滤尽,而灵魂的形式纯然是运动的形式。"③《共产党宣言》中有一段被人们广为熟悉的话,为人们在马克思思想与现代主义之间建立联系提供了有力的佐证:

> 生产的不断变革,一切社会状况不停的动荡,永远的不安宁和变动,这就是资产阶级时代不同于过去一切时代的地方。一切固定的僵化的关系以及与之相适应的素被尊崇的观念和见解都被消除了,一切新形成的关系等不到固定下来就陈旧了。一切等级的和固定的东西都烟消云散了,一切神圣的东西都被亵渎了。④

---

① Habermas, *The Philosophical Discourse of Modernity*, translated by Frederick Lawrence, Polity Press, 1987, p.9.
② 卡林内斯库:《现代性的五副面孔》,顾爱彬、李瑞华译,商务印书馆 2003 年版,第 9—11 页。
③ 包亚明主编:《现代性与空间的生产》"序言",上海教育出版社 2003 年版。
④ 《马克思恩格斯选集》第 1 卷,人民出版社 1995 年版,第 275 页。

马歇尔·伯曼以"一切坚固的东西都烟消云散了"作为他论述现代性的著作的书名。在他看来,《共产党宣言》的这一句名言,准确地传达了"现代性的体验",或者说是作为"体验"的现代性。伯曼发现了一种"溶解"的现代主义视野贯穿在马克思的著作中,它能对抗"坚固"的马克思主义视野。因此,称马克思是一个现代主义者,《共产党宣言》是之后"一个世纪的现代主义运动和宣言的原型","是第一部伟大的现代主义艺术品"。① 固然,我们可以从"体验"的角度阐释马克思的"现代主义"特征,但问题的关键在于,马克思是在何种意义上谈论现代性的"溶解"和"流动性"的? 马克思是否是将现代性作为一种内在的体验来传达,并且对现代性展开一种美学批判? 将马克思阐释为一个与他同时产生的现代主义者,在我看来,这不是遮蔽马克思现代性批判的独特视角,就是泛化了"现代主义"的一般意义。马克思的意义不在于他类似于现代主义者那样表达了现代性的感受,而在于他揭示了现代性精神和现代性流动意识的存在基础,开辟了一种独特的现代性批判范式。

毋庸置疑,现代主义以一种美学的方式准确地把握到了现代性的基本特征——时间的流动性,呈现了现代人类的生命感受和存在状态。但是,流动性的时间意识和审美原则并不是现代性的本质,人的内在世界与对象化的外在世界之间,存在基本的关联。这种以流动的时间意识为基础的现代美学原则,并不是美学思想延续和自我扬弃的结果。相反,美学上的争论只是提升到美学高度的时代意识。这种时代意识的基础根植于现代历史的存在变迁之中。真正的批判应该是揭示人们生命感受和生存状态的社会历史根基。

关于新航线的发现、铁路的修建、钟表的制造等如何形成和改变了现代人们的时空意识,已经被揭示出来,并且广为人们所接受。马克思在一些著作中也不同程度地涉及这些方面。但是对于马克思而言,所有的这一切都与资本的推动和抽象有着紧密的关系。可以说,资本的利益、效率和增殖原则,是突破和消解时空界限的基本动力,它们使现代成为一个流动的时代,流动性成为

---

① Marshall Berman,*All that is Solid Melt into Air*,Simon and Schuster,1982,pp.89-90,102.

现代性的显著特征。而马克思明确将现代迅速的流动和变化看成是资本主义生产方式推动的结果,揭示了这种流动性的历史动力。马克思说:

> 资产阶级除非对生产工具,从而对生产关系,从而对全部社会关系不断地进行革命,否则就不能生存下去。反之,原封不动地保持旧的生产方式,却是过去的一切工业阶级生存的首要条件。①

我们在谈到资本是现代性的基本历史建制的时候已经指出,马克思将全球化过程同资本原则的空间贯穿结合起来,揭示了全球化的基本动力和本质。马克思说:"创造世界市场的趋势已经直接包含在资本的概念本身中。任何界限都表现为必须克服的限制。"②资本按照自身的原则要求在全世界到处安家落户,因此,"在资本的简单概念中必然地包含着资本的文明化趋势"③,它导致一切固定关系的解体和静止形象的清除。资本按照自己的趋势,"既要克服把自然神化的现象,克服流传下来的、在一定界限内闭关自守地满足于现有需要和重复旧生活方式的状况,又要克服民族界限和民族偏见,资本破坏着一切并使之不断革命化,摧毁一切阻碍发展生产力、扩大需要、使生产多样化、利用和交换自然力量和精神力量的限制。"④

资本的这种流动性和浸透力消解了时间和空间的限制,现代的流动性是资本抽象性的必然后果,它使人们生活在一个软性的、流动的时空体系之中。在关系的建构与不断的解构之中,在时间与空间的流动中,生活的快速旋转和飘移,人"不是力求停留在某种已经变成的东西上,而是处在变易的绝对运动之中"⑤,感受着生命的轻浮与意义的流失。"素被尊崇的观念和见解都被消除了",绝对、永恒、确定、秩序和崇高等带有静止和凝固性质的观念都被溶解和软化,变成随风而逝的凌乱碎片。

---

① 马克思恩格斯:《共产党宣言》,载《马克思恩格斯选集》第 1 卷,人民出版社 1995 年版,第 275 页。
② 《马克思恩格斯全集》第 30 卷,人民出版社 1995 年版,第 388 页。
③ 《马克思恩格斯全集》第 30 卷,人民出版社 1995 年版,第 395 页。
④ 《马克思恩格斯全集》第 30 卷,人民出版社 1995 年版,第 390 页。
⑤ 《马克思恩格斯全集》第 30 卷,人民出版社 1995 年版,第 480 页。

二

现在,有一种在现代主义/后现代主义的思想谱系中阐释马克思思想的倾向。其实,后现代主义对分裂、破碎、差异、瞬间的崇拜,恰好反映了资本流动性的意识形态强制。在这个意义上,我们发现,批判现代主义的后现代主义,其实是现代主义的极端推进者。也正是在这个意义上,我们同意后现代主义是晚期资本主义的文化逻辑这一论断,并且认为它本身不构成对资本现代性的本质批判。因为真正说来,现代性的流动性同资本的同一性强制是同一过程的两个方面。这里存在一个流动与凝固的辩证法。马克思对现代性流动特征的揭示与对资本同一性强制的批判相结合,因此,不能因为马克思对现代性流动性的揭示,就将他归并到现代主义甚至后现代的思想谱系。也许恰好相反,这种思想谱系本身还需要在马克思思想的维度上重新获得阐释的基础。

在前面我们已经指出,马克思认为抽象性是现代性的基本特征。在现代社会,资本实现了对一切存在的普遍抽象,成为一切存在的存在形式。资本这种普遍抽象的实现,就是以自己的形象对传统的瓦解,它解构一切地缘的、血缘的固定关系,从而导致了人类存在时空的流动和重组。资本对一切界限的突破和瓦解,就是使自己成为现代性的唯一合法的形象,确立自己唯一的统治。在有形的、易于觉察的流动和消解中,完成无处不在的贯穿和凝固。资本没有界限,资本破坏一切界限,不仅是在广延的空间上,而且在生命的时间方面。在资本原则的强制下,"时间就是一切,人不算什么;人至多不过是时间的体现。"①时间成了资本的工具和载体,马克思在《雇佣劳动和资本》中说:"时间是人的发展空间。不能自由支配时间的人,除了被睡眠、吃饭等纯生理需要中断以外,一生的时间都被为资本家进行劳动所占有的人,是比牲畜更可悲的存在。"我们居栖的大地、空间、水分和空气,以及我们本身的激情、快乐、悲伤、痛苦、欲望、良知、名誉、技能都在资本的旋转中轮番出场和消退。

在马克思看来,正是"资本不可遏制的普遍性",塑造了资本永恒的意识

---

① 《马克思恩格斯全集》第4卷,人民出版社1958年版,第97页。

形态假相。真正说来,在社会流动和纷繁复杂的现代性现象下面,是资本坚硬的强制逻辑。流动与凝固、差异与同一、具体与抽象的现代并置,是一种被资本中介的存在论状况和历史辩证法。在当今的现代性话语中,将这些辩证的方面转变为话语中的对立和争论,转变为观念的差异,转变为精神形态的对立,实际上根本不能触动历史的真实和现代性的根基,更毋庸说要用"后现代主义的文化风格"标志新社会的诞生等意识形态上的呓语。

在流动的现代性之中,存在变成了一种当下的"切面",变成了一种瞬间化的现身,变成了不断的自我批判和自我扬弃,变成了"运动"本身,即马克思说的"一切新形成的关系等不到固定下来就陈旧了"。在这种时间的迅速流动中,人们易于失去流动的体验,更不用说对这种流动性存在根基的洞见。现代性带给人类的震惊已经从马克思、陀思妥耶夫斯基、尼采等巨擘的激烈反应中冷却了。时间的时间性流失,意味着人们不再能从历史性的内在关联中获得对存在意义的理解。如果说,在马克思的时代,面对现代性的呈现,人们还能体会神圣价值和意义失落,在流动中寻找"根据",从而反思和批判这种失落,今天,现代性已经成为人们"先验"的处境,人们不仅解除了它与过去的关联,而且阻止了一切有关未来的想象,柔软的现代性在观念上已经被塑造为自我绵延的"永恒",它只有变成和流动,而没有坚硬和限度,从而没有任何的对手和他者。没有所谓超越的彼岸,就没有想象,不需要未来,拥有的只是现实的经验具体,所以,我们才听到了消解意义、打碎崇高、矮化伟大的激进,也才听到了"资本没有替代物"的呐喊。

然而,在马克思看来,现代性的流动与现代性的坚硬,都只是资本的面相。资本要克服一切限制,而且能克服一切界限,从而驱动了现代性的流动性。但这并不意味着资本本身没有界限,相反,资本的全面实现,将导致自我的僵硬和凝固。马克思说,资本不可遏止地追求的普遍性,将使资本遭遇本身的限制,"这些限制在资本发展到一定阶段时,会使人们认识到资本本身就是这种趋势的最大限制,因而与驱使人们利用资本本身来消灭资本。"①

---

① 《马克思恩格斯全集》第30卷,人民出版社1995年版,第390页。

三

在马克思思想的意义上，我们指出，流动性是现代性的一个基本的存在论特征，它意味着资本实现的人类生存在时间和空间上的连接和重组。这意味着时空概念被奠定在一种存在论的基础之上，不再是一种物理学的概念和先验哲学的"先天直观形式"。在马克思思想的维度上，可以真正地揭示时间与空间的存在论意义，并且在这种意义上贯穿现代性批判和存在论分析之间的关系。而不是将存在论变成一种思辨的形而上学，将现代性批判变成一种实证的社会学调研。

海德格尔在《存在与时间》中对时空本质的分析自觉地是存在论的。但是，在他那里，将时间作为此在的存在论结构获得了某种先验的性质，时间本身的历史性没有在现代性论域中呈现出来。因为时间性仍然从属于"此在"的生存论建制，仍然是在"向死而在"的心理学中获得意义，而不是建基于"客观"的对象性活动——政治、经济、文化等，当然，时间的存在论含义更不是从特定的社会历史存在论建制中被阐释。正因为如此，海德格尔往往将一些现代性的情绪体验转化为永恒的生存论结构，从而使时间失去历史性。在这样的对比视域中，我认为马克思结合资本原则对现代性流动特征的揭示，开启了一种本质的存在论时间概念，它使时空概念在社会和历史的概念中获得意义，并且由此与对象性的实践概念内在地关联起来。当然，这并不是说马克思的时间概念在理论上无懈可击。相反，我认为马克思虽然使时间概念的阐释获得了历史唯物主义的视域，但是，在有效反对先验时间观的同时没有能突出超越性的视角，没有一种存在的终极意识以反观和规定时间的存在论意义。在这一点上，海德格尔在《存在与时间》中的努力意义是重大的。不过在此，我们不能进一步的阐释。

在现代性的理论中，时间和空间被用作重要的阐释工具，有"时空压缩"、"时空抽离"等说法。在我看来，遵从马克思的基本路线，这些说法，不过表明了资本推进的人类文明总体化（纵向上的时间概念表现为现代化，横向上的空间概念表现为全球化）速度的加快。今天，资本主义及其主导下的全球化只是人类社会存在总体化过程的结果和阶段，齐格蒙特·鲍曼的《全球化——人类的后果》很好地说明了这一点。因此，这种时空的流动性不能离开社会历史基本的中介得到揭示,否则,像在现代主义者那里一样,流动的现代性仅仅变成了一种瞬间美的原则和内在的时间意识。

第三节 "每一种事物好像都包含着自己的反面":现代性的矛盾性

我们知道,马克思既批判了对现代性的"非批判的实证主义"态度,也批判了空想社会主义和保守主义对现代性的浪漫批判。虽然马克思是在阶级革命的激进话语中批判现代性,但真正说来,马克思是一个辩证地批判现代性的伟大思想家。对现代性矛盾和分裂的揭示,同马克思的资本范畴和异化范畴具有内在的关系。或者说,现代性的矛盾和分裂,本身就是资本现代性的表现,是现代社会异化本质的佐证。马克思深入现代社会机体的内部,通过阐释现代社会内在的这种辩证特征,揭示它的内在分离与矛盾,从而在一种深邃的历史意识中把握现代性的原则和限度。现代性的矛盾和分裂,既是辩证地对待现代性的存在论基础,更是超越现代性本身的内在动力。

一

一般来说,人们普遍认为,现代性的危机意识产生于 19 世纪 40 年代,1848 年席卷欧洲的革命是现代性危机的标志。之后,产生了以马克思为代表的社会主义思潮和以波德莱尔为代表的现代主义思潮。它们都是现代性危机意识的产物。马克思 1856 年 4 月 14 日纪念《人民报》的演说表明了这一点。马克思把 1848 年革命看成是暴露坚硬现实下面无底深渊的裂口和缝隙,在坚硬的外表下面充满了巨大的革命能量,在 1848 年革命以前,欧洲社会"并没有感觉到从四面八方包围着它、压抑着它的革命氛围",1848 年成为现代危机与动荡的标志。

现代的危机动荡,产生于现代性的分裂与矛盾,产生于现代性自身的悖论。马克思称之为"作为 19 世纪特征"的伟大事实,任何一个政党都不敢否认的事实。现代社会,"一方面产生了人类历史上任何一个时代都不能想象的工业和科学的力量。而另一方面却显露出衰颓的征兆,这种衰颓远远超过罗马帝国末期那一切载诸史册的可怕情景"。这种进步与衰退,财富与贫困的辩证法贯穿着现代的全部历史。马克思尖锐地指出,"在我们这个时代,每一事物好像都包含有自己的反面",现代充满了矛盾、分裂和悖论。马克思以精练的语句讲述了现代性的辩证特征:

　　我们看到,机器具有减少人类劳动和使劳动更有效的神奇力量,然而却引起了饥饿和过度的疲劳。财富的新源泉,由于某种奇怪的、不可思议的魔力而变成贫困的源泉。技术的胜利,似乎是以道德的败坏为代价换来的。随着人类愈益控制自然,个人却似乎愈益成为别人的奴隶或自身的卑劣行为的奴隶。甚至科学的纯洁光辉仿佛也只能在愚昧无知的黑暗背景上闪耀。我们的一切发现和进步,似乎结果是使物质力量成为有智慧的生命,而人的生命则化为愚钝的物质力量。①

　　现代性就是这样一个矛盾的综合体,对立、冲突、分离和悖论是现代性的基本特征。早在《黑格尔法哲学批判》时期,马克思就在肯定了现代解放意义的同时揭示了现代解放的内在限度。马克思指出,由于现代性的自由、平等的价值取向受制于现代市民社会的物质条件,现代的解放只是政治意义上的抽象解放,现代性的价值理念和现代社会制度之间存在着矛盾。作为政治解放的现代解放使人们过着分裂的双重生活。② 的确,相对于古代社会,人们已经获得了政治意义上的平等和自由,但是,马克思的意思无疑是说,市民社会内部的对立和冲突仍然存在着,理性主义和人道主义的解放话语还受到市民社会的现实制约。

　　正是在法哲学批判视野中对"现代"只是政治解放的这种辩证揭示,导向了马克思对"市民社会"的政治经济学批判。通过政治经济学批判,马克思真

---

① 马克思:《在〈人民报〉创刊纪念会上的演说》,载《马克思恩格斯选集》第1卷,人民出版社1995年版,第774—775页。
② 马克思:《论犹太人问题》,载《马克思恩格斯全集》第3卷,人民出版社2002年版,第172—173页。

正洞见了现代性矛盾性的经济基础,并把这一基础看成是现代性的基本框架。马克思一方面颂扬了现代社会巨大的经济成就和文化成就,另一方面又尖锐地揭示了异化的现代性状况,揭示了现代性内部的分裂和矛盾。在马克思看来,资本主义生产方式绝对统治的确立,摧毁了封建的、宗法的、地缘之间的关系,斩断了形形色色的封建羁绊。但是,资本只是在人们之间确立起一种抽象的全面关系,普遍的异化和这种全面性的形成是同时并存的。① 这种全面性和普遍性的确立,虽然克服了人们之间的"原始丰富性",但其抽象性本身意味着还不是真正的"人的全面发展"和"自由人"的联合,而只是形成了一种新的、更加坚固的统治关系。在这种统治中,人与人之间的关系通过物与物之间的关系来体现,因此只是表现为"以物的依赖"为基础的发展,结果是"物质力量成为有智慧的生命,而人的生命则化为愚钝的物质力量"。

二

霍布斯鲍姆在《极端的年代》中指出,现时代唯一可以夸耀的贡献都建立在以科技为基础的重大物质成就进步之上,然而矛盾的是,这项物质的胜利和科学技术本身都遭到了舆论和思想界的批判和排斥。② 事实上,马克思早就指出过,现代性的分裂和对立,一些人为此"痛哭流涕",另一些人"为了要摆脱现代冲突而希望抛开现代技术"的立场。③ 对作为生产力的科学技术的批判,对进步观念的批判是当今现代性批判的一个重要的话题。这种批判甚至与保守的蒙昧主义和文化的虚无主义在一定程度上达成了联盟。科技理性、工具理性甚至成为人类的原罪遭到谴责,现代性批判的话语在这种极端的、浪漫的批判中走向了末路,耗尽了最后的一丝能量。

事实上,这种批判根本没有洞穿现代性的矛盾性,没有揭示出现代性矛盾的根基,因此也就不可能正确地面对现代性现象。问题的关键在于,在这里,

---

① 马克思:《政治经济学批判》,载《马克思恩格斯全集》第 30 卷,人民出版社 1995 年版,第 112 页。

② 霍布斯鲍姆:《极端的年代》,郑明萱译,江苏人民出版社 1999 年版,第 17 页。

③ 马克思:《在〈人民报〉创刊纪念会上的演说》,载《马克思恩格斯选集》,人民出版社 1995 年版,第 775 页。

科学技术、生产力的发展等都被作为一种孤立的现象来考虑,没有同基本的社会制度,同现代性的基本历史建制结合起来进行考察,因此得出了一种与非批判的肯定相对立的极端否定的态度。马克思的现代性批判,发现了现代生产力与生产关系之间的对立,并将它作为阐释现代性各种矛盾现象的基础,使得对现代性矛盾的揭示同以资本主义生产方式为基础的现代社会历史形态批判联系起来,揭示了一系列矛盾、分裂、对立、悖论的存在论原因及其特定的历史性。

在马克思那里,现代性的这种矛盾性,现代性的这种"好的方面"和"坏的方面",都同现代的资本原则本质相关,是现代社会异化的表现,并不是我们能够主观地保存或剔除的。如果资本还是历史的基本建制,资本主义生产方式还是现代性的存在论基础,现代性的矛盾性将被保留着,它由资本的本性所决定。"在资本的简单概念中已经潜在地包含着以后才暴露出来的那些矛盾。"①我们说过的抽象与具体、融化与凝固、进步与衰退、财富与贫困等,都是我们时代原则的体现,我们必然要受尽对立的折磨、受尽矛盾的困扰。就像基督教中上帝一肩担当了存在的悖论,"资本造物主"也留给现代生活的人们善良与邪恶、幸福与灾难、堕落与救赎。

以科学技术的发展为例,如果忽视了"资本"的中介性,我们就不可能揭示它在现代社会中的本质和社会功能,从而可能陷入对科技理性的极端诅咒和极端颂扬。相反,马克思总是在资本主义生产方式的分析中,在特定的生产关系中阐释现代科技动力、机制和多重的社会后果。马克思说:"随着资本主义生产的扩展,科学因素第一次被有意识地和广泛地加以发展、应用并体现在生活中,其规模是以往的时代根本想象不到的。""只有资本主义生产方式才第一次使自然科学为直接的生产过程服务,同时,生产的发展反过来又为从理论上征服自然提供了手段。科学获得的使命是:成为生产财富的手段,成为致富的手段。""自然科学(自然科学是一切知识的基础)的发展,也像与生产过程有关的一切知识的发展一样,它本身仍然是在资本主义生产的基础上进行的,这种资本主义生产第一次在相当大的程度上为自然科学创造了进行研究、

---

① 《马克思恩格斯全集》第30卷,人民出版社1995年版,第395页。

观察、试验的物质手段。"①

资本的增殖原则要求不断地发展科学技术,推动科学的技术化和技术的迅速产业化,降低生产的成本。同样,资本的所有权原则,为避免固定资本的价值贬值(即技术贬值)又往往推迟新技术的采用,采取技术保密的方式。今天的知识产权保护也完全是一种资本的法权,在保护知识产权的同时阻碍了技术的推广和普及。我们可以从大量的贫困艾滋病患者遭遇的折磨和在知识产权的保护下有效药物的昂贵价格之间看到这种进步与停滞的矛盾。同样,技术带来的资本积累和劳动者的相对贫困之间不是一个抽象的亦即是孤立的技术问题,而是现代社会基本的资本原则带来的问题。因此,当人们将高度技术化和组织化的现代大屠杀和大清洗同现代性联系起来,同现代的科技理性联系起来,从而同理性批判联系起来的时候,一定不能忘记这些精神原则同资本概念的内在关系,同资本内在包含的利益、效率、增殖原则之间的内在关系。否则,我们就不可能理解现代的自由与束缚、解放与统治、文明与野蛮、侵略与被侵略之间的辩证法。

三

矛盾性包含在资本的概念之中,是现代性的天命。我们不可能在资本的统治中,只要资本的"好的方面",而不要资本的"坏的方面",这是国民经济学家限制资本的一厢情愿的立场。在《共产党宣言》中,马克思指出,在这一方面,蒲鲁东的《贫困的哲学》就是一个典型的例子。② 在《哲学的贫困》中,马克思已经阐释了蒲鲁东如何要保存经济范畴的好的方面,消除其坏的方面。在马克思看来,在辩证的历史运动中,从而在辩证的范畴运动中,谁要是给自己提出消除坏的方面的任务,而又要保持其好的方面,就是切断了辩证运动。③ 真正说来,现代性的好的方面和现代性的坏的方面同时构成现代性本

---

① 《马克思恩格斯全集》第 47 卷,人民出版社 1979 年版,第 570、572 页。
② 马克思恩格斯:《共产党宣言》,载《马克思恩格斯选集》第 1 卷,人民出版社 1995 年版,第 301 页。
③ 马克思:《哲学的贫困》,载《马克思恩格斯选集》第 1 卷,人民出版社 1995 年版,第 144 页。

身的辩证运动。这同我们不可能只要资本家,而不要无产阶级是同一个道理。当然,这并不意味着现代性的矛盾在一定的范围内也是不可限制和不可修正的,否则矛盾性本身又变成非历史的逻辑范畴。

马克思从现代性的矛盾性之中,揭示了现代性的分裂、对立,并由此阐释了未来社会的必然性和必要性。那么,理想的未来社会,作为对现代异化社会的扬弃,是否就是矛盾性的彻底消除? 在行动的策略上,它是否是通过消除差异、"异乡人",以摆脱"矛盾性"的困扰,建立起一个"同一性"的社会呢? 齐格蒙特·鲍曼就认为,现代性是对完美秩序性的渴求和实践努力,现代性的实践就是对矛盾性的不宽容清除,"如果说现代性是关于秩序的生产,那么矛盾性则是现代性的弃物。"①在他看来,建立在"理性化社会宏大幻想"基础上的共产主义和社会主义,是现代性最忠实的信徒,具有"彻头彻尾的现代性",它以一种完美性的名誉来消除他者,清理矛盾,在专制和独裁中建立抽象的同一性。

在这里,我们不能详细探讨鲍曼对现代性的理解,甚至不能更详细地谈论他对马克思、对社会主义和共产主义的批判。但十分明显的是,齐格蒙特·鲍曼是从现代性的精神原则及其推动的实践这一视角切入现代性的批判的,因此,他对现代性的批判其实不是一种内在批判的路子。这就使得他的矛盾性概念只是与他者、差异、异乡人等一般地联系起来。他把对矛盾性的消除和对秩序的偏好看成现代性的精神原则,进而又看成现代理性的同一性强制。在他看来,马克思关于未来社会的理论和实践指向都是这种现代性的推进,都是以一种理性的同一性谋划为基础的社会工程,只是一种现代性的"宏大叙事"。而后现代性就是要从这种克服矛盾性、促进相同性的现代性冲动中解放出来。② 实际上很明显,马克思矛盾概念的辩证性在这种批评中被消除了,矛盾性的内在运动被变成了历史主体的任意处理,而且是一种立足于理性幻想完美的预设。

当然,也有人在自我软化的意义上理解资本现代性的矛盾特征,从而批判

---

① [英]齐格蒙特·鲍曼:《现代性与矛盾性》,邵迎生译,商务印书馆2003年版,第24页。
② [英]齐格蒙特·鲍曼:《现代性与矛盾性》,邵迎生译,商务印书馆2003年版,第148页。

马克思关于现代性的刚性的矛盾概念。也就是说,资本现代性具有一种自我变形的流动本性,能够化解和克服自身的限制和矛盾,它不必自我毁灭就能实现自我的再生。这意味着马克思以矛盾为基础的必然性历史哲学被否证。哈贝马斯的"晚期资本主义"理论,吉登斯的"第三道路"大体上可以看成是典型的代表。我们在后面会较为详细地讨论。今天,在现代性的批判中,我们看到了政治国家扮演的超越角色,看到了生产力的发展成为统治的意识形态,还看到了文化批判的主角地位,心理革命、本能革命的呐喊,等等,它们都引导我们对马克思现代性批判的意义及其限度进行讨论,核心的方面当然涉及现代性的矛盾性及其超越。现代性的矛盾性根植于资本的原则本身,因此,只要资本的前提不根除,资本还是现实历史的基本建制,资本原则还在发挥着现实的作用,现代性的矛盾性就是不可避免的,宣布现代性的所谓终结也就是不切实际的。

第四节　"商品拜物教":现代性的世俗性

通过尼采等人的努力,现代已经被虚无主义命名了。无疑,虚无主义深深地根植于现代性,现代性是一段虚无主义的时期。① 何谓"虚无主义"? 我们知道,马克思并没有使用"虚无主义"一词来称谓现代性,但是,马克思对资本现代性的批判,对传统价值没落的揭示,却与现代性批判的虚无主义主题直接相关。在我看来,马克思的"商品拜物教"概念在现代性的世俗性和虚无主义之间建立了基本的联系,真正揭示了现代虚无主义的历史基础,而不是仅仅把虚无主义看成人类的精神病变。马克思"商品拜物教"思想洞见了现代性"价值空场"的本质、"人义论"世界人的没落。

---

　　① 列菲弗尔的《现代性导论》:"无疑,虚无主义深深地根植于现代性。终有一天要证实,现代性是一段虚无主义的时期,有无人可以预言的'某种东西'将从中产生。这个新的诞生,这个可能性的可能性,这个境域的境域,我们完全不能够纳入我们的关于什么是可能性的概念之中,因为它只取决于思想范畴与生活的相互否定。"(Lefebvre Henri, *Introduction to Modernity*, translated by John Moore, verso, 1995, p.224)

一

在现代性最先肇始的欧洲,现代世界是在同神义论世界的参照对比中显现出来的,不管人们以什么样的范畴将现代概念化,它总是关涉这一基本的维度。以"理性"和"人道"为基础的现代性价值,实际上是在同"神义论"世界的"愚昧"、"迷信"、"专制"的对抗中形成的。所谓现代性的"世俗化"、"祛魅"、"祛神秘化"等都说明了现代世界的特征是在对"神义论"世界的解构中产生和出现的。当然,这种解构完全可能与宗教和神学的自我变形和自我转化有关。像韦伯在《新教伦理与资本主义精神》中揭示出来的那样,新教伦理孕育和催生了现代资本主义的"世俗化"和"个人主义"精神。但是,宗教的改革毕竟是以宗教的形式推进现代性的个人主义和尘世化过程。按照马克思的说法,路德换上保罗的服装、克伦威尔借用旧约全书中的语言,不过是在革命的年代请出亡灵来为其效劳,以便演出世界历史的新的一幕。①

从宗教代表的神义世界走向尘世,是现代性的基本特征之一。黑格尔在《精神现象学》中也辩证地指明了现代是人的精神从神圣世界向尘世的降落,人的精神开始同旧的观念世界决裂,并着手进行他的自我改造。② 所以,黑格尔才将"理性"和"主体性"作为现代的本质范畴。这种理性和主体性内涵的"自由"和"解放",实际上就是现代性的人道主义立场,或人本主义立场,它与"祛魅"和"世俗化"表达着同样的现代性原理。"第一次现代性就是'祛魅'神义正当性而转向人性'合理化'的'人义论'。由此奠定了现代性的基本前提。"③现代性为了对抗"神义论",将人的实在或属性本体论化,既奠定了现代性的基础,同时又继续分享着"神义论"形而上学的本体论思维逻辑。这种人的本体论化表现为普遍得到张扬的"主体哲学"和主体精神,这就是现代人

① 马克思:《路易·波拿巴的雾月十八日》,载《马克思恩格斯选集》第1卷,人民出版社1995年版,第585—586页。

② 黑格尔说:"我们这个时代是一个新时期的降生和过渡的时代。人的精神已经跟他旧日的生活和观念世界决裂,正使旧日的一切葬入于过去而着手进行他的自我改造。……升起的太阳就如闪电般一下子建立了新世界的形象。"([德]黑格尔:《精神现象学》(上),贺麟、王玖兴译,商务印书馆1979年版,第7页)

③ 张志扬:《偶在论》,上海三联书店2000年版,第2页。

本主义哲学、理性主义哲学的实质。

但是，当上帝被解构，人将自己提升到上帝立场之后，根本的结果是什么呢？无人照看的世界变成了"怎么都行"的漂泊和虚无。所以戴维·哈维说："我们时代的道德危机是一种启蒙思想的危机。因为在启蒙思想真的有可能把人'从淹没个人自由的中世纪社群和传统中'解放出来，启蒙运动对于'没有上帝的自我'的肯定最终却否定了它自身，因为如果没有任何精神的或道德的目标，那么作为一种手段的理性就在上帝的真理不在场时被遗弃了。"①时代的虚无主义本质就在这种对神义世界的"祛魅"中凸显出来了，它意味着曾经由上帝担当的价值和超越世界的陷落，人们生活在没有依据的荒芜之中。

尼采第一个以哲学的方式传达了这一时代的基本主题，宣布了世俗化过程带来的困境，从而以"虚无主义"实现了对现代性的命名，尼采甚至因此成为通常意义上的现代性批判的思想先驱。尼采说："我讲的是最近二百年的历史。我描述那正在来临而且不复能避免的事情：虚无主义的到来。这段历史现在就可以讲述了，因为必然性本身正在这方面起作用。"而什么是虚无主义呢？"就是最高价值丧失价值。缺乏目标；缺乏对'为何'的答案。"尼采以"上帝死了"这一隐喻来揭示现代虚无主义的历史，人们从超验的信仰中解放出来获得自由，导致信仰和超验价值的失落。海德格尔指出："尼采用虚无主义命名他最先认清的、业已支配前几个世纪并决定今后一个世纪的历史运动，他在下述简短命题中归纳了对这个运动的重要解释：'上帝死了'。……虚无主义是这样一个历史运动，通过它，'超感性事物'的统治崩溃和废除了，使得存在者本身也丧失了其价值和意义。"②

如果说，"上帝之死"只是宣布了不存在者的不存在，如果说，"超验世界"的陷落意味着向尘世的回归，那么，何以还要宣布现代性是"虚无主义"的到来？在"上帝死了"之后，人是否真正的取代了上帝，成为至高无上的存在者？时代的困境是人的任性否定了人自身，还是人在新的景况中没落？真正说来，

---

① ［美］戴维·哈维：《后现代的状况》，阎嘉译，商务印书馆2003年版，第59页。

② 周国平：《尼采与形而上学》，载《周国平文集》第3卷，陕西人民出版社2002年版，第243、246—247页。

是谁迎来了"虚无主义"这位不速之客？通过所谓"意义本体"的重新建构是否真正具有对抗"虚无主义"的作用？在上帝之死中重新召唤上帝，在信仰没落中重新唤醒信仰，岂是走出现代性"虚无主义"的道路？这是否是"无限增补的思想游戏"，就像尼采的"超人"一样？事实上，尼采本身已经成了一个面对现代性虚无主义的"隐喻"和悖论。①

有人从知识社会学的角度指出了启蒙开始的现代性世俗化现象。认为是启蒙知识分子破除了关于死亡、复活和灵魂拯救的神秘知识，使思想从关于存在问题的层面转向了社会制度层面。由于神学问题的世俗化，道德问题变成了一个经济学问题，天国问题变成了现实问题。……宗教和哲学的存在论问题变成虚幻的观念，真实的问题就是社会制度层面的法学和经济学问题。资本主义和社会主义都只是把神学世俗化的不同方式，是启蒙思想的一个结果或变种。② 仅是就描述性的角度来说，这种指认无疑是正确的。但是，人们知识观念的这种性质、对象的转变，只是表征了现代世俗化过程中"上帝之死"和"虚无主义"的到来，并不是启蒙知识分子把形而上学和神学的存在论问题变成法学问题、经济学问题等，而是随着历史的变迁，法学、经济学成了现代市民社会的哲学和科学，自然科学和应用科学成了现代科学，成了科学的样板。把这种知识社会学的转向作为批判的对象，由此来呼唤一种本真性的"存在"思想，抵抗虚无主义，还远远没有深入到历史的内在性之中。需要追问的是这种世俗化的动力、虚无主义带来的历史后果，等等。

二

马歇尔·伯曼在他的《一切坚固的东西都烟消云散了》中说，陀思妥耶夫

---

① 关于这一点，我们可以看看张志扬先生的见解："尼采的'上帝死了'是一个太大的隐喻……它除了预告作为'最高存在者'的'上帝'死了(上帝才能在十字架上死而复活)，以及这个'上帝'庇护下的'形而上学本体论'死了，根本地是预告了人从此没有终极负担的自由，即自我承担自我创造的自由。可惜，尼采误解了根据的绝对性，以为不是客观的绝对性就是主观的绝对性，以至于区别于客观绝对性之'最后一人'的'最初一人即超人'，没有任何界限地自由得发了狂。所以尼采本人成了隐喻，即绝对地有根据和绝对地没有根据是同样危险的信号。"(张志扬：《偶在论》，上海三联书店 2000 年版，第 3—4 页)

② 耿占春：《知识：在神话与政治之间》，载《问题》第一辑，中央编译出版社 2003 年版，第 224 页。

斯基、尼采和他们的后继者们将现代虚无主义归罪于科学主义、理性主义和上帝的死亡,而马克思则将现代虚无主义化入了资产阶级经济秩序的机制之中。① 准确地说,尼采等人抓住了现代虚无主义主题,并深刻地传达、本身也体现了现代虚无主义的时代情绪,但他们没有揭示虚无主义产生的社会历史基础,甚至将它还原为形而上学思想的结果,看成形而上学"对存在之遗忘"的当代表现。

由于资本现代性批判范式的确立,马克思没有将对现代性世俗化和虚无主义的批判单纯作为一种精神现象来批判,更没有单纯作为一种形而上学思想的演变来批判。在马克思看来,相对于古代来说,人们的价值并不是所谓的崩溃,而是发生了根本的转移。人们对上帝的信仰转变成世俗化的商品拜物教,超验价值的没落实际上就是现实中物化关系对人的统治。人并没有在资本现代性中"怎么都行"、我行我素,而是成为真正工具性的存在、异化的存在。在这个意义上可以说,现代灾难的本质不是主体性的横行,而是资本操纵的"伪主体性",是商品资本客体的主体化颠倒,从而表现出超验价值没落的世俗性和虚无主义。

早在《论犹太人问题》中,马克思就将犹太的世俗精神看成是现代市民社会的精神原则,看成是对神圣价值的否定。实际需要和利己主义是市民社会的原则,它们的神就是金钱。马克思说:

> 金钱是以色列人的妒忌之神;在他面前,一切神都要退位。金钱贬低了人所崇奉的一切神,并把一切神都变成商品。金钱是一切事物的普遍的、独立自在的价值。因此它剥夺了整个世界的价值——人的世界和自然界——固有的价值。金钱是人的劳动和人的存在的同人相异化的本质;这个异己的本质统治了人,而人则向它顶礼膜拜。犹太人的神世俗化了,它成了世界的神。票据是犹太人的现实的神。犹太人的神只是幻想的票据。②

---

① Marshall Berman, *All that is Solid Melt into Air*, Simon and Schuster, 1982, p.143.

② 马克思:《论犹太人问题》,载《马克思恩格斯全集》第 3 卷,人民出版社 2002 年版,第 194 页。

在这里,可以说"世俗化"、"上帝之死"、"虚无主义"、"商品拜物教"之间的现代联系已经预示出来了。价值超验世界的没落就是商品物化世界对价值的褫夺,或者说,就是商品的交换价值本身获得了超越的地位。人与人之间变成了赤裸裸的"现金交易","人的尊严变成了交换价值"①。由此,古代的状态随着商业、奢侈、货币、交换价值的发展没落下去了,而现代社会则随着这些东西一道发展起来。② 相对于"神性"显得崇高的古代世界,现代世界表现得鄙俗。马克思说,根据古代的观点,不管是处在怎样狭隘的民族的、宗教的、政治的规定上,人总是表现为生产的目的,在现代世界,生产表现为人的目的,财富则表现为生产的目的。在现代社会,人的内在本质的充分发挥,表现为完全的空虚化,这种普遍的物化过程,表现为全面的异化,表现为为了某种纯粹外在的目的而牺牲自己的目的本身。③

这种外在的目的就是财富,就是交换价值。它以一种"独立的物"的形式与人相对立,操控着人的生命存在,它全面地接管了神圣的上帝的权力,成为世间的神,成为人们顶礼膜拜的对象。在政治经济学批判视野中,马克思以"商品拜物教"这一范畴深刻地揭示了现代性的世俗特征和虚无主义根源。在马克思看来,在虚幻的宗教世界中,人们观念异化的产物,表现为有生命的、彼此发生关系并同人发生关系的独立存在的东西。同样,在商品生产的世界里,人类劳动的产品变成商品,也具有了拜物教的性质,"成了可感觉而又超感觉的物或社会的物"。商品以一种物的形式掩盖了人们之间的真实的社会关系和社会性质,使作为人们对象化活动结果的产品与人相对立,成为支配人们实际生活的本质力量。商品的交换价值成了生产的唯一目的。任何一种存在物都被放置到这种世俗的有用性体系中,从而消除了对自然的崇拜和将自然神秘化的现象。④

① 马克思恩格斯:《共产党宣言》,载《马克思恩格斯选集》第1卷,人民出版社1995年版,第275页。

② 马克思:《1857—1858年经济学手稿》,载《马克思恩格斯全集》第30卷,人民出版社1995年版,第108页。

③ 马克思:《1857—1858年经济学手稿》,载《马克思恩格斯全集》第30卷,人民出版社1995年版,第479—480页。

④ 马克思:《1857—1858年经济学手稿》,载《马克思恩格斯全集》第30卷,人民出版社1995年版,第390页。

在这一过程中,与其说作为价值担当者的上帝被杀死了,不如说上帝被置换或取代了。当天国的超验幻想转化为世俗的鄙俗追求的时候,价值的超越性也被"值多少钱"的追问击垮,生命的价值被放到了资本市场的考量上,成为商品,成为生命本身能够继续存在的一定量的货币。"依靠货币而对我存在的东西,我能为之付钱的东西,即货币能够购买的东西,那是我——货币占有者本身。货币的力量有多大,我的力量就有多大。货币的特性就是我的特性——货币占有者——的特性和本质力量。因此,我是什么和我能够做什么,决不是由我的个人特征决定的。"①我不再是为了抽象的理想、超验的价值活着,更不是为了那个超感觉的上帝活着。生命获得了尘世的担当,世俗世界的确立就是超验世界的崩塌。

但是,这并不意味着人成了所谓的上帝,成了取代上帝的"本体"。相反,在对神圣世界的世俗颠倒中,世俗的物性再度构成了对人的统治,构成了对人的尊严的剥夺。所以,真正说来,"人"不是像抽象的批判所说的那样成了任性的主体,成了最高的存在,不受约束的人性成了现实灾难的根源,因而理论的任务是要解构主体性的人。真正的实情是,在"人性张扬"的外衣下,现实的人受到资本原则的支配,人的价值没落,主客体再度颠倒。当这一基本的时代特征被人们感受到的时候,感叹上帝的死亡和时代的虚无主义就是难免的了。从马克思"商品拜物教"揭示出的现代性主体的客体化和客体的主体化的颠倒中,人不是在现代的解放中获得解放,而是走进了新的奴役。与弥散着"商品拜物教"的真实世界相比,现代被理解为"理性时代"和"人道时代"成了抽象的命题。人从天国回归尘世,淹没在世俗性的、冰冷的利己主义计算之中。物化的颠倒吞并了生命的神圣庄严,这个世界仍然存在"非理性"、"非人道"的世俗基础。

三

《〈黑格尔法哲学批判〉导言》已经明确指出,对宗教的批判实际上已经结

---

① 马克思:《1844 年经济学哲学手稿》,载《马克思恩格斯全集》第 3 卷,人民出版社 2002 年版,第 361—362 页。

束,而对宗教的批判只是其他一切批判的前提。这一点实际上宣告了马克思的思想视域不再是以现代性的原则来批判传统和过去,而是对世俗化了的、尘世化了的现代世界本身进行批判,以"确立此岸世界的真理"。因此,马克思说:"人的自我异化的神圣形象被揭穿以后,揭露具有非神圣形象的自我异化,就成了为历史服务的哲学的迫切任务。于是,对天国的批判变成对尘世的批判,对宗教的批判变成对法的批判,对神学的批判变成对政治的批判。"① 由于市民社会被指认为政治国家和法的基础,马克思的现代性批判转移到政治经济学批判的领域之内展开,在对现代生产关系的具体分析中揭示了现代的世俗性和价值世界的没落。在我看来,马克思的这一批判路线,能够与后来现代性批判中的虚无主义主题结合起来,为这一主题提供坚实的存在论基础,以发展出一种新的现代性批判形式。

我们知道,在现实的实践中,社会主义国家曾经将人道主义看成是处于上升时期的资产阶级的意识形态,而虚无主义则是资产阶级没落时期的情绪反映,从而宣称马克思主义不是一种人道主义,而是对资产阶级抽象人道主义的批判。就马克思对资产阶级抽象人道主义的批判而言,这无疑是正确的。但这绝对不意味着马克思主义不要人道主义,没有基本的人道主义精神,人道主义就是资产阶级的专利。恰恰相反,马克思只是揭示了人道主义在资本主义社会中不可能得到真正的实现,而必须打破资本的全面束缚,才可能实现彻底的人道主义。

在现实中,资本的原则不是被削弱,而是获得了一种超个人的普遍性质,人成为效率、增殖、速度的牺牲品,全面地物化到经济增长和生产力的发展之中。政治的强权同这种经济的物化全面结合起来,我们曾经看到了对人的尊严与权利的漠视和践踏。马克思揭示出的现代生产关系中人的不自由和价值的没落,在教条化的现实社会主义实践中曾经彻底地、极端地得到了展现。这已经成为一些人对马克思进行历史归罪的证据。在现代性的论域中,社会主义与资本主义(乃至于法西斯主义)之间的同质性已经被广泛地涉及。② 但它

---

① 马克思:《〈黑格尔法哲学批判〉导言》,载《马克思恩格斯全集》第3卷,人民出版社2002年版,第200页。

② [英]齐格蒙特·鲍曼:《现代性与矛盾性》,邵迎生译,商务印书馆2003年版,第396页。

同马克思的思想原则有多大的关联,今天应该成为思考的对象,并且直到今天才真正能成为理论思考的对象。

在现代性批判的流行话语中,世俗化主题和虚无主义主题之间一直缺乏内在的关联,它们甚至处于极端分裂的话语之中。世俗化更多是在社会学领域的现代化概念下讨论,而虚无主义则转化为一种原哲学的批判和审美的情绪体验。对现代性无批判的认可和极端批判的激进主义态度,与这种话语分裂存在一定的关系。它们都没有深入到现代历史的辩证关系中获得一种深邃的历史意识。在马克思资本现代性批判的视野中,现代性的世俗化和现代性的虚无主义实际上是同一过程的两个方面。只强调现代虚无主义中上帝之死和神圣价值的没落,看不到现代性巨大的解放作用,同只看到现代解放的巨大作用而看不到现代性的限度一样,并不是辩证的历史态度。同样,看不到现代性的存在基础,看不到生产方式的中介性意义,就容易将现代性批判转化为一种价值的诉求和精神向往,从而变成浪漫的批判,甚至可能希望重新唤醒上帝的幽灵和逝去的传统。今天,现代性批判话语中神学的勃兴就存在这一方面的原因。

第六章　马克思现代性批判的基本特点

马克思认为,范畴总是表现一定的存在形式和存在关系,范畴之间的结构是现实历史关系的凝固和抽象。因此,前面两章实际上是通过范畴以及范畴之间相互关系的阐释,展开了马克思现代性批判的具体内容。商品、资本、异化、抽象性、矛盾性、流动性、世俗性等,一方面表现为马克思现代性批判理论内部范畴之间的关联,同时也就是对资本现代性内在本质和特征的揭示。在这一章中,我们将马克思现代性批判理论本身对象化,作为一个完成的总体来揭示它各方面的特征,以及这些特征之间的内在关系。在此,总体性、阶级性、实践性、辩证性既相互联系又各自独立地从不同侧面呈现出马克思现代性批判的形式特点。对马克思思想所表现出来的特征进行归纳和抽象,目的在于,在具体内容阐释之后,从思想的形式方面进一步完成对马克思现代性批判的逻辑重构。

第一节　方法论上的总体性

我们已经将现代性批判阐释为马克思思想的总问题,马克思对各个学科的批判都在现代性批判这一基本的论域中关联起来。马克思思想的这种内在总体性已经在历史和逻辑的重构中凸显出来了。这里,我们将从思想风格和方法论方面阐释马克思现代性批判的总体性特征,并间接地与一种反总体性的后现代主义倾向及其对马克思的批判展开对话。

一

科西克在《具体的辩证法》中指出,总体的观点要求从实在的内部规律来把握实在,并从表面的偶然现象底下发现必然的联系。① 也就是说,总体性范畴并不是一个单纯的思想运动原则,它意味着作为具体总体的实在与方法论的辩证统一。马克思现代性批判的总体性特征与他将现代社会历史看成一个不断总体化的过程相关。而且,正是马克思将黑格尔思辨哲学的总体性概念同现实历史的辩证过程联系起来,总体性的哲学方法才同现代性的存在论批判有了本质性的接触,使得马克思在现代性批判中自觉地贯彻一种哲学的总体性原则。我们可以从以下几个方面来看马克思现代性批判的总体性特征。

首先,作为一个文明的形态学范畴,马克思思想中的"现代"是一个总体性范畴。卢卡奇在《历史与阶级意识》中说过:"无论是研究一个时代或是研究一个专门学科,都无法避免对历史过程的统一理解问题,辩证的总体观之所以极其重要就表现在这里。"②我们在前面的"引论"中曾经指出,马克思的"现代"和"现代性"概念是一个形态学概念。他以生产方式概念为基础,在历史的形态变迁中确定了现代位置,将现代看成是一个总体性的"世界历史时代"。从历时性的纵向来看,它等义于"现代历史";从共时性的横向来看,它等义于"现代社会"。它既同人类历史的总体联系起来,本身又构成一个具体的总体。可见,现代性概念意味着以一种总体性的历史叙事框架为基础的社会形态学划分。总体性是现代性叙事的方法论基础,至于是以"理性"、"资本"还是"人性"作为这种总体性的支持,虽然立足于不同的规范基础,但并不动摇这种总体性的"叙事"风格。在这一点上,可以说马克思的资本范式和黑格尔的理性范式并没有区别,他们都采取了一种总体性的叙事框架。

其次,我们已经指出,马克思将资本看成是现代性的本质范畴,在批判黑格尔"理性"现代性范式的基础上,重建了现代性批判的规范基础。资本在马克思的现代性批判中具有"总体性",资本的内在原则贯穿到了现代经济、政治、文化和人们内在的心理结构之中。正是资本成了现代存在的普遍中介,所

① [捷]科西克:《具体的辩证法》,傅小平译,社会科学文献出版社 1989 年版,第 21 页。
② [匈]卢卡奇:《历史与阶级意识》,杜章智等译,商务印书馆 1992 年版,第 60—61 页。

以马克思才以资本来命名现代。资本首先具有经济学的意义,但它本质上并不只是一个狭义的经济学范畴。在马克思的努力中,我们明显看到马克思力图阐释资本原则在意识形态、政治生活等方面的全面贯穿。但是,出于与以黑格尔为代表的理性范式的争论,马克思的基本工作还是在政治经济学批判的基础方面展开,中介性的联系还没有充分地阐述出来。这往往使人们忽视马克思资本范畴在现代性批判中的总体性意义和马克思一些著作的基本性质。比如说,吉登斯就认为马克思的资本主义批判只是从经济的维度批判了现代性,马克思历史唯物主义的理论基础是一种经济还原论。

第三,在批判的形式上,马克思对现代性的批判是一种总体性批判。他将各个专业学科内在地贯穿起来,形成了总体性的现代性批判理论,而不只是孤立地涉及现代性的政治、经济或文化的某一方面。这些"专业"的领域失去了独立意义,它们从属于对现代性的总体把握,"某一问题的历史实际上变成了诸问题的历史。"我们很难区分马克思的某一著作是单纯的经济学、政治学或者哲学,这一点在其思想发展的第二阶段表现得尤其明显,像《1844年经济学哲学手稿》、《神圣家族》、《德意志意识形态》、《哲学的贫困》,等等,都不具有单纯的学科性质。然而,随着现代学科和专业分化的加剧,我们对马克思的阐释越来越失去了这种总体性,学科的分解和专业细化甚至严重地遮蔽了马克思思想的总体性视域。正是在这个意义上,我认为,与其说马克思的思想遇到了挑战,毋宁说现代学科化的解读方式面对总体性思想时遭遇到了巨大的挑战。分析性的细化和组合消融了思想内在的总体性,从而相互对立,难以自圆其说。哲学、政治经济学和科学社会主义三个组成部分的板块学说就是典型的例子。

第四,在具体的方法上,马克思采取了具体与抽象辩证统一的总体性方法。关于这一点,马克思未完成的《〈政治经济学批判〉导言》成了广受关注的经典著作。马克思从存在关系和思维重构两个方面阐释了具体范畴和抽象范畴之间的关系,并对历史真实过程和思想表述结构做出区分。在马克思看来,在科学的阐释上,应该是从抽象的总体出发,"抽象的规定在思维的行程中导致具体的再现",此时的具体乃是思维中许多规定的综合、多样性的统一,作为具体总体,它是思维的、理解的产物。思维行程中范畴之间的关系,既不取

决于它们在"历史上起作用的次序",也不取决于它们在"观念上"的顺序,而
在于它们在现代资产阶级社会内部结构中的位置。《资本论》就是这一总体
性方法的典型范例。它从商品开始,将商品看成是现代社会的抽象总体,从而
成为《资本论》体系的逻辑起点,然后逐渐展开现代资本主义生产方式运行的
具体环节。完成的理论表现为一个具体与总体辩证统一的逻辑结构,成为一
个看似"先验"的体系。①

最后,在超越现代性的道路上,马克思坚持总体性的阶级革命道路。马
克思认为,资本的现代性导致了严重的两极分化,形成了两大阶级之间总体
性的对立,革命也就具有总体革命的性质。无产阶级代表的人类解放是一
种总体性的解放,而不是某一个阶级本身获得解放。同样,无产阶级革命胜
利的道路是总体革命的道路,是全世界无产阶级革命的大联合。即使晚年
马克思有所谓一国胜利的探索,也只是意味着革命不是从多国同时发生,而
是从一国开始。这绝对不是说,马克思认为对资本现代性的超越,人类的解
放可以在一国完成和一国结束,一个国家能够独立地实现马克思揭示出来
的未来图景。从今天全球化和具体的历史事件来看,这一点更应该引起人
们的重视。

二

总体性的范畴与近代哲学的同一性问题有着密切的关系。出于对抽象
同一性问题的批判,黑格尔已经以过程性思想建立了辩证的总体性概念,普
遍与特殊、同一与差异都被纳入过程性的总体性概念,所以黑格尔说"真理
是全体"。如我们前面指出,马克思批判了黑格尔观念论的逻辑抽象,将总
体性同历史时间联系起来,从而同实践联系起来,打破了黑格尔总体性范畴
遭遇到的逻辑强制。过程性从逻辑的联系中解放出来获得了真正开放的意
义,现实历史机制(比如资本)的中介性成为理解同一与差异、具体与抽象、
相对与绝对等的基本视域。从一般的哲学意义上来讲,这一思想发展的脉

① 马克思:《资本论》第1卷"第一版序言",载《马克思恩格斯全集》第44卷,人民出版社
2001年版,第22页。

络完成了从抽象的同一性到思辨的辩证总体性再到内在于历史的具体的总体性的转变。①

　　但是,在当今的现代性批判话语中,这一段历史被人们本质性地遗忘了。"总体性"范畴还是被作为"抽象的同一性"来理解,由此构成了与"相对"、"具体"、"差异"、"他者"的对立,好像在马克思和黑格尔的思想中我们一无所获。"总体性"范畴被作为现代性宏大叙事的基础遭到批判,并且同对哲学的本质主义、抽象主义、还原主义、逻各斯中心主义批判等结合起来。为了与这种"总体性"作战,后现代主义逐渐形成了自己的思想风格:"从哲学上说,后现代思想的典型特征是小心避开绝对价值、坚实的认识论基础、总体政治眼光、关于历史的宏大理论和'封闭的'概念体系,它是怀疑论的、开放的、相对主义的和多元论的,赞美分裂而不是协调,破碎而不是整体,异质而不是单一。它把自我看作是多面的、流动的、临时的和没有任何实质性整一的。后现代主义的倡导者把这一切看作是对大一统的政治信条和专制权力的激进批判。"②

　　在这样的思想背景下,马克思现代性批判的总体性特征,本身被当作现代性叙事的典型遭到批判。现在的先锋派和一些后现代主义者,以历史的偶然性、无序性来批判马克思的总体性叙事,以及其中必然蕴含的进步主义和线性历史观,指认马克思历史观的形而上学性质和神学性质。结合当代历史的现实灾难,一些人还在这种叙事方式与专政暴力之间建立联系,认为马克思主义同所有其他的现代性总体叙事一样,由于想以总体性的方法来控制和重建社会历史,现代性的总体叙事需要以一种强制的方式来消除异己,清理"他者",实现同一化。在哈耶克看来,"马克思主义已经导致了法西斯主义和国家社会主义,因为就其全部本质而言,它就是法西斯主义和国家社会主义"③。齐格蒙特·鲍曼在《现代性与矛盾性》中也阐释了这样的马克思主义形象。

---

　　①　罗骞:《内在于历史的具体的总体性》,载《当代国外马克思主义评论》(第四辑),人民出版社 2004 年版。
　　②　[英]特里·伊格尔顿:《后现代主义的幻象》,华明译,商务印书馆 2000 年版,第 1 页。
　　③　转引自[英]哈耶克:《通向奴役之路》,王明毅、冯元兴译,中国社会科学出版社 1997 年版,第 33 页。

在"总体性"与"专制"之间建立的联系,其立论的基础是总体性范畴被看成绝对的、无差别的同一性,而且在思想原则和经验历史之间画等号。这样一来,像伊格尔顿指出的那样,一些反总体论者"只把注意力集中于法西斯主义或者斯大林主义,他们能够想象的唯一一种总体性就是一种完全赤裸裸的'极权主义'。"①并且,它们把经验历史的批判完全还原为一种观念的批判,然后将经验历史看成是观念原则的外化和实现。在对经验历史的反思中完成着一种思辨的演绎,把抽象与具体、同一与多元等再度恢复为一种观念论的对立,并且自觉地同抽象的总体性或抽象的同一性战斗,从而在前马克思甚至在前黑格尔的意义上来批判马克思的总体性思想。

事实上,马克思并不是任何抽象意义上的总体主义者或者个体主义者,总体性和个体性在他的思想里都有位置,他真正实现了这种方法论对立的消解。② 马克思总是将抽象和具体、整体和个体等放置到历史的过程中,放置到现实的社会关系中来理解,来阐释它们的本质和意义,他不是将它们还原为观念上的抽象对立,也不是在逻辑的演绎中建立它们之间思辨的联系。马克思的阶级革命理论和对未来社会的阐释,更不是一种清除他者的强制性同一化和总体化,从而必然带来"专制"和"暴政"。比如说,当马克思谈到人解放的时候,未来的社会将是人的全面发展,是自由人的联合体。有人颂扬马克思的这一思想是"个人主义"的,而又有人批判它是"总体主义"的。事实上,在马克思历史唯物主义的批判视野中,并不存在这种抽象的对立。在马克思看来,现代国家和资本主义私有财产将人的存在化为抽象,而不是具体的人的现实。共产主义作为人的现实,并不是对现存社会的抽象批判,不是用一种抽象的同一来反对抽象的具体,而是"每个人的自由发展是一切人的自由发展的条件"。因为真正说来,抽象的集体主义和抽象的个人主义分享的是同样的前提。脱离了现实的社会历史条件,尤其是以特定的社会经济条件为基础的社会制度思辨地讨论二者之间的相互关系是没有实际意义的。共产主义社会既不是旧有观念中的"大同"社会和宗教的天堂,当然也不是现代性个人主义的

① [英]特里·伊格尔顿:《后现代主义的幻象》,华明译,商务印书馆2000年版,第146页。
② 黄瑞祺:《马学与现代性》,允晨文化实业公司2001年版,第60页。

极端实现,更不是要以更加充分而且更加深刻的现代性来医治现代性的创伤①,而是对现代性的超越,集体主义与个人主义的对立将在实际生活中被化解。共产主义社会根本不是以集体主义的"总体性"排斥个体和他者,以一种目的性强制来消除丰富的差异性。伊格尔顿准确地指出:

> 对于马克思来说,关键不是使我们朝着大写的历史目的前进,而是从这一切的下面解放出来,以使我们能够从此开始——以便严格意义上的历史,带着所有它们的丰富差异,能够从此开始。……在这里普遍性和多元性携手并进。②

只把"总体化"、"总体性"同形而上学的抽象同一性联系起来,进而又同法西斯的集中营,同斯大林的清洗,甚至同中国的"文革"联系起来,而忽视在现实历史的过程中,资本原则对人类存在的"同一性强制"和"总体化",忽视马克思现代性批判总体性特征的存在论基础,实际上是将一种存在论维度的现代性批判转移为一种观念论批判,在激进的话语批判中无意识地与资本的现实逻辑达成同谋。正如伊格尔顿指出的那样:"不寻求总体性正是不正视资本主义的代码。但是,一种对总体性的怀疑,不论是左的还是右的,通常都完全是假冒的,它通常转化成为意味着对某些总体性的怀疑和对其他种类的总体性的热情认可。"③

第二节　价值立场的阶级性

由于人类知识形式的现代变迁,自然科学被看成了科学的本质形式,实证

---

① 因此,我认为,马歇尔·伯曼的如下判断是错误的:"这种共产主义的图景具有现代性,其现代性首先在于它所具有的个人主义性质……就此而论,马克思更接近于他的许多资产阶级和自由主义的敌人,而不是更接近于传统的共产主义倡导者。"(Marshall Berman, *All that is Solid Melt into Air*, Simon and Schaster, 1982, p.126)在这里,伯曼没有领会马克思"个人"的真正含义,将它同所谓资产阶级和自由主义的"个人"等同起来了,并且从这个意义上来理解现代性的基本含义。
② 〔英〕特里·伊格尔顿:《后现代主义的幻象》,华明译,商务印书馆2000年版,第78页。
③ 〔英〕特里·伊格尔顿:《后现代主义的幻象》,华明译,商务印书馆2000年版,第16页。

性成了科学最内在的特征。当人们把可证实性、客观必然性、普遍有效性等作为科学内在规定的时候,就必然要排除科学研究中的价值判断,要求采取价值中立的"科学"态度。在人们日常的观念中,哲学、人文学科已经获得了一种"非科学的性质",时常遭遇着诸如"有用吗"、"能证明吗"等诸如此类的质问。我们知道,在马克思对资本主义现代性的批判中,明确宣布自己代表的是无产阶级利益,而无产阶级的解放就是人类的总体性解放。同形形色色的现代性批判理论相比,无产阶级的价值立场是马克思现代性批判的鲜明特征。同时,马克思和恩格斯又经常声称自己的理论具有"科学性",是科学的社会主义理论。由于对价值性与科学性分裂的二元论理解,在马克思主义的阐释中出现了意识形态和科学两种对立的阐释倾向,相互之间的争论已经带来了足够多的混乱。

一

我们已经指出,早年的马克思具有明显的启蒙定向,人文主义思潮对马克思有深刻影响。博士论文和《莱茵报》时期的政论都是以现代性的自由、平等为基本取向,博士论文从选题到具体观点都是为现代的理性和人道价值取向提供哲学论证,其动机自觉地归属于启蒙主义传统。在《莱茵报》中遇到了自由、平等的理性原则和人道原则同现实利益和物质关系的矛盾,通过《黑格尔法哲学批判》对市民社会与理性政治国家关系的重新厘清,马克思获得了新的理论视域,这就是要求在现实的物质关系中阐释政治国家、法律制度以及观念的上层建筑,等等。

这一视域促发了马克思在政治经济学领域内展开对现代社会的批判。马克思发现了现代性的价值理念同现实制度,尤其是社会经济制度之间的矛盾。马克思揭示出,由于受到资本主义经济基础的制约,现代性的价值理想具有抽象的性质,它只是完成了形式上的解放,而不可能是人的真正自由的实现。按照哈贝马斯的说法,马克思严格地区分了现代性的规范基础和社会制度形式,马克思并没有放弃现代性的价值追求。马克思没有像一些后现代主义者那样宣布自由、解放、平等都是一种宏大的现代性叙事,是一种意识形态的虚假承诺。马克思的努力在于,一方面,通过现代性价值取向同现实制度之间的同谋关系来揭示它的自否性质,批判自由主义意识形态的虚假性;另一方面,又力图寻找释放这种价值潜能的因素,把人真正的解放、自由作为追求的目标,他根本没有放弃而是积极地推进西方人文主义价值的实现,希望通过社会制度的改变释放出人文主义和现代价值观的真正潜能。

无产阶级革命话语就是在批判现代性解放没有实现人真正的自由、平等和博爱的思想背景中提出的,它首先具有一种价值上的担当。未来的无产阶级解放,不是一个阶级的解放,而是通过它实现整个人类的解放。在马克思看来,无产阶级体现着现代社会本身的分裂与解体,宣布了现代社会中人的价值和尊严的没落,体现了人的全面丧失和全面异化。但是,无产阶级是现代社会的结果,是能够掌握未来的"新生的人",只有无产阶级才是真正革命的阶级,也只有通过它的解放才能实现人的解放和人的自由。作为未来历史的创造者,无产阶级将从其他一切领域中解放出来从而解放其他一切领域。① 这是由无产阶级总体性的地位决定的。可见,在马克思那里,无产阶级革命的话语及其对现代社会的批判,包含了现代性的价值立场,它本身继承了现代性的人文主义和人文价值传统。将现代性抽象的价值取向落实到能够代表未来历史方向的阶级身上,特殊的阶级定位,实际上是一种人类价值的共同担当。无产阶级的解放不是对其他阶级的统治和专政,而是人类的普遍解放。无产阶级的价值取向,并不是以一种抽象的集体主义取代现代抽象的个人主义,马克思的未来社会更不是像一些人说的那样,是以阶级为基础取代现代的个人主义的乌托邦。② 所以,当我们把无产阶级专政理解为"以阶级斗争为纲"的时候,更多的是现实斗争的政治策略,而不是马克思所讲的未来过渡阶段的社会形态,因此,马克思不能为此承担责任。把马克思的思想同专制、暴政、清洗的"强制性同一化"联系起来,明显是忽视了理论与实践之间复杂的历史环节。马克思的无产阶级革命理论对现代性的理论批判和实践的革命批判具有鲜明的人文主义基础,阶级的价值取向实际上是这种人文主义精神的历史担当。

恩格斯和列宁指出了马克思主义的三大思想来源,无疑是十分准确的。

---

① 马克思:《〈黑格尔法哲学批判〉导言》,载《马克思恩格斯全集》第3卷,人民出版社2002年版,第213页。

② John Leonard, *Modernity*, Published by the Author, 1996, p.34.

然而,在对这种观点教条化的过程中,马克思思想来源的复杂性和丰富性被简化了,俞吾金教授曾经称之为马克思思想来源的窄化。① 对马克思思想科学主义和人道主义的片面化强调,同忽视马克思思想与西方人文主义思潮之间的批判继承有着密切的关系,马克思的思想不是被看成中立实证的科学,就是被看成非科学的人道主义。马克思的理论被看成了放之四海而皆准的绝对真理,其中强烈的人文激情和价值取向被消融在冰冷的科学主义解释之中。实际上,西方的人文价值,或者说价值理性是马克思思想的显著特征,通过对抽象人道主义的批判,在现实的社会关系之中,马克思确立了以无产阶级利益为代表的价值立场。在马克思这里,无产阶级的立场就是人类解放和人类自由的立场。马克思没有将现代性批判消融在貌似客观的冰冷的科学性之中,而是鲜明地高扬着自己价值判断的立场。不仅是马克思的理论,而且就马克思的个性来说,都高扬着一种强烈的人文主义的激情,正是这种人文价值的关怀和执着支持了马克思艰辛而又辉煌的一生。②

二

现代科学的学科分化导致了一个基本的思想事件,这就是"事实"与"价值"的二分,进而在方法论上表现为"描述"与"理解"、"陈述"与"判断"的二分。在这一过程中,科学可证实的普遍客观性要求与价值判断的主观性之间形成了尖锐的对立。当自然科学的范式成为科学基本的、本质的规定时,价值性被排斥到了科学研究的领域之外。当然,这并不是说人们不研究价值关系,而是说,即使人们在研究价值关系的时候,也把它作为客观的关系来研究,而

① 俞吾金:《实践诠释学——重新解读马克思哲学与一般哲学理论》,云南人民出版社2001年版,第147页。

② 我们可以看看马克思谈到《资本论》时,在一封回信中所说的这段话(那时,即1867年4月30日,《资本论》刚刚写完,才联系好出版事宜),从中我们可以看到支持马克思艰苦研究的动力。他说:"我为什么不给你回信呢? 因为……我不得不利用我还能工作的每时每刻来完成我的著作,为了它,我已经牺牲了我的健康、幸福和家庭。我希望,这样解释就够了。我嘲笑那些所谓'实际的'人和他们的聪明。如果一个人愿意变成一头牛,那他当然可以不管人类的痛苦,而只顾自己身上的皮。但是,如果我没有全部完成我的这部书(至少是写成草稿)就死去的话,我的确会认为自己是不实际的。"(《马克思恩格斯全集》第31卷,人民出版社1972年版,第543—544页)

不作价值上的判断，以保持研究者"价值中立"的研究立场。客观的科学性与价值主体性之间、科学尺度与道德尺度之间被对峙起来。

　　这种对峙，在不同的历史时期也表现在对马克思思想的阐释上。这就是科学主义的马克思主义与人道主义的马克思主义之间的对立。那么，在马克思的现代性批判中，存在科学性与价值性的对立吗？从无产阶级的身份上说，无产阶级的道德担当是不是只是一种价值的"应当"，阶级解放的话语是否根源于一种未来完满人性的价值预设呢？

　　其实，马克思对人的理解较早就摆脱了抽象的人性决定论。还是在公开批判费尔巴哈之前，马克思对人的理解就有了不同于费尔巴哈的特定倾向，这得益于对黑格尔法哲学的批判。在《〈黑格尔法哲学批判〉导言》中，马克思就说，人不是抽象地蛰居于世界之外的存在物，人就是人的世界，就是国家、社会。① 换句话说，人总是在现实的世界、国家、社会中获得自己的对象性存在，同样也只有在这些关系的变革中才能改变自己的存在。"无产阶级宣布迄今为止的世界制度的解体，不过是揭示自己本身存在的秘密，因为它就是这个世界的实际解体。"② 在这里，阶级的人性担当已经同现实社会本身的原理结合起来。当然这种结合还是从对法哲学批判的视域内得出的，因此后来的阐释者往往忽视它的基本意义，把它归于费尔巴哈"人性论"的类，甚至把整个马克思的社会批判理论都看成是建立在伦理应当基础上的推演。③

　　正是这种对人和阶级的特定理解，促使马克思在《1844年经济学哲学手稿》中从外化劳动、抽象劳动，以及私有财产制度探讨劳动异化和人的异化，从现实的活动和活动形式中探讨人异化的生存状态，和无产阶级革命对这种

---

　　① 马克思：《〈黑格尔法哲学批判〉导言》，载《马克思恩格斯全集》第3卷，人民出版社2002年版，第199页。

　　② 马克思：《〈黑格尔法哲学批判〉导言》，载《马克思恩格斯全集》第3卷，人民出版社2002年版，第213页。

　　③ 比如说，Rubel就认为，在马克思无产阶级革命理论提出和确立的时候，他根本还没有进行政治经济学批判，阶级革命的思想基础实际上并不是资本主义经济运行的必然性，而是开始于空想共产主义的伦理立场，伦理的异化，而价值规律还不是马克思赞成无产阶级革命的基础。（*Marx and the Western World*, Indiana: University of Notre Dame Press, 1967, pp.46-49）在Rubel看来，马克思价值规律的阐释恰恰是伦理立场在经济学领域中的推演，或者说是一种观念先行的论证。

异化状态扬弃的必然性。马克思在人的异化、异化劳动和私有制之间建立了内在关系①，阶级的含义已经在客观的生产关系中被理解。在这里，马克思虽然还没有批判费尔巴哈的人性论，但他的理论基础同《费尔巴哈提纲》和《德意志意识形态》中对费尔巴哈的著名批判没有原则性的区别。需要指出的是，马克思的批判并不是一种外在的倒转，在批判抽象人性论的同时，又机械地把人看成是生产力的消极产品，像洛维在《马克思、尼采和现代性》中所说的那样。② 实际上，价值判断与客观逻辑之间的二元对立已经被有意识地消解了。后来集中主要精力的政治经济学批判同样贯彻着这一原则，在无产阶级革命的价值原则和社会运行的客观性之间建立一种历史性联系。

马克思立足于无产阶级价值立场，把对现代性的批判建立在对现代性状况的客观揭示基础之上，阶级革命的主体性同资本运动的客观逻辑是统一的。在马克思看来，异化的现代资产阶级社会只是为新社会创造物质基础，只有无产阶级支配了资产阶级时代成果的时候，社会的进步才摆脱异化的性质。③因此，马克思在多个地方指出，无产阶级的反抗意识和共产党人的理论原理，并不是以这个和那个世界改革家所发明和发现的思想、原则为根据的，它不过是现存的阶级斗争、我们眼前的历史运动的真实关系的一般表达。④

现代社会的自我否定和阶级革命话语的历史性关联内含着时间性的开放维度。现代性的内在矛盾意味着超越现代性的必然性，现代性的异化意味着超越现代性的必要性，而现代性的成果意味着超越现代性的可能性。对现代性价值判断上的"否定"和"肯定"与科学研究中的历史客观性，或者说对象性

---

① 马克思：《1844年经济学哲学手稿》，载《马克思恩格斯全集》第3卷，人民出版社2002年版，第277、279页。

② 洛维说："尼采把人看成是自我创造的主体，对人做了一种存在主义的解释，而马克思则把人看成是他的生产力的纯粹的产品，对人作出了机械论的解释，与此相反，马克思和尼采又都把人看成是他与世界的关系的创造者。"（Nancy S. Love, *Marx, Nietzsche, and Modernity*, New York：Columbia University Press, 1986, p.46）有人还将马克思的"无产阶级"概念作为"新人"同尼采的"超人"进行比较，同时把它们指认为现代主体性的实体性代表进行批判。

③ 马克思：《不列颠在印度统治的未来结果》，载《马克思恩格斯选集》第1卷，人民出版社1995年版，第773页。

④ 马克思恩格斯：《共产党宣言》，载《马克思恩格斯选集》第1卷，人民出版社1995年版，第285页。

内在相关,而不是抽象对立。因此,如果可以说马克思的现代性批判理论是"科学"的话,它既不是现代自然科学范式的科学主义的科学,当然也不是拒绝"事实"的纯判断性质的"价值科学"。毋宁说,马克思的努力恰好在于对这种二分法的克服,它是一种关于社会历史的总体性的科学,也许可以借用马克思自己的一个说法,就是"唯一的历史科学"。强调它的绝对客观的科学性,会导致科学主义的片面化;强调它的非科学的价值性,会导致把它作为"乌托邦主义"来批判或坚持。

忽视了阶级革命理论内涵的人文主义价值取向和阶级话语代表的普遍价值立场,在阶级人道主义的话语下实现非人道的恐怖和专政;由于受到现实历史条件的限制,将一种具有总体性的阶级革命理论转化为现代社会内部的阶级对抗和阶级斗争实践;同样,在一种抹杀阶级差别的抽象人性论的指导之下,以无产阶级为代表的价值立场让位于阶级调和的虚假"互利合作"的意识,一种曾经激进的批判话语蜕变为温顺的自由主义。所有这些,都是现实中经常见到的事情,也正是因为这种现实的历史使得马克思的阶级理论遭到了批判。

但问题的关键还不在于这种质疑和批判,而在于马克思现代性批判中以无产阶级为代表的价值立场被实践无形地取消了,阶级解放的前途淹没在资本全球化的汪洋大海之中。在一定程度上,不仅曾经的无产阶级的代表,而且无产阶级(工人阶级)本身都不自觉地站到了资本的原则上,认可了资本的好处,被全面"一体化"。这样,在一些人看来,谈论无产阶级是失去了阶级意识还是根本就没有过自觉的阶级意识已经成了虚假的、毫无现实意义的话题。曾经被宣布为以绝对必然性为基础的阶级革命理论,今天被批判为以伦理虚设为基础的价值乌托邦,导致了最强调实践的理论最容易从实践中退场这一当代状况。马克思现代性批判中强烈的实践性也被质疑了。

第三节　理论批判的实践性

马克思现代性批判理论的实践性,是马克思区别于其他任何一种现代性批判的根本特征。这不是说其他的现代性批判理论不关注实践,不关注现实,而是说它们只是以理论的方式关注实践、关注现实,理论的态度和实践的态度之间还是有根本区别的。马克思则不同,在他那里,对现代性的理论批判和实践批判之间是同一的,理论的批判是改造现实的革命实践活动内在的组成部分,它直接指向作为感性活动的革命运动本身。现实中以马克思命名的实践运动,虽然遭遇了打击,甚至还可以指出它们与马克思理论之间的差异,但毫无疑问,也正是这些运动成就了马克思,否则,马克思的现代性批判思想,至多是众多话语中的一种微不足道的声音,不会对现代历史产生如此巨大的影响,当然也就不会遭致如此之多的辩护和如此之多的责难。

一

对马克思的实践概念可以进行多方面、多角度的阐释。一般地,说实践是马克思主义的根本特征,这并不成问题,问题只在于是被怎样理解的实践。由于不同理解,"实践"完全可能成为宿命论和唯意志论的共同立场。比如说,在哲学的范围内,哈贝马斯就把马克思的实践哲学看成是现代主体性哲学的一个方面,跟理论的主体性形成对立①;而在另一些人看来,实践范畴使得马克思超越了近代哲学的二元论,如此等等。我们阐释的是马克思现代性批判中理论本身指向实践这一特征。

从中学时代开始,马克思就有一种热烈的现实关怀。我们曾经指出,即使是作为哲学论文的博士论文,也明确地针对于当时专制的德国现实,具有呼唤

---

① 在《现代性的哲学话语》中,哈贝马斯指出:"马克思只需要在现代哲学的范式之内实现重心转移就行了。现代哲学范式选择了两种同样本源的主客体关系:就像认知主体形成关于客观世界中某物的可能正确的观点一样,行动主体进行某种目的性活动,为了取得成功而实施监控,以在客观世界中创造出某种事物。……赋予认识的优先地位,反思哲学把精神的自我形成过程(通过自我关系的方式)看成是变得有意识的过程。实践哲学赋予行动主体与可控客体之间的相互关系优先地位,认为类的自我形成过程(通过自我外化的方式)就是一个自我创造过程。对于实践哲学来说,不是自我意识,而是劳动被认为是现代性的原则。""马克思像黑格尔一样陷入了基本的概念困难。实践哲学并没有提供把死劳动看成是中介化的、瘫痪化了的主体间性的分析工具。它仍然是另一种形式的主体哲学,将理性置于行动主体的有目的的合理性之中,而不是能知主体的反思之中。"(Habermas, *The Philosophical Discourse of Modernity*, translated by Frederick Lawrence, Polity Press, 1987, pp.63–65)

启蒙现代性的直接动因,更不用说《莱茵报》的政治评论了。但是,这种以理论的方式对现实实践的关注并不是马克思"实践性"的本质。马克思现代性批判的实践特征,是在无产阶级革命的话语之中出场的,它是指直接的参与改造现实社会的感性的革命实践活动。在马克思看来,"全部问题都在于使现存世界革命化,实际地反对和改变事物的现状。"①他批判青年黑格尔派,说他们只是用词句来反对词句,而绝对不是反对现实的、现存的世界本身②。也就是说,他们对现实的批判只是理论的批判、观念的批判,而不是实践的批判,不是实际地改变现实和现状。在《德意志意识形态》之前的《〈黑格尔法哲学批判〉导言》和《1844 年经济学哲学手稿》中,马克思都把理论的研究和对现代世界的批判看成是对革命原理的阐发。后来,马克思更是积极地参与到实际的革命运动之中。从这个意义上说,马克思首先是一位革命家,同时也是一位革命的理论家,其旨趣并不在于对现实的理论直观,而在于从现实中探索未来世界的发生和存在的原理,并直接地参与到这一现实的历史中。

马克思的《关于费尔巴哈的提纲》第十一条,"哲学家们只是以不同的方式解释世界,而问题在于改变世界",实际上可以看成是马克思进行"实践"批判的宣言。马克思从现实实践的精神出发,揭示了面对现实世界,单纯理论态度的限度所在。这决不是说改造世界可以游离于解释世界之外,解释世界和改造世界之间是一种简单的、非此即彼的二元关系。正如柯尔施所说,这一命题"只是表达了对于所有那些不同时是实践——现实的、世俗的、内在的、人类的和感性的实践——和基本上只理解它自身的哲学观念的思辨活动的(不论是哲学的还是科学的)理论的明确拒斥。理论上的批判和实践上的推翻在这里是不可分离的活动"③。马克思通过这一命题表达的实践意识,并不是指马克思对全部哲学的终结和否定,也不表明马克思只是把"实践"做成一个变革哲学的哲学范式,而是指改造现实世界的活动本身及其意义。

马克思在谈到他的历史观与唯心主义历史观的不同时指出,其历史观不

---

① 《马克思恩格斯选集》第 1 卷,人民出版社 1995 年版,第 75 页。
② 《马克思恩格斯选集》第 1 卷,人民出版社 1995 年版,第 66 页。
③ [德]柯尔施:《马克思主义和哲学》,王南湜、荣新海译,重庆出版社 1989 年版,第 52 页。

是从观念出发来解释实践,而是从物质实践出发来揭示观念的东西。因此,"意识的一切形式和产物不是可以用精神的批判来消灭的,也不是可以通过把他们消融到'自我意识'中或化为'幽灵'、'怪影'、'怪想'等等来消灭的,而只有实际地推翻这一唯心主义谬论所由产生的现实的社会关系,才能把他们消灭;历史的动力以及宗教、哲学和任何其他理论的动力是革命,而不是批判。"① 革命乃是实践的批判,而不是批判的哲学,不只是一些"震撼世界"词句。马克思由此批判当时思辨的理论家:"哲学家们反对'实体',他们完全轻视分工,即产生实体怪影的物质基础,这只是证明这些英雄们仅仅想消灭言词,而根本不想改变那些一定会产生这些言词的关系。"②

当然,马克思这样说绝不意味着他一般地反对理论的解释和理论工作的意义。相反,由于自觉的革命实践活动的需要,理论才获得了真正重要的地位。这一点,他在《〈黑格尔法哲学批判〉导言》中谈论哲学与无产阶级革命相互关系的时候,已经被本质性地指出了。在那里,哲学把无产阶级当作自己的物质武器,同样,无产阶级也把哲学当作自己的精神武器,未来人类解放的头脑是哲学,而心脏是无产阶级。③ 后来,由于洞察到了当时青年黑格尔派的思辨哲学把现实的真实关系抽象为概念的思辨,不是参与现实的历史过程,而是抽象地在观念的领域谈论异化的扬弃,所以马克思才激烈地攻击"哲学",宣布"哲学"的终结,等等。在《德意志意识形态》中,马克思批判施蒂纳哲学思辨时风趣地说:"哲学和对现实世界的研究这两者的关系就像手淫和性爱的关系一样"④,同时又指出,"思辨终止的地方,即在现实生活面前,正是描述人们的实践活动和实际发展过程的真正实证的科学开始的地方。关于意识的空话将终止,它们一定会被真正的知识所代替。对现实的描述会使独立的哲学失去生存的环境,能够取而代之的充其量不过是从对人类历史发展的考察中

---

① 《马克思恩格斯全集》第 3 卷,人民出版社 1960 年版,第 43 页。
② 马克思恩格斯:《德意志意识形态》,载《马克思恩格斯全集》第 3 卷,人民出版社 2002 年版,第 460 页。
③ 马克思:《〈黑格尔法哲学批判〉导言》,载《马克思恩格斯全集》第 3 卷,人民出版社 2002 年版,第 214 页。
④ 马克思恩格斯:《德意志意识形态》,载《马克思恩格斯全集》第 3 卷,人民出版社 1960 年版,第 263 页。

抽象出来的最一般的结果的概括。"①可见,马克思这里的"哲学"意义是十分明显的,并不是指任何哲学,更不是指被他理解为无产阶级革命"头脑"的哲学,而是指抽象的、关于自我意识的、思辨的空话。我们一定要在具体的语境中明确概念的具体所指,而不把马克思的这一思想变成没有语境的抽象,由此,马克思是否终结哲学这样的抽象问题就不会成为我们争论的焦点了。

二

恩格斯在给查苏理奇的一封信中有一段话,提出了著名的"革命的第二天"问题。恩格斯说:"那些自夸制造出革命的人,在革命的第二天总是看到,他们不知道他们做的是什么,制造出的革命根本不像他们原来打算的那个样子。这就是黑格尔所说的历史的讽刺,避免这种讽刺的历史活动家为数甚少。"②20世纪的经验历史,将人们带进了对"革命第二天"问题的反思。共产主义运动的"大面积塌方",今天所谓"告别革命",就是来源于"革命第二天"的困扰。在一些人看来,革命实践并不是带来进步,带来新的希望,而是产生新的专制、独裁和恐怖主义。于是,人们对共产主义运动本身进行反思,一种化约论的历史归罪,将马克思的革命理论看成是社会主义运动中产生的各种现实问题的理论根源。一种充满了人文关怀和人文激情的理论被看成是现代专制和暴政的始作俑者。理论与实践之间的无原则的、粗暴的同一和混淆,到处流行和泛滥。

在这种情况下,理论与具体实践之间复杂的中介联系和本质差异被抽象了,呈现这些具体的差异是理解马克思现代性批判实践性的基本方面,也是扭转再度将现代性批判仅仅变成话语批评这一当代思想趋势的基本方面。我们说马克思的现代性批判具有鲜明的实践指向,不是说马克思本身就已经完成并且参与了他所阐释的无产阶级革命的实践活动。事实上,马克思参与的革命活动其意义是十分有限的。就共产主义者同盟和第一国际的主要活动来

---

① 马克思恩格斯:《德意志意识形态》,载《马克思恩格斯选集》第1卷,人民出版社1995年版,第73页。

② 《马克思恩格斯选集》第4卷,人民出版社1995年版,第670—671页。

说,还谈不上是群众性的革命实践,主要是思想宣传性质的团体,而1848年革命和1871年的巴黎公社,同马克思的理论之间也不存在直接的关系。真正说来,以马克思命名的有组织的革命活动是马克思逝世之后的事情,而且主要是马克思理论向东方社会以及以后向第三世界国家的迁移。这一脱离语境的运用才是后来一系列问题的根源。以马克思的理论命名的具体实践实际上离开了这一理论产生的文化背景和社会历史条件。然而,正是这一脱离使马克思的理论产生了世界历史性的影响,从而也产生了理论与实践之间的复杂关系。在现实中,不论是对马克思理论的反思还是对社会主义实践的反思,二者之间的复杂关系常常被简单化,不是对立,就是抽象的统一起来。

实际上,马克思理论的现实实践形式与马克思的理论本身存在重要的差异。大体说来,现实的实践主要是而且也只能是借用了马克思的革命话语,而革命的目标和性质与马克思所论及的革命是有原则性差异的。马克思的革命话语是对现代性的批判,是出于对现代性的历史超越。相反,以马克思主义命名的现实实践,恰恰是出于对现代性的追求,出于对西方现代性的或明或暗的模仿,这是由这些革命的社会历史条件的使命所决定的。比如说,毛泽东就十分清楚这一差异,所以将其领导的中国革命称之为新民主主义革命。反封建显然具有现代性诉求,反殖民具有民族独立的意义,要求建立民族国家这是现代性的基本成果,它对资本主义国家的反抗并不具有反抗资本现代性的意义,而是反对资本对尚未资本化的国家的殖民掠夺和殖民统治。这就使得这些革命在对象、目标、主体、形式等方面都同马克思的革命理论之间产生了重要的差异,也使得革命之后的社会建设,不得不遵循着现代性的基本原则和完成现代性的基本目标。马克思关于未来社会的初步设想同这些国家现实之间的矛盾一直是基本的困扰,意识形态与现实操作之间构成社会的张力。为了实现民族国家的富强,在现实的社会主义国家中,强化的国家权力承担着现代化的重任,它可能遭遇左和右两个方面的批判,从左的方面批判它对资本现代性的追求,从右的方面批判它强化的国家权力对市民社会的"殖民化"。

马克思的理论本身不会遇到这样问题,对这些问题驾驭的成功和失败与马克思主义或者说马克思理论的成功或失败之间有着基本的差别。从马克思理论的总体性特征来看,马克思所说的无产阶级革命和未来的共产主义社会理论,具有总体的性质,本质上说它不可能是个别的和特殊的,它是人作为类的活动和作为类的解放。在马克思那里,无产阶级革命和未来的共产主义社会建立在资本作为现代社会的普遍原则全面确立和全面危机的基础之上。它是一种社会形态意义上的扬弃和历史性变迁,套用海德格尔的话说,这是一种"世界转世",而不是简单的政权更迭,更不是一个国家建设的发展速度的快慢和成败得失问题。在"同时革命"和"共同革命"的意义上,它不会遇到现实社会主义遭遇的一系列问题。后来,人们往往根据马克思关于跨越"卡夫丁峡谷"的思想来谈论东方革命的胜利,谈论一国建成社会主义,等等。实际上,马克思是在十分限定的意义上谈论这一设想的。比如,在《共产党宣言》1882年俄文版序言中,谈到俄国公社土地占有制时,马克思说:"假如俄国革命将成为西方无产阶级革命的信号而双方互相补充的话,那么现今的俄国土地公有制便能成为共产主义发展的起点。"这种限制性的条件是本质性的,而不是一个可有可无的附加和补充,这一点常常被人们忽视。

　　理论总是抽象的。当我们谈到一种以实践为根本指向的理论时,更要充分地考察它现实的条件和限制。考察在它的名义下实施的实践活动和这种理论本身之间的差异和关联,考察它们之间复杂的同一与变异、抽象与具体,如此等等。一种意识形态的简单归并会伤害理论,同样会伤害实践。马克思理论与现实实践之间的差异,使得马克思很难为斯大林社会主义的专制、独裁、恐怖等现实的问题承担责任,说马克思的理论必然导致现实的独裁和专制等是一种简单的历史归罪论。正是这种归罪,正是现实实践的败落和理论之间无差异的联结,马克思现代性批判的实践性遭到了严厉的批判和解构。

三

　　当今的现代性批判话语,解构理论与实践之间的关系是一个重要的方面,这一点直接指向马克思的革命实践话语。我们知道,马克思通过批判黑格尔和青年黑格尔派对现代性的话语批判和思辨批判,以革命的实践指出超越现代性的历史道路。今天,随着以马克思命名的历史运动的衰退,有的人开始肯定"资本没有替代物",宣布"后革命时代的到来"以"告别革命",理论又一次被宣布为黑格尔黄昏才起飞的"猫头鹰",而不是马克思的"高卢雄鸡",革命的实践也被批判为一种主体的僭越。马克思的革命话语被认为是法国大革命实践主体性的遗产,是暴力和恐怖的同义语。当然,也有一些人并不彻底否定"实践",而是认为,马克思的革命理论立足于"无产阶级历史主体"的总体性逻辑,自由和解放只应该以微观甚至是个体的方式实施才是可能的,由此才可能避免"同一性强制"和专政。于是,社会革命的话语被各种微观政治运动乃至个体的审美活动替代,历史的方向性及其实践散落在多元话语的嘈杂中。

也有对马克思"实践观"的各种坚持,但是,在不少的所谓坚持中,马克思的"实践"立场同样遭遇了"隐性"的解构。一方面,"实践"再度被哲学化,变成解决理论对立的理论范式,从而论证马克思在思想领域的地位,实践性被封闭在理论的内在性之中,确保了一种学院化的思想激情对现代性的拒斥和反思立场;另一方面,实践隐藏在"理论联系实际"的口号下,创造历史的主体性被转化为"尊重现实"的实证主义和实用主义立场,并以此批判第一种注解是学院的高头讲章。两种解释路线隐含的基础同样是马克思主义作为"革命实践"的所谓失败。实践中的"失败"立即表现为思想话语中的激进主义和实际操作中的实证主义。马克思实践观阐释中的这种内在的分裂,实际上是无意识地配合了对马克思实践观的公开解构,它们都是现实历史经验的理论反应。不论在哪一种情况下,现代性都再度变成"理论直观的对象",借用卢卡奇的话说,是再度变成实践不可触动的"自在之物",由此甚至宣布自由资本主义是"历史的终结"。

真正说来,完成了理论与实践二元关系或抽象同一关系解构的是马克思。早在《1844年经济学哲学手稿》中,马克思认为理论对立的解决在于现实的实践活动①,他将理论与实践的统一安置在主客体辩证的历史运动之中,解释世界与改造世界统一于具体的历史实践,抽象的同一或抽象的对立被消解了,从而保持了时间中的开放性和动态性。既然历史运动中复杂的中介性超越了理论的揭示本身,也即是说,超越和克服现代性困境的条件并不是理论本身所能

---

① 马克思:《1844年经济学哲学手稿》,载《马克思恩格斯全集》第3卷,人民出版社2002年版,第306页。

提供的，人类走出现代性的困境取决于主体性和客体性的相互作用，它既不是一种主观的价值预设，也不是一种纯客观的坚硬逻辑，而是"事实"与"价值"、"实然"与"应然"之间交互作用的开放过程。也正是在这个意义上，今天，以经验历史的事实来质疑马克思的现代性批判及其辩证态度，就像过去曾经以此为之论证和辩护一样，都只是落到了辩证思想的一端。

第四节　批判态度的辩证性

我们已经说过，马克思在社会运动的客观逻辑和阶级革命的主体诉求之间建立辩证联系。社会运动的客观逻辑必然要求承认和肯定资本主义现代性的巨大历史意义，而阶级革命的话语则立足于对资本主义现代性历史局限性的揭示之上。理论的这种内在关联决定了马克思面对现代性时的辩证立场。然而，由于对这种辩证关系的误解，人们往往割裂阶级革命的话语或经济决定论的客观逻辑进行阐释，从两个极端上掩盖了马克思现代性批判的辩证态度。实际上正如特里·伊格尔顿指出的那样，面对现代性，马克思鲜明地坚持了辩证法思想，指出了现代历史是文明与野蛮交织的历史，既与保守的浪漫主义怀旧相对立，也与自由主义现代化的自鸣得意相抵触："马克思主义在赞美现代的巨大成就方面超过了未来主义，同时以它对这一时代的无情谴责超过了反资本主义的浪漫派。它既是启蒙主义的后裔又是它的内在批判者，不能用当前西方文化争论中时髦的赞成或反对现代主义的现成用语对它作出轻易的界定。"①

一

马克思将现代同资本这一历史原则本质地联系起来。资本规定的现代历史运动就是现代性的历史辩证法，马克思现代性批判的历史的、辩证的态度，深深地根源于他对现代性辩证本性的深邃洞察。正是这种深邃的历史意识让

---

① ［英］特里·伊格尔顿:《历史中的政治、哲学、爱欲》，马海良译，中国社会科学出版社1999年版，第108页。

马克思获得了批判各种现代性态度的立场。

马克思认为,现代社会是生产方式和交换方式变革的产物。在封建社会的生产关系被炸毁以后,"取而代之的是自由竞争以及与自由竞争相适应的社会制度和政治制度、资产阶级的经济统治和政治统治。"①但是,在马克思看来,这种现代统治只具有历史的、暂时的性质,只是一个"过渡"。马克思将社会形态的发展理解为自然历史过程,人们只能减轻和缩短未来社会分娩的痛苦,而不可能取消自然的"发展阶段"②。马克思批判现代性的理论基础是"现代社会经济规律"的揭示,而不是出于"应然"立场的道德评判。马克思批判现代性的历史唯物主义视域超越了面对现代性的审美批判和道德批判,将批判奠定在坚实的存在论分析基础之上。十分显然,如果阶级革命的必然性和必要性产生于现代社会内部的矛盾和分裂,未来是建立在对"现代"的超越之上,那么,现代性的成果就必须得到充分的肯定,同时,其内在的限度也必须从超越的角度遭遇有力的批判,这种批判从阶级革命的立场上又代表了一种总体性的人文立场和价值取向,从而内在地包含了审美批判和道德批判。这意味着在对待现代性的态度问题上,简单的肯定是一种"非批判的实证主义",简单的否定是一种反动的"浪漫主义",现代性客观的辩证法本身要求主观的辩证立场。

还在政治经济学批判之前,马克思就从法哲学批判的立场上肯定了现代的解放意义和现代解放的内在限度。正是对"现代解放"意义的这种辩证揭示,导向了后来对"市民社会"的政治经济学批判。在政治经济学批判的视野中,这种辩证的现代性批判,一方面颂扬了现代社会巨大的经济成就和文化成就,另一方面又尖锐地揭示了异化的现代性状况,劳动异化、阶级剥削、意识形态的异化,等等。在马克思看来,现代的这种辩证特征根源于资本的内在逻辑。资本原则的贯穿和绝对统治摧毁了封建的、宗法的、地缘之间的关系,斩断了形形色色的封建羁绊。但是,资本只是在人们之间确立起一种抽象的全

---

① 马克思恩格斯:《共产党宣言》,载《马克思恩格斯选集》第 1 卷,人民出版社 1995 年版,第 277 页。

② 马克思:《资本论》,人民出版社 2001 年版,第 10 页。

面关系,普遍的异化和这种全面性的形成是同时并存的。① 这种全面性和普遍性的确立,虽然克服了人们之间的"原始丰富性",但其抽象性本身意味着还不是真正的"人的全面发展"和"自由人"的联合。相反,它以一种客观的经济关系在平等和自由的口号下实现对人的统治和剥削,其进步的一面建立在异化和野蛮剥削的基础之上。

因此,从理论上讲,对现代性的批判就是揭示现代性的内在矛盾和悖论,揭示现代性解放对人类社会历史的意义及其限度,以获得一种客观的立场。对资本规定的现代性进行存在论上的剖析和批判,意味着对非批判的国民经济学的扬弃和对建立在"伦理"应然基础上的空想社会主义思潮的扬弃。由此确立了对待现代性的辩证态度。然而,由于忽视现代性本身的总体性,人们总是在分裂的现代性话语中阐释马克思的现代性批判思想,由此一来,马克思面对现代性的立场也从不同的极端被漫画。马克思对待现代性的态度,不是同他对现代社会历史辩证运动的揭示联系起来,而是被阐释为根源于伦理立场的激进乌托邦,或者是立足于经济决定论的绝对客观主义。事实上,虽然马克思对现代性进行了激进的批判,但马克思对现代文明和现代成果并没有采取虚无主义的态度,马克思的批判具有一种明显的划界意识,他辩证地揭示出现代性的限度,揭示出现代性的悖论与分裂、进步与衰退、流动与停滞、自由与束缚之所在。在这种辩证的视野中,马克思获得了批判各种现代性极端立场的态度。

二

在辩证的视野中,马克思深刻地揭示了现代性的分裂与矛盾,指出我们这个时代每一事物好像都包含有自己的反面。② 因此,对现代性进步的肯定和对现代性异化本质的批判是由现代性本身的辩证特性决定的,二者之间并不对立。但是,对于一些非辩证的思维来说,问题并不如此。面对现代的进步—倒退的双重性质,马克思指出,有些党派可能为此痛哭流涕,另一些党派可能

---

① 《马克思恩格斯全集》第 30 卷,人民出版社 1995 年版,第 112 页。
② 马克思:《在〈人民报〉创刊纪念会上的演说》,载《马克思恩格斯选集》第 1 卷,人民出版社 1995 年版,第 774—775 页。

为了摆脱现代冲突而希望抛开现代技术,还有一些党派可能以为工业上如此巨大的进步要以政治上同样巨大的倒退来补充。① 对这些不同的态度,马克思在许多著作中都作出了具体的分析和批判。

在马克思看来,浪漫主义的保守观点,只是看到了现代的抽象和现代的灾难,它们可笑地留恋"原始的丰富性",而现代资产阶级的观点从来没有超出与这种浪漫主义批判的简单对立②,无批判地肯定现代性的基本成果和基本原则。它们都没有真正理解现代性的内在矛盾和内在张力,因此不能辩证地揭示现代性的基本特征。辩证的批判应该是一种划界意识,它力图揭示事物的内在"限度"及其辩证特性,而不是以内在对立的"极端"持论,变成对现实的抽象肯定或抽象拒绝。

从历史唯物主义的立场出发,马克思结合一定的阶级地位来分析人们面对现代性的这些不同态度,并展开深入的批判。对不同现代性态度的批判构成马克思现代性批判的重要内容。这一点,实际上从《黑格尔法哲学批判》中对自由主义的批判,《1844 年经济学哲学手稿》中对国民经济学家的批判和对粗陋的共产主义的批判就开始了,可以说,在《共产党宣言》中得到了简练的总结。这里有必要区分两种意识形态,即现代社会本身的意识形态,以及现代社会里存在着的意识形态。如果说自由主义是现代社会的肯定意识,那么,现代社会还存在批判现代性的观点,它们是现代性的否定意识,代表着批判现代性的不同立场和方向。在当今的现代性争论中,不同的观点和态度还残留着历史上各派思想的身影,只是名称发生了改变而已。从马克思对这些立场的批判中,我们也能更清楚地理解马克思面对现代性的态度。马克思的辩证立场并不是停留在现代性具有好的一面,也有坏的一面这种简单甚至是诡辩的立场上。

在马克思那里,对待现代性的不同态度,大体上被区分为反动的、肯定的、保守的和空想的几种。它们都遭到了马克思不同程度的批判。对现代性的反

---

① 马克思:《在〈人民报〉创刊纪念会上的演说》,载《马克思恩格斯选集》第 1 卷,人民出版社 1995 年版,第 774—775 页。

② 马克思:《政治经济学批判》,载《马克思恩格斯全集》第 30 卷,人民出版社 1995 年版,第 112 页。

动态度是指,以落后的生产方式为基础批判现代资本主义社会,它们代表着"古代"原则对现代性的批判,只看到现代性的灾难和不幸,看不到资本现代性巨大的历史意义。在《共产党宣言》中,代表这种态度的包括了"封建主义的社会主义"、"小资产阶级的社会主义"和"德国'真正'的社会主义"。自由主义是资本现代性的肯定意识,是资本主义商品交换中的自由、平等原则在观念上的反映,它对资本现代性持完全肯定的态度,成为现代占统治地位的意识形态。资产阶级的改良主义态度,被马克思称为"资产阶级的社会主义"或者说"保守的社会主义"。它试图通过一些具体的措施来克服现代资本主义的弊端和矛盾,消除无产阶级的贫困和苦难,但颂扬现代资本主义而不主张改变资本主义本身,在一定程度上只是自由主义的温和形式。空想社会主义是从未来的立场对现代资本主义的激进批判,但它出于伦理的立场,而没有揭示现代资本主义自我扬弃的内在机制和无产阶级的伟大历史意义,从根本上说,它关于未来的设想只是一种社会乌托邦。马克思将自己的理论看成是对这种乌托邦的积极扬弃。

马克思对这些不同的对待现代性的态度都展开了深入的批判。这些立场,不是对现代性进行抽象的否定,就是抽象的肯定。除了自由主义是本来意义的现代性意识形态外,从批判的意义上来讲,对待现代性反动态度和空想态度,都只是代表了抽象否定和抽象批判,而资产阶级改良主义作为自由主义的内部修正,在现实的社会生活中占有重要的地位,在不同的社会历史时期甚至成为自由主义的经常性的表现形式,尤其在资本现代性内在的矛盾和限度日益明显并面临各种内外挑战的时候,它会成为现代性内部自我调整最合理的选择。

在对多种现代性态度的批判中,马克思的现代性立场是显而易见的。这种立场,并非赞成与反对、肯定与否定的二元划分所能概括,它既不是简单的折中,更不是任何一种抽象的极端。马克思在对现代性的辩证批判中确立了面对现代性的辩证态度。当然,正是这种态度的辩证性本身,为实践和理论方面都提供了机动阐释的可能性空间,由此产生了漫画的批判和辩护,形成各种不同甚至对立的马克思思想肖像。老保守主义者,指责马克思主义和自由主义是面对传统的激进主义,是对文化的摧毁和破坏。已经自由主义化了的新保守主义者,则以现实社会主义中专制、暴政等指责马克思思想对现代民主自由的破坏和践踏。相反,对一些坚持话语批判的伪激进主义者来说,马克思的思想只是现代性的一个变种,是现代性的极端推进,由此匆匆忙忙地从一种思想原则出发,宣布现代性的终结,后现代主义的来临,等等。

三

对马克思来说,现代性是资本主义生产方式的经济基础同自由主义意识形态的有机结合,社会现实同特定的世界观之间存在着内在的联系。同样,我们可以指出,人们对待现代性的态度也同现实历史的变化存在着密切的关系。从 20 世纪 90 年代苏东剧变以后,人们对待现代性,以及对待马克思的现代性批判理论的态度发生了巨大变化。随着以马克思命名的批判资本现代性的历史运动落入了现代性的怀抱,马克思的辩证立场被无形地抛弃了,对现代性的极端批判和极端肯定的态度奇妙地并置着。

新一轮全球化运动迅速发展,信息社会、消费社会、后工业社会、后现代社会等称谓,开始逐渐掩盖了这一过程的资本动力和本质,资本现代性批判的理论范式也被"悬置"。在资本成为全球"普照之光",真正完成现代性的同一化原则的时候,资本本身却最容易被看成"先验"的原则,被看成理所当然的事实。加上挑战资本主义的社会主义运动的"大面积塌方",资本的神圣地位确立起来了,不少人宣布"后革命时代的到来"、"资本没有替代物"。这样,面对现代性,"无批判的实证主义"和坚持话语批判的"激进主义"之间往往相安无事,资本无意识地成为一种永恒的原则和"天命"。"无批判的实证主义"不仅成为一种自觉的"理论形态",而且成为人们的日常意识,从实际的生活到意识形态和心理结构,都流淌着资本的血液。

面对资本的坚硬现实,理论上的迂回表现为直接或间接地将现代性批判与资本原则脱钩。现代性批判从批判的主题上说,再度成为文化批判和观念批判,从批判的方式上说,再度成为话语批判和理论批判。在这种现代性批判话语中,伴随着现代灾难的经验历史,一种质疑现代理性的非理性态度到处蔓延,悲观主义和虚无主义的情怀获得了理论彻底性和深刻性的美名。其实,当这种批判明确指出,理论只是"话语游戏"和"语词操作"的时候,它已经无意识地实现了与现实的同谋关系,在激进的批判中只是让现实非批判地持存着。所以,真正说来,面对现代性,无批判的实证主义和话语批判的激进主义态度之间存在内在关系,实际上都是对辩证的、历史的现代性批判态度的放弃,从而彰显了资本现代性的坚硬逻辑,而不构成对现代性的本质批判。

本 篇 小 结

我们将历史唯物主义,或者说唯物史观阐释为一种后形而上学的存在论思想。它不是一种抽象的本体论,而是一种具体的存在论分析。它不是一种抽象的哲学思辨,而是同政治经济学批判和科学社会主义内在统一的思想视域。正是这一思想视域的确立,使得马克思将以黑格尔为代表的理性的现代性批判重建在资本批判的基础之上,使得现代性批判成为统摄了主体和客体两个方面的总体性批判,而不再是一种理性的观念论批判。现代性批判同历史唯物主义这种内在关系的揭示,使得商品、资本、异化三个范畴及其相互关系获得了新的诠释视域。在这里,它们作为现代性的基本范畴和作为马克思现代性批判的观念工具之间是一致的,是范畴的历史存在和观念存在之间的关系,它们本质地揭示了现代性的存在形式和存在关系。因此,三大范畴及其相互关系在历史唯物主义的视域中被阐释为马克思现代性批判理论的基本概念。

在这样的思想视域中,现代性被理解为现代之为现代的基本历史建制及其特征,它体现的是观念世界和对象化世界相互贯穿的总体性,而不只是一种现代的意识形态,毋宁说现代的各种意识形态恰好是对现代性的不同反应形式。马克思以"资本"为核心范畴将现代概念化,通过对现代性特征的阐释,揭示了现代世界的异化本质和超越现代性的阶级革命维度。现代性的抽象性、流动性、矛盾性、世俗性,等等,都与资本的推动和贯穿具有本质的联系,同时也就是现代社会异化的具体表现,它们既是现代性的存在论状况,也是现代性意识形态的特征。马克思将现代性意识形态的批判建立在以政治经济学批判展开的存在论分析基础之上,不是非历史地批判现代的人道主义和理性主义原则,也不是非历史地批判现代性的价值取向及其历史成就,而是将其置于现代历史的基本建制中进行批判,揭示其历史的存在论基础,揭示其内在的限度和悖论。马克思的现代性批判就获得了一种辩证的立场,避免了单纯话语批判的抽象激进姿态,也避免了一种非历史性的观念史追溯。

以马克思现代性批判基本范畴的阐释和现代性特征的揭示为基础,我们进一步逻辑地概括了马克思现代性批判本身具有的几个基本特征。对这些基本特征的阐释,一方面是对马克思现代性批判理论自身的阐发,另一方面是以当今的现代性批判话语作为潜在的参照背景。试图在这种参照中暗示即将阐释的马克思现代性批判的基本意义。

下 篇

与当代话语的批判性对话

　　前面两篇已经从历史和逻辑两个方面阐释了马克思的现代性批判理论。这一研究充分表明,的确如一些理论家指出的那样,马克思是第一位使现代与前现代形成概念并在现代性方面形成全面理论观点的主要的社会理论家。① 但是,我们知道,"现代性"作为广为采纳的人类文明形态学范畴,是在当今的后现代语境中被概念化的,早期的批判理论家马克思、尼采、韦伯等并没有直接以现代性批判来命名他们的理论和思想。因此,我们的研究和阐释始终有一种理论"重构"的性质。这就要求我们以一种释义学"视界融合"的方式将当代的思考收入视野,把我们的研究对象同当代话语自觉地展开批判性对话,从而揭示其基本的意义和限度所在。为此,这一篇将分为三章,首先清理出现代性批判话语在当今思想界的基本倾向,以马克思的思想为背景,揭示其基本的困境所在;然后,以几位当代典型的思想家为代表,批判地考察他们在后现代的语境中如何对马克思的现代性批判理论进行反思和批判;以这些思想为基础,本篇最后将对马克思的现代性批判理论作出总体性的分析,重申马克思思想在现代性批判中的枢纽地位,提出对现代性批判的一些基本看法。

---

　　① [美]斯蒂芬·贝斯特、[美]道格拉斯·科尔纳:《后现代转向》,陈刚等译,南京大学出版社2002年版,第100页。

第七章　后现代语境中的
现代性批判及其限度

这一章将勾勒出现代性批判的后现代语境。实际上,被概念化的现代性批判本身就是在后现代语境中呈现出来的,它们之间存在同步关系。后现代语境的各种因素、规范引导着现代性话语的分化组合、排列编码,显得异常的纷繁复杂。这一语境,既是当代思想家反思马克思现代性批判理论的话语平台,其基本的成果和限度又是重释马克思现代性批判理论必须关注的基本视界。

第一节　现代性批判的凸显及其基本主题

一

"现代性"作为普遍的理论范式,本身就意味着一种自返的现代性现象。将社会历史时代总体性地作为反思和批判对象,以理性自觉和主体觉醒作为前提条件,意味着一种新的时间意识和历史意识,社会和历史从一种"自然"和"自在"状态进入反思领域,推动性和创造性概念伴随着改造社会的实践(不论是改良还是革命的形式)置换了"命运"成为基本的时代精神。卡林内斯库认为,西方从文艺复兴开始就把自己视为一个新的历史周期,主体性的参与构成这一历史观念的内在因素:"它的整个时间哲学是基于下述信念:历史有一个特定的方向,它所表现的不是一个超验的、先定的模式,而是内在的各种力之间必然的相互作用。人因而有意识地参与到未来的创造之中:与时代一致（而不是对抗它）在一个无限动态的世界中充当变化的动因得到了很高的报酬。"①黑格尔以哲学的方式将主体性阐释为新时代的基本精神,这是一种历史主体自觉的意识确证。现代思想的怀疑精神和批判精神不仅指向它的对立面,而且通过自我指涉的反思性获得动力,不断地自我推进。这一点可以从卢梭启蒙定向和浪漫主义科技批判的内在紧张中找到最初的说明。以此为发端,可以说,对现代文明的批判伴随着现代社会发展的全部过程,从浪漫主义、空想社会主义、现代主义到尼采对时代虚无主义主题的揭示等,无不可以宽泛地被称为现代思想对现代性的自我批判和自我反思。

1888 年,尼采在《权力意志》的"序言"中先知式的预告了虚无主义的到来。② 在当代的阐释中,虚无主义已经被理解为现代性的一个基本特征,尼采被看成是现代性的重要批判者,并且被追溯为后现代思想的主要渊源。一般说来,20 世纪的历史已经被看成是虚无主义的经验展现。高度发达的现代科技与专制暴政和现代战争的结合,人类文明的生存面临着自我造就的灾难和挑战,理性时代的自信遭遇了极端非理性经验的否证。霍布斯鲍姆就指出,第一次世界大战标志着 19 世纪西方文明崩溃的起点,到了灾难的第二次世界大战时期,"甚至连最优秀的保守人士,也不敢打赌这个社会能否继续存活。"③历史的灾难使得一种人类普遍危机的情绪蔓延开来,现代社会赖以建立的思想支柱被动摇了:"自从'现代'于 18 世纪初出场,击败了'古代'以来,但凡现代社会所赖以存在的各项理念、前提——亦即自由派资本主义与共产主义共同持有的'理性'与'人性'假定——如今却都一一陷入莫大的危机之中。"④在一个上帝死了的世界中,"怎么都行"变成了真正的实践,变成对生命的践踏和漠视。海德格尔在阐释尼采的思想时早已将此揭示出来了:"尼采用虚无主义命名他最先认清的、业已支配前几个世纪并决定今后一个世纪的历史运动,他在下述简短命题中归纳了对这个运动的重要解释:'上帝死

① [美]马泰·卡林内斯库:《现代性的五副面孔》,顾爱彬、李瑞华译,商务印书馆 2003 年版,第 28 页。
② 周国平:《尼采与形而上学》,载《周国平文集》第三卷,陕西人民出版社 1996 年版,第 243 页。
③ [英]霍布斯鲍姆:《极端的年代》,郑明萱译,江苏人民出版社 1999 年版,第 10 页。
④ [英]霍布斯鲍姆:《极端的年代》,郑明萱译,江苏人民出版社 1999 年版,第 16 页。

了'……虚无主义是这样一个历史运动,通过它,'超感性事物'的统治崩溃和废除了,使得存在者本身也丧失了其价值和意义。"①经验的历史为现代性批判提供了直接的语境,现代性批判就是面对此种存在论处境而产生的反思性历史意识。它试图直面人们的生存处境,尤其是战争和其他现代灾难事件给人类历史带来的巨大冲击,从理论上探索现代性困境的深层根源。②

从 20 世纪五六十年代开始,在对现代文明的反思中,当代思想为了实现自我确证,逐渐形成了以"现代性"与"后现代性"范畴为核心的一系列对立和联系,"现代性"批判开始流行起来。这一批判思潮,对法国大革命、法西斯主义、斯大林主义和以美国为代表的自由主义之间的同一性进行指认,认为它们都是现代性的后果和经验表达。当然,这种同一性的指认具有错综复杂的关系,充斥着 20 世纪特殊的意识形态痕迹,自由主义和社会主义分别指责对方与法西斯主义之间的同一性。自由主义者对社会主义的指责可见哈耶克的《通向奴役之路》、波普尔的《历史主义的贫困》和《开放社会及其敌人》以及福山的《历史的终结和最后的人》等著作。相反,卢卡奇作为马克思主义者,在《理性的毁灭》中则是指责"美帝国主义"和法西斯本质的同一,是资本主义非理性主义发展的最后的也是必然的结果。这样,犹太人大屠杀、斯大林主义的清洗和美国投向日本的原子弹都成了现代性批判的经验象征。③ 由此上溯到对启蒙运动和启蒙精神的现代性指认和批判,现代性获得了具有广泛统摄力的"总体化"特征。自由主义、社会主义,乃至法西斯主义等理论形态都被一网打尽,一种新的理论思潮迅速崛起。

这样,一些批判现代社会的理论本身也被指认为现代性理论,现代性批判

---

① 转引自周国平:《尼采与形而上学》,载《周国平文集》第三卷,陕西人民出版社 1996 年版,第 243、246—247 页。

② 国内学者张志扬在谈到现代性的危机时说:"我说的事实,是思想事实,还不是指 20 世纪的战争状态与非战争状态所遗留下来的铁与火的事实,包括心灵的创伤与梦呓,但它们无疑是思想事实与理论形态背后的张口结舌的沉默的语境。"(张志扬:《偶在论》,上海三联书店 2000 年版,第 3 页)

③ 关于法西斯和第二次世界大战对现代性批判的影响,阿多诺和霍克海默在《启蒙辩证法》的"新版前言"和"意大利版前言"中作了明确的交代,"这本书是在国家社会主义的恐怖统治行将就寝的时候撰写出来的。书中的许多说法已经与今天的现实不相适应。"([德]霍克海默、[德]阿道尔诺:《启蒙辩证法》"新版前言",上海人民出版社 2003 年版,第 1 页)

很大程度上变成了对这些理论和思想的批判。通过这种同化和间距策略，"现代性形象"在一种宽泛的"后现代语境"中被树立起来，即使是现代性的坚持者也必须遵从"现代性"范畴的基本定向。这就是在现代性范畴和启蒙精神之间建立同一关系，进而在启蒙精神和工具理性之间建立同一关系，现代性批判变成了理性主义批判。到了20世纪90年代，这一理论潮流，更是将现代性批判从社会制度和历史形态的批判中完全地置换出来，追溯现代几种社会制度(法西斯主义、社会主义和自由资本主义制度)共同的观念基础，将现代性塑造为一个纯粹的意识形态概念，现代性批判成为对现代精神、价值、思维方式、理论特征等的批判。

二

这一语境和话语策略，从根本上决定了当今现代性哲学话语的基本主题和基本特征，这就是理性主义批判和人道主义批判成为主题，从哲学上围绕主体和理性展开，现代性批判成为一种意识形态批判和观念论批判。"现代性"被认为是一种时代精神，反过来又以这种精神来定义和理解现代。社会历史的特征首先被阐释为一种文化的、精神的特质，然后讨论这些特征在现实中的深入和浸透，而没有深入到这些精神特征形成的社会历史根基之中。这种批判在本质上是一种观念论批判。我这里所说的"观念论批判"，不是从唯物主义和唯心主义的本体论意义上说的，而是指以下两层含义：一方面，这种批判的主题是揭示现代性的精神特征和精神原则，在马克思历史唯物主义的意义上说，它只是揭示了现代性的"观念论副本"，而没有深入此种观念的社会历史存在论基础；另一方面，由于这种批判质疑马克思的革命实践理论，此种批判主要采取的是一种理论批判的方式，也就是观念批判的方式，而不是实践批判。在此，我们以韦伯为起点，简单地追溯一下现代性批判的话语谱系。

韦伯通过"合理性"与"合理化"概念开创了将现代性作为工具理性批判的先河。韦伯的这一批判，实际上是将黑格尔的理性和主体性概念直接结合起来，将工具理性阐释为现代理性主义和主体主义的根本特征，现代性批判就成了对工具理性化过程的批判和反思。如伯恩斯坦谈到韦伯时所说，韦伯论证了"启蒙运动的思想家们的期望和预期是一种痛苦与讽刺性的幻想。他们维护着科学的成长、理性和普遍的人类自由之间的一种有力的必然联系。但是，在揭下面具和被理解了时，启蒙运动的遗产却是有目的的——工具理性……的胜利。理性的这种形式影响并浸透了社会生活和文化生活的整个领域，包括经济结构、法律、官僚机构，乃至于艺术。［有目的的——工具理性］的发展并没有导致普遍自由的具体实现，却导致了造成一个官僚理性的'铁笼'，没有什么东西能从中逃逸出来"①。显然，现代性批判中的工具理性批判在韦伯的思想中有了明确的发端。不过，韦伯批判现代性的基础却是理性的二重性，即对现代性中工具理性和价值理性、形式理性和实质理性的划分，以揭示现代性的矛盾，获得批判现代性的规范基础。一方面，揭示工具理性、形式理性的必然性；另一方面又批判这一过程中价值理性和实质理性的沦落，既保持着一种批判的张力，也留下了"铁笼"隐喻的悲观情调。然而，有趣的是，韦伯的现代性批判路线因此沿着两个相反的方向发展，并且都产生了重大的影响。

一个是在社会学领域内的衍生，在 20 世纪五六十年代伴随着西方社会的"黄金时代"，以美国的结构功能学派为代表的社会学理论，指证西方工具理性化过程的合理性和必然性，形成了以"合理化"为核心概念的"现代化"理论，其现代性范畴基本上就是实证的"现代化"概念。韦伯"理性"概念双重性的内在张力被消解了，批判性大为削弱。韦伯用以阐释"现代性"的"合理化"概念被从具体的时间和空间中抽象出来，变成了一个标志社会发展普遍模式的概念。② 西方的现代化模式被看成是其他国家必须遵循的发展道路。这样，"现代性"或"现代化"成为资本自由主义的另一个名称，它承担了对抗社会主义、传统主义的意识形态功能，至今仍然是新殖民主义的理论支柱之一。在詹姆逊看来，第二次世界大战之后的这种"现代化"理论使得资产阶级的

---

① 转引自［美］戴维·哈维：《后现代的状况》，阎嘉译，商务印书馆 2003 年版，第 23 页。

② ［美］哈贝马斯在《现代性的哲学话语》中指出，直到 20 世纪 50 年代，"现代化"才成为一个术语被人们使用，并且被描述为一个社会科学的功能主义概念。"这种现代化理论，对韦伯的'现代性'概念实施了两重抽象。它将'现代性'抽离了欧洲起源，把它变成了社会发展过程的一般模式，在时空上是中性。而且，它还打破了现代性和西方理性主义历史内容之间的内在关系。"（Habermas, *The Philosophical Discourse of Modernity*, translated by Frederick Lawrence, Polity Press, 1987, p.2）

"进步"概念起死回生,获得了第二次生命。① 同时,十分吊诡的是,在社会主义国家,现代化或现代性被看成是对西方现代化尤其是工业化的赶超,实际上是对西方现代性的激进认同,对资本主义的批判蕴含在极端现代化的强烈冲动中,在这种批判话语遮蔽下的模仿和超越欲望积淀为一种不得张扬的社会潜意识,最后在"苏东剧变"中以极端的形式迅猛地释放出来。

另一条路线则是,通过卢卡奇在《历史与阶级意识》中"物化"与"合理化"主题的结合,马克思主义传统和韦伯思想资源的相遇传递到法兰克福学派直接变成了工具理性批判的取向②,对后现代语境中的现代性批判产生了重大影响。在这一过程中,霍克海默和阿多诺的《启蒙辩证法》成了现代性批判的一个奠基性文本。关于《启蒙辩证法》对后现代主义的影响,理查德·沃林在《文化批判的观念》中有清楚的指证。一方面,它为后来的"现代性哲学话语"将现代性和启蒙精神直接联系起来奠定了基础;另一方面,强化了"现代性哲学话语"中理性批判和主体性批判的母题。再者,《启蒙辩证法》虽然继承了马克思的批判精神,但它毕竟是在浓烈的悲剧情怀和第二次世界大战的炮火声中降生的。在一些人看来,它清除了马克思对科技理性的简单依赖和非反思的进步主义乐观,树立对现代性决不妥协的英雄形象。《启蒙辩证法》将"启蒙理性"与"神话"和"宰制"同一起来,将其指认为具有统治本质的"工具理性"。由于《启蒙辩证法》在现代性批判中的巨大影响,人们往往忽视了这一文本的历史性,放大了它的悲观情调并将它塑造为对现代理性主义毫不妥协的典型。实际上,《启蒙辩证法》对待启蒙本身也采取了一种辩证的态度。其前言就明确地指出:"我们并不怀疑,社会中的自由与启蒙思想是密不可分的。但是,我们认为,我们同样也清楚地认识到,启蒙思想的概念本身已经包含着今天随处可见的倒退的萌芽。在这方面,启蒙思想与相关的历史形态和社会制度比较起来并不逊色。如果启蒙没有对这一倒退的环节进行反

---

① [美]詹姆逊:《现代性的神话:当前时代的反动》,张旭东译,载《当代国外马克思主义评论》(第四辑),人民出版社2004年版,第6页。

② 关于这一发展路线,哈贝马斯在《交往行为理论》第一卷中有详细的阐释;安德森在《马克思主义探讨》中提出西方马克思主义从经济学、政治学向哲学、文化学的转变,实际上也潜在地抓住了西方马克思主义的这一基本主题和批判定向。

思,它就无法改变自身的命运了。"①

　　一些后现代主义者从《启蒙辩证法》中获得了相当多的灵感,将现代性定义为启蒙精神,将启蒙精神阐释为工具理性,现代性批判成为对理性主义的批判,其倾向甚至可以归结为理性是"万恶之源"这一极端信条,对理性的反思甚至变成了对理性的反叛,"后现代主义和反现代主义背信弃义地联起了手来","一致地反对西方的'理性'成就"②。这一思潮还将自己的起源反溯到尼采、海德格尔等人的思想。启蒙运动作为理性主义的典型形象,成为现代性批判的基本对象。"在哲学方面,复苏了的美国的实用主义与1968年之后冲击巴黎的后马克思主义和后结构主义的混合,产生了伯恩斯坦所称的'一种反对人本主义和启蒙运动遗产的狂热'。它涌现出来,成为对抽象理性的有力谴责,并对通过调动技术、科学和理性力量来追求人类普遍解放的任何规划都深怀反感……我们时代的道德危机是一种启蒙思想的危机。因为启蒙思想真的有可能把人'从淹没个人自由的中世纪社群和传统中'解放出来,启蒙运动对于'没有上帝的自我'的肯定最终却否定了它自身,因为如果没有任何精神的或道德的目标,那么作为一种手段的理性就在上帝的真理不在场时被遗弃了。"③

　　在后现代语境中,启蒙理性的反思和批判本质,被单纯作为抽象的工具理性来理解,现代性和启蒙精神、理性主义和人道主义基本上成了可以相互替换的概念。现代性批判变成了对启蒙运动蕴含的理性主义和人道主义的检讨和反思。实际上,如果说现代性的本质是以"人义论"来造反"神义论"④,那么,在启蒙思想家那里,理性承担着反思和论证的双重功能,亦即是批判理性和科技理性共同动摇了迷信和专制的意识形态基础,以确立人性的世俗世界。现代理性精神的这两个维度是相互支持的,从而使得启蒙成为一个动态的过程,

---

　　①　[德]霍克海默、[德]阿道尔诺:《启蒙辩证法》"新版前言",上海人民出版社2003年版,第3页。

　　②　[美]理查德·沃林:《文化批评的观念》,张国清译,商务印书馆2000年版,第36页。

　　③　[美]戴维·哈维:《后现代的状况》,阎嘉译,商务印书馆2003年版,第59页。

　　④　张志扬在讨论现代性理论的著作中说:"第一次现代性就是'祛魅'神义正当性而转向人性'合理化'的'人义论'。由此奠定了现代性的基本前提。"(张志扬:《偶在论》,上海三联书店2000年版,第2页)

成为人类一经获得就不可能放弃的思想境域。启蒙精神是理性主义的,这里的"理性"显然不是与感性对立的理性,更不是与价值理性对立的工具理性,它包含着人作为"类"的历史性自觉,一种批判和对抗神义世界的反思意识。此种反思意识,在笛卡尔的"怀疑"原则中获得了哲学的经典表达。同时,在此过程中,科技理性承担了"祛魅"的论证功能,但这并不意味着现代性的启蒙精神走向了"科技理性崇拜",缺乏自我反思的能力。这一点,在启蒙思想家卢梭对科学技术的批判中可见一斑。然而,在当代的一些思想家看来,好像启蒙思想就是对科技理性非反思的盲目崇拜。实际上,这是一种非历史地将对象他者化的批判策略。当然,理性主义更不意味着理性的时代就是对人感性生活的否定,相反,我们可以从大量的启蒙著作中见到对人的世俗需求、欲望和情感的热烈讴歌,理性的觉醒是对神性世界的反叛,意味着对人感性生活的肯定,理性不过是人的自然禀赋①,理性的生活是对超验的、非尘世生活的否定和批判。因此可以说,将现代性或启蒙精神定向为一种"工具理性"或者说"科技理性",进而是"一种理性的拜物教",实际上是对启蒙精神的漫画。

今天,从经验的层面来说,理性已经单面化为工具理性,理性主义已经不加区分地成了工具理性主义的别名,在这个意义上,启蒙精神并不能等于理性主义。理性的绝对单面化不是启蒙精神的后果,而是现实资本原则的内在要求和强力推进。将此归结于启蒙的后果,实际上是忽视了"理性"形态的社会历史基础,启蒙本身也只是被作为一个精神事件来解读,而没有揭示这一精神事件深刻的社会历史条件。这样一来,不但掩盖了启蒙运动与现实历史的存在论上的关联,而且也掩盖了启蒙精神从开端处就具备的内在张力和自我反思的可能性。

三

然而,在后现代语境中,不论是现代性的坚守者(如哈贝马斯)还是激进的批判者,如德里达、福科等,现代性批判都遵循着启蒙批判和理性批判这一

---

① 在启蒙思想家那里,理性并不是什么"操控理性",不是要通过科学技术实现对人和自然的全面控制和主宰,恰恰相反,为了反抗专制主义对人的束缚,反抗神对人的无情统治,他们主张一种顺应自然的生活,充分肯定人的感性存在,理性不过是人类与自然统一的"自然禀赋"。

基本定向。现代性的危机就是启蒙精神的危机,就是理性主义和人道主义为基础的宏大叙事的危机,现代灾难变成了启蒙理性的经验展示:一些人认为,理性主义和人道主义的联盟构成了解放和革命的救赎论宏大叙事和强制性的同一化逻辑,它是现实灾难的内在根源①,法国大革命和斯大林对国内的清洗具备同样的形而上学观念论基础。另一些人则认为,不是理性和主体性本身出错,而是理性和主体性没有得到充分的合理发展,其现实的"异化"形态需要纠正,启蒙理性应该作为"未完成的方案"得到推进和修正。出于这样的立场,哈贝马斯相对于工具理性提出交往理性、相对于抽象的主体性提出主体间性,成为理查德·罗蒂所称的所谓"德国的理性拯救者"。对现代性的这两种不同论说,只是对现代性的态度上存在着显然的区别,而对现代性的理解路向是一致的,本质上是一种对现代性的观念论定位,将现代性批判转化为一种"理性精神"的意识形态批判。

我们发现,对理性主义和人道主义与现代灾难和文明危机之间的关系进行反思,成为批判现代性的一个占主导地位的思考视角,相反,较少地在这些历史灾难同非理性思想之间建立联系。这样一来,对现代性危机的理性主义根源的揭示,同对现代灾难非理性主义的指责一样,没有深入历史的真实过程,而只是停留在一种观念批判的层面上,并且构成一种形式上的对立。比如说,在一些思想家揭示现代战争等灾难的启蒙理性主义根源时,卢卡奇等人则指出,在现代思想史上,重大的社会危机和灾难时刻,非理性主义的思想对理性主义的指责往往占据主流,真实的情况恰恰是现代的非理性主义思潮导致了灭绝人性的战争。卢卡奇的《理性的毁灭》具有明显的机械决定论倾向,并且带有强烈的意识形态色彩,但卢卡奇的这一论断却让我们看到,面对20世纪历史的极权主义、灭绝人性的大屠杀,人们不是揭示它的非理性根源,而把它看成现代理性主义的结果,作为现代标志的理性主义获得了一种"原罪"的形象,对现实历史的反思,非理性主义节节胜利,理性本身成了被审判的对象。思想的这种奇怪倾斜,甚至遮蔽掩盖了对历史野蛮事件非理性主义本质的指

---

① 戴维·哈维在《后现代的状况》中指出:"无论如何,启蒙运动的规划注定了从一开始就把我们投入到了一个卡夫卡式的世界中,无论如何,它必定会导致奥斯维辛和广岛。"([美]戴维·哈维:《后现代的状况》,阎嘉译,商务印书馆2003年版,第22页)

认,问题完全变成了"理性"如何虚假、如何出错,而不是非理性如何在理性的名誉下强行实现自己。解放、革命作为以理性或人性为基础的"社会方案",或"社会工程",被指认为是一种宏大叙事的虚假承诺,并且本身不是带来人类的自由、平等,而是带来恐怖和灾难。① 由于这样的一种话语立场,现代的科技理性就被认为是这一灾难内在的构成部分,参与对人类和自然的双重统治。

后现代主义者为了反对现代性,把以理性、人道为基础的自由、平等、解放等话语看成是"总体性"的立场,"应当以人类解放的名义彻底放弃启蒙运动的规划"。② 将启蒙的社会历史观指认为神学形而上学目的论、决定论的世俗残遗,是一种线性进步论的非反思的乐观主义。由此,将现代性追求从过去的普遍主义转化为微观的个体实践,变成对身体、欲望等"理性的他者"的探索和解放。伊格尔顿给"后现代主义"提供了一幅素描:"从哲学上说,后现代思想的典型特征是小心避开绝对价值、坚实的认识论基础、总体政治眼光、关于历史的宏大理论和'封闭的'概念体系,它是怀疑论的、开放的、相对主义的和多元论的,赞美分裂而不是协调,破碎而不是整体,异质而不是单一。它把自我看作是多面的、流动的、临时的和没有任何实质性整一的。后现代主义的倡导者把这一切看作是对大一统的政治信条和专制权力的激进批判。"③这样,后现代主义将一种绝对的相对原则塑造为"宽容"、"多元"的前提和基础,差异、零散、破碎、瞬间、他者、拼贴、戏仿等成为基本的诉求。

后现代主义的自我确证和对"现代性"的这种"他者化"策略,构筑了一个不能绕开的后现代语境,即使是哈贝马斯这样的后现代批判者也遵循着后现代语境对"现代性"的理性主义和启蒙主义的精神定位,从而从属于并参与了

---

① 其实,这样的指认早就出现在恩格斯的《社会主义从空想到科学的发展》中了:"在法国为行将到来的革命启发过人们头脑的那些伟大人物,本身都是非常革命的。他们不承认任何外在的权威,不管这种权威是怎么样的。宗教、自然观、社会、国家制度,一切都受到了最无情的批判;一切都必须在理性的法庭面前为自己的存在作辩护或者放弃存在的权利。""我们已经看到,为革命作了准备的18世纪的法国哲学家们,如何求助于理性,把理性当作一切现存事务的唯一的裁判者",但是,"同启蒙学者的华美诺言比起来,由'理性的胜利'建立起来的社会制度和政治制度竟是一幅极度令人失望的讽刺画。"(恩格斯:《社会主义从空想到科学的发展》,载《马克思恩格斯选集》第3卷,人民出版社1995年版,第719、722、723页)

② [美]戴维·哈维:《后现代的状况》,阎嘉译,商务印书馆2003年版,第22页。

③ [美]特里·伊格尔顿:《后现代主义的幻象》,华明译,商务印书馆2000年版,第1页。

这种"后现代语境"的建构,现代性批判成为一种对理性形态(价值观念、思维方式、形式风格等)的批判,从而是对作为时代精神的"哲学"的批判,所以哈贝马斯说:"现代性在哲学中的自我解释,也可以归入工具理性批判。"①在哈贝马斯的《现代性哲学话语》中,现代性是哲学的限制和修饰语,不是哲学地讨论现代性而是讨论现代性的哲学,所以哈贝马斯"对主观唯心主义的批判同时也就是对现代性的批判"。② 尽管哈贝马斯明确地指出,这种现代性的批判不能等同于蕴含它的时代本身③,但现代性批判还是被阐释为一种观念的批判,一种哲学形态的批判。

第二节　审美现代性的哲学转化

正是现代性批判精神的不断自我指涉,才使得各种批判性的话语绵绵不断,由此也才有了卡林内斯库所说的现象:"现代性在解放批判精神的同时,未能阻止对于它自身的文化意识形态信条和有意无意后果的各种批评性反动。"④其实,后现代语境中现代性批判的那些主题,在被后现代主义称为现代性的思想中早就已经广泛地开始了。被用于同"现代性"对立的"后现代主义"立场,不过是对审美现代性的极端转化。⑤ 换句话说,后现代主义不过是现代性反思原则自我指涉的当代激进形式,其原则早已内在地孕育在现代性

---

① [德]尤尔根·哈贝马斯:《交往行为理论》第一卷,曹卫东译,上海人民出版社 2004 年版,第 370 页。

② Habermas, *The Philosophical Discourse of Modernity*, translated by Frederick Lawrence, Polity Press, 1987, p.21.

③ 在《现代性的哲学话语》中,哈贝马斯说过:"当然,现代世界在思想大厦中的表达,仅仅是这个时代本质特征的反映,像照镜子一样——它与孕育它的时代并不能等同。"Habermas, *The Philosophical Discourse of Modernity*, translated by Frederick Lawrence, Polity Press, 1987, p.19.

④ [美]马泰·卡林内斯库:《现代性的五副面孔》,顾爱彬、李瑞华译,商务印书馆 2003 年版,第 344 页。

⑤ 这一点,被人从不同的角度指证和说明了。比如说,丹尼尔·贝尔指出:"六十年代的后现代主义发展成一股强大的潮流,它把现代主义逻辑推到了极端。……人们看到了现代主义意图的逻辑发展顶点。"(丹尼尔·贝尔:《资本主义的文化矛盾》,赵一凡等译,生活·读书·新知三联书店 1989 年版,第 98 页)

之中,实际上只是将审美现代性的观念转化为一般的哲学立场和哲学原则。当这一根源被指证以后,后现代主义基本的立场开始变得模糊了,法国哲学家们的激进批判立场开始变得柔软,最后产生了"温和的后现代主义"、"建设性的后现代主义"等。因此,简单地考察后现代思想观念的历史来源,能够使后现代语境中现代性批判话语的实质更加清晰起来。

一

浪漫主义可以看作是以现代精神对现代性作出的首次批判。或者说,它是现代性反思或怀疑原则的首次自我指涉,从而内在地完成和推进了现代批判理性,是现代性主体原则在审美上的贯彻,是一种对"现代性原则的独特表达"①。关于这一点,德国思想家特洛尔奇有精辟的论述,他揭示了浪漫主义与现代性和启蒙精神之间的独特关系。他说,浪漫主义既是向上古神话的回归,又是一种新的现代性原则的表达。浪漫派思想是在启蒙时代和德国唯心时代的土壤中产生出来的。它激烈地批判启蒙理性主义思想,要求恢复古朴,反对思想的理性化建制、反对社会革命、反对国家的世俗化走向、反对法律的非道德化,要求恢复中古贵族式或教士的伦理旨趣。另一方面它又承接了启蒙时代和唯心论时代的思想资源,推进审美个体主义原则:个体之不可重复、独一无二的浪漫理念,是在唯心论思想的主体论基础上的推进,要把个人主义上升为国家和社会的建构原则……浪漫派思想不再是对现代性理念基础的内在批判,而是以另一种现代性原则瓦解了启蒙时代的唯心论的现代原则。②

当然,浪漫派在不同的时期和国度存在很多差别,人们也有不同评判和理解。卡尔·施米特就指出,浪漫派在法国革命中的激进化和在德国作为反动和复辟意识形态的保守化③,同时也指出了浪漫派讨论中的混乱和矛盾。他

---

① 关于这一点,可见张旭春的《政治的审美化与审美的政治化》一书(人民出版社 2004 年版),该书对浪漫主义与现代性的关系作了较为详细的考察,其选取的角度是政治现代性与浪漫主义(作为审美现代性的典型)之间的相互关系。

② 转引自刘小枫:《现代性社会理论绪论——现代性与现代中国》,上海三联书店 1998 年版,第 187 页。

③ 卡尔·施米特在《政治的浪漫派》(冯克利、刘锋译,上海人民出版社 2004 年版)中对此作出了区分,他说,在德国,1848 年革命的代言人必须否定浪漫派与革命精神之间有任何关系,相反,法国作家却日益强调这种关系,最终将革命等同于浪漫派。(同上书,第 24 页)

说:"自由派和保守派的区分基于这样的观点:自由主义发源于 1789 年,反对
1789 的保守主义则肇始于伯克和浪漫派。但是,对这一事件的说明是如此矛
盾,以至于第一批革命者和后来的反革命都被称为浪漫派。1789 年的观念与
'个人主义'一词难舍难分,可是,浪漫派的本质据说也是个人主义。据说,浪
漫派还是一种远离现实的态度。可是,在反对革命时求助于真实的体验与现
实的,恰恰是政治的浪漫派。"①作为现代性代表的启蒙自由主义和浪漫派之
间的关系获得了一种形式上的对立,浪漫派实际上仍然体现了现代的主体性
和个人主义原则。

　　事实上,如果不把现代性单纯地认为是"启蒙精神",并且是一种工具理
性主义的话,浪漫派同启蒙精神、同现代性之间的关系就容易厘清了。哈贝马
斯阐释黑格尔的现代性概念时指出,现代性乃是新时代的自我意识和观念上
的自我确证,现代性的原则就是"主体性",就是主体性原则在宗教、国家、道
德、艺术、科学领域的全面贯彻。他引用黑格尔的话说:"现代世界的原则就
是主体性的自由,也就是说,精神总体性中关键的方面都应得到充分的发
挥。"②这样,启蒙自由主义和浪漫主义同是现代主体性原则的实现。"现代艺
术在浪漫主义中透露了它的本质;同时,绝对的内在性决定着浪漫艺术的形式
和内容。"③在我们看来,现代艺术,包括浪漫主义在内,是以一种审美内在性
的方式确证现代的主体性原则和个体的自由精神。对于浪漫艺术中审美的自
我,哈贝马斯引用 F.施莱格尔的话说,"对其而言,所有的束缚都被打破了,它
只愿在自我愉悦的环境中继续生活。"④这种艺术中确立的自我同样是现代性
主体原则的一种表达。

　　现代艺术作为审美中的自我肯定和自我实现,它与"新教主义"、启蒙运

----

① ［德］卡尔·施米特:《政治的浪漫派》,冯克利、刘锋译,上海人民出版社 2004 年版,第
29 页。

② Habermas, *The Philosophical Discourse of Modernity*, translated by Frederick Lawrence, Polity
Press,1987,p.16.

③ Habermas, *The Philosophical Discourse of Modernity*, translated by Frederick Lawrence, Polity
Press,1987,p.18.

④ Habermas, *The Philosophical Discourse of Modernity*, translated by Frederick Lawrence, Polity
Press,1987,p.18.

动和法国大革命都是现代主体性的侧面。对于新教精神与浪漫主义之间的关系，施米特应用卢格、贝洛等人的观点做了说明。① 但复杂的是浪漫主义同样构成对新教精神的批判。现代的"个体性"原则在宗教改革的"新教伦理"中成为资本主义职业精神的缘起，以一种"神性"的外衣推进了世俗化过程，这是韦伯揭示出来的重要主题。而浪漫主义的审美个体通过对人的欲望、情感、体验的肯定和张扬，将现代自由、解放的要求移入内在的精神体验上，构成对现代性政治、经济领域"合理化"过程中出现的个体所受新型统治和异化的对抗和批判。这就构成现代艺术的基本主题和立场，由此也就易于洞察现代性的内在张力和复杂性。丹尼尔·贝尔在《资本主义的文化矛盾》中将它表述为政治、经济和文化领域之间的"断裂"和矛盾，卡林内斯库则称之为资产阶级现代性和审美现代性之间的对立。

实际上，审美的内在超越和救赎与个体外在的自我实现和自我肯定同属于现代"人本论"的两个面相，至少在以感性实存的"人"来对抗和质疑超感性的神性世界这一点上是完全相同的。不同的是，审美现代性同时以内在的精神原则来批判"祛魅"世界的庸俗和异化实质，试图从内在方面指认和重建"自我"，完成精神的自由和救赎，以作为解决人的社会存在意义的钥匙。卢卡奇在《历史与阶级意识》中批判席勒美学时对此有深刻的指证，他说："一方面，社会存在消灭了作为人的人这一点被认识到了。同时，另一方面，又揭示了这样的原则：应该怎样在思想上重建在社会中被消灭了的、打碎了的、被分散在部分性体系中的人。"②卢卡奇还从弘扬马克思改造社会的阶级革命立场上，批判了这一美学立场包含的现代社会作为"自在之物"不可动摇的肯定意识。亦即是说，这种内在审美的重建，表明了从现实社会系统性革命中的撤退，将外在的制度性因素无形中确认为一种不可撼动的绝对客观性。

二

审美现代性的另一表现是现代主义，正是在这个意义上，现代性概念往往

① 参见［德］卡尔·施米特：《政治的浪漫派》，冯克利、刘锋译，上海人民出版社2004年版，第22页。
② ［匈］卢卡奇：《历史与阶级意识》，杜章智等译，商务印书馆1992年版，第214页。

和现代主义等同起来使用。现代主义美学观念表现为对"瞬间性"、相对性的极端化强调，以构成对现实秩序、确定性的反叛，一方面传达对现代世界的内在感受，在现代的流动性中体会到永恒、绝对的消逝；另一方面反抗生命的"物化"，揭示出流动世界对生命的宰制。

我们知道，在波德莱尔那里，17世纪的古代与现代之争在相对美与绝对美的调和中得到继承，美在永恒与瞬间的交织中共同现身。波德莱尔说："他寻找什么？肯定，如我所描写的这个人，这个富有活跃的想象力的孤独者，有一个比纯粹的漫游者的目的更高的目的，有一个与一时的短暂的愉悦不同的更普遍的目的。他寻找我们可以称为现代性的那种东西，因为再没有更好的词来表达我们现在谈论的这种观念了。现代性就是短暂，流变，偶然事件；它是艺术的一半，另一半则是永恒与不变。"在这里，波德莱尔似乎还传达着一种美学的辩证观念，因此被认为是身兼古典主义的现代主义开创者。尽管如此，波德莱尔本身的取向还是有明显的倾斜，他将现代审美的特性放置在瞬间美的一端上，放在了短暂和流变一端上。所以他说："当代生活中的瞬间美，读者允许我们把这种美的特性称作'现代性'。"[1]后来，这样的现代性概念在齐美尔那里有了更一般的表达："现代性的本质是心理主义的，即根据我们内在生活（实际上是作为一个内在世界）的反应来体验和解释这个世界，在躁动的灵魂中凝固的内容已经消解，一切实质性的东西均已滤尽，而灵魂的形式纯然是运动的形式。"[2]在波德莱尔之后，艺术永恒的一半终究被放弃了，转瞬即逝，流变不止的现代性意识取得了主导的地位，开启了走向反叛的先锋派道路，美学转变为瞬间性和内在性美学，其核心的价值就是变化和新奇，传递着一种强烈的相对主义意识。[3]

这种美学上的观念规定了现代主义的基本特征。丹尼尔·贝尔在《资本主义文化矛盾》中将"反抗秩序"、"距离的销蚀"作为对现代主义特征的

---

① Habermas, *The Philosophical Discourse of Modernity*, translated by Frederick Lawrence, Polity Press, 1987, p.9.

② 包亚明主编：《现代性与空间的生产》"序言"，上海教育出版社2003年版。

③ 参见［美］马泰·卡林内斯库：《现代性的五副面孔》，顾爱彬、李瑞华译，商务印书馆2003年版，第9—11页。

概括。① 戴维·哈维指出:"最现代的作家们已经认识到了有关现代性唯一可靠的东西就是它的不可靠性,乃至它对于'总体化的'混乱的爱好。"②推广开来,在对生存的体验和表达中,漂泊无据的意义流失,绝对性和确定性失去了现实根据。这在叶芝的诗歌中有简洁的表达:"万物土崩瓦解;中心无法支撑;释放在这世上的只不过是混乱。"一种美学的立场传递出对现代生活的体验和质疑:现代世界流动性与齐一化、单一化和总体化的本质。这里存在一种内在的张力,世界的流动性提供了审美现代性的基本观念,它在一种新型的时间和空间体验中被把握;而生命的物化状态构成审美现代性批判和反思的基本指向。

正是审美现代性的这一内在的构成逻辑,使得审美现代性观念中热烈的乌托邦情怀和相对主义意识相互纠缠,救赎意向和游戏人生奇妙地融合。有趣的是,在阿多诺那里,救赎美学成了被同化了的阶级意识的替代物,审美内在超越的、"不受约束的自我"直接构成对工具理性化的现实自我的批判,它以一种内在的丰富性来抗衡现实个体的单面化和抽象化过程。伴随这一过程的是世界历史时代到来的时空"紧缩"和秩序化,个体生命和现实世界同样被计算,成为组织和生产的工具性要素,差异性和多样性在计算中被抽象地同化。因此阿多诺以"非同一性"美学来对抗现实世界的同质化,与《启蒙辩证法》中的理性主义批判结合起来,美学批判和哲学批判的联盟,开启了后现代主义对现代性美学原则进行哲学转化的道路。差异只在于,如果说阿多诺还保留着现代性意识形态的解放主题,一些后现代主义则由于将解放和自由作为宏大叙事进行解构,而更多地留下"游戏"策略。他们对确定性、永恒性的批判,是要确定差异、异质性的特权,这样,现代性的内在张力在这种策略中被消解掉了。

三

哈维指出:"分裂,不确定性,对一切普遍的或'总体化的'话语(为了使用

---

① 参见[美]丹尼尔·贝尔:《资本主义的文化矛盾》,赵一凡等译,生活·读书·新知三联书店1989年版,第31—32页。
② [美]戴维·哈维:《后现代的状况》,阎嘉译,商务印书馆2003年版,第18页。

受偏爱的语词)的强烈不信任,成了后现代主义思想的标志。"①如果这样的归纳基本上是正确的,它大体上能揭示出后现代思潮一般特征的话,我们可以说,后现代的思想立场来自审美现代性的美学原则。审美现代性的短暂、流动、差异对永恒、绝对和不变的批判,在瞬间、他者、相对、多元、非同一性、具体性对抗抽象、绝对、本质主义、逻各斯中心主义、还原主义等的战斗中重演。然而,后现代主义却将"现代主义""他者化"到一个更加广泛的"现代性"概念中进行批判,以实现形象上的自我辨认。当它与审美现代性之间的渊源关系被逐渐正确地揭示出来以后,它本身激进反叛的先锋形象也就变得日渐的模糊了。

艺术的目的是从短暂、流变中呈现普遍与永恒,现代主义作为"一种回应我们的混乱局面的艺术",②揭示了世界局面和生存的混乱与无序,在对确定性的质疑中仍然守着救赎和解放的立场,寻找和渴望一种确定性和普遍性。而这一点受到了后现代主义的强烈批判,被后现代主义"他者化"为批判的对象,现代主义仍然被认为具有潜在的"宏大叙事"基础和自我合法化的精英主义立场。后现代主义通过对审美现代性时间观念的转化,以现代主义的他者、差异、瞬间、相对性、流动性等立场来质疑和批判它对确定性、普遍性和永恒性的诉求,从而放弃审美现代性的悖论和张力,批判现代主义。

在后现代主义的叙事中,这种理论立场获得了广泛的方法论意义,从一种审美艺术的批判普遍化为哲学世界观。这就是对逻各斯中心主义、基础主义、本质主义等提供的确定性、绝对性展开批判。它"把世界看作是偶然的、没有根据的、多样的、易变的和不确定的,是一系列分离的文化或者释义,这些文化或释义孕育了对真理、历史和规范的客观性,天生的规定性和身份的一致性的一定程度的怀疑"③。后现代这种"世界观"与审美现代性观念之间的一致性是显而易见的。后现代由此要求放弃宏大叙事的自我合法化,塑造一种多元、相对、不确定的宽容姿态和叙事风格,以构成对绝对主义和普适性的批判,而

①　[美]戴维·哈维:《后现代的状况》,阎嘉译,商务印书馆2003年版,第15页。
②　[美]戴维·哈维:《后现代的状况》,阎嘉译,商务印书馆2003年版,第31页。
③　[英]特里·伊格尔顿:《后现代主义的幻象》,华明译,商务印书馆2000年版,第1页。

这一点被指认为现代性的本质特征。哈维概括性地指出："后现代主义标志着这样的'元叙事'的死亡,元叙事的隐秘的恐怖主义的功能是要为一种'普遍的'人类历史的幻觉奠定基础并提供合法性。我们现在正处于从现代性的噩梦以及他的操控理性和对总体性的崇拜中苏醒过来、进入后现代松散的多元论的过程之中,一系列异质的生活方式和语言游戏已经抛弃了把自身总体化与合法化的怀旧冲动……科学和哲学必须抛弃自己宏大的形而上学主张,更加谦恭地把自身看成只不过是另一套叙事。"①

美学现代性意识在这种转化中获得了一般的世界观和方法论意义,被用于反对被对象化了的"现代性"。而现代性的具体所指就是启蒙主义,就是以理性主义和人道主义为宏大叙事基础的现代性解放话语。现代性获得了这样的形象:"一般被看成实证主义的、技术中心论的、理性主义的、普遍性的现代主义,已经得到了相信线性进步、绝对真理、理想社会秩序的合理计划、知识与生产的标准化的确证。"②由此,后现代主义将自己理解为对启蒙的反叛或重写:"'后现代性'不是一个新的时代,而是对现代性自称拥有的一些特征的重写,首先是现代性将其合法性建立在通过科学和技术解放整个人类的视野基础之上的宣言的重写。"③然而,这种重写并没有触及人们真正的社会历史存在状态,而是指向人们精神和观念的层面,后现代性与现代性之间的对立也被阐释为一种思想原则和精神形态的对立。

第三节　批判话语的分裂及其限度

"现代性"批判话语是在一个广泛的后现代语境中形成的,后现代语境与现代性批判话语之间存在一种构成关系,理性和主体性批判成为批判的基本主题。后现代思想的基本立场来源于对现代主义美学立场的哲学转化,把作

①　[美]戴维·哈维:《后现代的状况》,阎嘉译,商务印书馆 2003 年版,第 15 页。
②　[美]戴维·哈维:《后现代的状况》,阎嘉译,商务印书馆 2003 年版,第 15 页。
③　包亚明主编:《后现代性与公正游戏——利奥塔访谈、书信录》,谈瀛洲译,上海人民出版社 1997 年版,第 165 页。

为现代生存体验和批判的审美特征与美学观念普遍化为一种理论诉求和世界观,批判指向了现代的精神形态,指向了社会历史的观念论副本,而不是现代的社会历史存在本身。在对当今现代性批判话语主题的提炼和思想来源的追述中,我们已经发现,现代性批判话语中的多重分裂,不同的话语之间甚至缺乏对话平台而自言自语。各种阐释模式之间交叉、重叠、分化、组合、争论、附和,构成了一幅驳杂的画面。现代性批判的批判潜能在这种纷扰中消耗、流失、补充、再生。这一现象同时也意味着现代性批判在理论上还处于无根基的飘摇不定之中,缺乏能够共同认可的规范基础。

一

在西方思想史上,有三个主要学科直接切入了对现代文明的反思和批判,以不同的方式阐释了对传统、现代及其相互关系的基本理解,这就是哲学、社会学和美学。不同的思考视角和阐释方式对同一主题的关注,使它们之间产生了基本的差异,同时又相互关联。后现代语境以"现代性批判"这一范畴来囊括这些基本的思想史成果,不同进路之间的交叉重叠、分化整合,导致了现代性批判话语的分裂与含混。澄清它们之间的关系,对于建立现代性批判的规范基础具有重要的理论意义。

这三个学科代表着不同进路,是将"现代"对象化的三种不同方式,从范畴来看,分别对应于英语中的现代性(modernity)、现代化(modernization)和现代主义(modernism)。以黑格尔为代表的哲学现代性批判,将理性精神作为现代的基本特征,批判了启蒙精神的形式性和抽象性。以涂尔干、韦伯为代表的社会学现代性概念,焦点是个人(行为)与社会(制度)之间的互动过程,主要是从行为模式、制度结构方面阐释传统与现代的差异和现代的基本特征,在社会学的领域之内,现代性和现代化概念是同一的;从波德莱尔开始的现代主义,是从内在审美体验和审美意识的角度阐释对现代性的理解和批判,虽然在美学理念上它同更早发端的浪漫主义有基本的差别,但与现代性的理解路径是一致的。从形式上看,这些不同的思想路线对现代内涵和现代性特征的理解各不相同,实际上,它们分别揭示了形态学意义上的"现代"和"现代性"的三个基本维度,即分别从价值、制度和体验三个基本方面表达了对现代性的不同理解。

就哲学领域而言,黑格尔理性的现代性概念今天在批判的意义上还是后现代哲学话语现代性概念的规范基础,现代性主要是一个意识形态范畴,不管是指一种思维叙事方式、精神气质,还是价值取向,它都被指认为与启蒙本质相关的精神原则。对现代性的批判集中起来就是批判现代性的两条基本原则,即人道主义和理性主义。在哲学的领域内后现代主义主要围绕着主体和理性两个范畴展开现代性批判,以揭示现代性叙事的虚假性等,弥散着一种浓郁的、震撼人心的非理性主义、悲观主义和虚假的激进主义情怀。相反,像前面指出的那样,韦伯现代性理论的批判维度失落了,西方社会学的现代化理论成了纯粹的实证科学,代表了对现代性的肯定意识,特定的时期甚至成了资本自由主义的意识形态工具。它虽然也被称为现代性理论,但与哲学中的现代性和审美现代性中的批判视角基本相反,倾向于非批判的现代性肯定立场。在美国,从社会制度出发的建设性的后现代主义,虽然想反对"破坏性"的后现代主义,受到现代化理论的影响,实际上已经弱化了批判的潜力。审美现代主义代表的现代性体验,一方面,在文学艺术领域之内,在后现代主义的名义下得到极端化的推进和重写;另一方面,如上一节指出的,通过消解哲学理论与文学艺术的界限,现代审美理念被提升为一般的原则来批判现代的理性主义和形而上学,构成哲学后现代主义的思想资源。后现代主义中的现代性概念,一方面继承了黑格尔的以理性命名现代的规范基础,以普遍化了的现代审美特性如瞬间、差异、破碎等来批判现代理性哲学的同一性、总体性宏大叙事。

十分显然,这三种不同进路导致了现代性话语的基本分裂,没有揭示出现代性形态学意义上的总体特征,没有揭示出现代和现代性特征之间的内在关联。当它们分别被一般化为现代性的总体概念,批判其他维度的时候,又导致话语之间的混淆。那么,从不同进路揭示出来的这些现代性特征之间的关系如何,它们是如何归属和统一为一个现代的总体呢? 这就需要提出现代性的总体概念,揭示贯穿现代性的基本原则,从理论上讲,就是要提供能贯穿这些现代性批判话语的规范基础。

二

面对这种现代性话语内在的分裂和复杂关系，人们提出了不同的阐释模式。一方面，表达他们对现代性话语的理解，同时也表现了他们对现代性本身的态度和不同的阐释。在此，我们先讨论一下两种现代性概念，然后再简单地言及多维度的现代性和多元的现代性两个概念，它们充分表现了现代性话语内部的分裂和相互纠结。

两种现代性概念来源于对现代性内在分裂的理解。丹尼尔·贝尔在《资本主义的文化矛盾》中有明确的论述。贝尔认为，资本主义的经济冲动和文化价值都来源于自由和解放的思想诉求，它们共同构成对传统的批判和挑战。贝尔指出："资本主义经济冲动与现代文化发展从一开始就有着共同根源，即有关自由和解放的思想。它在经济中体现为'粗犷朴实型个人主义'，在文化上体现为'不受约束的自我'。尽管两者在批判传统和权威方面如出一辙，它们之间却迅速产生了一种敌对关系。"[1]经济中的个人主义导致了个人生活的世俗化，对尘世现实制度的认可和接纳，而文化上的自我体现出一种绝对的狂放个性，从审美艺术上对个性的张扬指向了对资本主义世俗精神的批判。精打细算、克制敬业、禁欲挥霍都成了它批判的对象。在贝尔看来，正是这种"现代主义"文化构成了资产阶级不共戴天的敌人。但是，从20世纪中叶开始，资本主义越来越正规化、程式化，现代主义却变得越来越琐碎无聊了。通过不断的自我否定和自我重复，现代主义在口头上采取了反叛资产阶级秩序和质朴作风的态度，艺术不再是作家的严肃创作，而变成了大众的共有财产，"其目的无非是要打破幻想与现实之间的界限，在解放的旗帜下发泄自己的生命冲动。"[2]事实上，当这一切先锋的姿态遭遇了资本主义商品浸透的时候，它本身就变成了粗鄙无聊的时尚，它就同它曾经批判的资本主义"相互认可了"。

但是，在卡林内斯库看来问题并不如此，虽然他明确阐释了两种现代性的

---

① ［美］丹尼尔·贝尔：《资本主义的文化矛盾》，赵一凡等译，生活·读书·新知三联书店1989年版，第34页。

② ［美］丹尼尔·贝尔：《资本主义的文化矛盾》，赵一凡等译，生活·读书·新知三联书店1989年版，第37页。

概念,并把它作为现代性阐释的内在逻辑。卡林内斯库指出,虽然无法确定什么时候开始产生了两种决然不同却又剧烈冲突的现代性,但可以肯定,19 世纪前半期的某个时刻,在作为西方文明史一个阶段的现代性同作为美学概念的现代性之间发生了无法弥合的分裂。① "实际上,研究社会——历史问题的所有学科中,都可以表明这两种现代性的深刻分裂—— 一个是理性主义的,另一个若非公然非理性主义,也是强烈批判理性的;一个是富有信心和乐观主义的,另一个是深刻怀疑并致力于对信心和乐观主义进行非神秘化的;一个是世界主义的,一个是排他主义和民族主义的。"②

在卡林内斯库看来,资产阶级的现代性概念(作为文明阶段的现代性),大体上延续了现代观念史早期阶段的杰出传统。进步的学说,相信科学技术造福人类的可能性,对时间的关切(可测度的时间,一种可以买卖从而像其他商品一样具有可计算价格的时间),对理性的崇拜,在抽象人文主义框架中得到界定的自由理想,还有实用主义及其崇拜行动与成功的定向——所有这些都不同程度地联系着迈向现代的斗争,并在资产阶级建立的胜利文明中作为核心价值观念保有活力、得到弘扬。③ 相反,另一种现代性,导致先锋派产生的现代性,自其浪漫主义的开端即倾向于激进的反资产阶级态度。大体而言,由启蒙世纪的哲学家和文学家们留给 19 世纪的"好现代性"观念,在 20 世纪里从各种角度(宗教的、社会的、政治的、美学的)受到日益激烈的批判,而且已经让位于一种新的现代性(有人称之为后现代性),这种新现代性更加反传统和反现代,对于新事物的价值怀有深刻的矛盾态度。④

虽然卡林内斯库和贝尔都是从解释现代性的分裂这一角度提出两种现代性概念的,但他们之间的差异也相当明显。贝尔从资本主义经济和文化之间

---

① [美]马泰·卡林内斯库:《现代性的五副面孔》,顾爱彬、李瑞华译,商务印书馆 2003 年版,第 48 页。
② [美]马泰·卡林内斯库:《现代性的五副面孔》,顾爱彬、李瑞华译,商务印书馆 2003 年版,第 344 页。
③ [美]马泰·卡林内斯库:《现代性的五副面孔》,顾爱彬、李瑞华译,商务印书馆 2003 年版,第 48 页。
④ [美]马泰·卡林内斯库:《现代性的五副面孔》,顾爱彬、李瑞华译,商务印书馆 2003 年版,第 343 页。

的角度提问，认为它体现了资本主义内部不同领域之间的分裂与矛盾，它们都来源于现代解放和现代自由的思想。卡林内斯库则不同，认为这是两种不同的现代性概念。在他看来，审美现代性实际上是对启蒙现代性的激进批判，而不是与启蒙现代性一样构成现代性的一种表现方式。再者，对当代的大众文化和文化工业，卡林内斯库并没有像贝尔那样，认为是现代主义最后与资本主义的共谋，而看成是资本主义侵蚀的结果。他认为，当今的"波普享乐主义"，对瞬间快乐的崇拜，玩乐道德，以及自我实现与自我满足之间的普遍混淆，根源都不在现代主义文化，而在于作为一种体制的资本主义，他说："媚俗艺术决不是美学现代性出现的直接后果。历史地看，媚俗艺术的出现和发展壮大是另一种现代性侵入艺术领域的结果，这就是资本主义的技术和商业利润。"①

现在的问题在于，文化的现代性（贝尔）或审美现代性（卡林内斯库）与资产阶级或资本主义的现代性到底是一种什么关系？它们仅仅是总体现代性的不同侧面，还是构成二元对立的不同现代性？它们之间的发展最后（如今）何以会共谋（贝尔）或侵蚀（卡林内斯库），这是否说明这种对立和分裂只具有形式上的意义，它们总体上从属于共同的原则？文化的现代性、观念的现代性与资本现代性之间是否存在同构关系？

"多维度的现代性"和"多元的现代性"两个概念，与这种分裂的两种现代性概念相似，但意义却根本不同。多维度的现代性概念是吉登斯提出的，他主要是从社会学的角度出发，提出了一种系统性的现代性概念，认为现代性包括了资本主义、工业主义、监控和军事暴力四个制度性的维度。多维度的现代性就是指现代性内部这四个相关的制度性维度，而不是指不同的现代性及其相互关系。

多元的现代性概念，认为居于不同的民族国家和文化传统，可以产生多种不同的现代性，后发展的国家没有必要重蹈西方国家的覆辙。这其实是在后现代反对现代性普遍主义，倡导多元文化语境中提出的一个范畴，认为后发展

① ［美］马泰·卡林内斯库：《现代性的五副面孔》，顾爱彬、李瑞华译，商务印书馆2003年版，第13—14页。

的国家可以产生独特的、多样的现代性实践，以规避西方国家现代性的困境。沿着这一思路很容易陷入同一与差异、普遍与特殊之间的抽象争论，一种文化精神的差异会被提升为现代性识别的基本因素，实际上根本就没有深入到现代性的内部，而只是一种文化争论中的意识形态，甚至只是一种民族文化的自恋情怀。

三

从批判性的角度来看，后现代主义代表了比较激进的批判立场，而社会学的实证主义倾向已经导致了批判能力的消逝。但是，后现代主义对现代性的批判只是一种伪激进主义的态度，因为，它将现代性批判还原成了一种精神批判和观念批判，只是极端化地推进了现代性的批判、怀疑和反思精神。这一点在德里达谈到马克思的精神遗产时有明确的揭示。他虽然拒绝了马克思主义许多基本的主题，但在他看来，解构主义仍然是马克思思想遗产的继承人，实际上是说，是马克思"批判精神"的继承人，他在批判精神与解构精神之间建立了一种无内容的同一。① 至于两种现代性观念构筑的现代文化对资本主义的反抗，实际上并没有揭示出批判的现代性意识与肯定的现代性意识之间的关系，更没有揭示出它们同现代历史变迁之间的内在关系。在当代文化的商业化过程中，资本对文化的渗透和收购，实际上就说明了文化现代性批判的观念论性质。

真正说来，当现代性批判被作为一种理性批判和哲学批判概念化的时候，亦即是说，当现代性批判的对象仅仅指向理性自身，指向哲学形态的时候，它从双重的意义上实现了意识形态化过程。这一点在黑格尔的现代概念那里已经奠定了坚实的规范基础。它不是将现代性理解为现代历史的基本原则和基

---

① 德里达在《马克思的幽灵》中说："至少在我看来，解构主义从来没有任何用意和图谋，它只是一种激进的过程，也就是说它符合某种马克思主义传统，有一定的马克思主义精神。"马克思主义的传统和精神仅仅成了一种激进的精神，批判的精神："我们不由得要把马克思主义的批判精神……与作为本体论、哲学或形而上学的体系，作为'辩证唯物主义'的马克思主义区别开来，与作为历史唯物主义或方法的马克思主义，作为党派、国家或工人国际的机器部分的马克思主义区别开来。"（雅克·德里达：《马克思的幽灵》，何一译，中国人民大学出版社 1999 年版，第 129、198 页）

本建制,而是将现代性理解为新时代的自我意识,一种观念论上的基本特征,现代性批判变成了对观念的批判,将对时代"观念"的批判等同于对时代的批判;同时,这种批判路线决定了"批判"只是"话语"的批判,不管是"崇高"的理论实践,还是激进的话语游戏。

今天,这一批判路线的复兴,切合了当今"后革命的时代"的精神要求,批判的激进与面对现实的犬儒主义认同滑稽地合谋。伴随着没有"资本主义替代物"的实证主义态度,对现代性的强烈批判变成思维范式的自我更新或"重写",现代性批判完全在这种话语的流变中逐渐耗尽能量。当后现代主义明确宣称思想和理论本身的文本和话语性质时,它与实证主义的社会学一样并不触动真正的现实。解构实践的革命话语成了基本的理论诉求。所谓现代性批判,由于质疑"解放"、"革命"或所谓"救赎论"的启蒙立场,从而往往在激进的话语批判(游戏)中有意或无意地与现实共谋。马克思的资本批判范式展开的一种存在论批判被置换为一种单纯的观念论批判。

在这样的思想背景下,我们发现,现代性批判话语的流变,使得一种不断自我强化的话语批判变成了毫不触动现实的伪激进主义和伪先锋主义。而对现实制度性的实证研究又流失了批判的锋芒,变成一种政策咨询的同时,支持了一种肯定的、顺从主义意识的形态。对现代性的抽象否定和抽象肯定在现实中相安无事,和平共处。至于后现代主义的身体美学或欲望美学,虽然在激进地捍卫和推进个体主体性的原则,但却难敌商品的殖民化,在其粗陋的形式中,甚至通过声音与图像的商业铺张,成为资本利润的马前卒。最终的景象是,批判变成了话语批判和思想之间的争锋,变成了个体欲求的"我行我素"。倒是后现代主义通过对宏大实践的解构表白了这一实情,理论不应该是实践的指导,从而导致现实的灾难,而应该自我界定为一种思想的操作和文本游戏。

第八章 马克思现代性批判理论的当代形象

我们已经勾勒出后现代语境中现代性批判的基本主题和理论倾向,概要地呈现出了当代思想家现代性批判理论的基本语境。在这一章中,我们将批判性地考察哈贝马斯、吉登斯、詹姆逊和鲍德里亚几位思想家的典型观点,以个案的方式阐释当代著名的思想家如何理解现代性,尤其是如何从现代性问题切入对马克思思想的反思,并同我们对马克思思想的阐释展开批判性的对话。之所以以他们为典型,不仅因为他们各自的现代性理论都产生了广泛的影响,并且都对马克思的思想进行了较为系统的深入反思,同时还因为,在笔者看来,他们的反思分别代表了哲学、社会学和文艺美学的不同进路,切合了我们前面提出的现代性话语的三种不同进路及其复杂关系。

第一节 哈贝马斯:"重建历史唯物主义"

20世纪80年代初,法国的后结构主义者和哈贝马斯之间发生了一场关于现代性问题的著名争论。哈贝马斯试图以一种辩证的立场来捍卫启蒙理性的思想基础,成了所谓"德国理性的拯救者"(理查德·罗蒂语)。由于哈贝马斯通过法兰克福学派而与马克思思想之间存在复杂联系,哈贝马斯对马克思现代性理论的批判具有广泛影响。哈贝马斯虽然高度敬仰马克思,但在笔者看来,他对马克思现代性批判的范式基础和基本结论的反思,实际上已经离开了马克思的思想基地。这不是就哈贝马斯对现代性批判的辩证立场,而是就其理论的规范基础而言,哈贝马斯是在放弃,至少是弱化资本批判的前提下强调启蒙理想的。他从马克思的思想立场上看到了启蒙理性遭遇资本制度的限制,但却离开资本批判的基地,强调以交往理性重建理性的基础。正如詹姆逊指出的那样,哈贝马斯其实是出于一种自由主义的立场捍卫现代性。从马克思批判现代性的理论立场来看,指认哈贝马斯的退让是不无道理的。

一

哈贝马斯的现代性概念明显根源于黑格尔,建立在黑格尔理性的现代性概念基础之上。哈贝马斯指出:"黑格尔是第一位提出了清晰的现代性概念的哲学家,现代性与理性主义之间的内在联系直到马克斯·韦伯还是显而易见的,今天却成了问题。要想理解这种内在联系,我们就必须回到黑格尔。"①哈贝马斯肯定理性与现代性之间的内在联系,并像黑格尔一样以主体性原则来阐释现代的理性主义。一方面,以理性批判作为现代性批判的基本线索,完成了对现代思想史的重构,从青年黑格尔派一直延伸到对当代法国后结构主义者非理性主义的批判,勾勒了现代性批判话语的思想谱系,这一任务是通过《现代性的哲学话语》完成的;另一方面,以现代理性和主体性的批判为对象,建立了以交往行为理论为基础的批判理论体系,揭示抽象主体性和工具理性的困境,核心的著作是《交往行为理论》。这样,思想史的梳理和理论体系的正面建构密切地结合起来,哈贝马斯完成了以启蒙理性的反思和推进为基本旨趣的现代性批判理论体系。我们知道,在一些后现代主义者那里,现代性的理性和主体性作为宏大叙事和虚假承诺的理论基础遭到批判,被指认为当代专制主义、法西斯主义等历史灾难的思想根源。而在哈贝马斯看来,现代性是一个未完成的方案,理性本身的潜能并没有枯竭,通过对主体间性的阐释和交往理性的捍卫就能释放出批判的能量,既构成对抽象理性主义和主体主义的批判,同时也构成对反现代主义的非理性主义和蒙昧主义的批判。就理性批

---

① Habermas, *The Philosophical Discourse of Modernity*, translated by Frederick Lawrence, Polity Press, 1987, p.4.

判内部的周延和建构而言,哈贝马斯的批判思路是完美而有力的,问题在于整个的理性批判范式本身的限度。

哈贝马斯通过对人类行为进行划分,提出了一个二元论方案。他综合社会学的研究成果,提出了人类行为分为工具—目的性行为和交往行为两大类。简单地说,第一种行为体现和遵循的是工具理性,它是依据以经验知识为基础的技术规则作出合理的选择,它的有效性来源于知识的正确与否;而第二类行为是依据规范来行事的,建立在行为主体之间相互理解和相互承认的基础之上,社会规范的有效性在相互理解的主体间性中建立起来,并通过义务的普遍承认得到保障。有时哈贝马斯也将这两种不同的行为类型称为劳动和相互作用。通过对这两种行为的根本区分,哈贝马斯提出了工具理性和交往理性这一对基本概念,并且同系统与生活世界、主体性与主体间性结合起来阐释他对现代性的理解。哈贝马斯认为,在现代社会,由于与抽象的主体性相结合,理性成为主体性自我实现的功能,变成了工具理性,而相互作用中交往理性没有得到充分的发展,支配"系统世界"的工具理性渗透到了应该是交往理性发挥作用的"生活世界",结果是"生活世界的殖民化"。批判理论的任务就是,澄清劳动(工具性活动)与相互作用(交往活动)之间严格的二元论区别,通过商谈伦理、普通语用学的建构,在对话、沟通中重新释放交往理性的潜能,实现生活世界的合理化。

哈贝马斯以这种二元论的批判策略为基础,对马克思现代性批判理论的规范前提进行了批判。哈贝马斯认为,马克思对黑格尔的批判只是从现代哲学反思的主体性转向了实践的主体性,实现了一次重心的转移。对于马克思的实践哲学来说,不是自我意识,而是劳动被认为是现代性的原则,"马克思像黑格尔一样陷入了基本的概念困难……它仍然是另一种形式的主体哲学,将理性置于行动主体的有目的的合理性之中,而不是能知主体的反思之中。"①在哈贝马斯看来,劳动成为马克思现代性批判的基本范式,马克思因此忽视了工具理性的劳动和交往理性的相互作用之间的根本区别,在社会实践

---

① Habermas, *The Philosophical Discourse of Modernity*, translated by Frederick Lawrence, Polity Press, 1987, pp.63,65.

的一般标题下把相互作用归之于劳动,即把交往活动归之于工具活动①,从而将人类的解放理解为劳动的解放,这使得马克思的思想出现了根本性的偏差。哈贝马斯说,由于马克思把人类自我生产的活动归结为劳动这样一个更具有局限性的概念,导致了一种实证主义的倾向,在马克思那里,严格的实证科学和批判之间的差别被掩盖了,自然科学的逻辑状况和批判的逻辑状况没有得到明确的区别,马克思混淆了批判与科学,将批判转化成了科学主义的实证科学。哈贝马斯由此得出结论说:"马克思没有发展人的科学的这种观念;由于把批判和自然科学等量齐观,他甚至取消了人的科学观念。"②第二国际的杰出理论家们曾经将马克思的思想阐释为一种实证科学来捍卫,"西方马克思主义"的一些思潮则通过阐释马克思的人道主义因素释放其批判的能量,批判第二国际的科学主义和实证主义倾向,二者构成阐释上的原则对立,而哈贝马斯则直接指认马克思本人的实证倾向并进行批判。他们都没有真正洞悉马克思在"历史唯物主义"的思想境域中对"科学"与"批判"二元对立之间实现的贯穿,前面两种阐释立场立足于各自抽象的极端上,而哈贝马斯则立足于抽象的二元对立上。前面我们已经指出,马克思思想的重要贡献之一在于消解了科学与价值之间的二元对立,在历史唯物主义的视域中有效地揭示了科学的实证研究与主体的价值立场之间的辩证关系。

在哈贝马斯看来,由于马克思没有对人类不同行为进行原则性的区分,将人类的解放,或者说生活世界的合理化还原为劳动的解放,从而确认生产力的发展是人类解放的根本动力,社会革命就是打破束缚了生产力发展的生产关系。哈贝马斯认为,这是一种劳动的还原论,它将解放的话语安置于劳动分析范式基础之上,以一种技术进步、目的理性的系统模式来改造相互作用的交往关系,最终只是一种"劳动的乌托邦"。哈贝马斯指出,劳动是人与自然之间的天然的关系,工具性的行为因此是必然的,只要工具理性局限在系统世界,

---

① [德]哈贝马斯:《作为"意识形态"的技术与科学》,李黎、郭官义译,学林出版社 1999 年版,第 33 页。

② [德]哈贝马斯:《认识与兴趣》,郭官义、李黎译,学林出版社 1999 年版,第 37—56 页。

实现技术的合理化,它就是合理的。因此,解放的要求不应该放置在劳动,即工具性行为的领域,而应该转向以规范为基础的交往领域,转向对经济关系之外的相互作用,即交往活动的批判,充分发挥交往理性的潜能,祛除生活世界的殖民化,实现生活世界的合理化。这样,相对于马克思的基本视域,哈贝马斯完成了一次根本性的转移。他认为,以这种交往行为理论就能"重建历史唯物主义",解决马克思主义理论中非反思的历史客观主义、真理的陈述与批判的规范之间的含混,以及对文化价值、道德观念在社会发展中的独立作用的忽视等问题。① 实际上,虽然哈贝马斯称自己的努力是"重建历史唯物主义",但历史唯物主义的基础已经被放弃了。以这种规范基础的置换为前提,哈贝马斯对马克思现代性批判的基本论断进行了广泛的批判,并产生了深刻影响。

二

从社会历史变迁来质疑马克思的理论,是一种常见的批判策略。因为马克思的理论明确表明了自己的实践性及其与现实状况的直接关系,因此,以经验历史来指证理论的过时是马克思思想经常遭遇的挑战。哈贝马斯对马克思现代性批判理论的具体反思,也建立在对当代社会历史巨大变化考察的基础之上,并自觉地同他对马克思理论规范基础的批判结合起来。

哈贝马斯认为,与马克思所处的自由资本主义时代相比,当代社会的组织原则已经发生了根本变化,可以称之为"晚期资本主义"或者"有组织的资本主义",要将马克思的理论运用到晚期资本主义就会发生困难,因此需要对马克思的现代性批判理论进行反思。

在哈贝马斯看来,自19世纪的最后25年以来,在先进的资本主义国家中出现了两种引人注目的发展趋势:第一,国家干预活动增加了;国家的这种干预活动必须保障(资本主义)制度的稳定性;第二,(科学)研究和技术之间的相互依赖关系日益密切,这种相互依赖关系使得科学成了第一位的生产

---

① 参见[德]尤尔根·哈贝马斯:《重建历史唯物主义》,郭官义译,社会科学文献出版社2000年版,第4—7页。

力……于是,运用马克思根据自由资本主义社会正确提出的政治经济学的重要条件消逝了。①

政治国家与经济基础分离,国家沦落为消极的"守夜人"是自由资本主义的典型特征,实际上是确立了上层建筑对经济基础的从属地位。哈贝马斯认为,在"晚期资本主义"时期,社会的制度框架重新政治化,国家对社会经济生活的干预,使得国家不再仅仅是一种上层建筑的现象,社会和国家也就不再处于马克思的理论所规定的基础和上层建筑的关系之中,社会批判理论也就不能够再采用政治经济学批判的唯一方式得以贯彻。自由贸易和公平交换的意识形态都瓦解了,不能够再用生产关系直接地批判政治统治。在《合法化危机》一书中,哈贝马斯指出,自由资本主义的社会组织原则是雇佣劳动与资本之间的自由买卖关系,因此社会的危机也往往以系统危机的方式出现。而到了晚期资本主义社会,国家干预的加强使得自由主义的经济关系和意识形态都遇到了挑战,社会危机发生了转移,出现了经济危机、合理性危机、合法化危机和动机危机交错并存的局面,马克思作为系统危机的经济危机理论遇到了挑战。只有在忽视政治的介入,错误地以为经济结构完全可以引导政治体制的前提下,马克思的分析才是正确的。②

科学技术成为第一生产力,运用马克思劳动价值学说的条件就不存在了。在哈贝马斯看来,科学技术成为第一生产力,意味着它成为独立的价值和剩余价值源泉。"当科学技术的进步成为一种独立的剩余价值来源时,在非熟练的(简单的)劳动力的价值基础上来计算和研究发展方面大的资产投资总额,是没有多大意义的;而同这种独立的剩余价值来源相比较,马克思本人在考察中得出的剩余价值来源,即直接的生产者的劳动力,就越来越不重要了。"③以劳动价值论为基础的阶级剥削理论对现代社会的批判就失去了它的动员力量。哈贝马斯指出,由于社会进步越来越依赖科学技术的发展,劳动与相互作

---

①　[德]哈贝马斯:《作为"意识形态"的技术与科学》,李黎、郭官义译,学林出版社1999年版,第58页。

②　包亚明主编:《现代性的地平线——哈贝马斯访谈录》,李安东、段怀清译,上海人民出版社1997年版,第32页。

③　[德]哈贝马斯:《作为"意识形态"的技术与科学》,李黎、郭官义译,学林出版社1999年版,第62页。

用,工具理性与交往理性之间的"二元论"在人们的意识中越来越模糊。科学技术成为准独立变数,社会发展被看成是依赖于科技发展的客观必然性逻辑,技术统治论本身成了一种隐形的意识形态。"这种意识形态的独特成就就是,它使社会的自我理解同交往活动的坐标系以及同以符号为中介的相互作用的概念相分离,并且能够被科学的模式代替。"①在当代社会中,作为生产力的科学技术不再像马克思期待的那样是社会解放的力量,而是成了统治的意识形态。

由于晚期资本主义发生了这两大变化,哈贝马斯认为,马克思批判现代社会的基本概念系统被动摇了。② 首先涉及的是阶级斗争和意识形态概念。哈贝马斯指出,社会阶级斗争是资本主义生产方式发展的产物,人们根据明朗化了的阶级斗争形式确认传统社会的阶级结构。正是由于公开的阶级斗争给社会带来了危害,所以才产生了国家管理的资本主义。它根源于确保群众忠诚以避免冲突的社会需要,它平息了阶级之间的冲突,使阶级冲突处于次要的地位。在晚期资本主义社会,同维护生产方式紧密相关的利益不再是阶级的利益,不带有明显的阶级性质。为了避免社会的阶级冲突,现实统治制度本身就是对以政治统治或经济统治为媒介的社会统治的排斥。在其中,一个阶级主体把另一个阶级主体作为可以同自己像等同的集团来看待,因此具备一种超阶级结构的潜能。这样,阶级斗争的基础地位就让位于各种特权集团之间的斗争,虽然存在严重冲突的可能性,但它们不再具有阶级斗争和阶级冲突的性质,当然也就不再具有阶级革命斗争的可能性。

因为生产力的提高不再是当然的革命力量,使得现实的统治形式不堪一击。相反,在晚期资本主义社会,作为科学技术的第一生产力掌握在国家手中,它本身成了统治的合法性基础。也就是说,统治的合法性已经不再需要旧的意识形态为它辩护,由此,马克思"欺骗"意义上的意识形态概念就不能随

---

① ［德］哈贝马斯:《作为"意识形态"的技术与科学》,李黎、郭官义译,学林出版社1999年版,第62页。

② 以下阐释的哈贝马斯对马克思基本理论的批判,主要见《作为"意识形态"的技术与科学》,李黎、郭官义译,学林出版社1999年版,第65—77页。哈贝马斯的这一篇文章,集中地体现了他对马克思理论的反思,虽然很多地方都没有进一步的详细阐释,但同他的整个思想联系起来,他一贯的理论立场是显而易见的。

便地采用了。技术统治的意识形态同旧的意识形态之间存在基本的差别。一方面,它的"意识形态性较少",也就是说,它不再是以虚假的、欺骗的方式为现有的统治形式辩护,而是以一种技术的合理性为统治提供客观的合法性基础;另一方面,技术统治的意识形态更加广泛和难以抗拒,它不仅为既定阶级的局部利益作辩解,同时又站在另一阶级的一边,压制局部解放的需要,而且损害人们要求解放的利益本身。也就是说,这种意识形态同以阶级范畴阐释的意识形态概念相比,它已经抹掉了阶级的概念,具有一种普遍的性质。它进一步从意识的、精神的方面消解了阶级斗争的理论前提。在哈贝马斯看来,技术统治的意识形态,不是掩盖了阶级剥削之间的真实关系,而是使工具理性侵入交往行为的领域,混淆了技术和实践之间的差异,因此要通过交往行为理论的提倡使生活世界去殖民化。

哈贝马斯指出,既然意识形态和阶级斗争理论的适用范围是相对的,换句话说,它只适用于自由资本主义社会,那么,作为马克思历史唯物主义基础的生产力和生产关系这一基本的阐释框架就应该重新解释,代之以更为抽象的劳动和相互作用范畴。这就同哈贝马斯对马克思理论规范基础的批判结合起来了。以生产力和生产关系之间的矛盾运动作为人类解放动力的解释模式,忽视了这种以劳动解放为基础的理论本身只是涉及人类的工具性活动,以及交往行为领域本身需要的合理化和解放过程,换句话说,人类的解放不能建立在劳动乌托邦的基础之上。今天,生产力的发展本身成了统治的意识形态,侵入了相互作用的交往行为领域,而不是成为解放的力量。哈贝马斯指出,生产力的发展,只有当它不能取代另一种合理化形式的时候,才能成为解放的力量。不论是晚期资本主义,还是现实的社会主义,都把人类社会的发展和解放看成一个技术的问题,以一种目的理性的系统模式来建立本身应该遵循交往理性的制度框架,实际上是牺牲了人本身。人的解放必须要充分地发挥交往理性的作用,而不是单纯地依赖生产力的发展和生产关系的变革。

三

哈贝马斯理论的建构同他对马克思的反思之间有一种内在关系。他以自己的理论立场来批判马克思的现代性理论,我们可以看出,对马克思现代性理论的批判构成哈贝马斯思想的重要出发点。可以说,哈贝马斯对马克思思想的反思,代表了当代解释马克思思想的最高水平和通常的见解,他既涉及马克思理论的规范基础,也涉及对马克思具体命题的批判。

马克思在黑格尔之后,以资本概念重新定义了现代,实际上就是将黑格尔的理性的现代性概念重新奠定在以生产方式概念为基础的资本概念之上。现代性的特征不再是以理性批判的方式展开,而是变成了对现代社会历史形态的具体分析。而哈贝马斯再次依据后现代启蒙理性批判的主题,以黑格尔的理性范式为基础展开现代性批判,现代性批判变成了一种以哲学方式进行的理性批判。这样一来,马克思现代性批判范式革命的意义就被掩盖了。在哈贝马斯看来,马克思只是在反思主体性和行动主体性之间实现了一次简单颠倒,劳动作为体现行动主体性的基本概念就成了马克思现代性批判的基本范式。而劳动遵循的是工具理性的逻辑,使得马克思的理论具有了实证主义的倾向,将人类的解放建立在劳动乌托邦的基础上。

我们曾经指出,马克思不再在哲学的范围之内,不再在理性批判的范围之内批判现代性,而是以资本批判重建了现代性的批判范式,这是马克思批判黑格尔的最基本的理论成果。马克思抓住资本主义生产方式对现实历史基本的中介意义来对现代性展开批判,资本原则在政治、经济、文化各个领域的贯彻使得现代性具备不同于传统社会的特征,并且表现为一种异化形态。在马克思那里,劳动仅仅作为工具理性的活动恰好是现代性异化的一个特征。受制于现实的生产力和生产关系,劳动只是一种"现代劳动"、"一种抽象劳动",因此,劳动的解放就是要从这种抽象劳动的统治中获得解放,使劳动成为自由自觉的活动,而不再是人与人之间的剥削和压迫关系。马克思批判的并不是人必须劳动这一事实,而是批判资本主义私有制条件之下劳动的异化。显然,马克思的劳动概念,涉及人与自然的关系,但基本的方向是人与人之间的社会关系。哈贝马斯将它阐释为一种狭义的工具性活动,指认它是人类活动的天然必然性,然后再进行批判,认为马克思的现代性批判是一种遮蔽了交往行为的还原论批判,这里明显存在概念的不对称性。实际上,马克思多次指出,不能泛泛地谈论劳动,谈论劳动的必然性,这实际上是将劳动抽象化了,从根本上忽视了劳动的社会性质和社会形式。在《哥达纲领批判》中,马克思指出,正是这一点,使得抽象谈论劳动的人不能从对资本主义生产关系的批判中指出工人阶级解放的道路。

　　哈贝马斯对劳动与交往行为绝对的二元划分恰恰是建立在抽象的基础之上,由于将劳动仅仅一般地理解为"工具性活动",忽视了对现代劳动社会性质和社会形式的分析,从而放弃了马克思的资本批判,而马克思资本主义批判的主要之点就是对现代劳动异化条件的批判。哈贝马斯在工具性活动与交往活动之间作出根本的区分,然后又认为工具理性的原则侵入了交往理性的生活世界,抑制了交往理性的发挥。实际上,哈贝马斯是从另一个角度承认了他批判的马克思的基本论断。这就是作为基础的资本主义经济生活的原则在政治文化意识中的贯穿,人们规范性的行为受到劳动方式和原则的规定与限制,导致人的本质及其生活异化的根本原因是劳动异化。马克思虽然没有全面,也不可能全面地阐释这一过程的具体中介环节,但他为这一阐释提供了基础,提供了社会生活决定社会意识这样一个唯物主义的理论基础,揭示了现代理性主义在何种意义上只是抽象的、形式的,它如何受制于现实的经济基础并必然表现为工具理性、计算理性。相反,哈贝马斯的二元论策略不能揭示工具理性的原则何以入侵到交往理性的生活世界,其基本的动力是什么? 如果在生活世界和系统世界之间作出二元论划分,"生活世界的殖民化"本身就是一个规范性命题,他势必遭到为什么生活世界就不能按照工具理性来组织这一责难。他只能将批判的基础安置在价值预设和一种乌托邦的精神之上。詹姆逊在《后现代的诸种理论》一文中不无道理地指出,哈贝马斯坚持的是资产阶级启蒙运动及其普遍主义,追求自由主义、真正的乌托邦内涵和普遍主义的资产阶级意识形态,诸如平等、公民权、人道主义、言论自由和新闻公开等,当然,詹姆逊肯定了他在特殊的德国现实中的意义,但不具有普遍性。①

　　在晚期资本主义社会,国家发挥着干预经济的作用,科学技术成为第一生产力,这是两个描述性的命题。关键在于在此基础上作出的规范性解释。哈贝马斯有一个基本的理论假设,马克思在自由资本主义时期提出的理论是关

---

① ［美］弗雷德里克·詹姆逊:《文化转向》,胡亚敏等译,中国社会科学出版社2000年版,第25页。

于自由资本主义的理论,晚期资本主义不再是自由资本主义,所以马克思的理论就过时了。问题在于,国家对经济的干预,是依据资本的原则还是超越了资本的原则?国家对经济基础的这种"超越"作用是根本地改变了现实的经济基础,还是服务和完善了这种经济基础?是国家决定了现实经济生活的基本方向,还是现实经济生活的内在限度规定了现实统治的"反作用"?我们知道,马克思曾经有撰写国家理论的计划,但最终没有实现。在马克思的著作中,只是原则性地提及国家以及其他上层建筑能动的反作用,而国家对社会生活,主要是社会经济生活作用的形式、范围、限度没有具体的阐释。但是十分显然,资本主义国家对经济的干预并没有超越资本原则,相反,它体现和巩固着资本生产的现实需要。这一点马克思在《1857—1858年经济学手稿》中批判巴师夏和凯里时已经明确地触及到了。资本的原则在国家的护卫下得到全面的推进,虽然在实现的形式上与马克思阐释的自由资本主义不同,但仍然遵循资本的基本逻辑。国家的干预并没有消除以资本主义生产关系为基础的阶级关系,虽然劳动的形式发生了根本的改变,但雇佣劳动和资本之间的关系更具有了普遍的性质,它仍然是现实社会关系的主体,阶级关系的实质并没有任何的改变,而且从一种国内关系转移到了更为广泛的国际之间的关系。这一过程只是使资本变得更加的抽象,从而也更加的彻底和成熟。国家资本主义虽然改变了资本的现实形态,但并没有改变资本本身,或者说资本的原则,而是资本现代性的自我稳定和自我完善。

对于科学技术成为第一生产力,我们不能单纯就科学技术来谈论科学技术,否则就会将科技理性追认为一种天生的"原罪"。事实上,科学技术的发展以及由此带来的人类危机,诸如核危机、能源危机、环境危机等,本质上说是一个现代现象。在古代,科学技术的发展并没有使人类遭遇现代的这些问题。科技本身并不是问题的根源,相反,它本身是受社会因素和历史因素中介的。这种最基本的社会历史因素是什么呢?马克思将资本理解为现代的本质范畴,他总是从与资本主义生产方式相关的角度谈论科学技术的社会历史功能和资本增殖原则对科技的推动,而不是把科技看成一种不受社会历史中介的独立力量,可以说,正是马克思为科技理性批判提供了历史唯物主义的思想境域。当然,这一视域还有待结合当今科技的发展着力去开启和阐释。在当代,适应资本增殖需要成为第一生产力的科学技术,作为一种意识形态,以抽象的发展、进步观念掩盖了生产关系中实质的对立关系,并且同化了革命的阶级意识,阶级利益之间的对抗关系淹没在繁荣、进步的荣耀之中,而不再是以直接的方式呈现在人们的面前。这一当代的现象,弱化了马克思刚性的阶级意识概念。从现实来看,阶级斗争并没有以剧烈冲突的形式超越现代性的困境,社会以一种平稳的形式继续着资本现代性的拓展。这是一个经验的、历史的问题,它展示着资本的未完成,而不是资本的永恒。马克思理论中对资本现代性的超越维度,需要真诚的守护,并认真地带进当今思想的视野。如果可以借用吉登斯"反思性的现代性"概念,当代历史的变迁也许正好说明马克思思想构成晚期资本主义现代性或晚期现代性的一个根本反思要素,它以一种否定性的方式提供了现代性自我推进的反思动力,所以有人说是马克思拯救了当代资本主义,资本主义应当感谢马克思。

第二节　吉登斯:"多维度的现代性"

现代性问题是吉登斯理论关注的焦点。吉登斯切入现代性批判的视角是社会学,带有社会学现代性理论"实证主义"的基本特征。他从"制度"的层面来将现代性课题化,提出了"多维度的现代性"概念。跟哈贝马斯将马克思的现代性批判理论阐释为一种不成功的理性批判努力不同,吉登斯认为,马克思的理论是一种以资本主义经济批判为核心的社会学理论,马克思只是揭示了现代性的经济维度,因此忽视了现代性制度的其他维度,最终陷入一种经济还原主义批判。对于马克思思想的批判,吉登斯有三卷本的《历史唯物主义的当代批判》,分别是《权利、财产和国家》(1981)、《民族—国家与暴力》(1985)和《超越左与右——激进政治的未来》(1994)。吉登斯将这三部著作看成是"晚期现代性批判理论"三部曲,可见,对马克思思想的批判同吉登斯的现代性理论之间有着密切的内在关系。实际上,马克思对资本主义的唯物主义批判是吉登斯现代性理论重要的理论资源。

一

同一些根本放弃和否定马克思思想的西方学者不同,吉登斯虽然谈不上是一个西方马克思主义者,但他对马克思的反思采取了一种较为客观的立场。吉登斯指出,对于马克思的资本主义批判理论,他既不是以一种敌对的方式宣布它的失败和无效,当然也不接受一个马克思主义者的标签,而是认为,虽然马克思的理论具有含混、模糊和前后不一致的地方,从当今的时代来看并不完善,但马克思的资本主义批判理论对于阐释开始于18世纪的巨大历史变迁仍然具有十分重要的地位。他说自己对马克思历史唯物主义的批判,不是出于彻底批判和解构的立场,而是力图提供一种与马克思不同的历史解释要素。所以多年以后,吉登斯仍然说:"虽然这样做是不太时髦的,但是我仍然敬仰马克思,因为资本主义对较大的现代性框架具有核心重要性。在现代社会中,经济影响同它在从前社会中相比,其效应要更为明显和深远。这些影响的结构以资本主义制度和机构为核心。"①从吉登斯的这些话语可以看出,他是将马克思的资本主义批判单纯地理解为经济批判,从经济因素在现代生活中的重要意义出发来肯定马克思的思想的。这就使得他严重地低估了马克思"资本"概念的意义。

我们曾经指出,马克思的历史唯物主义同资本主义批判之间具有一种密切的内在关系,吉登斯对马克思"资本"概念的这种经济主义阐释与他对历史唯物主义的理解密切相关,他自觉地将对历史唯物主义的批判作为思想的基础性工作来进行,这一点无疑是十分准确的。吉登斯明确提出,批判历史唯物主义的"生产方式"范畴是《历史唯物主义的当代批判》第一卷"权利、财产和国家"的主要任务。他认为马克思的理论存在着自相矛盾的地方,可以"用马克思来反对马克思"。在吉登斯看来,马克思以生产方式为基础的历史解释,至少存在以下三个方面的困难和矛盾:首先,马克思没有解释无阶级社会的国家如何可能,吉登斯认为这同马克思认为国家只是阶级压迫的组织工具这一思想是相矛盾的;其次,仅仅从生产力发展的观点来看,亚细亚社会远远不同

---

① [英]安东尼·吉登斯、[英]克里斯多弗·皮尔森:《现代性——吉登斯访谈录》,尹宏毅译,新华出版社2001年版,第70页。

于马克思所阐释的僵化的历史发展体系,亦即是说,马克思建立在生产力发展模式基础上的人类社会发展模式,对于亚细亚社会来说是不适用的;最后,马克思错误地强调了印度和中国的村社制度的"自足性",马克思将这一特征同私有财产制度的缺失联系起来。而吉登斯认为,私有财产不仅对于亚细亚文明,而且对于所有的农业国都十分重要。①

吉登斯认为,像马克思那样单纯从生产力与生产关系的辩证运动来阐释历史的发展是不行的。从这种经济关系出发,揭示出的阶级运动并不具有改变历史的巨大革命作用,它只是诸多社会运动中的一种。建立在阶级革命和经济决定论解释基础上的历史唯物主义在理论上存在着三大基本缺陷,吉登斯称之为功能论、化约论和进化论,并进行了批判。② 吉登斯说:"如果我们用'历史唯物主义'这个概念是指人类社会的历史可以通过生产力的不断增长得到理解,那么它是立足于错误的前提之上,到了该彻底抛弃它的时候了;如果历史唯物主义是指'迄今为止一切社会的历史都是阶级斗争的历史',它显然是错误的,人们甚至难以理解,为什么有那么多的人认真地对待它;最后,如果历史唯物主义是指马克思的社会进化图式……为分析世界历史提供了一种可以捍卫的基础,那么它同样应被拒绝。只有当历史唯物主义被看成是人类实践理论更加抽象的要素的体现时——它的一些片断能够在马克思各种各样的著作中找见——对今天的社会理论它才仍然具有不可或缺的贡献。"③

在这里吉登斯将马克思历史唯物主义的关键因素割裂开来,没有看到在马克思那里他提及的几个方面已经有效地融合在一起,并形成了一个总体性的思想视域,阶级斗争、生产力发展、社会演变等范畴之间存在内在联系,它们与更加抽象一些的实践范畴也是直接相联的。后来吉登斯在访谈录中说,他把实践看作一个表现人类社会存在的基本特征的本体论术语:"认为人类社

① Anthony Giddens, *A Contemporary Critique of Historical Materialism Vol. 1 Power*, *Property and the State*, The Macmillan Press Ltd., p.7.

② 参见陈学明、马拥军:《走近马克思——苏东剧变后西方四大思想家的思想轨迹》,东方出版社 2002 年版,第 394 页及以下。

③ Anthony Giddens, *A Contemporary Critique of Historical Materialism Vol. 1 Power*, *Property and the State*, The Macmillan Press Ltd., p.2.

会的活动是实践,就是拒绝各种把人类存在看作是'被决定的客体'或者毫不含糊的'自由的主体'概念……我仅仅想在这样的意义上接受'唯物主义的历史',即强调构成人类社会生活的实践的重要性。我将要阐明,对于这样的'唯物主义的历史'观,即是认为经济生产或'经济'在作为整体的历史变化中具有决定性地位的观点,我持强烈的保留态度。"①

吉登斯拒绝经济决定论和片面化的阶级斗争的唯物主义概念,拒绝一种被教条化地理解的马克思社会形态理论,在一定程度上是切中要害的。但是,吉登斯没有准确地理解经济批判、阶级斗争在马克思历史唯物主义思想视野中的基本意义,将它们看成是相互对立的方面并置在马克思的思想之中,由此来用马克思反对马克思,对马克思的思想作出了基本错误的定性。吉登斯将马克思的资本主义理解为一个单纯的经济学概念,建立在经济学批判基础上的历史唯物主义就成了一种抽象的、还原主义的历史观,成为对社会历史的一种目的论解释。

吉登斯援引了后现代的历史观对此进行批判。吉登斯说,后现代性不仅与基础主义的终结而且与"历史的终结"相联系,历史并没有固定的形式和包含一切的目的论,人们可以对历史进行不同的阐释,而不必固定在一个不变的基点上。马克思的历史哲学与这种后现代主义的历史意识恰好相反,吉登斯说,马克思的历史唯物主义不但赋予历史发展一种虚假的统一性,而且对现代性的特殊性之认识完全失败了。② 马克思以一种还原主义的方式诠释权力概念,片面地强调生产力在社会组织和社会发展中的作用,在一种单纯的经济活动关系中来阐释权力,强调人们支配自然关系中的权力的来源,而忽视了社会本身的非经济关系的权威因素,从而导致了以"生产方式"为基础来揭示历史的进化论模式。因此,吉登斯认为,应该以一种系统的结构理论来代替马克思的这种还原主义倾向,以强调多重因素的交互影响。③ 吉登斯提出了多维度

---

① [英]安东尼·吉登斯、[英]克里斯多弗·皮尔森:《现代性——吉登斯访谈录》,尹宏毅译,新华出版社 2001 年版,第 70 页。

② Anthony Giddens, *The Consequences of Modernity*, Stanford: Stanford University Press, 1990, p.50.

③ Anthony Giddens, *A Contemporary Critique of Historical Materialism Vol.1 Power*, *Property and the State*, The Macmillan Press Ltd., p.4.

的现代性概念,从四个具体的制度维度阐释了他的现代性理论,批评马克思经济还原主义的失误和不足。

二

吉登斯认为,马克思以资本主义来阐释现代性,同他以生产方式解释历史的发展是一致的,实际上是对现代性的一种还原主义批判,将一种多维度的现代性简化为单一的资本主义经济维度,同涂尔干、韦伯等人只注重现代性的工业主义维度一样,并不能真正揭示现代性的特征和现代性的当代复杂性。吉登斯说:"社会学中最著名的理论传统,包括那些从马克思、涂尔干和韦伯的著作引申出来的观点,在解释现代性的性质时都倾向于注意某种单一的驾驭社会巨变的动力。"①吉登斯认为,为了克服这种单向度的批判路线,应该对这些社会理论的伟大传统进行综合性的阐释和提升,只有这样,才能应对晚期现代性的复杂环境和风险性。因此,与这些强调现代性单一维度的理论不同,吉登斯提出了自己的现代性概念和对现代性多重维度的阐释。吉登斯从社会学的角度切入现代性批判,他关注的是现代性的制度层面,这与关注思想价值的哲学批判和关注人的内在体验的审美层面是基本不同的。

吉登斯首先确立了现代与传统之间的断裂与连续关系,肯定了现代性的产生是一次巨大的社会历史飞跃。吉登斯说,在许多关键方面,现代制度与前现代的文化及生活方式的所有方面都是不连续的,现代性的特征是在与传统的比较之中得到理解的。现代性作为一种制度形态,意味着在传统基础上与传统断裂。在《现代性与自我认同》一书中,吉登斯提出:"它(指现代性)首先指在后封建的欧洲所建立而在二十世纪日益成为具有世界历史性影响的行为、制度和模式。'现代性'大略地等同于工业化的世界。"②吉登斯对现代性的这一理解,与审美现代性概念和价值现代性概念基本上区别开来了,明确了他现代性理论的焦点落在现代性的制度层面。在与皮尔森的谈话中,吉登斯

---

① Anthony Giddens, *The Consequences of Modernity*, Stanford: Stanford University Press, 1990, p.11.

② [英]安东尼·吉登斯:《现代性与自我认同》,赵旭东、方文译,生活·读书·新知三联书店 1998 年版,第 16 页。

对现代性范畴有较详细的说明,他说:"在其简单的形式中,现代性是现代社会或工业文明的缩略语。比较详细地描述,它涉及:(1)对世界的一系列态度,关于现实世界向人类干预所造成的转变开放的想法;(2)复杂的经济制度,特别是工业生产和市场经济;(3)一系列政治制度,包括民族国家和民主。基本上,由于这些特征,现代性同任何从前的社会秩序类型相比,其活力都大得多。这个社会——详细地讲是复杂的一系列制度——与任何从前的文化都不相同,它生活在未来而不是过去的历史之中。"①虽然在这里,吉登斯涉及"态度"和"想法",但其基本的重心还是在社会学关注的制度秩序方面。

吉登斯现代性概念的时间外延比较确定,而基本的内涵是指向制度的变迁。而且十分明显,吉登斯的"制度"概念并不是马克思所说的社会历史形态意义上的宏观"制度",比如资本主义制度、社会主义制度等,而是指社会的组织方式和行为模式,相比较而言,它是处在"中观"的层面上。正是出于这样的兴趣点,吉登斯提出了多维度的现代性概念,并明确指出这一概念是从制度维度提出的。综合了马克思、韦伯等现代社会理论的伟大传统,吉登斯提出了现代性四个内在相关的维度,即资本主义、工业主义、监控和军事暴力,由此来批判马克思、韦伯等人对现代性单维度的还原主义批判。在他看来,现代性的这四个维度表现了现代性与传统社会的区别,而且能为晚期现代性的全球化社会提供基本的分析框架。在晚期现代性中,这四个维度表现为世界资本主义经济、国际劳动分工、民族国家体系和世界军事秩序。② 同时,这种具有系统性的现代性概念,还能阐释当今四种主要的社会运动形式,即工人运动、生态运动、民主运动和和平运动,揭示当代政治运动的基本动力及其复杂性。这些运动与现代性四个维度的发展紧密相关,从单一的现代性维度出发,不能解释现代性的这种复杂性。现代性的多重维度使得当代政治向一种"生活政治"转变,不能再还原为马克思式的单纯的阶级革命政治。马克思的工人运动理论主要根植于现代性的资本主义经济维度,具有明显的局限性。吉登斯

---

① [英]安东尼·吉登斯、[英]克里斯多弗·皮尔森:《现代性——吉登斯访谈录》,尹宏毅译,新华出版社 2001 年版,第 69 页。

② Anthony Giddens, *The Consequences of Modernity*, Stanford: Stanford University Press, 1990, p.71.

对马克思的这一批判,与后现代主义对马克思的批判走到了一起。

不过,吉登斯十分强调资本主义维度在现代性四个维度中的重要地位。他说:现代性的出现首先是一种现代经济秩序,即资本主义经济秩序的创立①,资本主义的生产和分配构成了现代性制度的核心要素。② 所以,吉登斯高度地赞扬马克思的资本主义批判,认为他解释了现代性出现的基本动力,资本主义仍然是现代性的基本维度之一。但是,吉登斯指出,多维的现代性分析不能还原为资本主义批判,正是这种还原论的批判导致马克思现代性批判的失败。吉登斯说:"今天一个有生命力的批判理论必须是后马克思主义的,也必须能够反思马克思主义中的那些置之于支配地位的侧面……今日的批判理论,应该实质性地描述现代性的起源及其全球影响,而不是把一切东西都一劳永逸地塞进'资本主义'这个百宝箱中。"③

吉登斯所说的"资本主义"完全是一个狭义的经济学范畴,他基本上是重复着第二国际的经济决定论路线来理解马克思,然后又对这种被他"异己化"、"他者化"了的观点进行批判。认为马克思的资本主义批判只是揭示了现代性的经济维度,这是吉登斯批判马克思现代性理论的重要观点,同他对马克思历史唯物主义的经济决定论理解密切相关。在吉登斯看来,正是因为马克思只在经济关系中理解社会历史的发展和进步,阐释社会的统治关系和以经济关系为基础的工人运动与革命实践,马克思就不能揭示出现代性复杂的反思性,不能阐释出现代性通过反思性带来的自我稳定和自我发展,当然也就不能预见晚期现代性的具体风险和危机,在对经济危机的阐释中赋予工人运动创造历史的优先地位,提出革命道路超越现代性。而吉登斯认为,随着现实的变化,晚期现代性或者说"高度的现代性"变得更加的复杂,问题已经不在于革命的政治,而是与多种社会运动密切联系的生活政治发挥着解放的作用。现代性的反思性,使人们不同的态度、立场、知识和描述都参与到了现代性的

---

① [英]安东尼·吉登斯、[英]克里斯多弗·皮尔森:《现代性——吉登斯访谈录》,尹宏毅译,新华出版社2001年版,第71页。

② [英]安东尼·吉登斯:《现代性与自我认同》,赵旭东、方文译,生活·读书·新知三联书店1998年版,第5—6页。

③ [英]安东尼·吉登斯:《民族—国家与暴力》,胡宗泽等译,生活·读书·新知三联书店1999年版,第385—386页。

建构之中,人们不断地涉足他们所描述的世界,同时改变着这个世界,带来了现代性的稳定的风险。① 所以,吉登斯说:"我们并没有进入一个后现代时期,而是正在进入这样一个时期,其中,现代性的后果比从前更加剧烈化、更加普遍化了。"②意思是说,现代性的后果使人们生活在一个风险的社会之中,但现代性的反思性参与着现代性的建构,从而使现代性维持着一种风险中的自我稳定。

三

我们曾经揭示出马克思的历史唯物主义同他的资本现代性批判之间存在着一种紧密的内在关系。历史唯物主义是在对资本主义的批判过程中形成的,同时它又构成了资本现代性批判的基本视域,既不能将历史唯物主义抽象为一种历史哲学的教条,同时也不能将马克思资本主义批判看成一种纯粹实证的政治经济学研究。马克思的资本范畴是一个具有广泛意义的历史唯物主义存在论概念,它被阐释为现代性的本质概念,因为它是现代历史的基本中介。吉登斯把历史唯物主义同资本主义批判结合起来,相对于一些割裂马克思的历史唯物主义和政治经济学批判的倾向来说,无疑是正确的。但是,他所理解的资本和资本主义概念只是一个经济学的概念,历史唯物主义就成了一种以生产方式为基础的经济决定论。马克思的资本主义批判就变成了对现代性经济维度的批判。为了克服这种片面性,在吉登斯这里资本主义就变成了与工业主义、军事暴力和监控并列的现代性的四个维度之一。吉登斯没有深入历史唯物主义的内在维度,因此,没有真正揭示而是掩盖了资本和资本主义概念在马克思那里的总体性意义。他将马克思思想作为经济决定论来批判,实际上就是说,他对马克思的理解完全处于第二国际的路线上。在他这里,马克思的政治经济学批判仅只是一种对现代性的经济学阐释,用马克思的话来说,他只是把马克思看成"非批判的国民经济学家",而不是批判国民经济学

---

① [英]安东尼·吉登斯、[英]克里斯多弗·皮尔森:《现代性——吉登斯访谈录》,尹宏毅译,新华出版社2001年版,第204页。

② Anthony Giddens, *The Consequences of Modernity*, Stanford:Stanford University Press,1990, p.3.

的理论家。

如我们指出的那样,由于资本抽象统治的全面确立(当今所谓的全球化不过是这一事实的经验现象),资本成为一条无须反思的(或者说貌似"先验"的)现实原则被接受,再加上反资本主义的现实实践某种程度上的"失败",在现代性批判中人们往往只是偶然地触及资本。马克思以资本批判展开的历史存在论分析往往与一种经济决定论结合起来被拒斥,他被理解为经济还原论者、阶级还原论者,从而是基础主义者、本质主义者等①,所有这些批判的思想指向是一致的。在最好的情况下,马克思的资本至多被作为现代性的一个构成方面,哪怕是基本重要的方面被确认,就像吉登斯所能做到的这样。实际上,马克思的资本主义批判,在他历史唯物主义的思想视野中,具有一种对现代性进行存在论批判的奠基意义。他既揭示了资本本身(狭义)的运行,同时也揭示了资本原则在政治上层建筑、意识形态方面的全面贯穿,将资本理解为现代性的社会历史建制,从而成为一个基本的存在论范畴,而不只是一个狭义的经济学概念。马克思的政治经济学批判为现代性批判奠定了存在论批判基础,但不是说马克思将现代性批判还原为经济学批判,从而变成一种经济决定论。

当然,吉登斯以多维的现代性分析批判经济决定论观点,这是正确的。今天,对马克思思想意义的阐发也必须坚持对经济主义的批判。但是,他把马克思理论本身理解为经济主义,批判马克思现代性批判的片面性,认为马克思的资本批判只是触及了现代性的经济维度,这是阐释上的根本偏差,使得他从马克思现代性批判思想的原则高度上降落下来。马克思批判和超越现代性的彻底性在吉登斯那里必然变成对现代性自我延伸和自我稳定的肯定。今天看来,马克思处于现代性的开端上,他不可能全面地揭示现代性的后果,比如风险社会的到来等,但这并不妨碍他基本原则的正确,马克思思想的意义和力量恰恰是在基本的原则性方面。我们姑且不谈马克思现代性批判中资本范畴丰富的历史存在论意义,即使就在还原论的意义上说,也可以肯定,人们不可能

---

① 这种观点可见 Joseph V.Femia, *Marxism and Democracy*, New York:Oxford University Press Inc.,1993,pp.26,46-47。

在资本统治中走出现代性的根本困境。在我看来,这只是一个事实判断,至于是通过革命还是诸如第三条道路的改良等方案,这才涉及人们的政治立场和价值判断。

吉登斯"超越左与右"的"第三条道路"与对马克思主义的批判密切相关。在吉登斯那里,马克思的实践概念能够导向对反思性的理解,但马克思革命实践性概念反而不能揭示现代反思性的特征。因为在他看来,反思性成了现代性自我稳定的决定性特征,这一根本特征使得现代性已经没有"他者"。为此,吉登斯说:"那种主张现代性正在分裂和离析的观点是陈腐的。有些人甚至推测,这种分裂标志着一个超越现代性社会发展的崭新的时代即后现代时代的出现。然而,现代制度的统一的特征,正像分散的特征对于现代性尤其是高度现代性的时期是核心一样,它也是现代性的核心……概言之,文化的多种模式和前现代的'世界体系'的意识特质塑造了人类社区的真正分野。相反,晚期现代性则创造了一种情景;在其中,人类就某些方面而言变成为'我们',面对的是没有'他者'存在的问题和机遇。"①既然现代性已经没有"他者",它融合和包含了一切可能的事物,在这种弹性的流动和自我延伸中,吉登斯的现代性已经变成了一个"永恒"的事物和现象,现代性的批判变成了对现代性的极度肯定。因此,詹姆逊站在资本批判的立场上说吉登斯的言论始于对现代性的批判,到头来却变成了对现代性的辩护②,显然是切中根本的。

第三节 詹姆逊:"晚期资本主义的文化逻辑"

如果说,在现代性话语中,吉登斯和哈贝马斯是站在现代性的立场批判后现代主义,从而对马克思的现代性批判理论进行反思的话,著名的文艺批评家

---

① [英]安东尼·吉登斯:《现代性与自我认同》,赵旭东、方文译,生活·读书·新知三联书店1998年版,第29页。
② [美]詹姆逊:《单一的现代性》,载王逢振主编:《詹姆逊文集》第4卷,中国人民大学出版社2004年版,第9页。

詹姆逊的立场则不那么简单,显然不能用一般的现代主义者或后现代主义者这样的标签来归类。他对总体性和"生产范式"的坚持,遭遇后现代主义的批判。相反,他思想的风格和话语表述方式又表现出明显的后现代倾向。这甚至使得科尔纳这样的学者也对他身兼马克思主义者和后现代主义者感到困惑,认为这种双重的身份牺牲了他理论的一致性和中肯性。① 詹姆逊如何在马克思主义和后现代主义之间建立联系,这与詹姆逊对马克思主义和后现代主义的特定理解相关,与詹姆逊本人特定的理论视角有关。

一

在现代性的批判话语之中,詹姆逊是从文艺批判角度切入的,这与吉登斯和哈贝马斯明显不同。他通过文艺思想历史的形态变化,反溯到对其社会历史基础的追踪,在资本主义现实历史的变迁中阐释叙事方式的变化及其相互关系,提供了现代文化三阶段的划分,从而重申了马克思社会存在决定社会意识这一基本命题,坚持了马克思的生产方式分析范式。

在马克思的理论中没有对资本主义进行分期的思想,列宁的帝国主义论首次提出了分期问题,使得资本主义不同发展阶段的思想突出出来。詹姆逊认为,对资本主义的发展进行分期,是一个重要的阐释策略,通过强调当代社会不过是资本主义最近的发展阶段,可以抵抗右翼通过不同名称对资本概念的置换②,从而坚持马克思的批判范式。在他看来,资本主义仍然是当代社会的基本规定。当然,这并不意味着把资本主义看成是同质的、不变的实体,通过分期概念就能将这种内在的同一性和差异揭示出来。詹姆逊认同曼德尔《晚期资本主义》一书中对资本主义进行三个阶段的划分,即市场资本主义、垄断资本主义和后工业资本主义,他认为曼德尔的思想符合马克思主义对资本主义的宏观分析。受其启发,詹姆逊从文艺批判的角度提出了对现代文化进行阐释的三分法,与资本主义三阶段相对应的文化形态分别是现实主义、现

① [美]道格拉斯·凯尔纳、[美]斯蒂文·贝斯特:《后现代理论》,张志斌译,中央编译出版社 2004 年版,第 250 页。

② [美]詹姆逊:《马克思主义与后现代主义》,载王逢振主编:《詹姆逊文集》第 4 卷,中国人民大学出版社 2004 年版,第 240 页。

代主义和后现代主义,由此奠定其文艺理论批判的基本框架。

后工业资本主义,詹姆逊也称之为跨国资本主义、金融资本主义,或消费主义的资本主义等。他说,在这一阶段,"资本的扩充已达惊人的地步,资本的势力在今天已延伸到许许多多前此未曾受到商品化的领域里去。简言之,我们当前的这个社会才是资本主义社会最纯粹的形式……可以说,就历史发展而言,我们直到今天才有机会目睹一种崭新的文化形式对大自然和潜意识的领域积极地进行统治和介入。"①在我看来,詹姆逊的这一论点,澄清了后现代语境中以"现代性批判"来置换资本批判的话语喧嚣,并且从马克思思想的基础上指明了文化意识形态与社会存在论基础之间的本质关联,为理解后现代思潮提供了马克思主义的思想维度。詹姆逊认为,应该在现实的"历史"中探讨当前的意识形态,避免将一种批判性的分析变成一种单纯的道德批判,从而失去批判的力量。由此,詹姆逊全面地认同马克思社会存在决定社会意识的基本原理,提出了后现代主义是晚期资本主义的文化逻辑这一著名的命题,由此开启了将后现代批判同资本主义生产范式及其变化联系起来这一重要的理论建构。如凯尔纳和贝斯特正确地指出的那样,詹姆逊运用马克思主义将后现代主义定位为晚期资本主义的一种新的文化逻辑,又采用后现代主义的观点把晚期资本主义文化理论化为一种形象的、类象的、片断化的、拼凑式的、精神分裂式的文化。②

但是,在凯尔纳和贝斯特看来,这是一种矛盾观点的调和,正是这一根本策略损害了詹姆逊理论的一致性。詹姆逊的后现代主义信仰和他的马克思主义信仰之间是否真的可以相容呢?詹姆逊的《马克思主义与后现代主义》一文就是对"成为后现代主义者就不能再做任何意义上的马克思主义者"这样一种观点的回应。詹姆逊指出,马克思主义已经被理解为列宁和苏维埃革命时期发黄的老照片,而后现代主义产生的则是豪华大酒店的想象。詹姆逊说,在这个意义上,他既不是前者也不是后者,它们导向对马克思主义和后现代主

---

① [美]詹明信:《晚期资本主义的文化逻辑》,陈清侨等译,生活·读书·新知三联书店1997年版,第484页。

② [美]道格拉斯·凯尔纳、[美]斯蒂文·贝斯特:《后现代理论》,张志斌译,中央编译出版社2004年版,第250页。

义粗浅和庸俗的理解。詹姆逊将自己的理论思考阐释为对二者双向中介关系的揭示,要在马克思的资本主义生产方式批判和后现代主义文化批判之间建立起内在关系。在《晚期资本主义的文化逻辑》中,詹姆逊明确了自己基本的理论指向和见解,他说:"我在本文所勾勒的后现代主义,乃是从历史的角度出发,而非把它纯粹作为一种风格潮流来描述。把后现代主义作为众多风格中可有可无的一种流派来加以描述,绝对不是我同意的分析方法,这一点我必须再三强调。我试图探索的是:'后现代'到底如何以晚期资本主义整体逻辑里的主导文化形式呈现于社会生活中……我在提出解释时,极力避免让批判性的分析沦为道德性的评价,并尝试在历史中探索当前的时代意识,企图以真正的辩证法来正视问题。"①

詹姆逊明确指出,他对后现代主义的分析正是对"生产方式"理论的又一贡献。② 一方面,反对简单地将后现代看成一种可有可无的思想风格,从与社会经济基础的关联中指出,不论从理智上还是政治上要简单地赞扬后现代主义或"不承认"后现代主义都是不可能的;另一方面,生产方式分析范式在对后现代主义的分析中得到灵活的运用和阐释,从教条主义和经济决定论的束缚中解放出来,发挥在后现代语境中的批判潜能。詹姆逊指出,马克思并不是一个经济决定论者,但谈马克思主义就不可避免地要谈及经济,这是马克思主义内在的、历史的、不可逾越的特征,它要求最终触及经济结构。因此,他说:"在我的眼里,有关后现代的理论最终是一种经济理论。也就是说,不管你从何处着手,如果你的步骤正确,你最终会谈及资本主义。因此,贯穿我的著作的基本框架来自我们所处的时代本身。其马克思主义的成分来自这个历史阶段的根本的经济动态。"③

詹姆逊说:"后现代主义可以被理解为是对第三阶段文化生产的特殊逻辑理论化的尝试,而不是另一种脱离现实的对这一时期的文化批评或精神

---

① [美]詹明信:《晚期资本主义的文化逻辑》,陈清侨等译,生活·读书·新知三联书店1997年版,第500页。

② [美]詹姆逊:《马克思主义与后现代主义》,载王逢振主编:《詹姆逊文集》第4卷,中国人民大学出版社2004年版,第203页。

③ [美]詹明信:《晚期资本主义的文化逻辑》,陈清侨等译,生活·读书·新知三联书店1997年版,第18页。

诊断。"①在他看来,后现代主义作为资本主义拓展的第三阶段的文化逻辑,在多方面都是晚期资本主义更纯粹、更同质的表现,它的意义在于暗示出我们历史感的苍白,特别是对类似于生产方式概念的全球化和总体化概念的抵制,而这些情形又正是资本主义普遍化的作用。② 生产方式的全球化和总体化是资本主义普遍化作用的结果。就后现代运动意味着对资本主义总体化过程和同一化过程的反抗而言,詹姆逊明显是站在后现代主义一面,并试图发挥后现代对资本主义一体化的批判;就将后现代仅仅看成是一种自足的文化风格,"美感新世界"的创立,歌颂"后工业社会"的来临,通过与现代性的争论,解除后现代与资本主义的关系而言,詹姆逊持一种尖锐的批判态度。③ 詹姆逊指出,有一些人刻意地避免使用"晚期资本主义"这一概念,恰好说明了他们知道有关资本主义的不同立场和这些立场的政治含义,试图通过概念的置换来蒙混过关。他指出:"现代性在这种语境里是一个可疑的词,在社会主义受到怀疑之后,它完全被用来掩盖任何大的集体的社会希望或目的的缺失。因为资本主义本身没有任何社会目标。大肆宣扬'现代性'一词,以取代'资本主义',使得一些政治家、政府和政治科学家可以自称它具有社会目标,从而掩盖那种可怕的缺失。"④

二

社会存在决定社会意识是历史唯物主义的基本命题。在马克思看来,社会存在就是人们的实际生活过程,就是生活的生产和再生产过程。由于生活资料的生产和再生产过程是最基本的存在活动和人类存在的前提条件,在此基础上抽象出的生产方式概念具有重要的理论意义。生产方式是马克思历史

① [美]詹姆逊:《马克思主义与后现代主义》,载王逢振主编:《詹姆逊文集》第4卷,中国人民大学出版社2004年版,第204页。
② [美]詹姆逊:《马克思主义与后现代主义》,载王逢振主编:《詹姆逊文集》第4卷,中国人民大学出版社2004年版,第212页。
③ [美]詹明信:《晚期资本主义的文化逻辑》,陈清侨等译,生活・读书・新知三联书店1997年版,第501页。
④ [美]詹姆逊:《全球化与政治策略》,载王逢振主编:《詹姆逊文集》第4卷,中国人民大学出版社2004年版,第377—378页。

阐释的基本概念,马克思的整个现代性批判就是建立在资本主义生产方式批判的基础之上。所以詹姆逊指出,只要坚持了生产方式这一基本范式,就是坚持了马克思主义的基本立场,马克思的一系列理论都是这一基本原则的延伸。詹姆逊在后现代主义的话语中坚持了马克思主义的基本原理,将马克思主义的一些基本原理从僵化的、教条主义的理解中解救出来,在当代的语境中进行新的表述和阐释,卓有成效地推进了马克思思想的阐释和现代性批判。

在一些马克思思想的坚持者和反对者那里,社会存在决定社会意识,是物质本体论思想在社会历史领域之内的贯穿,它意味着一种历史决定论的思想,甚至是机械决定论的思想。在一些后现代主义者看来,马克思思想的这一思想内核是基础主义、本质主义、还原主义的,它原则上属于近代形而上学,作为一种典型的现代性理论遭到了广泛的批判。同样在后现代的语境中,詹姆逊却完全认同马克思这一基本的历史唯物主义原则,并将它贯彻到具体的文艺理论批判和文化批判之中。当然,二者之间存在着明显的差异。马克思从社会存在决定社会意识这一原理出发批判当时青年黑格尔派对现代性的观念论批判。而詹姆逊是从内在的意识关系反溯到它们现实的存在论基础,以回击现代性批判中以含混的现代性概念置换马克思的资本主义批判,在现代性概念与资本主义生产方式之间建立内在关系。

所以,从形式上看,马克思的理论是一种社会历史存在论批判,而詹姆逊表现为一种意识形态批判和文化批判。也正是在这个意义上,我认为詹姆逊有效地推进并进一步完成了马克思的这一基本命题。在詹姆逊看来,现实主义、现代主义与当今的大众文化,都是社会现实的反映,它们只是以不同的方式反映着不同的时代内容。比如说,在詹姆逊看来,当代大众文化的商品生产和传统的民间文化或通俗文化的形式毫不相同,也没有任何共同之处。这不仅涉及文化产生的不同形式,而且涉及的内容也不相同。过去的通俗文化反映的是乡村、宫廷、中世纪的城镇、城邦,而这一切在当代已经被商品生产和市场体系全面腐蚀,使得当代大众文化的内容发生了根本变化。① 詹姆逊指出,

---

① ［美］弗雷德里克·詹姆逊:《快感、文化与政治》,王逢振等译,中国社会科学出版社1998年版,第244页。

今天的美学生产已经同商品生产普遍地结合起来,后现代建筑的繁荣同商业扩展是同步进行的,后现代文化与政治军事控制、经济控制之间具有密切的联系,"整个世界和美国的后现代文化,都是对美国在全世界军事和经济控制的一种新浪潮的内在的、上层建筑的表现:就这种意义而言,文化颇像整个阶级的历史,它的下面是流血、痛苦、死亡和恐怖。"①

在马克思社会存在决定社会意识这一历史唯物主义的基本原理中,核心是生产方式在社会分析体系中的基础性作用。詹姆逊认为,马克思主义提供的主导符码,既不是经济学或狭义的生产论,也不是作为局部事态或事件的阶级斗争,而是"生产方式",生产方式概念使得马克思主义阐释学比今天其他理论阐述模式要具有语义的优先权。当然,这并不意味着马克思主义要以一种"霸权"的方式排斥和解除其他阐释模式及其研究对象,而是要使这些自称完整和自足的各种阐释框架变得非神秘化,呈现出它们的特定视角及其限度。詹姆逊说:"宣称马克思主义批评作为最终的和不可超越的语义地平线——即社会地平线——的重要性,表明所有其他阐释系统都有隐藏的封闭线。"②各种阐释系统只是社会整体的一部分,它们都以社会作为自己的研究对象。一些阐释系统总是通过一种隐藏的封闭线将自己同社会整体分割开来。马克思主义的"生产方式"这一主导符码可以打破这种语义批判的封锁线,保持阐释系统与社会整体的开放式关联,从而克服阐释中"结构"与"历史"的困境。

当然,对"生产方式"在马克思思想中基础地位的强调,并不是坚持一种机械的决定论。相反,这意味着必须在一种新的思想视野中对生产方式的地位和性质有新的阐释,而不是把它作为一个机械的决定论概念,引进一种经验主义的立场。辩证的批判就是要对被教条化的"生产方式"概念进行解码,批判由此建构的线性的历史进化论模式。詹姆逊指出,马克思主义的生产方式概念,从根本上是"区别性"的,一个生产方式的形成从结构上以差异规划了

① [美]弗雷德里克·詹姆逊:《快感、文化与政治》,王逢振等译,中国社会科学出版社1998年版,第157页。
② [美]詹明信:《晚期资本主义的文化逻辑》,陈清侨等译,生活·读书·新知三联书店1997年版,第146—147页。

其他可能存在的生产方式的空间,即以最初模式特征的系统变异,来使其他生产方式有生存余地,每一个生产方式都在结构上内含所有其他的生产方式。简单地说,詹姆逊认为生产方式建立的历史叙事并不是一种线性或进化论叙事中的"阶段",它可以通过福柯的谱系学方式来重建。① 而且,同一生产方式内部也不是一个没有变易和差异的抽象总体,相反,它包括了不同的中介和复杂层次。"生产方式并非那种令人生畏的意义上的'总体系统',它包括种种对立的力量和在自身产生的一些新趋势,既有'残存'的成分也有初生的力量,而生产方式必须力图管理或控制这些东西……这样,差异被预先设定:某些东西与卷入其中的另一特征有明显的不同,即资本主义将产生差异和区别作为它自身内在逻辑的一个功能。"②因此,必须注意生产方式包含的不同层次,以及这些不同层次同各种意识之间的中介性转化关系。詹姆逊指出,《政治无意识》已经大致地勾画出了不同层次的框架,以探索文学艺术形式和生产方式之间的符码转换。

马克思的生产方式概念与阶级概念具有内在的关系,阶级关系是生产关系的人格化表达。詹姆逊坚持马克思的生产方式分析范式,势必坚持马克思的阶级分析方法。詹姆逊正是以马克思阶级分析的方法展开文艺批判,建构他的元批判理论。在一些后现代主义者宣布"阶级"作为历史主体消亡的语境中,詹姆逊对阶级分析方法的独特阐释是其文艺批判理论一个显著的特征,并且也显示了其批判的力量所在。詹姆逊认为,人们的阶级地位和由此产生的阶级意识总是以不同的方式传递和呈现在文化艺术作品之中。在传统的社会中,文化生产者和他们同阶级的群众之间具有一种契约关系,审美生产传达着一种集体性的社会生活状况,并从中汲取营养。今天,随着艺术生产的商品化,这种状况消逝了。艺术家失去了所有的社会地位和阶级身份,文艺作品与阶级及其意识形态的关系被遮蔽和变得复杂化了。因此,在当代的文艺批判中往往没有了阶级分析的维度,詹姆逊批判法兰克福学派的大众文化批判理

---

① [美]詹明信:《晚期资本主义的文化逻辑》,陈清侨等译,生活·读书·新知三联书店1997年版,第186—188页。

② [美]詹姆逊:《马克思主义与后现代主义》,载王逢振主编:《詹姆逊文集》第4卷,中国人民大学出版社2004年版,第212页。

论排斥了阶级分析方法。① 詹姆逊认为,能够打破资本主义体系发展的只能是集体性的实践,也就是阶级斗争。"然而,阶级斗争和文化产品之间的联系并不是直接的;你不会以阶级和政治的标记装饰你个人的艺术话语来重新发明一种通向政治艺术和真实文化产品的范式。相反,阶级斗争以及真正的阶级意识的缓慢的、断断续续的发展,本身就是一种新的有机群体形成的过程,是集体打破资本主义社会生活具体分裂(萨特称之为连续性)的过程。在这一点上,说这种集体存在和说它产生自己特定的文化生活与表现方式,实际上并无不同。"②詹姆逊的这一批判,实际上是质疑了后现代主义的微观政治和个体实践,再一次将意识形态与人们的实际生活过程联系起来,同人们的阶级地位和阶级生活过程联系起来。

正是文化产品同阶级存在和阶级意识之间的这种间接性,提供了詹姆逊文艺批判理论辩证转化的空间,"政治无意识"、"认知绘图"等就是这种辩证阐释的中介性范畴。在谈到"认知绘图"这一范畴时,詹姆逊明确指出:"'认知绘图'实际上只不过是'阶级意识'的符码:它的意义仅在于提出需要一种新的到目前为止还未想象到的阶级意识,同时它也反映了后现代中所暗含的那种新的空间性发展。"③詹姆逊是要在后现代的语境中"重构阶级之图",这既意味着对马克思基本方法的承续,同时也意味着,一种给定的总体性的阶级和阶级意识概念被解构。当然,这绝对不意味着詹姆逊像一些后现代主义者那样放弃和激进地批判"总体性"概念和总体性方法。④ 相反,坚持总体性的分析方法是詹姆逊批判理论的又一个鲜明特征。他的阶级分析、文化三阶段的划分、对生产方式的阐释都贯穿着总体性的分析方法。由于在不同符码之间进行的穿梭和转化,中介性的阐释将抽象的

① 陈学明、马拥军:《走近马克思——苏东剧变后西方四大思想家的思想轨迹》,东方出版社 2002 年版,第 253 页。
② [美]弗雷德里克·詹姆逊:《快感、文化与政治》,王逢振等译,中国社会科学出版社 1998 年版,第 253 页。
③ [美]詹姆逊:《马克思主义与后现代主义》,载王逢振主编:《詹姆逊文集》第 4 卷,中国人民大学出版社 2004 年版,第 217 页。
④ [美]道格拉斯·凯尔纳、[美]斯蒂文·贝斯特:《后现代理论》,张志斌译,中央编译出版社 2004 年版,第 241 页。

总体性解放出来,詹姆逊也有效地回应了总体性概念遭遇的批判,在后现代的语境中重塑总体性的形象。

三

在当代的理论家中,詹姆逊坚持生产方式分析范式,旗帜鲜明地指出后现代主义只是晚期资本主义的文化逻辑,从而将马克思社会存在决定社会意识的基本理论立场在后现代批判中展开,在纷繁的现代性与后现代话语之间建立起了内在联系,自觉地将他的后现代批判理论同马克思的资本主义生产方式批判联系起来。他明确地指出,资本主义全球化在资本主义体系的第三或晚期阶段带来的标准化图景,给一切对文化多样性的虔诚希望打上了一个大问号,因为,未来的世界正被一个普遍的市场秩序殖民化。① 这意味着,在一些后现代主义者那里倡导的文化的多元性和所谓的文化宽容等,实际上具有抽象的性质,只是一种话语批判中的"应当",它抵挡不住资本的一体化趋势。现代性批判和后现代批判等,不能抽离资本主义生产方式这一历史的存在论基础。詹姆逊无疑是要告诉人们,不可能指望在资本市场的秩序中走出现代性的困境,后现代文化思潮作为意识形态,不过是资本极端化实现在意识领域之内的同质表现。

詹姆逊的意义在于,当人们将马克思的思想作为现代性理论加以谴责的时候,他却依傍他的后现代思想背景来阐发马克思的基本原则,将马克思主义的一些基本思想贯彻到文艺批判和当代意识形态的批判之中,同当代的批判话语展开批判性的对话。一些人批判地指出,由于生产方式的坚持,詹姆逊的现代性批判和后现代理论陷入了粗陋的唯物主义。它在资本主义的三个发展阶段与三种文化形态之间建立的联系实际上是一种线性的决定论逻辑。从詹姆逊的阐释我们可以看出,他恰恰是在探索经济基础与上层建筑之间辩证的中介性环节,将马克思的基本思想从僵化的教条主义中解救出来,以联结现代性意识形态批判和资本存在论批判,拓展批判理论可能的辩证空间。

---

① ［美］詹姆逊:《单一的现代性》,载王逢振主编:《詹姆逊文集》第4卷,中国人民大学出版社2004年版,第10—11页。

在与后现代语境批判话语的多重对话中,詹姆逊保持了一种灵活的马克思主义立场,提供了阐释马克思思想的当代语境和话语平台。虽然詹姆逊是从文艺批判的视角进入对马克思基本思想的确认,但我们也可以反过来将他的文艺批判看成是历史唯物主义在文艺学和意识形态研究中的贯彻和落实。当然,从文化批判的视角出发,虽然回溯到了对现代社会存在论基础的揭示,但詹姆逊只是保持了理论批判的性质,马克思现代性批判的实践维度在学院化的批判中仍然流失了。詹姆逊的批判努力可以看成是马克思思想体系内部的周延和话语拓展,这毕竟是在纷繁的后现代话语中留存和代表了马克思思想的基本因素。

第四节　鲍德里亚:"生产之镜"

在现代性批判的话语谱系中,鲍德里亚被称为"后现代主义的牧师",他从社会学的批判理论切入现代性问题,但突破社会学自身的限制,不仅从叙事方式和风格上具有典型的后现代特征,而且具有明确的后现代主义立场,这一点同前面讨论过的几位思想家都明显不同。鲍德里亚的学术视野宽阔,思想具有爆破力和创造性。就鲍德里亚同马克思思想的关系而言,不论开始时对马克思思想的贯彻和修正,还是后来彻底的决裂和批判,都产生了重要的影响,并广受关注。我们将以《物体系》、《消费社会》和《生产之镜》几部著作为主,讨论鲍德里亚的思想,讨论他对马克思思想的最初贯彻以及后来的彻底批判。

一

鲍德里亚思想的起点是 1968 年发表的《物体系》。鲍德里亚以"物"这一概念汇聚了物化理论、符号学说和日常生活批判等多种思想资源,"物"成为鲍德里亚思想关注的焦点和思想展开的基本空间。对"物"的不同理解和赋义体现着鲍德里亚自身思想转化的内在关系。《物体系》的研究工作是在主体和客体辩证关系的框架之中展开的。在这一框架之中,主体面对的是一个吸引、蛊惑,甚而有时控制着人的认识、思想和行为的客体世界。① 在鲍德里亚对"物"的这种阐释中,体现了马克思定义"商品"和"资本"的思想逻辑。"物"不是指一个实体的世界,而是指在主客体社会存在框架中展开的对象性关系。由此,鲍德里亚完全认可马克思商品拜物教、客体主体化这一批判思想的内在逻辑,并力图将它贯彻到符号学理论和日常生活理论之中,在几种思想资源之间进行综合和提升。鲍德里亚说:"在这里,我们汇合了马克思分析商品形式的逻辑:就好像需要、感情、文化、知识、人自身所有的力量,都在生产体制中整合为商品,也被物质化为生产力,以便出售,同样的,今天所有的欲望、计划、要求、所有的激情和所有的关系,都抽象化(或物质化)为符号和商品,以便购买和消费。"②

在这里,鲍德里亚引进了符号学理论。商品形式和符号形式意指同样的逻辑,物的商品化和符号化在这里是同一过程。人与人之间、人与物之间的商品化关系就是一种抽象的、同质化的符号关系。依赖这种抽象关系,当代的物的世界与传统的物的世界具有了根本区别。世界成了一个高度组织化和浅层化的符号系统,这个系统规定和制约着我们的日常生活和日常行为,将一种新的行为模式、观念原则和心理结构强加给人们。由于商品原则的深入浸透,当代社会发生了根本的转型,鲍德里亚称当代社会为"消费社会"。在鲍德里亚看来,符号化的世界体系的出现,实质就是消费社会的到来。

从鲍德里亚的思想发展来看,在《物体系》一书的这一结论中,《消费社会》的规划已经出现了。L.P.梅耶在《消费社会》的"前言"中正确地指出:"在那本书(指《物体系》——引者注)的结论中,他已经提出了现在这部作品的计划:'从一开始就必须明确指出,消费是一种积极的关系方式(不仅于物,而且于机体和世界),是一种系统的行为和总体反应的方式。我们的整个文化体系就建立在这个基础之上。'"③紧接着《物体系》的逻辑,在《消费社会》中,虽

---

① [美]道格拉斯·凯尔纳、[美]斯蒂文·贝斯特:《后现代理论》,张志斌译,中央编译出版社 2004 年版,第 145 页。

② [法]尚·布希亚:《物体系》,林志明译,上海人民出版社 2001 年版,第 224 页。

③ [法]鲍德里亚:《消费社会》"前言",刘成富、全志钢译,南京大学出版社 2001 年版,第 1 页。

然鲍德里亚仍然力图在新的社会环境中贯彻马克思的一些基本观点,但这一著作对马克思建立在生产理论和商品理论基础上的现代性批判已经有了一些间接的批判,商品的逻辑和符号的逻辑并置并发生了紧张关系。这一紧张关系构成鲍德里亚激进批判马克思生产范式的最初动力。

在《消费社会》中,商品批判和物化批判的主题继续存在。鲍德里亚明确指出,人们在当代受到物的包围,我们生活在物的时代,制约着物的不是自然生态的规律,而是交换价值的规律①。但是,物的丰盛和富裕,开始溢出了以使用价值为基础的实体性商品范畴。也就是说,商品范畴向抽象的符号范畴转移,人们之间的关系变成了脱离使用价值的纯符号的消费型交往关系。至少,消费与生产构成了一个平行的逻辑,理论应该遵循双重批判的线索。鲍德里亚说,我们的社会并不是一个绝对生产的社会、一个生产范畴、一个政治经济战略的地点,事实上,标示"控制"的消费范畴混杂其中。鲍德里亚的这一论断间接的争论对象就是马克思。"在这个层面上,一条平行线(无疑是冒险性的)可通过神奇的想法勾画出来,因为这两者都靠符号而且在符号的遮蔽之下存在。当今社会越来越多的根本方面属于意义逻辑范畴,属于象征规则和体系范畴——但它不会因此而成为原始社会。这些意义和规则的历史的生产问题仍然丝毫没有解决——作为延伸理论,这种分析应根据物质和技术生产过程逐条加以陈述。"②鲍德里亚指明了自己的理论企图,就是以生产批判的逻辑建构意义消费批判的基础,并且将它理解为"延伸理论"。符号学的意义分析力图纳入商品生产批判的逻辑,或者说,是要以商品批判的逻辑来阐释具有根本地位的属于象征和意义的消费体系。在这里,消费社会的象征性、符号性关系开始溢出了商品使用价值的范围。鲍德里亚指出,人们逻辑地从一个商品走向另一个商品,陷入盘算商品的境地,但这已经不再是出于对商品本身使用价值的购买和占有③,而是出于一种意义和符号消费。因此,他说:"无论在符号逻辑还是象征逻辑里,物品都彻底地与某种明确的需求或功能失去了联系。确切地说,这是因为它们对应的是另一种完全不同的东西——可以

---

① [法]鲍德里亚:《消费社会》,刘成富、全志钢译,南京大学出版社 2001 年版,第 1—2 页。
② [法]鲍德里亚:《消费社会》,刘成富、全志钢译,南京大学出版社 2001 年版,第 11 页。
③ [法]鲍德里亚:《消费社会》,刘成富、全志钢译,南京大学出版社 2001 年版,第 3 页。

是社会的逻辑,也可以是欲望逻辑——那些逻辑把它们当成了既无意识且变幻莫定的含义范畴。"①

　　符号和象征关系脱离商品本身的实体性,获得了基础性地位,人们之间的关系变成了一种意义交换和意义消费。在鲍德里亚看来,消费不再是一种物质的实践,不再能根据汽车、服装、食品等来界定,而是通过所有这些东西的组成"意义"来界定的。因此,鲍德里亚说:"如果消费这个字眼要有意义,那么它便是一种符号的系统化操控活动。"②鲍德里亚的消费不再是马克思意义上的具体物的消费概念。他批判地指出,以使用价值为基础的消费理论实际上是建立在"经济人"概念的基础上,建立在人的动物性需求和欲望的基础之上。在一个物质极大丰富的"富裕"社会,这一理论已经失去了基础。以这样的理论为基础,所能提出的平等和民主只是体现在对消费物的占有和不断生产消费物的基础上:"这种平等完全是形式上的:看起来最具体,而事实上却很抽象。正是在这种抽象的、同质的基础之上,在这种拼写的或电视机里宣扬的抽象民主基础之上的反方向上,真正的分辨体系才能更好地加以实施。"③也就是说,只有在消费跃出物质消费范畴的基础上,才能摆脱民主和平等的抽象性和形式性。

　　消费社会的本质就在于对实用性、功能型物质消费关系的脱离,消费建立在符号和意指的基础之上。在消费的特定模式中,再也没有了先验性,甚至没有商品崇拜的先验性,有的只是内在的符号秩序;没有了本体论的层级划分,有的只是能指与所指之间的逻辑关系,只是符号的逻辑计算和符号系统中的吸收,"消费的主体,是符号的秩序"。④　显而易见,虽然鲍德里亚肯定消费社会仍然是资本符号下生产力发展的结果,是商品逻辑的全面普及,但他开始强调符号和意义消费的一面,强调一切被"戏剧化"的一面,一切都被展现、被挑动、被编排为形象、符号和可消费的范型⑤,已经潜在地蕴含着对马克思生产

---

① ［法］鲍德里亚:《消费社会》,刘成富、全志钢译,南京大学出版社2001年版,第67页。
② ［法］尚·布希亚:《物体系》,林志明译,上海人民出版社2001年版,第223页。
③ ［法］鲍德里亚:《消费社会》,刘成富、全志钢译,南京大学出版社2001年版,第46页。
④ ［法］鲍德里亚:《消费社会》,刘成富、全志钢译,南京大学出版社2001年版,第226页。
⑤ ［法］鲍德里亚:《消费社会》,刘成富、全志钢译,南京大学出版社2001年版,第225页。

范式和商品概念的批判。这一点在《符号政治经济学批判》中已经较为明显，最终在《生产之镜》中尖锐地标示出来了。①

二

在《符号政治经济学批判》中，鲍德里亚提出，当代社会存在四种基本的逻辑，即有用性逻辑、市场逻辑、礼物逻辑和身份逻辑。与它们对应的分别是使用价值、交换价值、象征价值和符号价值。当代消费社会中的"物"也就变成了工具、商品、象征和符号。因此，仅仅对物作出"使用价值"和"交换价值"的理解是片面的，建立在这一理解基础之上的经济学批判也是十分狭隘的。单纯的政治经济学批判或符号学批判只会导致"商品的拜物教"和"符号的拜物教"，应该将二者统一起来，建立一种"符号的政治经济学批判"，在四种不同的价值形式和社会逻辑之间建立内在关系。这就是鲍德里亚《符号政治经济学批判》的基本思路和理论任务。鲍德里亚认为：如今，消费（如果说该词具有不同于庸俗经济学家的含义的话）恰恰说明了这样一个发展阶段，即商品完全被当作符号，被当作符号价值，而符号（文化）则被当作商品……如今任何东西（物品、服务、身体、性、文化、知识等）在生产和交换中都不能够单独被作为符号来理解，或单独被作为商品来把握；在一般政治经济学的语境中起主导作用的任何东西既不单独是商品，也不单独是文化……使用价值、交换价值和符号价值集聚在一个复杂的模式中，从而说明了政治经济学最普遍的形式。②

在此，鲍德里亚把符号学批判和政治经济学批判结合起来了。符号学的意义分析不再被看成对生产和商品政治经济学批判的理论延伸，而被看成救治和克服以"商品生产"概念为基础的政治经济学批判的出路。鲍德里亚认为，在消费社会中，实体性的物质生产和商品使用价值已经被媒介生产和符号价值所取代。因此，"物质生产"不再是消费社会可以依赖的基本理论批判范

① ［法］鲍德里亚：《生产之镜》"中译本序言"，仰海峰译，中央编译出版社2005年版，第7页。

② ［法］鲍德里亚：《符号政治经济学批判》，载《鲍德里亚文选》，斯坦福大学出版社1988年版，第80页。转引自《国外社会科学》1999年第2期，第54—55页。

式,对消费社会的社会学批判不能建立在使用价值及其对需求的满足之上,其基本的概念假设"应该是象征的交往价值"。十分明显,在鲍德里亚这一具有转折意义的著作中,马克思政治经济学批判的范式基础已经逐渐隐退,并开始遭到批判。到了《生产之镜》一书,对马克思理论的批判就被明确提升为根本理论主题。

在《生产之镜》中,鲍德里亚认为,马克思对现代资本主义的批判是一种"生产方式"的批判理论,它根本没有触及和批判生产原则本身,只是说明了生产内部辩证的、历史的谱系,"实际上只是提供了一种描述的理论"。马克思的批判理论受到生产主义话语的支配,并且遵循着生产主义话语的基本原则。而在鲍德里亚看来,生产主义恰好是资本主义市场的逻辑,生产是人们反观自身的镜像。"人们到处都学会了反观自身,想象自身,根据这种生产方式设置自身,这被人们看作是最终的价值和意义维度。在政治经济学的所有层面中,都存在拉康在镜像阶段描述的东西:通过生产图示、生产之镜,人类在意象中形成了意识。生产、劳动、价值,通过这些,一个客观的世界出现了,通过这些,人们达到了对自己的客观认识——这是一种意象。""生产"成为人们自我辨识的镜像,人们把自己看成是进行生产、实现物质变换或者带来价值的人。人们对自我的这种理解恰好从属于生产的逻辑,从而从属于资本的、市场的逻辑。

在鲍德里亚看来,生产力本身是资本主义的主导旋律,因此,建立在生产力和生产关系解放基础上的革命话语根本上是可疑的。马克思以"生产方式"批判为基础的政治经济学本身就不可能对生产进行根本的批判,相反,是在完成和推进着资本主义经济的基本逻辑。鲍德里亚指出,"必须揭示隐藏在生产、生产方式、生产力、生产关系等概念背后的东西。马克思主义分析的所有基础性概念都必须加以质疑,首先要质疑马克思主义对政治经济学的根本批判及其超越政治经济学的要求。"①鲍德里亚认为,马克思不是超越而是极端地在生产方式批判中完成了政治经济学。马克思将革命理论完全建立在生产力或生产方式批判的基础上,混淆了人类解放和生产力解放,这里蕴含着

① [法]鲍德里亚:《生产之镜》,仰海峰译,中央编译出版社2005年版,第1页。

巨大的政治经济学神话,而不是揭穿了政治经济学的神话。

鲍德里亚指出,从生产批判的角度出发,遵从政治经济学的逻辑,马克思把人看成是生产者,生产者的劳动力的出卖就是人的异化。在这一过程中,马克思对使用价值和交换价值进行了区分,认为使用价值是交换价值的物质承担者。所有的这一切实际上是资本主义生产方式的结果,是资本主义中交换价值生产出来的幻想。在这个意义上,需求、劳动力、使用价值、生产力等并不存在,亦即是说,它们只是通过资本主义而存在,并不是整个人类的维度。然而,它们被从资本主义的生产关系中抽象出来,并投射到了对人类的理解上。鲍德里亚指出,马克思主义有助于资本的诡计,而不是洞穿和识破了资本的诡计。他说,将资本主义生产关系中形成的"生产之镜"用于考察整个人类的历史,"马克思将经济学的理性方式普遍化了,并作为人类生成的一般模式推广到整个人类历史中。他以宏大的模拟模式来描述整个人类历史。他用来反对资本主义秩序的分析工具,正是资本精心阐释的最为巧妙的意识形态幻想。"①为此,鲍德里亚考察了马克思如何在这种"生产之镜"中透视自然概念、原始社会和封建社会。他认为,马克思的理论既打碎了资产阶级思想中抽象的普遍概念,更是以一种"批判"的方式将这些概念强化和普遍化了。概念发生了无限的转喻过程:"人是有历史的;历史是辩证的;辩证法是物质生产过程,生产是人类存在的活动;历史是生产方式的历史;等等。这种科学的和普遍化的论述(符码)立刻变成帝国主义的。所有可能存在的社会都被唤来回应这种解释。"②

鲍德里亚认为"这就造成了令人吃惊的、也是最反动的理论偏差。"马克思以一种激进的方式达到了政治经济学的辩证顶峰,因此,也就仍然处于政治经济学的形式之中。在他看来,唯物主义辩证法在再生产它的形式中耗尽了自己的内容,并锻造了批判自己的武器。理论的任务已经不在于对历史唯物主义进行批判,而应在根本不同的层面超越政治经济学批判,使其消解成为可能。鲍德里亚指出,这就是他的符号政治经济学批判的主旨所在。③

---

① [法]鲍德里亚:《生产之镜》,仰海峰译,中央编译出版社 2005 年版,第 14 页。
② [法]鲍德里亚:《生产之镜》,仰海峰译,中央编译出版社 2005 年版,第 31 页。
③ [法]鲍德里亚:《生产之镜》,仰海峰译,中央编译出版社 2005 年版,第 43—45 页。

鲍德里亚认为,资本主义发生了一场马克思主义想理解而又不能理解的社会革命,认为当今的社会"仍然被商品的逻辑所决定的观点是落伍的"。这个社会的巨大转变涉及两个方面,从形式—商品转到形式—符号,从一般等价规律下物质产品交换的抽象转到符码规律下所有交换的操作。这样,所有的价值都转变为处于符码霸权之下的符号交换价值,交换的关系不再是一种简单的"商品卖淫"。鲍德里亚说,比起商品经济关系中的剥削来说,这种符码霸权的控制和支配结构更加微妙、更加具有极权主义的性质。符号不只具有商品的内涵,也不只是交换价值的符号学补充,而是一个自行进行结构性操控的操控结构,它显得中性和毫无恶意,因此更难以辨认和识别。这一变换真正颠覆了有关政治、革命、无产阶级和社会阶级观,同时也显露了政治经济学的生产镜像,必须代之以"符号政治经济学批判"。"我们最好这样说,形式—商品理论适用于工业和城市阶级,而农民和工匠(在马克思的时代,这是大多数)与这种理论无关。形式—符号适用于整个社会过程,在很大程度上,它是无意识的。"①鲍德里亚认为,在他的符号的政治经济学和马克思的商品的政治经济学之间存在着辩证的连续性,但这种连续性不是马克思生产方式理论设定的,相反,"这种根本的假说不再采纳生产方式这个基本概念,而是把它看作特定模式的随意的内容。"②到此为止,鲍德里亚完成了他从贯彻马克思的思想原则到最后彻底批判马克思思想的理论探索过程。

三

鲍德里亚理论探索的开始置身于特定的语境之中(20 世纪 60 年代中后期),他试图在变换了的历史语境中推进马克思以政治经济学批判为核心的现代性批判理论。开始时对符号学的借用,只是作为商品交换理论的后续和补充,以阐释商品交换原则在意义领域的全面实现。在我看来,如果以符号学在鲍德里亚理论中的地位为视点,鲍德里亚在对待马克思理论的态度上,发生了一个补充、并置到取代的迅速转变过程,后来鲍德里亚思想"宿命论"和"技

---

① [法]鲍德里亚:《生产之镜》,仰海峰译,中央编译出版社 2005 年版,第 109 页。
② [法]鲍德里亚:《生产之镜》,仰海峰译,中央编译出版社 2005 年版,第 110 页。

术支配一切"的指向则是这一过程的最后逻辑。

马克思认为,之所以要以政治经济学批判的方式展开对现代社会的批评,是因为现代市民社会本身只有一门唯一的科学,就是"政治经济学",经济关系已经成为现代社会最基本的关系。政治经济学之所以要将商品作为分析资本主义社会的起点,是因为商品是资本主义社会的基本细胞,社会的现实表现为商品的巨大堆积。所以,以政治经济学的方式展开商品逻辑的分析乃是受制于现代资本主义社会的存在论规定。不论对现代社会的理论批判还是实践批判,都必须以这种内在批判的方式展开,而诸如道德批判、审美批判等,正因为没有从对资本生产的内在逻辑入手而陷入单纯的"应当"。

如果说,"生产"是政治经济学辨认资本主义的"镜像",恰好是因为这个镜像是资本主义的"历史"真实。马克思的"生产方式"批判不是要把资本主义的"生产之镜"投射到对历史的普遍理解之中,恰好是要从均质的历史概念中将这个"生产之镜"辨识出来,而不使它成为一个无时间的"永恒",从而忘记了历史发展中具有的本质性差异。马克思对范畴的历史性具有深刻把握,这一点在《〈政治经济学批判〉导言》中已经阐释得十分清楚①。马克思对抽象劳动、具体劳动、使用价值、交换价值等都是在资本主义经济体系范围之内提及的,并且指明了这些范畴在资本主义社会结构体系中的地位。至于商品、货币、交换、分工等,马克思都作出了差异与同一的历史性辨认。马克思并没有将这些范畴投射到对历史的普遍化的同一性理解之上,而是揭示它们在现代社会中地位的实质性变化及其历史影响。正是资本主义生产方式的特殊性使得政治经济学成为现代市民社会本身的科学,同时也使得对资本主义的批判必须以政治经济学批判的方式展开。

鲍德里亚对马克思的生产方式和历史阐释方式的理解存在基本的失误。他把生产方式这一概念限制在政治经济学的范围之内,认为马克思从资本主义政治经济学批判中抽象出生产方式范畴,然后将其泛化到对历史的普遍理解之中。而他提出,"生产"以及生产者等只是资本主义的生产范畴,原始社

---

① 马克思:《〈政治经济学批判〉导言》,载《马克思恩格斯全集》第30卷,人民出版社1995年版,第26页。

会等既不存在生产方式，也不存在生产，因此以生产方式阐释历史的马克思陷入了资本主义的"生产之镜"。事实上，在这里，鲍德里亚把资本主义的生产当成"唯一"，混淆了"生产一般"与"生产特殊"的关系。在资本主义生产方式充分发展的情况下才使马克思以生产概念来理解历史，这并不意味着以前的历史是没有生产的，是没有生产方式的。正如马克思所说的那样，是资本使对地租的理解成为可能，但并不是说在资本出现之前不存在地租。鲍德里亚没有正确理解"范畴"和"存在"的辩证关系，他对马克思的这一批判，实际上是混淆了历史存在和历史阐释之间的界限与联系。同时，从马克思思想的发展和内在逻辑来看，不存在确立了生产方式批判范式之后再具体化到资本主义批判的演绎过程，也不存在从政治经济学批判抽象出生产方式然后向一般历史的外推或类比。鲍德里亚没有正确地澄清马克思生产方式范畴的一般意义及其与政治经济学批判的关系，不仅是就其内涵的方面，而且是就其历史的方面而言。

另外，鲍德里亚以社会的变迁来批判马克思的生产批判范式，也存在巨大的理论问题。这里涉及两个基本方面。一方面，社会的变迁是否真正到了意义和文化交换的关系取代商品交换，获得了本质重要性的地步；另一方面，文化和意义的基本地位的获得是脱离了商品资本的基本原则，还是贯彻和从属于资本原则。笔者认为，当代历史的变化没有溢出商品和资本逻辑，商品和资本的批判仍然具有基础性的作用。当今的基本状况是商品生产和资本运行的组织原则在意义文化领域之内的全面贯彻，这意味着现代性的社会基础及其基本原则并没有发生本质性的变化，而是得到了全面推进。这并不是"生产批判范式"的破产，而是进一步形成了生产批判范式的历史语境。问题只在于，不能将马克思的生产范式理解为一个一元论的决定论系统和经济还原论。马克思的资本现代性批判是以政治经济学批判的方式奠定了现代性批判的基础，揭示了资本原则在现代社会历史中强劲的浸透性和穿透力，文化和政治领域中的统治实现和巩固着资本的统治。所以鲍德里亚所称的消费社会，文化意义的交换和统治恰好是资本原则的贯彻。鲍德里亚先将马克思的批判局限在狭义经济学的意义上，然后再揭示这种批判不能理解文化意义领域的逻辑，这是对马克思资本批判原则性的低估。

　　本章简练地阐释了当代四位著名思想家对现代性以及马克思现代性理论的批判与反思,将鲍德里亚的立场同前面三位思想家进行比较是十分有趣的。鲍德里亚和詹姆逊都是从后现代的立场反思马克思的现代性批判理论,前者批判生产范式,而后者坚持认为生产范式是马克思思想基本的优势所在。而吉登斯同鲍德里亚一样从社会学批判切入,但他认为马克思资本主义批判只是揭示了现代性的一个核心维度,由于现代性其他维度的作用使得现代性具有自我稳定和自我演进的特性,所以吉登斯不是走向"后现代主义",而是成为对现代性的维护。鲍德里亚则相反,他最后根本否定了马克思资本批判的当代意义,认为消费社会已经完全离开了建立在使用价值和交换价值区分之上的批判逻辑,从而明显站在后现代主义的立场上,成为"后现代主义的牧师"。哈贝马斯虽然是从理性批判的角度出发,坚持现代性的价值取向,批判后现代主义,但他对马克思"生产范式"或"劳动范式"的批判却与鲍德里亚具有很大的趋同。虽然他们各自的规范基础不同,但他们都认为马克思的生产范式或劳动范式不能真正实现对资本主义的批判,最终陷入劳动解放的乌托邦。由此,哈贝马斯构建了交往行为理论,提出以交往理性重建意义行为或规范性行为的合理性,去除生活世界的殖民化。鲍德里亚虽然没有哈贝马斯这种强烈的理性主义传统,但他以符号学为资源切入对当代社会文化和意义生产统治本质的揭示,实际上与哈贝马斯关注着同样的领域,即作为生活世界的规范性领域。

　　我们还发现,四位思想家对马克思的批判和反思都采取了一种历史主义的视角,以历史的经验变迁来揭示马克思理论的限度,而关注的焦点就是"生产批判范式",哈贝马斯称之为"劳动方式",詹姆逊称之为"生产方式",鲍德里亚称之为"生产之镜",只有吉登斯稍有不同,认为马克思只是揭示了现代性的"资本主义"维度,是一种经济决定论,实际上关注的焦点还是一致的。我们认为,马克思的生产批判范式并不是一元论的,也就是说,它并不标榜是唯一的批判方式,相反,它能向其他的批判话语保持开放,并为此提供对话的平台。物质的、经济的基础性地位是一个经验的事实,对这一事实的强调并不意味着文化、心理等分析并不重要而遭遇排斥。十分显然,生产批判及其变革的要求是从"必要性"的方面着手的,而不是一种"充分"乃至于"充要"的立场。也就是说,如果资本主义的生产方式仍然是现实历史的基本建制,那么,其他任何领域的变革,政治领域也好、意识形态领域也好、心理结构方面也好,都只具有局部的意义;但是反过来说,生产方式的变革,比如说通过一种暴力的强制性方式取消资本及其生成的条件,并不必然意味着人们就能走出现代性的困境。生产方式的根本变革是走出现代性的必要条件,这就是"基础"和"决定"概念的真实意义。我们正是在这一思想平台上理解和领会马克思的现代性批判理论及其意义。另外,我们也曾经指出,马克思对资本的批判是抓住了资本的原则,而不是资本的具体形态,当代历史的变迁,所谓国家资本主义、晚期资本主义、晚期现代性、消费社会等并没有突破资本的原则,而是贯穿和实现着资本的原则。马克思资本现代性批判的意义是由这一社会历史的存在论处境所决定的。

第九章　辩证地对待马克思的
现代性批判理论

我们先从历史和逻辑两个方面勾勒了马克思的现代性批判理论,然后又以马克思的思想为背景,讨论后现代语境中的现代性批判,批判性地讨论了后现代语境中几位著名思想家从不同角度对马克思现代性批判理论的反思。这一章将结合前面这些研究,讨论马克思现代性批判理论中"活的和死的东西",回应它在现代性批判话语中遭遇的各种批判和不恰当辩护,以明确它在当代处境中的理论意义和实践意义。

第一节　马克思现代性批判的奠基性意义

一

现代性概念意味着一种形态学的历史领会,既包含外延上的时间界限,也包含着内在的规范基础。实际上,从文艺复兴时期开始,由于标榜是对古典人文传统的恢复,人们开始将自己的时代同中世纪的神义论世界区别开来,看成与专制、迷信、愚昧的断裂,重新连接了古希腊的理性精神。通过启蒙运动,理性概念和人本主义的主体概念统一起来,通过笛卡尔、康德和黑格尔等大哲的阐释,"理性时代"成了现代的名称,现代性的确证以"理性"为基本范式展开。黑格尔的理性哲学成了辩证地批判现代性的第一个典型范式,"理性"作为理解现代性和进行现代性批判的规范基础,一直延续到今天的后现代主义思潮。在一些后现代主义者那里,现代性批判就是批判以现代的理性主义和人本主义为核心的启蒙精神，以及此种精神指导下的"社会历史工程"，而不是深入现代的社会历史存在基础批判对现代的"理性"命名。因此，在现代性的理解和批判上，他们仍然是一种对理性主义的观念论批判。马克思现代性批判理论的首要意义就是对这种理性批判范式的批判。他在历史唯物主义的思想视域中以资本批判重建了现代性批判的规范基础，以生产方式为核心范畴的历史唯物主义存在论批判从根本上超越而不是置换了现代性批判的观念论路向。

我们说过，不论是明显的现代性取向时期，还是后来对现代性的批判，马克思思想的出发点始终是黑格尔。并且必须强调的是，马克思与黑格尔之间的思想关系是从现代性批判这一视角切入的，他们之间并不是一种元哲学方向上的批判继承。理解这一点十分关键，能避免各种将马克思的思想还原为哲学抽象的倾向。早年，马克思以青年黑格尔派的"自我意识"哲学为启蒙现代性进行辩护，贯彻理性主义原则。由于遭遇"原则"和"利益"的对立，马克思转而批判了黑格尔理性主义的观念论本质，指明理性的国家和理性的法不能构成对市民社会抽象性和形式性的扬弃和批判，它们本身从属于市民社会的利益原则，因此，现代的解放只是政治解放，自由、平等、人权都还只具有抽象的、形式的意义。对现代的批判和解剖必须深入市民社会的物质生活领域，并且通过政治经济学批判的方式展开。这就从根本上确定了政治经济学批判在现代性批判中的基础性意义，并且使这种批判在社会的、历史的存在论意义上展开。

在马克思现代性批判思想发展的第二个阶段，通过哲学、政治经济学、历史学和政治思潮的研究，马克思形成了批判现代性的基本思想视域和概念工具，生产力、生产关系、生产方式、经济基础、上层建筑、阶级斗争等基本范畴，获得了各个学科研究的理论支持，又在各个学科之间相互贯穿。马克思提出了社会存在决定社会意识这一基本命题，用以批判对历史的观念论解释（主要的争论对象是青年黑格尔派），并在这一视域中以生产方式概念阐释历史的形态学变迁及其意义。生产方式在历史的连续性与断裂性之间建立了辩证关系，使得形态学的现代性概念奠定在了明确的理论基础之上。资本成为历史唯物主义视野中的一个存在论范畴，在马克思的历史哲学中获得了基础性地位,为现代性的辩证批判提供了历史时间坐标。传统、现代和将来在资本原则的阐释中获得基本意义,使得马克思的现代性批判不至于在对现代的批判中复归于对现代性的坚持,像黑格尔"历史的终结"命题那样,始于现代性的批判,却终于现代性的维护。

资本主义生产方式被理解为现代社会形态的经济基础,现代社会中的经济、政治、文化、意识都受到资本原则的制约和规定,是资本创造了这样一个历史时代,因此,对资本主义生产方式的分析和解剖就成了现代性批判最基本的层面。马克思将资本理解为现代性的本质范畴,并以资本为基础概念对现代性展开批判,构成了对黑格尔理性现代性批判范式的超越。"理性的时代"被"资本时代"所取代,现代性批判被奠定在历史唯物主义的存在论基础之上,并且鲜明地指出,资本现代性的历史存在不是在理性的观念论批判中能够超越的。马克思的这一见解,对于今天某些现代性批判的哲学话语仍然具有无可怀疑的批判意义。今天,有人会说马克思在思维方式、价值观念等方面是现代主义者,也有人会在这个意义上宣布现代性的终结。但是,没有人说马克思是资本现代性的辩护者,说人们已经走出了资本现代性的困境。人们至多不过是从精神原则上、观念取向上、叙事风格上宣布后现代主义对现代性的超越等等,这恰好说明了马克思现代性批判的根基性意义。在马克思看来,观念上的扬弃并不等于人们实际生活的改变,所以他说,社会主义的第一条原理就是对纯粹观念领域之内的解放的否定。换一个角度来看,主张在现代性批判中,将现代性概念与资本脱钩,不正是说明了资本作为现代性本质范畴的强硬和绝对吗?资本原则普遍地位的确立,使得非批判的思维认为它是不可触动的,因此再度将批判的话语转向观念论的批判或身体美学的探索。马克思资本批判范式在这种转向中被遮蔽和质疑,这就是当下的思想状况。

资本是马克思理解和阐释现代社会历史的基本概念,它在本质上是一个存在论范畴,其基本的意义应该在历史唯物主义视域中得到理解。在历史唯物主义看来,资本作为一种社会存在关系,是现代的基本原则和基本建制,置身于现代的任何存在物都以资本的方式现身,受到资本原则的规定。以资本命名现代,理论上是一种存在论的取向。历史唯物主义的存在论作为对观念论的扬弃,它消解了观念与实存之间的二元对立或一元论化约,在社会历史地形成的中介性范畴中理解存在,坚持对存在进行具体的中介性分析,资本就是阐释现代性最基本的存在论中介范畴,开启了现代性批判的一种独特的存在论批判路向。资本现代性批判作为存在论批判,既超越了观念论的历史阐释,又与当今以个体生存和心理体验为出发点的思想路线之间也存在基本的差异。它从社会和历史的宏观角度出发,提供了现代性存在论批判的基本框架,通过辩证的阐释这一框架仍将发挥积极批判潜能。

二

我们指出,资本现代性批判代表了对现代性的一种存在论批判,资本在马克思那里具有一种总体性的意义。这种概念的总体性只是将现实历史普遍原则概念化的结果,也就是马克思所说的范畴反映存在形式和存在规定。资本原则在现实历史中的总体化过程,使得它在思想中确立了概念的总体性地位。这就意味着"总体"范畴在马克思的思想中具有方法论上的基础性地位,不论理论的批判还是实践的批判都要以"总体性"的方式才能实现。从理论阐释的角度来看,马克思的资本批判范式,为我们提供了一种"总体性"的方法论。在纷繁复杂的现代性话语和后现代语境中,这一方法论具有重要意义。放弃了"总体性",我们就不可能真正揭示以资本为基本建制的"世界历史时代"的总体性本质。

在本篇第一章描绘后现代语境的时候,我们曾经指出了现代性话语的不同路径及其分裂。哲学、社会学和文艺美学分别从价值、制度和体验的角度切入现代性的理解和批判,不同话语之间相互交叉、重叠、错杂、并置,同时又相互挪用、反讽和攻坚,缺乏规范的澄清和对话平台的搭建;这样,不同现代性概念之间的所指含混,更难以谈论相互之间的基本关系。比如说,审美的现代性与制度的现代性和价值的现代性之间存在什么样的关系,如果它们都能从不同的维度传达人们对现代性的理解,那么,是什么东西使这些不同的维度能在"现代"共时性地出现呢? 亦即是说,现代的价值取向、社会制度、审美体验之间有无一种内在的关联? 这里显然需要一种总体性的视角和方法论才可能涉及问题的根本。

马克思正是以资本作为阐释现代的本质范畴,为资本主义生产方式的政治经济学批判奠定了现代性批判的唯物主义基础。但是,马克思并没有把现代性批判还原为经济学批判。经济生活中的资本原则向其他领域的浸透,使得资本获得了总体性的意义,这是在现实实践中真实发生的过程。马克思对政治自由和平等的批判,对人本主义"自然"概念和"个体"概念的批判,都贯穿着资本批判的基本原则。只要不是把马克思的思想作一种经济决定论的阐释,资本批判的范式就可以发展出一种辩证的话语批判空间,成为现代性批判多重话语沟通的基础平台。我们就可以阐释现代性的精神形态、制度设置和心理积淀多大程度和多大范围受到了这一基本历史原则的规定,并且揭示出这一原则如何决定了现代性的特征和人们的存在论状况,以及在这种一体化的过程中留存着人类主体多大的批判空间和指向何种未来的可能性,哪怕是不可能性。

对于韦伯的现代性批判理论,实际上马克思的现代性理论具有基础性的意义。虽然韦伯自己把它看成是对马克思的批判,但真正说来,韦伯与之对立的是经济决定论意义上的马克思,是被漫画了的历史唯物主义。在这种观点看来,好像马克思的历史唯物主义认为,资本主义生产方式与资本主义精神之间的关系,就像胆囊分泌胆汁的关系一样。在这里,我们无意于讨论这种阐释在多大程度上误解了马克思,在多大程度上将马克思拖回到粗陋的"唯物主义"。韦伯沿着理性批判的路向,以工具理性化来阐释现代性的基本原则,揭示了官僚体制和经济组织中合理化的"铁笼"。问题在于,这种理性化的动力在哪里?它受到现实原则的中介还是本身就是一条先验的原则?忽视了形态学意义上的生产方式的特定中介,工具理性的批判势必导致"没有出路"的命定论悲观,甚至在批判中将理性追溯为人类存在的必然原罪。实际上,资本的效率、增殖、量化、计算、抽象在这一过程中起到了基本动力的作用。可以肯定,只要资本的存在前提和资本本身不能消除,工具理性的主导地位就是不可更改的,观念论的理性批判最多表现为对现实的直观,而不是对现实的实质性批判。资本在现代性批判中的总体性意义就是由它在现代社会中的这种基础性地位决定的。

审美现代性,或者说美学意义上的现代主义,传递着一种流动的现代性意识和时间体验,其存在论上的基础就是资本对人类社会时间和空间的消解与重组,导致了吉登斯等人所说的"时空紧缩"等现代性后果。没有资本的全面浸透和对一切界限的消解,此种美学意识的产生是难以想象的。另一方面,现代主义所批判和揭示出的存在论状况,诸如人的物化、工具化等,也与资本对存在的普遍中介密切相关。现代主义美学的产生并不是美学观念和美学原则自身演化的结果,虽然不是一种线性的反映论关系,而是存在复杂的中介性转换环节,但它与社会历史变迁之间的联系却是明显的。

总的来说,以资本为本质范畴,就可以沟通和贯穿现代性批判的不同维度,提供一个共同的存在论范式基础。在这样一个资本总体化的世界上放弃总体性的方法就不可能对时代做出切中根本的理解。然而,在一些后现代主义思想家那里,对总体性的批判恰好成了基本的理论出发点。总体性在批判的意义上被看成现代性叙事的基本特征,是一种宏大的虚假承诺和方法论上的僭越,并且导致实践上的暴力和专制。一些后现代主义者将笔触指向对他者、差异、边缘的呈现和捍卫,以构成对总体性叙事的对抗。实际上,在这里,具体和总体都被抽象化了。一方面,当后现代主义者用总体性来指称现代性理论,并以一种"反总体性"的姿态自我确认的时候,已经蕴含了更大的"总体性叙事"逻辑,"是一个更宏大的宣称"①;另一方面,后现代的理论家强调话语的多元性、视角的多元性,但往往只是从单一的视角切入问题的分析,导致话语的分裂。由于对宏大叙事的拒绝,导致无法对现代性或后现代做出可信的图绘,现代性批判话语的纷繁复杂失却了话语的批判效力和切实的可信度。其实,不论作为存在论范畴,还是认识论概念,具体和总体从来不是处于抽象的二元对立之中,绝对的具体和绝对的总体一样是抽象。黑格尔以概念辩证法的方式早就揭示了这一点,在马克思那里,具体与总体已经统摄于实践中的历史性范畴。

我们认为,在当今混乱的现代性批判话语中,重塑马克思资本总体性批判的范式具有重要的意义。它可以避免在总体化的世界中感受不到总体性的存在,或者陷入以抽象"个体立场"批判资本对存在的普遍抽象,迷失在自我宣

---

① [美]道格拉斯·凯尔纳、[美]斯蒂文·贝斯特:《后现代理论——批判性的质疑》,张志斌译,中央编译出版社2004年版,第335页。

称的所谓宽容和多元话语喧嚣之中,从而进入另一种"解放"和"自由"的虚假承诺。当然,总体性的批判不会是对任何微观批判的拒绝和排斥,总体性的原则更不是对个体和微观的清除和压制,相反,它是以个体和微观为基础和指向的。比如说,在马克思那里,人类的解放实质上意味着"个人自由而全面的发展",将它看成具有专制性质的"总体性"叙事,或者启蒙现代性的个人主义立场实际上都是抽象批判。从方法论上来说,只有在总体性的前提之下、在基本原则的领会中才可能使微观分析和批判具有意义,而不至于变成对抽象碎片和片断的执着。因此我们认为,在资本总体化的处境中拒绝总体性方法的必要性和可能性,话语批判的喧嚣实际上变成了对现实总体的认可。

三

马克思的现代性批判思想,提供了不同于黑格尔路线的资本批判范式,由此也确立了一种批判现代性的总体性视域和方法论原则。他不仅以历史唯物主义奠定了现代性存在论批判的基础,而且在辩证批判中以明确的未来指向拒绝了向现代性的妥协。对现代性的批判意味着在深邃的历史意识中确定现代的位置、特性和意义。辩证批判的话语意味着对各种抽象立场的克服和扬弃,同时也可能被抽象地发展和延伸为抽象立场。马克思现代性批判思想正是以各种复杂的形式发挥着特定的"效果历史",影响现代性批判的理论话语和经验实践。当代现代性批判话语总是从正面、反面、侧面与马克思的批判思想发生直接或间接的关联,马克思现代性批判的意义同时也在这种关联中被巩固了。

我们已经指出,现代性批判话语的凸显是在 20 世纪四五十年代,在 20 世纪 90 年代之后得到了强化,它与现实的历史存在着紧密的关系。由于现实中的暴力、专制、屠杀、清洗等灾难跨越了国界和两种社会制度,它们被看成是现代性的基本后果,而不再被认为与资本有关;自由、平等、解放、革命的话语被看成是灾难的思想根源,它们没有带来和平与自由,而是赤裸裸的恐怖与迫害,同一与强制,现代的这种价值取向因而被看成是不受信任的宏大叙事和虚假承诺遭到解构。这样一来,马克思现代性批判的资本范式和总体性思维被动摇了,对马克思思想的反思成了后现代语境基本的出发点。大量的文本表明了后现代思想的这种"俄狄浦斯情结",马克思成为基本的争论对象,一个不可绕过而又难以逾越的思想高峰。他总是以幽灵化的方式献身在后现代纷繁复杂的文本之中,漫画式的夸大、缩小、扭曲、变形、戏仿、模拟、切割、粘贴、埋葬、唤醒错杂交织,难解难分。我们以"重建"的方式来联结马克思与现代性批判,试图提供一个可以辨识的马克思和现代性的整体形象,总体性的"资本"范畴就是具有本质地位的"中介"。从肯定的立场来看,总体性的"资本"范畴,既是理解马克思思想的核心,也是正确进行现代性批判的本质范畴;而从后现代主义批判的立场来看,马克思确立的资本批判范式是必须解构的还原论和总体性叙事。

对马克思进行批判的一个常用的方法论策略是诉诸"历史性",以经验历史的变迁和事实来指认马克思理论的过时、错误乃至于根本失败,比如苏东剧变被看成是马克思思想失败的经验证实等等。诉诸历史性来质疑马克思现代性批判理论,主要的理由在于,马克思所处的时代是自由资本主义时代,因此对于国家干预时代的晚期资本主义、金融资本主义、后工业社会等等,马克思的理论过时了。我们曾经指出,马克思对资本的揭示是对资本作为原则的揭示,而不是对资本形态的揭示(参见本书中篇第四章"资本"一节)。由于马克思的理论直接导向了 20 世纪的革命实践,苏东剧变以后,在一些人看来,现实共产主义运动实践的"失败"构成了对马克思理论实践性的自我反讽。实际上,对 20 世纪历史的另一种解读,将不是证伪而是一定程度上证实马克思资本现代性批判的实践效力,尽管它是以否定、反面、扭曲的形式实现的,它也将佐证马克思资本现代性批判的奠基性意义。我们可以从两个方面来看待这一问题。

理论和思想对历史的参与性是现代区别于传统社会的基本方面。这是现代社会中"实践主体性"的基本内涵。社会历史不再是非反思的、自在的、自然的、绝对客体性的过程,法国大革命是这一事实的宏观标志,因此也被认为是现代性的标志性事件。吉登斯在更宽泛的意义上将现代性的这一特征命名为"反思性"。在我看来,马克思对资本主义危机和矛盾的揭示与批判正是以这种反思性参与了 20 世纪的历史构成。马克思的理论思考显灵、转型为警告和提示,社会化大生产不能是一种无政府的状态,资本将由于自身的限制而带

来对限制的突破,因此资本的稳定和巩固需要资本之外的力量。从 20 世纪
30 年代初的经济危机开始,资本主义国家不再作为市场存在的消极结构,而
是积极地发挥经济职能。国家干预经济,生产再也不是纯粹自由的无政府状
态,这时,理论上表现为凯恩斯主义的兴起和在实践中占主流地位。从吉登斯
"反思性"的概念来看,这正好意味着马克思的现代性批判思想以否定的方式
成就了自身的理论价值。正是在这个意义上,有的西方理论家指出,是马克思
拯救了当代资本主义。当然,从马克思的视域来看,国家对资本经济的这种干
预,是遵循和实现了资本的原则,是对资本的维护和巩固,而没有触动资本的
前提和存在条件,因此,并不意味着人们走出了现代性,而是现代政治权力与
经济权力的结盟和一体化。国家的计划调节、福利政策为基础的社会保障体
系、工人运动(罢工、游行等各种抗议活动)的法制化等等,都为资本原则的稳
定运行和迅速拓展创造了条件。忽视了这一社会变化的资本基础和本质,就
会仓促地宣布马克思资本批判的破产。关于国家与资本的关系,我们只要看
看马克思《1857—1858 年经济学手稿》中对凯里的批判就可以清楚了。马克
思从来没有否定国家对资本的作用,而是揭示出在现代条件下国家行为从属
和服务于资本这一实情。

　　20 世纪世界图景的另一面貌出现在东方社会,即落后国家所建立起来的
社会主义,曾经以资本批判的面目出现而成为资本世界的敌人。我们如今面
临的事实是:沿着革命逻辑建立的社会主义,经过近 80 年的发展变化,苏联解
体,东欧剧变,中国致力于建立国家宏观调控下的市场经济体制,资本逻辑被
再度引进了现实,这似乎也成了马克思失败的有力证据。我们知道,马克思资
本现代性批判包含了阶级革命的内在逻辑,当这种革命的话语从资本批判的
逻辑和现实历史语境中置换出来,移居到其他社会时间和社会空间的时候,发
生了本土化过程。从总体上来看,在这种移植中,从传统走向现代成为革命的
基本诉求,对资本主义的批判实际上只是反对殖民主义,建立民族独立国家的
外衣。从苏联到所有第三世界国家,即使是以马克思的社会主义来命名自己
的革命和建设实践,走向现代性而不是超越现代性成为基本的组织和动员目
标,资本的现代性原则以反资本的名义通过与国家政权的结合得到实现,成为
一条与西方社会不同的导向现代性的道路,但这并不意味着它们的现代性与

西方的现代性不同。所以,当两种社会形态"趋同"的时候,我们发现意识形态的宣称并没有改变资本运作的实际逻辑,我们仍然遭遇着现代性的风险、危机和困境。

当然,这两种历史后果,使得资本的全球化真正创立了一个总体性的"世界历史时代",资本作为现代性的本质范畴进一步彰显出来,从而也为资本现代性批判提供了完整的历史语境。同时,也使马克思无产阶级革命话语的空间移植成为历史,"一国革命"还是"共同革命"都受到尖锐的质疑。面临无所不在的资本逻辑,面对革命的"失败",资本更易于被看成是一条先验的原则,一个永恒的范畴,今天流行的"资本没有替代物"和"后革命时代到来"的说法内在相关地证实了这一点,它们无意识地承担着现代性意识形态的功能。面对这种情况,虽然我不同意把资本仅仅作经济主义的理解,并看成是现代性的历史表现,但沃勒斯坦的如下说法基本上还是可以赞同的:

> 已经死亡的是作为现代性理论的马克思主义,这一理论是与自由主义的现代性理论一起被精心制造出来的,而且它确实在很大程度上受到自由主义的激励。而没有死亡的是作为对现代性及其历史表现,即资本主义的世界经济进行批判的马克思主义。①

第二节　马克思现代性批判的出场语境及其限度

一

我们说,马克思颠覆了黑格尔理性的现代性批判范式,以资本为本质范畴,重建了现代性批判的规范基础。当今资本的普遍实现,不是否证而是为马克思的资本现代性批判提供了更加真实和更加完整的存在论处境。马克思现代性批判的意义是从这种根本性、基础性的方面而言的,它不意味着马克思现代性批判必然要,而且能够涵盖所有的现代性批判主题,更不意味着马克思所

---

① 俞可平主编:《全球化时代的"马克思主义"》,中央编译出版社 1998 年版,第 13 页。

有命题和所有见解的正确。受到历史处境和特定视角的限制,马克思现代性批判思想需要辩证的阐释,而不是直接的挪用。在当今的现代性批判话语逐渐遮蔽以资本为本质范畴展开的存在论批判并且放弃总体性叙事的状况下,澄清马克思的思想限度及其根源,是对其进行辩证阐释的内在需要。

如果以公元1500年前后为基本的界限,现代性的出现已经具有了几百年的历史。然而,在马克思看来,这一过程到了18世纪才获得了较为典型的形态,并且也主要是以英国和法国为基本标志,法国的意义是政治上的,而英国却是经济上的。即使到了19世纪中叶,就整个世界而言,主要的国家和民族也还没有置身于现代的处境,新兴的现代和传统还处于纠缠和交织的状态。真正说来,此时的现代性还只是作为原则和概念出现,它体现出普及全球的强大动力和必然趋势,但还没有完全创造出自己生存的现实条件和必要前提。因此,在自我展现的过程中甚至体现出比传统更加不完善和丑恶的地方,当时的各种保守主义和空想社会主义对此有鞭辟入里的揭露。但真正说来,这是资本尚未完成为资本的征兆。

在现代条件下,人开始从上帝的宗教束缚中解放出来,把眼光投向了世俗的尘世生活,利己主义和个人主义代替了对上帝的信仰和自我牺牲的献身精神。以平等交换和贸易为基础的经济原则导致宗教、血缘、地缘、等级关系的解体,神圣性和诗意消融在冰冷的利己主义打算之中,货币和金钱成为人们世俗的"上帝"。资本和商品要突破一切界限,它以一种疯狂的方式席卷一切领域,摆脱一切限制,它的原则是"自由",是自由地实现自我扩展和自我实现。宗教、道德、政治的权力都被解除了武装,而商品成了摧毁一切万里长城的重炮,向一切开化与半开化的国度进军。在此,资本并没有意识到自身的限度和界限,也没有由此而形成自我稳定、自我持存的机制,它就是一切。国家的权力表现为外在的限制,资本只要求它成为"守夜人",无为而治。失业保障、社会救济、国家调节等都还没有提上议事日程。所有这些,都是在资本遭遇了自身限制之后的自我完善和自我修复,并且表现为资本的内在要求。

在这种情况之下,"现代"带来的问题比它解决的问题更多。失业、贫困、饥饿,斗争、冲突、流血大量的存在,一切都处在变动不居、"天崩地裂"的无序之中。这种状况和历史条件直接影响着人们关于现代性的思考,对现代的讥讽批判,歌颂赞扬不一而足,各种意识形态和理论竞相登台。政治经济学家看到了经济关系中的阶级分化,历史学家看到了政治实践中的阶级斗争。没落的贵族惋惜传统的消逝,谴责现代的罪恶;政治经济学家希望以工资的提高和平等来解决工人的贫困化;平等派则诅咒私有制的罪恶,要求以平均主义的方式实现真正的平等;空想派作为启蒙理性、自由、解放的传人,却指明了自由解放的自我反讽;等等。什么是现代? 各种思潮和批判还受到社会历史状况的基本限制,他们对现代性的反思和批判表现出必然的限度。马克思的现代性批判不但受到当时的思想资源的限制,更受到现实历史处境的限制,这两种限制内在地关联在一起。我们既不能以今天的条件苛求历史的马克思,也不能无视历史的发展看不到马克思思想的限度。

二

　　哈贝马斯曾经指出,黑格尔是第一个将现代形成概念的哲学家。我们也认为,黑格尔以"理性"概念为基础,第一次阐释了一种辩证的现代性概念,并且成为马克思现代性批判的思想基础。黑格尔思考现代性的切入点,同当时的历史语境一样,制约着马克思对现代性的基本思考,使得马克思的现代性批判在超越中遭遇内在的限制。

　　黑格尔以"新时代"来颂扬现代,称之为一次"壮丽的日出",将现代理解为"理性的时代","理性精神"成为现代的基本标志和基本成果。但在黑格尔那里,现代市民社会仅只是家庭和国家之间的中间环节,它是家庭和私人领域的超越者,作为需求体系实现的战场,市民社会遵循形式理性和抽象理性的原则。黑格尔认为,市民社会内在的限度意味着它必须以国家为前提并且被作为伦理的理性国家所扬弃。晚年黑格尔反思启蒙运动和法国大革命,以绝对理性的国家和法来批判有限的"理性"和"想象的理性"①,希望以理性的国家来克服现代市民社会的困境。由于成为普鲁士王国的"官方哲学家",黑格尔同时还将君主立宪制看成是绝对理性国家的代表,批判启蒙精神和法

---

　　① ［德］黑格尔:《法哲学原理》,范扬、张企泰译,商务印书馆1996年版,第255页。

国大革命。

在《黑格尔法哲学批判》中,马克思通过对黑格尔绝对理性国家的批判,肯定市民社会是政治国家的基础,这实际上动摇了黑格尔现代性批判的规范。"理性"——不管是"想象的理性"、"形式的理性",还是作为绝对理性的国家和法——都不再被看作现代的本质规定和克服现代性的基本出路。相反,现代的理性国家和理性精神建立在现代市民社会形成的基础之上。马克思进而将政治上层建筑、意识形态的批判奠定在对社会历史的存在论分析之上,从而获得了批判思辨哲学的基础。同样,既然市民社会是现代政治国家、精神原则的基础,对现代性的批判就应该深入对市民社会的物质关系的批判,市民社会物质关系内在限度和原则的揭示要求以政治经济学批判的方式展开,这就意味着马克思的政治经济学批判被纳入现代性批判这一基本问题。

当然,现代解放既然只是"纯政治的解放",而不包含市民社会内部物质关系的解放,这意味着真正的人类解放必须在市民社会的物质关系范围内展开。黑格尔纳入理念辩证运动的现代性批判被马克思安置在资本主义生产方式的历史运动之中,现代性概念不再作为精神原则,而是被塑造为社会历史的存在论范畴。由于将历史阐释为主客体辩证运动的实践过程,马克思建立了资本运行的客观逻辑与阶级革命的主体性之间的历史性联结,以阶级革命的实践维度切入现代性的批判,这宣告了马克思对观念论批判的不满,马克思对黑格尔以及对青年黑格尔派的批判,都是从这一角度出发的。阶级革命并不是一种主体的历史冲动,它根源于资本运行的客观性逻辑。由此,马克思又汲取了黑格尔的"现实性",或者说"必然性"思想,把现代性的超越看成一个内在的自我批判过程。

这种内在超越与黑格尔的不同,它不是理性的国家对市民社会的调节和限制,而是阶级革命的实践与市民社会内部经济基础的革命性变革历史性的结合。政治国家只是处于一种从属性的地位,其阶级本质决定了国家只能是维护资本现代性,而不可能构成对现代性的本质超越。正是在这个意义上,由于黑格尔没有跃出现代性的基本架构,他至多可以被看成批判的自由主义思想家。在马克思那里,政治国家的管理功能只是统治职能的派生物,现代政治国家被看成管理整个资产阶级共同事务的委员会①。只有通过阶级革命的历史实践方式打碎服务于资本的现代国家机器,才能从根本上超越现代性,而不是像黑格尔那样在对异化的观念扬弃中变成了对现代性的"非批判的实证主义"②。

可以看出,市民社会与政治国家的关系构成黑格尔与马克思现代性批判的共同切入点,因此我们曾经指出,从马克思思想发展的过程来看,从法哲学的角度对黑格尔市民社会与国家关系的批判是马克思现代性批判的历史出发点(参见本书中篇第四章第二节),它内在地孕育了马克思现代性批判的基本立场、观点、视角。这一出发点虽然包含对黑格尔的本质性批判,但它与黑格尔也分有某些共同的基础,并由此构成了马克思现代性批判思想的内在限度。也就是说,马克思现代性批判思想的视角、侧重、倾向,都由此促成。

<h2 style="text-align:center">三</h2>

我们知道,启蒙现代性以自由、民主、解放、平等为大旗,推进着西方社会向世俗世界的转换,黑格尔也高度颂扬理性时代的到来。然而,黑格尔实际上看到了在现代社会中价值超越维度的失落,试图以理性的国家作为现代的超越维度来克服现代性的困境,国家承担着超越性的职能。马克思则通过对黑格尔的批判否定了现代国家的这种超越性,指明现代国家本身建立在现代市民社会物质关系的基础之上(后期被称为资本主义生产方式、经济基础等),它确立和捍卫了现代社会的经济基础,国家只有在经济基础的变革中才失去它政治统治的职能③。亦即是说,现代国家只是资本现代性的从属建制,不可能构成对现代性的超越。马克思虽然并不否认国家对经济基础的反作用,但出于批判黑格尔的观念论倾向,使他强化了国家的从属性。在资本一方面力

---

①　马克思恩格斯:《共产党宣言》,载《马克思恩格斯选集》第1卷,人民出版社1995年版,第285页。

②　马克思:《1844年经济学哲学手稿》,载《马克思恩格斯全集》第3卷,人民出版社2002年版,第318页。

③　马克思恩格斯:《共产党宣言》,载《马克思恩格斯选集》第1卷,人民出版社1995年版,第294页。

图挣脱政治权力控制,另一方面又直接与政治军事结盟的时候,这一理论倾向的限度是难以表现出来的,因为政治国家的确在实践上表现为资本原则的随从。

但是,随着资本不断遭遇自我限制和危机,并内在地要求政治权力与之结合的时候,这一论断的限度就明显体现出来了。在"晚期资本主义"的处境中,国家的社会管理职能不断加强,经济生活的法制化、社会失业保障的制度化,国家对经济的干预加强,国家的超越性不是伦理的,而是在对经济的作用中体现出来,国家甚至能"制造自己的经济基础"。这意味着黑格尔伦理国家的超越性和马克思政治国家的从属性都遇到了挑战,国家在克服现代性困境中的意义需要重新考察,其作用的方式、范围、程度需要有新的阐释。正是在这一点上,马克思遭遇了哈贝马斯等人的批判,其指认当代社会的组织原则发生了根本的变化,建立在自由资本主义时期的马克思批判理论已经不再适用。我们认为,当代历史的这一状况,并不意味着国家真正超越了资本现代性的基本原则。政治国家职能的转型和强化,实际上是资本内在限度的要求,它转移了马克思阐释的社会危机形式,释放了资本现代性的危机压力,实现着现代性的自我稳定和自我延续。这意味着马克思的危机理论,阶级斗争概念,革命思想等要有新的阐释和表述,而不是说马克思的资本现代性概念和总体性的批判范式根本失效。

黑格尔哲学的解体产生了青年黑格尔派。早期的青年黑格尔派以理性哲学为法国的启蒙现代性提供哲学辩护。马克思曾经属于这一阵营,由于对黑格尔市民社会和政治国家关系的批判才确立了现代性批判的基本立场,批判抽象的理性主义。然而,后期的青年黑格尔派继续坚持理性主义哲学,并将其与空想社会主义的一些思想立场结合起来,形成了"真正的社会主义",将对现代社会的批判和扬弃变成了一种观念的运动。为了批判这种观念论倾向,马克思强调观念、意识的从属地位,突出社会历史运动的客观性,并强调生产力与生产关系的辩证运动是超越现代性的内在动力,生产力的发展承担着革命动力的重压。我们知道,马克思总是在与生产关系的联系中讨论生产力的性质和意义,马克思并没有阐明生产力对解放话语的束缚作用。因此,在作为生产力典型代表的科学技术本身成为统治的意识形态之后,哈贝马斯可以毫无忌讳地宣布马克思思想基本命题失效,宣布生产力失去对现代性之超越功能。加上国家对经济的干预,马克思走出现代性困境的阶级革命的客观维度就遭到了质疑。

马克思是以革命的实践来批判观念论的批判,它在阶级革命的主体性与生产方式运动的客观性之间建立联系。但是由于批判黑格尔以及青年黑格尔派的需要,马克思强调经济基础对意识形态的决定作用,并致力于对经济基础本身的批判,革命的阶级主体性与经济上的阶级地位之间的复杂关系被轻易地处理了。革命的主体性以一种总体性的方式在经济关系的阶级地位中被给出,革命阶级的意识形成过程中中介性环节研究的缺失,使得它在形式上表现为一种纯自发的关系。这就是罗莎·卢森堡的"自发性"思想、列宁的阶级革命理论和卢卡奇《历史与阶级意识》中"主体性"问题提出的原因,也是之后的法兰克福学派在中产阶级新起、福利国家出现、无产阶级被同化到资本主义结构之中问题提出的原因。

马克思从黑格尔的政治国家和市民社会关系切入现代性批判,同时还限制了现代性批判的视域。就马克思而言,为了批判黑格尔,通过对市民社会基础地位的肯定,导致了现代性批判主要在政治经济学批判的视野中展开。但是,如果说经济基础的革命对于超越现代性并不是充要条件,而只是一个必要条件的话,这就意味着对现代性的超越显然需要更多的中介性分析,现代性批判的领域需要更广泛地拓展,而不是政治经济学批判本身就能完成的。然而,马克思批判黑格尔的视域和切入点,使得他的批判最初局限于法哲学的领域,进而又集中在政治经济学批判的领域,也就是说,经济基础的批判具有了基础性的意义。这既成就了马克思,也使他的理论视域受到严重的限制,后来甚至被作为经济决定论来解读。在我看来,当代西方马克思主义,通过人道主义、弗洛伊德主义等补充马克思,是理所当然的,因为马克思的思想视角和倾向留下了还需要探索的领域和并不清晰的理论地带。但是,这种新的探索并不能取代和置换马克思的基本思想视域。马克思现代性批判的范式、方法乃至于一些具体的结论都是我们赖以出发的基石,现代性批判应该赖此基础,才能获得实质性的推进。然而,我们看到,在一些后现代主义者那里,只是注意了作为西方马克思主义的法兰克福学派将理性主义和启蒙精神与现代性联系在一起,而忽视了法兰克福学派的马克思基础,使得现代性批判变成了一种观念论的精神批判,并由此误解和批判马克思的资本现代性批判理论。

第三节　在马克思理论的基础上推进现代性批判

一

马克思的现代性批判思想深深地根植于黑格尔对现代性的批判,他以资本范畴重新奠定了现代性批判的规范基础,以历史唯物主义的存在论批判了观念论的现代性批判路线。然而,这并不意味着马克思是在黑格尔的思想之外拒绝黑格尔的成果,黑格尔现代性批判的总体性范式、辩证逻辑等都对马克思产生了深刻影响,马克思多次强调自己是黑格尔的学生。可以说,对待思想成果,马克思真正确立了一种严谨的、历史的辩证批判态度。他总是以大量资料的占有为基础,在各种思想之间进行辩证的转换和综合,从而抓住问题的根本展开批判,使批判真正成为"澄清前提,划定界限"的理论反思。

然而,马克思自己的思想却遭遇了严重的历史性遮蔽。各种外在的、非历史的态度到处流行,非批判的教条化迷信决定批判的外在对抗,在"爱之欲其生,恶之欲其死"的冷战两极对立中,对于马克思的思想肖像,我们看到的是黑白两分、善恶对立的抽象。20世纪90年代,共产主义运动的所谓"大面积塌方"之后,我们首先看到自由主义高歌猛进和各种告别马克思的送葬队伍,然后又看到将"送葬"和"招魂"联系起来,将马克思思想申诉为不可放弃的"批判"和"怀疑"精神。当然,面对实践的"玷污",也有保持马克思思想"高度"和思想"原则"的学院化努力,马克思的理论努力被阐释为一种具有深远历史意义的思想史事件。由于马克思现代性批判的实践性和特定的历史在场(各种现实的社会主义运动),理论态度与意识形态在对马克思思想的阐释中复杂地纠结在一起,一种辩证阐释空间的获得需要语境的澄清,它同时可能遭遇多重的挤压,显得细微而难以拓展。

我们曾经指出过,课题化的现代性批判是在后现代语境中呈现出来的。它实际上指向几个方面,即20世纪人类现实的灾难和经验教训,当代社会出现的新变化和新特征,尤其是人类精神形态发生的变化。这一具体的语境从多个方面影响着对马克思与现代性批判论题的阐释:

其一,由于现代性批判话语是在20世纪的历史灾难中凸显出来的,专制、暴力、恐怖、清洗、屠杀超越了两种社会形态的分野,它们被看成是现代精神原则和价值取向的结果,现代性批判指向了启蒙理性和启蒙精神的批判,现代性由此成为一个意识形态概念。马克思以资本为本质范畴展开的现代性存在论批判路线被严重地遮蔽和放弃,现代性批判更多接过了黑格尔理性批判范式,从尼采、韦伯到后现代主义的"现代"概念,大体如此。

其二,由于后现代语境中"现代性"范畴的这种特定限制,马克思的思想没有在现代性批判这一总体性的论域内得到阐释。马克思主义哲学、政治经济学、科学社会主义之间的内在关系没有得到正确的理解,从各个学科进入对马克思思想的阐释甚至带来解释上的基本对立,尤其是政治经济学和科学社会主义作为现代性批判的意义被广泛地动摇了。对于此种状况,马克思的坚持者无法在总体性的视野中做出有效回应,马克思思想又被申诉为抽象的哲学,或者一种没有肉体的"批判精神"或"怀疑精神"。

其三,由于"资本"概念没有在马克思历史唯物主义视域中得到正确理解,马克思对现代性的批判被阐释为一种经济决定论的批判、经济主义的批判、生产范式批判、劳动范式批判等等,承受着还原主义、基础主义、本质主义的尖锐指认。

其四,许多理论家诉诸社会和历史变迁,将马克思现代性批判理论历史化,它似乎只适用于"早期资本主义",从而已经过时。马克思资本现代性批判的根本性意义被忽视,放弃对历史本质和内在性的把握,对社会现象的追踪被看成是具有本质高度的理论批判。

其五,由于把现代性指认为现代性的价值取向、思想范式和理论风格,马克思既被阐释为一个典型的现代主义者,又被看成一个批判现代性的乌托邦主义者;既被看成一个现代性的极端肯定者,又被看成一个现代性的极端批判者;马克思对待现代性的辩证态度无法得到辩证的理解。

总之,在当今的现代性批判话语中,现代性批判与马克思的思想阐释之间存在基本的分裂和误解。由于马克思资本命名的现代性批判没有得到有效的阐释,一方面,现代性批判缺失了马克思在批判黑格尔的意义上拓展出来的现代性存在论批判路线,另一方面,马克思思想的阐释也没有获得有效的总体性视角而导致许多明显的误解。所以我们认为,马克思思想与现代性批判论题内在关系的建立,是二者得到辩证阐释的有效途径。这样看来,在马克思思想的基础上推进现代性批判和在现代性批判的论域中阐释马克思的思想就成了同一过程,也是我们全部论述的最终旨趣。

二

我们已经讨论了马克思现代性批判思想的奠基意义和出于特定视角遭遇的内在限制,这实际上明确了我们对待马克思现代性批判思想的基本立场。马克思的资本现代性批判抓住了现代性问题的根本,现代性批判必须在马克思的思想基础上才能得到有效地推进。同时,由于批判视角的限制,马克思的现代性批判思想需要有效地拓展,同当今的现代性批判话语展开批判性的对话。基于前面广泛的论述,我认为,在现代性批判的视域中,马克思思想的如下方面应该通过辩证的阐释,成为现代性批判有效的基础。

马克思以资本范畴在后黑格尔的意义上重建了现代性批判的规范基础,但是,"资本"范畴是在历史唯物主义存在论的意义上被阐释的,它不能被看成一个单纯的经济范畴。出于对黑格尔"理性"范式展开的现代性观念论批判路线的扬弃,历史唯物主义的存在论视域是在社会存在和社会关系批判的层面呈现出来的。由此,"现代"、"现代性"成为基本的存在论范畴。当然,这里的"存在"并不是在抽象本体论的物质与精神、存在与思维的二元对立中被规定的。历史唯物主义不是物质本体论的推广,也不是一种经济唯物主义,政治经济学批判作为现代性存在论批判的贯彻,它是在必要性的意义上揭示经济关系批判的基础意义,而不是说,现代性的历史唯物主义批判,或者说一种存在论批判只是政治经济学批判。在这一简单的问题上,当代的思想家对马克思的批判存在着基本的、重大的误解。澄清了这一误解,我们认为,历史唯物主义作为一种存在论,是现代性批判必须坚持方能有效推进的基本视域。它打破了经济关系、社会制度、行为模式、价值取向、心理结构之间的封闭线,同时指明与这些现代性要素密切相关的资本主义生产方式具有基础性的意义,若"资本"不能被打破,所有这些方面的批判不是没有意义的,而是意义局限的。

从历史唯物主义的批判视角来看,历史是一个内在的过程,这一过程需要在主客体交互作用的实践范畴之中来理解,并由此体现出辩证的性质。马克思对现代性的批判坚持了一种辩证批判的立场。资本主义的生产方式是现代性的存在论基础,既是人类活动的历史性后果,也是当今人类存在的客观处境。从生产方式展开现代性批判,意味着把历史看成辩证生成过程的内在批判路线,也意味着在评价现代性的时候能够坚持一种历史的辩证态度。在当今的现代性批判话语中,非批判的实证主义态度和抽象批判的虚无主义态度普遍流行,而且这两种态度也体现在对马克思现代性批判思想的阐释之中。我们认为,马克思现代性批判的辩证立场必须坚持和得到澄清。无视现代性的危机和困境与在批判中诉诸"前现代"的立场都是非辩证的态度。当然,马克思激进的革命话语一度地遮蔽了他的辩证立场,但真正说来,革命话语立足于辩证批判的思想基础之上,需要区分的是实践中的革命(时间、地点、条件)与革命的理论阐释之间的关系。

马克思现代性批判一个显著的特点是特定的实践性,这一点是几乎所有其他的现代性批判理论难以比拟的。我们曾经指出过,在当今的现代性批判话语中,马克思的实践概念已经遭到了两个方向的扭曲。与此相关,在现代性话语中,思想的指向不是变成话语批判的激情(如一些后现代主义者),就是非批判的研究和论证(如社会学中的现代化理论),如何坚持和推进现代性批判中的实践立场,将是至关重要的。因为,失去了批判的实践维度,现代性批判话语会变成与现代性无关的封闭的思想游戏和话语操作。从历史唯物主义的视野来看,如果说社会革命意义上的实践是必然的,这种必然性仍然以历史的机缘密切联系,它体现的是一种非常态的变迁,那么,常态也必须是值得关注的对象,否则将意味着把实践的批判从日常的实践之中撤出。实践性应该得到更为宽泛的理解,不仅实践的形式、范围、领域都不能也不会只是局限在宏大的、结构性的、基础性的领域之内。此种阐释意味着,马克思主义的实践性并不否认和忽视一般的、具体的变革意义,它只是指明这些变革的局限性。至于微观实践与宏观实践都只是居留于辩证历史的可能性空间,历史的机缘是理论本身不能够提供的。

正是在这个意义上,我们认为马克思的现代性批判并不拒绝和排斥其他的理论批判范式和可能性的视角。但是,要使这些批判获得意义,要在批判中抓住根本,就必须采取一种总体性批判的方式,因为现代性作为一个形态学的范畴,其总体性的特征并不是一种分裂的话语所能够把握的,它本身已经预设了一种总体性的视角,并有经验事实的存在论支持:资本的全球化已经使人类成为一个总体,成为一个总体性的"世界历史时代",在这种语境中,放弃总体性的范畴,无疑是解除批判的武装。况且,总体性的范畴正与这种存在论上的事实存在基本的关联,它并不是一个纯主观的范畴,一个可以随意坚持或随意取消的纯思想立场。事实上,正是总体性的范畴,才使得黑格尔,使得马克思形成了明确的"现代"和"现代性"概念,按照哈贝马斯的话说,就是实现了现代性的自我确证。不能将总体性范畴看成是抽象的同一性和强制性,看成是与多元话语、宽容立场抽象对立的理论姿态和思维范式。一方面,一种宏大的总体性叙事,由于理论的倾向和侧重,可能忽视对他者、边缘和弱小的表现,但它恰好为它们提供了意义平台。另一方面,实践中的强制、统一化暴政等与真正的总体性叙事之间没有本质的联系;恰好相反,它们可能是一种"虚假的总体性",以总体性之名将个体、他者、少数的立场扩大为绝对的普遍,从而完成对总体性的玷污。总之,我们认为,总体性的方法是现代性批判切实得到推进必不可少,在纷繁复杂的现代性话语分裂中,重新捍卫和推进马克思等经典思想家的总体性观念是必要的。

三

马克思在资本主义的早期就揭示出了资本的根本原则,对现代性进行了具有原则高度的批判,当今的历史不过是资本原则的具体展开。但是,实践上的革命诉求使得马克思对现代性崩溃和现代性的超越做出了过分乐观、过于激切的判断,对于资本现代性内部自我调整的可能性空间作了过低的估计。

尤其是在各种现实社会主义的革命实践及其最终遭遇挫折之后,资本的原则更是得到了全面贯彻,表现出强大的无坚不摧的力量。

面对这种情况,马克思的现代性批判理论遭到了普遍的批判,它被宣布为基本的失败,资本自由主义重新成为时代的最强音。而在我们看来,正是在今天,在曾经以反资本的名义追求资本原则的历史实践如今名副其实地追求资本现代性的今天,也就是说,在资本原则真正全面实现,不再表现为特定国家、特定地区、特定民族生活条件的今天,马克思的思想才获得了完整的、真切的历史语境。对马克思思想的阐释,才更加真切地同人类的命运和前途联系起来,而不像马克思的时代那样,资本还表现为一个成长的原则,表现为对"落后"、"传统"的扬弃,因此,表现为"进步"的力量。同时,现代性的危机、风险、限度、矛盾以更加成熟、更加典型、更加全面的方式显现出来,资本现代性批判的原则就可以更加广泛、更加深入地得到阐释,从而避免初期的一些判断上的局限乃至于失误。

如果说,在马克思的时代,现代性的出现,资本地位的普遍确立,明显地表现为阶级利益的对抗,马克思只能以工人阶级的人格化身份代表人类自由、平等、解放的价值立场,资本现代性的困境还没有表现为一种普遍的人类存在困境和存在危机,那么,在当代,现代性的危机就不仅仅是阶级之间的对抗问题,它开始越出了阶级的界限,获得了更广泛的总体性,比如说,能源危机、环境危机、道德危机等等,马克思资本现代性的概念应该能够为这些问题的阐释提供理论的平台。我们也看到了这些方面的理论努力,比如说,最近西方兴起的生态学马克思主义,坚持将环境问题同资本批判结合起来,同阶级利益的分析结合起来,同社会运动结合起来,实现着对马克思理论的当代转化,凸显出马克思思想在当代的现实意义。

马克思阶级革命的话语实际上体现的是一种人类的价值立场。对人类命运的强烈担当意识和历史使命感是驱动马克思一生艰苦斗争的内在动力。真正说来,缺少了这种内在的驱动,缺少了对未来的终极关怀,根本谈不上一种具有本质意义的批判精神和人文情怀。因此,我愿以马克思中学作文的名言作为这篇论文正文的结尾,不敢说是一个马克思思想研究者和阐释者的自我激励,但至少能印证伟人的预言,能表达自己对马克思伟岸人格的崇敬:

如果我们选择了最能为人类而工作的职业,那么,重担就不能把我们压倒,因为这是为大家作出的牺牲;那时我们所享受的就不是可怜的、有限的、自私的乐趣,我们的幸福将属于千百万人,我们的事业将悄然无声地存在下去,但是它会永远发挥作用,而面对我们的骨灰,高尚的人们将洒下热泪。①

---

① 《马克思恩格斯全集》第1卷,人民出版社1995年版,第459—460页。

本 篇 小 结

　　本篇是在第一篇和第二篇对马克思现代性批判思想进行阐释的基础上，与后现代语境的批判性对话，试图在这种对话中揭示马克思现代性批判思想的当代意义。我们首先勾勒出了后现代语境中现代性批判的主题、基本线索、各种不同的话语路线以及呈现出来的基本问题。然后根据现代性话语的不同进路，我们讨论了哈贝马斯、吉登斯、詹姆逊和鲍德里亚现代性批判的基本思想，尤其是他们从各自的角度对马克思的批判和反思，从不同进路（价值、制度、体验）、不同立场（现代性、后现代性）反映了当今思想界对马克思进行反思的基本状况，同时也反映了我们对现代性话语谱系的思考。我们之所以将鲍德里亚作为后现代主义立场批判马克思现代性思想的代表，而不是以德里达、利奥塔等人为代表，是考虑到鲍德里亚与马克思思想关系的直接性。至于，德里达、利奥塔、福柯等人对马克思思想的反思我们主要是在讨论总体性问题等相关地方涉及，并且没有作课题化的处理。本篇的最后，我们以一种总结的方式谈到了马克思现代性批判思想的奠基性意义及其限度，阐释了我们对如何推进现代性批判的一些理解。我们重申了马克思现代性批判在当代的意义。我们指出，真正说来，马克思从根本上揭示出了现代性的基本原则，当今的历史不过是资本现代性原则的具体展开。资本的全球化为马克思的现代性批判思想提供了基本的佐证和更加完整、更加真切的历史存在论处境。今天，不应该是宣布马克思现代性批判思想的失败，相反，应该是辩证地在马克思思想的基础上有效推进现代性批判的真正时刻的到来。

结　束　语

　　面对各种批判和同情的阐释，马克思曾经旗帜鲜明地说："我只知道自己不是一个马克思主义者"。在我看来，马克思以此强硬地坚守着某种属于自己的东西。我们曾经说过，由于各种原因，马克思思想的阐释和研究面临着特殊困难，其生命力的彰显常常伴随着意义的广泛流失。而且，具有反讽意味的是，这种流失、扭曲和遮蔽又常常是在不断"返回"、"坚持"、"重建"和"发展"的宣称中完成的。这一状况几乎使得任何"重建"和"发展"的努力以及那个被重建、被发展的对象失去了基本信任，乃至于自我消解。我们的阐释和研究是否也从属于这一命运般的历史？作者之于作品，犹如父母之于子女，只能赋予其生命，而无法主宰它以后获得的"形象"和生命意义的生成，哪怕对此你是万般地揪心和苦恼。念及此，心中惴惴不安。结论，实际就是一个扼要的勾勒，看看除去了细部，真正还能剩下什么，以便提供一个基本可辨的形象。当然，此种勾勒本身同样存在模糊形象的危险。

一

　　"现代"作为一个文明形态学概念，它是在对"过去"和"将来"的领会中得到定位的。现代性，亦即现代之为现代，乃是指这一文明形态最内在的规定及其特征，它意指现代之为现代的根本原则。何为"现代"及"现代性"？现代和现代性作为范畴，本身却涉及理解者不同的视角和规范基础，对现代文明的批判和反思就在不同的思想领域之内展开，同时又相互关联。大体说来，在将"现代性"课题化的思想中，形成了从价值、制度和体验切入的三种不同路向，集中在哲学、社会学和文艺美学领域之内，分别形成了狭义的"现代性"、"现代化"和"现代主义"几个关键词,并且常常在不加区分的情况下用"现代性"概念来指称。就现代性批判来说,在当代的话语中,从价值角度切入现代性的批判占据着主要位置,并迅速形成了一个影响广泛的后现代语境。"现代性"被用来指称启蒙精神,现代性批判变成了对启蒙精神原则的批判,从而变成了对理性和主体性的批判和反思。这一批判路向,秉承从启蒙思想家到黑格尔的"理性时代"这一概念,或温和或激进地反思现代的理性主义和人本主义,将现代性的困境和灾难看成是现代启蒙精神的后果。不管是出于对现代性的批判、反思还是呼唤,以理性来命名现代具有深远的历史传统,一直可以追溯到文艺复兴的思想基础。而以理性批判为核心的现代性批判范式,在黑格尔的市民社会理论和国家学说中已经全面展开了,差异在于,黑格尔是以绝对理性来批判现代市民社会的"抽象理性"和"形式理性",而在当代的思想中,关注的焦点在于对理性主义本身的批判。

问题的关键当然不在于批判理性和主体性,而在于在什么样的思想基础上批判理性和主体性,是就精神原则而批判精神原则,还是深入到对精神原则社会历史基础的呈现和挖掘。如果作为现代性标志事件的启蒙运动不是单纯的思想事件,启蒙的精神原则并不是先验"理性"的历史外化,相反,是人们的实际生活过程——有时马克思也称之为实际生活的生产和再生产——形成并决定着占统治地位的社会意识形态,那么,现代性批判就不应该是对启蒙精神本身的批判,而应该是揭示这一精神原则的社会历史基础,使批判从"观念论副本"的批判中解脱出来,不只是停留于观念的批判,而且是现实的、实践的批判。

相对于理性的现代性概念,可以将马克思的现代性概念称为资本现代性。对马克思而言,现代性批判实际上就是资本现代性批判。他以资本批判重建了现代性批判的规范基础,将现代性批判导向了历史唯物主义的批判路线,我们或可简约地称之为一种现代性存在论批判。这种批判路线并不是"观念论"批判路向的颠倒,而是揭示了各种观念论批判路向的限度。马克思的现代性批判是从批判黑格尔法哲学理论开始的,他深刻地领会了黑格尔理性现代性批判的基本成果及其限度,揭示了青年黑格尔派"自我意识哲学"、以自由平等为核心的法国政治哲学同现代市民社会经济基础之间的同构关系。马克思根本没有放弃黑格尔对现代市民社会"形式性"、"抽象性"特征的揭示，而是通过对现代社会经济基础的解析和批判完成了这一揭示。他指明，在资本主义生产方式占统治地位的现代，解放只是形式的、抽象的政治解放，而不是"人类解放"。由于观念的意识形态、政治国家受到资本原则的规定和限制，观念范围内的批判和扬弃只具有"虚假"性质，现代政治国家的理性设置不过是资本原则的实现和巩固。

这样一来，现代性批判就变成了揭示资本本身的运行规律，及其原则在政治、文化等领域中的全面贯彻和实现，现代性的超越就依赖于扬弃资本存在的前提和基础，而不是对理性本身的批判或理性自身内部的运动。只要资本还是社会历史的基本建制，工具理性批判、抽象理性批判、主体主义批判等始终就只具有观念论批判的性质。这当然不是说诸如此类的批判没有意义，而是就其限度而言，它们没有达到现代性的社会历史基础。马克思资本现代性批判的基本意义就是对这一基础的本质性呈现，他为现代性批判的历史唯物主义路线奠定了基础。说他"奠定了基础"，是就其基本的重要性而言，同时，也是就其专注于基础性的工作而没有能全面展开的限度而言。

为了超越现实意识形态和社会制度的对立，同时受到具体历史事件的影响，当代主流批判理论倾向于弱化乃至于放弃马克思资本现代性批判的路线。由于割裂资本与现代性之间的内在关系，现代性批判重新变成了启蒙精神批判和审美批判，文化意识领域的批判成为关注的焦点。问题不在于该不该从这些方面展开批判，而在于这些批判的基础是什么，在于这些批判是否意识到，并且本质地触及历史的存在基础。如果不能自觉地对这一基础保持开放，并自觉地立足于这一思想的地平线上，批判的话语就只是触及现代性的观念方面，而真正的批判首先否定的就是纯粹观念的解放和超越，否定观念内部的"自我旋转"。比如说，对现代性的总体性、矛盾性、流动性、抽象性、虚无主义等等，在当今的一些批判者那里变成了一种观念论特征，变成了现代历史中呈现却又没有现实历史根基的精神现象。马克思的资本现代性批判为揭示现代性的这些特征奠定了历史唯物主义的基础，他指明了由于资本的普遍中介和推动，所有这些特征在经济、政治、文化以及日常生活中的全面贯穿。因此，诸如科学技术的本质、生态危机等都与资本主义生产方式存在基本关联，并不是工具理性批判、人类中心主义作为一种观念论批判所能消解的。就像马克思所说的,利己主义和个人主义作为现代市民社会的基本原则,本身不能通过道德的批判被扬弃一样。如果商品资本还是人们本质的存在方式和存在规定,抽象劳动还是现实的基本原则,那么,海德格尔等人所说的存在的可计算性、可订造性,如此等等就会是不可撼动的。正是在这样的基础上,马克思不满足于理论家和哲学家的身份,认为哲学家只是以不同的方式解释世界,而问题在于改变世界。从现代世界中获得解放,就是从被资本规定的"抽象劳动"中获得解放,现实地推翻资本存在的客观条件和基本前提,使作为人类基本活动的劳动成为"自由自觉的活动",人从商品关系的抽象性、工具性、形式性中解放出来,促进人的全面而自由的发展。

然而,在马克思那里,解放并不是一种主观的、想象的活动,并不是付诸实践的"费希特哲学因素",也不是立足于"形而上学"预设的宏大叙事及其历史实践。相反,革命的理论是现实实践的思想表达,革命的实践本身是生活世界的自我否定,而不是哪一个思想家、理论家、革命家振臂一呼的唤醒。阶级革命的主体性不过是资本运行客观逻辑的人格化表达,马克思在二者之间建立了一种内在关系。真正的历史性、实践性乃是一种感性实践中的对象化关系,是对抽象主体性和抽象客观性的批判和扬弃。超越资本现代性,或者按照马克思的话来说,所谓"人类史前时代的结束",将以现代性本身的完成为前提,这意味着马克思充分肯定"资本的文明面",而不是对资本的浪漫主义否定。批判作为对原则和限度的揭示,并不是同抽象的肯定与抽象的否定构成对立。然而,正因为马克思的这一批判本身蕴含着辩证阐释的空间,它就更易于被从不同的极端上加以漫画。马克思现代性批判思想在理论和实践上遭遇的历史命运就是这一点的有力注脚。

二

马克思思想的基本主题是现代性批判,对现代性本身的批判同对"现代性观念论副本"的批判之间具有内在的同一关系。一方面,马克思透过现代哲学、政治经济学和政治学思潮来探索现代性的本质及其基本特征,并逐渐形成了以"资本批判"为核心的现代性批判理论;另一方面,马克思又以自己独特的资本现代性批判理论为基础,真正批判性地贯穿了相互分离,或者说只是形式上得到结合的德国古典哲学、政治经济学和空想社会主义思潮之间的关系(这种形式上的结合而实质上的分离可见蒲鲁东在《贫困的哲学》中所作的努力),形成了可以称之为"历史唯物主义"的思想视域。我们并不是在一种专业哲学的意义上赋予"历史唯物主义"以意义,而是将其看成马克思思想的总体性视域,因此,它不是被理解为一个学科,乃至于一个专业,而是标志着一种思想的基本性质和基本方向。

然而,在马克思思想的阐释和传播历史中,由于没有以"资本现代性批判"这一"总问题"来贯穿对马克思思想的理解,关于马克思思想发展的进程和思想体系内部的结构关系形成了诸种看法。马克思思想在历史和内容两个方面的同一性和差异性没有在一种总体性的问题视域中得到合理阐释,而是形成了种种"断裂说"和学科体制中的板块结构划分。在今天的历史遭遇和思想语境中,这一点突出地表现为"政治经济学批判"和"科学社会主义"从马克思思想体系中的"脱落",马克思的思想被坚持在"离现实较远"的哲学领域,并且似乎唯有如此方能坚持得住,马克思思想的意义被阐释为一种哲学范式的革命。受到现代性学科建制的规定,阐释再度被囚禁在马克思已经本质性地洞穿了的知识分裂之中,学科分化式的阐释在面对具有原则高度的总体性思想时触及了自己的界限。这是一个真正的困境,在马克思"诸种"思想的研究者之间,尤其是在"各个组成部分"的研究者之间,我们发现对话面临着基本障碍。细化分解和在此基础上的强硬贯穿,使得马克思的思想多次遭遇当年黑格尔思想解体时的命运:总体被分解了,人们抓住碎片,并将自己抓住的碎片提升为总体。

我们说,马克思思想出场的语境是现代性问题,现代性批判在马克思思想"历史"和"结构"中具有总体性意义。因此,以"现代性批判"为基本阐释视角,马克思思想发展的历史进程和逻辑结构就会得到新的理解,提供一种新的马克思"思想肖像",其思想的论域、重心、性质、意义,其思想内部的要素、概念、结构,以及与他人思想之间的同一、差异、继承、断裂等都会呈现出新面貌,发生基本变化。我们认为,马克思思想的阐释必须切实地并且是从根本意义上引入现代性批判视角,不仅在为现代性批判提供马克思历史唯物主义的维度方面至关重要,而且对于马克思思想性质及其意义的阐释也至关重要。这一视角的切近引入,对马克思思想阐释的基本意义至少表现在以下四个重要方面:

首先,以现代性批判为基本阐释视角,在对马克思思想发展的理解上就突破了两种标准:既不再单纯以专业哲学内部的性质变化来划界,也不再以马克思是否形成完善的经济学批判体系来划界。前者往往形成阐释马克思思想变革时的黑格尔和费尔巴哈"镜像",后者则形成意识形态和科学形态早晚两个马克思的争论。以马克思对待现代性的态度来看,马克思的思想转折发生在《黑格尔法哲学批判》和《德法年鉴》时期。《黑格尔法哲学批判》之前是对现代性的哲学论证和政治呼唤,《黑格尔法哲学批判》中萌芽的现代性批判立场在《德法年鉴》的两篇文章中完全地得到了明确,以此为开端,现代性批判成为贯穿马克思全部思想发展及其内容的"总问题"。进一步说,如果以马克思现代性批判的形式特点来看,大体可以分成三个阶段:经历了从法哲学领域内展开的批判,到一种跨越学科领域的总体性批判,再到专业的政治经济学批判这样一个逐步展开和逐步推进的过程。

其次,马克思重要著作的基本性质获得新的阐释,而不再从属于单纯学科领域内的学科还原论解读。比如说,关于马克思博士论文的理解,我们就从物质本体论和精神本体论的解读范式中解脱出来,关注的中心移到了"自我意识"哲学与现代性的关系,着重揭示它如何以哲学的方式捍卫和呼唤启蒙精神。这样一来,传统阐释中所谓"自我意识"的"唯心主义"因素和"自然哲学"的"唯物主义"因素在博士论文中的搭配比例或对立关系就解除了。再比如说,《1844年经济学哲学手稿》被阐释为现代性批判的第一个"总体性"文本,"抽象劳动"成为马克思现代性批判赖以出发的核心范畴,并由此成为贯穿哲学批判、政治经济学批判和社会主义思潮批判的枢纽,《1844年经济学哲学手稿》的意义就不是被判定为纯哲学的或纯经济学的学科范围之内的思想革命。因此,我们认为,在哲学上将《1844年经济学哲学手稿》归为"费尔巴哈的类"或"黑格尔的类",在经济学上将它归为"斯密的类"或"李嘉图的类",或者相互之间的比例和搭配关系,实际上基本没有正确地揭示这一著作的重要性,甚至会因为它的某些专业"毛病"和"漏洞"而判定它的"前马克思性质"。

再次，以现代性批判为"总问题"，我们能够更有效地揭示马克思各个学科领域研究之间的内在关系，而不把它看成各个组成部分之间的分化和并置。马克思以现代性批判为主题，政治经济学批判、哲学批判以及社会主义思潮的批判成为他展开现代性批判的基本领域，它们本身也就通过现代性批判这一根本问题贯穿起来。开始时，以法哲学批判的方式揭示了现代解放的政治意义及其形式解放的实质，指明市民社会的物质关系相对于政治上层建筑和意识形态的基础性地位；接着，将批判的中心转移到对市民社会经济基础的批判，并在此基础上批判"哲学批判"的抽象性和观念论性质，整个批判的基本目的是揭示超越现代性的未来道路并实际地要求参与这一历史的创造过程。这一批判，得到了多个学科理论资源的支持，同时，各个学科的批判之间又批判性地相互克服，形成了以资本现代性批判为基本主题的总体性思想视域。从单纯的学科领域进入这一总体性思想的阐释，往往导致一种还原论的解读。马克思思想被还原为一种抽象的哲学、实证的政治经济学和社会主义乌托邦思想等。以"现代性批判"这一总体性问题为视角阐释马克思的思想，可以克服单纯学科化解读的限度及其专业性的"遮蔽"。

最后，所有的这些方面都涉及对马克思思想性质的判断。从现代性批判的总体性出发，我认为，马克思思想的意义主要不在于在各个学科范围之内实现思想史内部的变革和超越，虽然就思想史而言其思想的诸种成果是可以得到指证的，但其意义的基本方面在于为现代文明的批判和反思提供了"资本批判"这一基本范式。如果未来的人们能够有机会反思我们这一段历史，我相信，"资本"将成为我们这个时代最根本的名称，马克思将以对这一时代的资本命名和批判而成为这个时代真正的思想代表。不仅如此，此种批判的首要意义还在于它是实践的，要求参与历史并真正地参与了历史的现实构成，为理解历史和创造历史提供了一个开放的空间。正是在这个意义上，我认为，马克思不是一个将哲学问题本身课题化的哲学家，马克思是以一种哲学的方式批判现代性，而不是在一种专业哲学的范围之内超越现代性的哲学。固然，在马克思现代性批判的思想中蕴含着一种基本的、具有本质重要性的哲学视域，并且需要一种卓越的、真正具有原则高度的批判和揭示，但这显然不是马克思思想的本质和重心所在。马克思批判了单纯思想范围之内的超越和革命，并指明了此种超越的限度，因此，单纯将马克思阐释为在思想史范围之内实现了思想变革的思想家，绝不是提高而是低估了马克思思想的意义。就目前马克思思想的意义和性质主要是被哲学所坚守和阐发这一状况而言，我们力图指明的是，马克思思想的哲学意义及其性质内在于资本的现代性批判，不应该将资本现代性批判看成是某种具有原则高度的哲学外推和下降的环节。

三

马克思的理论是一种革命的理论，而不只是一种理论的革命，其目的是"为革命提供经验的和理论的基础"。但是，此种革命不是一般意义上的革命，更不是简单的政权交替，而是在指证现代解放限度的基础上超越现代性，走向人类的总体解放。此种宏大革命的前提条件是现代性本身的完成和成熟。马克思以深邃的思想洞穿历史，然而，他身处的却是资本现代性刚刚形成并开始展开的时代，对于世界上广大的国家、民族和地区而言，此时还处在历史的沉睡之中等待资本的唤醒。这一点，不仅使马克思的资本现代性批判遭遇限制，而且使马克思的革命话语被从批判和超越现代性的语境中移植出来，参与了一些国家作为"落后者"走向现代的历史进程。

这一移植，导致了恩格斯所说的"革命第二天"的历史困境。批判资本主义的意识形态宣称不得不伴随对资本现代性的隐形遵从，在历史上的社会主义国家中，真实的状况是传统、现代和未来因素的多重并置。"实践的社会主义"由此面临着三个方面的批判，站在传统保守立场上的人指责它的激进主义以及它与现代性的同谋，站在资本自由主义立场上的人指责它的"封建"因素和指向未来维度的意识形态乌托邦，而站在未来理想立场上的人又指责它的"封建"因素和它与现实资本的同谋，指责它的落后和对现代性的"退让"。在多重张力的挤压中，发生了"共产主义大面积塌方"的历史事件。"资本没有替代物"、"告别革命"作为来自经验历史的结论，成了批判和质疑马克思现代性批判理论的基本命题。在这里，理论与实践之间的复杂中介性被抽象和忽略了，好像实践的成功与失败就是马克思理论本身的直接产儿，二者是不受历史中介的直接同一。我们认为，在资本全球化全面推进的今天，才真正提供了马克思思想发挥其生命力的现实条件，同时也为客观地反思马克思的理论成果提供了真正的语境。

在这样的语境下,不仅苦于现代性之发展而且苦于现代性之不发展的当代中国,它将如何可能进行一种"具有原则高度的实践"? 它是否可以不但提高到现代各国的正式水平,并且达到这些国家即将会达到的超越现代的水平,亦即是说,它是否可能不仅越过自身传统的界限,而且同时越过现代各国已经面临的和已经显示出来的现代界限? 当年谈到落后德国现实的时候,马克思以无产阶级的形成及其革命,肯定此种可能性的存在。后来又有关于东方社会跨越"卡夫丁峡谷"的设想和争论。我们已经论及了马克思是在何种意义上谈论"跨越",谈论俄国革命的可能性等等,并且指明,超越现代性的革命只可能是"总体性的",否则,它就是不可能的,至少不是"真正意义上的"。在后一种情况下,问题就变成,在革命不具备马克思谈论的原则高度,并且已经取得了国家政权的时候,马克思思想如何可能作为国家的指导原则并且真正发挥其指导原则的作用?

此一问题,必然将我们导向马克思现代性批判理论同中国历史与现实的关联上。如果仅只是立足于"苦于现代性之不发展",基本的目的只在于形成一个"现代的中国",使它像西方"列强"那样,并且比它们"更列强",那么,问题会变得非常简单,对资本现代性的全面接纳将是卓有成效,并且切实可行的。我们不是已经看到休克疗法之后的俄罗斯复苏这样无可争议的事实吗? 在这样的前提下,问题至多不过是变成:结合我们的传统,再结合我们的国情到底该如何"拿来",该如何转化吸收,如何在多种现代性中形成我们自己的一"种"。现今关于建构中国现代性的讨论,深入一点的大体也只是触及这一层面。这将意味着我们从根本上失去超越现代性的历史担当,马克思的思想被以各种形式"创造性地转化"为建构中国现代性的理论资源。相反,如果将关注的重点放在"苦于现代性之发展"一端,忽视现代性之不发展的实情,以一种强硬的方式来取消资本、商品、市场,批判言论、思想、选举自由等等,否定现代的基本成果和基本原则,激进的批判常常会同最传统的保守主义合流,诸如对现代自由民主的批判等等,往往成为为专制政权和个人迷信提供合法性基础的工具,而不是真正对现代的批判和超越。这种情形,一度是历史的真实,并成为一些人批判"实践的社会主义"的有力"把柄",同时也成为批判马克思的"把柄"。实质在于,此种状况正是从马克思批判现代性的原则高度上跌落。

　　中国创造历史的可能性和对人类历史的真正担当就在这种现实的张力之中,就在否定和批判两种"极端"的努力之中。具有"原则高度的实践"不仅需要一般的实践智慧,尤其需要具有原则高度的理论和思想指导,它从根本上要求实践是有"理念"的,有超越指向的,而不是一种纯粹的技术操作和博弈演算。此种思想或理论的意义,并不意味着提供一种直接的、可操作的"模式"和"方案",而是就其基本意义而言,它立足于现实并指向未来,因而能成为历史的路标。就此而言,马克思的现代性批判思想是"辩证历史的辩证批判",是对人类未来的积极承担,不能把它看成对现代性的抽象否定。中国当代的实践及其与马克思思想的关联,使其基本的意义应该立足于此种承担之中,否则,我们将坐失历史的机遇,重蹈覆辙,一跃而入现代性之汪洋大海。此种具有历史性意义的担当意识和雄伟气魄,应该自觉地是马克思现代性批判精神的继承者,以一种精神的力量洞穿历史,并且使实践趋向精神,而不是使精神锁定在"实用"、"现在"的平面之中。在这个意义上,所谓中华民族的伟大复兴才真正具有人类的意义、历史的意义,具有真正的原则高度,而不是形成一个恃强凌弱的现代"东方不败"。

附录一:以现代性批判为视角重构马克思思想阐释^①

马克思思想阐释与现代性批判的内在关系没有被本质性地揭示出来,甚至存在着双向背离,此种背离导致两个方面的基本后果:一方面,就现代性批判而言,当今的现代性批判话语往往在错误定性马克思思想的同时,远离和放弃了马克思的历史唯物主义批判路线,以生产方式范畴为基础的资本原则批判重新被置换为道德的、宗教的、审美的、哲学的观念论批判。在这种情况下,不少人往往非批判地、怀旧地重新拾回传统的原则来对抗现代性,或者离开现实的实践,将批判重塑为一种思想游戏和话语操作中的激进。另一方面,就马克思思想的阐释而言,没有从根本的意义上引进现代性批判这一本质重要的视角,马克思思想的主题、性质、特征及其意义等基本方面没有得到有效的阐释。在本文中,我们将就此一分离导致的第二方面进行探讨。就此探讨的内在要求而言,它大致包括三个相互关联的方面:其一,在当今的语境中,现代性批判这一总体性阐释视角的缺失如何严重地影响了对马克思思想的基本把握;其二,以现代性批判作为阐释马克思思想的基本视角,我们将获得什么样的马克思思想肖像,亦即是说,这一阐释视角的切近引入对马克思思想的阐释将带来何种理论后果;其三,既然现代性批判这一视角对于马克思思想的阐释具有阅读范式转换的基本意义,我们将就如何以这一视角重构马克思思想提供大略的思路。当然,此处对这三个方面进行的阐释,都具有某种"抽象"性质,我们不可能和盘托出此种抽象后面的"具体",而只可看成一种勾

---

① 本文发表于《东南学术》2007 年第 1 期。

勒和纲要。

一、目前马克思思想阐释中面临的问题

诚如伊格尔顿所说的那样,只要现代性还不死,人们还生活在现代性的矛盾之中,马克思的思想就会是相关的①。从现代性批判作为课题化的研究对象之日起,马克思的思想就不同程度地从现代性批判的视角得到阐释。然而我们发现,不论就现代性批判中马克思思想视角的引入,还是就马克思思想阐释中现代性批判视角的确立而言,研究都没有推进到规范基础的层面,可以说二者还处于相对分离之中。单就马克思思想的阐释而言,由于缺乏现代性批判视角的本质性引入,在现代性批判已经在后现代语境中成为基本主题的情况下,马克思思想的核心主题、内在特征、基本性质、当代意义等都变得模糊不清了,它不是被误判就是根本缺席。可以说,在当代语境中,马克思思想的阐释面临着一系列困难和被严重误解的趋势:

其一,马克思思想核心主题的模糊。马克思思想的核心主题和基本任务曾经十分明确,这就是对现代资本主义社会的批判,将对现代意识形态的批判同对现代社会历史存在论基础的深刻剖析紧密结合起来,揭示资本主义的内在原则和历史限度,指明人类未来的发展方向,并且以革命的方式实际地参与到改造社会的历史运动中。然而到了 20 世纪中期以后,面对现实的专制、暴力、恐怖、清洗、屠杀等一系列灾难逐渐形成的现代性批判话语,逐渐将批判指向了启蒙理性和启蒙精神,以生产方式为基础的社会形态理论遭到质疑,马克思在历史唯物主义基础上以资本为本质范畴对现代文明进行批判的路线被严重遮蔽和放弃了。从根本上说,现代性概念更多被塑造为一个意识形态范畴。按照詹姆逊的看法,现代性批判话语的兴起本来就执行着置换马克思资本主义批判的意识形态功能。② 在这种语境中,不少人在辩护和捍卫的意义上将马克思思想的主题和任务看成是发动一场思想史内部的革命,主要是对思想

① [英]特里·伊格尔顿:《历史中的政治、哲学、爱欲》,马海良译,中国社会科学出版社 1999 年版,第 118—119 页。

② [美]詹姆逊:《全球化与政治策略》,载《当代国外马克思主义评论》(第二辑),复旦大学出版社 2001 年版,第 285—286 页。

的批判,而不再是对现代社会本身的批判和超越,不再是对现代性存在论状况深入的历史唯物主义揭示。

其二,马克思思想基本性质的误判。由于马克思思想的核心主题被模糊和弱化,人们较少从马克思批判现代社会的成败得失来判定马克思理论的基本性质和意义,而是从理论形态特征来进行这种判别,我们随处可见对马克思思想性质相互矛盾的指认。由于现代性被看成是现代的价值取向、思想范式、理论风格和表述方式等,而不再是马克思历史唯物主义意义上的社会存在论规定,不再是以资本为本质范畴的存在论状况及其内在规定,马克思思想往往被从形式特征上阐释为一种典型的现代性理论,在另一种情况下又被看成是批判现代性的具有后现代意蕴的思想体系。而在元哲学的解读路线上,马克思更多地被批判为一个形而上学思想家,其理论本身具有基础主义、还原主义、本质主义的特征,而在捍卫的意义上他又被阐释为一个后形而上学的具有当代性特征的思想家。不论是哪种判定,马克思的思想不再是一种批判的思想,而是一种思想的批判,不再是一种革命的理论,而主要成了一种理论的革命,由此马克思思想的阐释走向了一种纯粹学院化道路。目前许多关于马克思的争论都具有这种性质,形而上学与反形而上学,人道主义与反人道主义,科学理论与意识形态等相互矛盾的指认不断地陷入观念先行的文本收罗和材料编织。马克思思想的基本性质在这种积极的张罗和繁荣中不断地被误判。在这个意义上,我们同意雷蒙·阿隆的说法,如果没有成千上万的马克思主义者,马克思基本的指导思想是不难确定的,①而恰恰是众多偏离主题的阐释使得马克思思想的基本性质漂浮不定。

其三,马克思思想内在总体性的肢解。与这种性质误判及其分歧密切相关的是,马克思主义哲学、政治经济学、科学社会主义之间的内在关系没有被有效地揭示出来,它们之间至多被阐释为基础、运用和结论这样一种线性的因果关系,各个学科阐释之间实际上相互孤立而不是相互支持。受到现代学科建制和专业细化的影响,这种分裂被强化了。马克思的思想被各取所需地加以阐释,各个学科之间在马克思那里相互贯穿的内在总体性在阐释中被瓦解

---

① [法]雷蒙·阿隆:《社会学主要思潮》,葛智强等译,华夏出版社 2000 年版,第 91 页。

了,就像马克思当年指出黑格尔体系被瓦解时的情形一样,片断被夸大为总体。① 这一现象有许多表现,比如说,哲学上将马克思思想宣布为一种具有原则高度的思想史革命,而离现实更近的政治经济学和科学社会主义的思想地位却广泛动摇了。此种动摇绝不只是,甚至主要不是发生在思想、学术的内部,而是从实践的基础上被撼动。在一些人那里,马克思的政治经济学批判被阐释为一种并不成功的实证经济学,对现实实践没有指导意义的教条,科学社会主义被看成是一种社会的乌托邦设想,在最好的情况下也不过如恩斯特·布洛赫所阐释的那样,是可以用来对抗现实的、执行意识形态的"希望原理"。导致这种阐释状况的根本原因就是马克思思想的内在总体性没有被有效地揭示。即使存在实现学科贯穿的某种努力,多数也不过是"批判性言论、经济学原理和关于未来社会的观念组成的色调极为复杂的混合"②,而没有真正揭示各个研究领域之间的内在联系。

其四,马克思思想意义的低估。由于马克思思想的意义被阐释为思想史内部的革命,而不是批判现代社会的本质力量,马克思思想的力量和意义被严重地低估了。人们甚至无视马克思对现代性的深入批判和此种批判所昭示的社会历史意义、人文主义传统,以及强烈的社会责任、历史担当意识和实践参与指向,反而通过现实实践将其指认为专制主义、独裁主义,给人类带来了现实的灾难,从而要求理论从实践中"撤出"等等。从理论上说,由于"资本"概念没有在马克思历史唯物主义的思想视域中得到正确理解,没有被从根本的意义上阐释为现代性的存在论范畴,马克思对现代性的批判被理解为一种经济决定论、经济还原主义、生产范式和劳动范式批判等等,历史唯物主义思想视域对现代性存在论批判路线的奠基性意义被严重地忽视,现代性批判重新走向了观念论批判的道路③,放弃对历史本质和内在性的把握,将对社会现象的追踪和对社会存在观念论副本的批判看成是具有本质高度的理论批判。在资本全面铺张的当代语境中,马克思思想基本历史意义被淡化和遗忘的同时,

① 《马克思恩格斯选集》第 1 卷,人民出版社 1995 年版,第 63 页。
② 《马克思恩格斯全集》第 3 卷,人民出版社 1960 年版,第 59—60 页。
③ 对"观念论批判"较为详细的界定可见拙文《马克思现代性批判的当代实践意义》,《黑龙江社会科学》2006 年第 2 期。

人们失去了真实的历史意识,历史时间变成了一维的"当下",实际地表现为肯定主义和非实践的伪激进主义姿态到处蔓延。

我们认为,导致这些阐释困难和偏差的原因是多方面的,不仅有现实历史的,也有理论阐释方面的。其中,单纯从学科建制的方式切入马克思思想的阐释是重要原因之一,它导致了对有机思想总体的肢解和局部的深入细化,而很难从总体性的视角来贯穿对局部思想意义的把握。实际上,在马克思那里并没有孤立的学科,而是一个相互融合的总体性思想体系,甚至马克思对任何一个学科的研究都不是从学科建制的角度入手,而是服从和服务于对现代社会历史的批判,探索人类历史的未来走向和基本规律。马克思在历史唯物主义的视野中形成了独特的现代性概念和现代性批判理论。以马克思对现代性的批判为线索,重构马克思思想发展的历史和内在结构,就能够抓住马克思思想的实质,纠正马克思思想阐释中的如上一系列偏差,提供一种新的马克思思想肖像,辩证地揭示马克思思想的历史意义。

二、现代性批判视角对马克思思想阐释的重要意义

马克思思想出场的语境是现代性问题,现代性批判是马克思思想的核心主题,这一主题在马克思思想的"历史"和"结构"中具有总体性的意义。以"现代性批判"为基本的阐释视角,马克思思想发展的历史进程和逻辑结构就会得到新的理解。其思想的论域、重心、性质、意义,其思想内部的要素、概念、结构,以及与他人思想之间的同一、差异、继承、断裂等都会呈现出新的面貌。我们甚至可以认为,现代性批判这一视角对马克思思想的阐释具有一种阅读范式转换的基本意义,能够提供一个新的马克思"思想肖像",有利于结合当代的思想和实践辩证地揭示马克思理论的重要意义。

首先,明确马克思思想的核心主题是现代性批判,对马克思思想进程的划分就突破了两种标准,即不再单纯以专业哲学内部的性质变化来划界,也不再以马克思是否形成完善的经济学批判体系来划界。前者往往形成阐释马克思思想变革时的黑格尔和费尔巴哈"镜像",后者则形成意识形态和科学形态早晚两个马克思的争论。这两种标准都从思想史发展的内部来判定马克思思想的演进,没有明确马克思思想的现代性批判这一"总问题",并以此为标准划

分马克思思想的发展。以马克思对待现代性的态度来看，马克思的思想转折发生在《黑格尔法哲学批判》和《德法年鉴》时期。《黑格尔法哲学批判》之前是对现代性的哲学论证和政治呼唤，表现为一种非批判的启蒙主义立场。而《黑格尔法哲学批判》中萌芽的现代性批判立场在《德法年鉴》的两篇文章中完全地得到了明确，从此开始，现代性批判贯穿了马克思思想的全部发展及其内容。受到现实历史的影响，马克思对待现代性的态度发生着或剧烈、或微妙的变化。客观上我们也可以看到这些变化直接地决定并反映在马克思理论研究活动的形式和内容之中，因此可以以此重构马克思思想的发展史，突破学科解读进路的阶段划分。

其次，马克思重要著作的基本性质获得新的阐释，而不再从属于单纯学科领域内的学科还原论判断。比如说，关于马克思博士论文的理解，我们就从物质本体论和精神本体论的解读框架中解脱出来，关注的中心移到了"自我意识"哲学与现代性的关系，着重揭示它如何以哲学的方式捍卫和呼唤启蒙精神，其沉默的深层旨趣是为落后的德国捍卫走向现代的基本取向。这样一来，所谓"自我意识"的"唯心主义"因素和"自然哲学"的"唯物主义"因素在博士论文中的搭配比例或对立关系就解除了。再比如说，《1844 年经济学哲学手稿》被阐释为现代性批判的第一个"总体性"文本，在那里，"抽象劳动"成为马克思现代性批判赖以出发的核心范畴，并由此成为贯穿哲学批判、政治经济学批判和社会主义思潮批判的枢纽。这样，《1844 年经济学哲学手稿》的意义就不是被判定为纯哲学或纯经济学内部的思想革命或非革命。在哲学上将《1844 年经济学哲学手稿》归为"费尔巴哈的类"或"黑格尔的类"，在经济学上将它归为"斯密的类"或"李嘉图的类"，基本没有正确地揭示出这一著作的重要意义，甚至会因为它的某些专业"毛病"和"漏洞"而判定它的"前马克思性质"。再比如说《德意志意识形态》，以现代性批判为总体的视角，我们就可以通透地阐释和理解马克思各个学科批判之间的内在关系，理解马克思的历史唯物主义如何在现代性批判过程中形成，反过来又指导马克思的具体研究。这样，就可以全面地把握《德意志意识形态》的理论贡献和文本结构以及它与其前后著作之间的相互关联，它不再只是被看作在一种元哲学的意义上"突变般"地完成了历史唯物主义，在一般的意义上实现对历史唯心主义的颠倒，相反,其实践的革命指向,对"真正社会主义"的批判,对现代社会特征的深刻揭示都应该成为关注重心,否则,历史唯物主义就会成为没有实质内容的抽象教条,而不再是一个丰富的具体的思想总体。

再次,以现代性批判为"总问题",我们能够更有效地揭示马克思各个学科领域研究之间的内在关系,而不是有意无意地把它看成各个组成部分之间的分化和并置。马克思思想的核心主题是现代性批判,资本主义理论、社会主义理论和与此密切相关的革命理论构成了现代性批判内在相关的基本内容,政治经济学批判、哲学批判以及社会政治思潮的批判只是他展开现代性批判的基本领域,这些学科研究本身又通过现代性批判这一根本问题贯穿起来,从根本上说,学科批判不是目的而只是手段和工具。开始时,以法哲学批判的方式揭示了现代解放的政治意义及其形式解放的实质,指明市民社会的物质关系相对于政治上层建筑和意识形态的基础性地位;接着,将批判的中心转移到对市民社会经济基础的批判,并在此基础上批判"哲学批判"的抽象性和观念论性质,整个批判的任务是揭示现代性的特征和困境,探索未来社会的实现道路并实际地参与创造历史的过程。这一批判得到了多个学科理论资源的支持,同时,各个学科的批判之间又批判性地相互克服,形成了以资本现代性批判为基本主题的总体性思想视域。单纯从分化的学科领域进入这一总体性思想的阐释,往往导致一种还原论的解读,以"现代性批判"这一总体性问题为视角阐释马克思的思想,可以克服单纯学科化解读带来的限度及其专业性的"遮蔽"。

最后,从现代性批判出发阐释马克思的思想,有利于有效地把握马克思思想的理论意义和作为革命理论的实践品性。从现代性批判的总体性出发,我认为,马克思思想的意义主要不在于在各个学科范围之内实现思想史内部的变革和超越,而在于为现代文明的批判和反思提供了"资本批判"这一基本范式,开辟了现代性批判的历史唯物主义路线。如果未来的人们能够有机会反思我们这一段历史,我相信,"资本"将成为我们这个时代最根本的名称,马克思将以对这一时代的资本命名和批判而成为这个时代真正的思想代表。不仅如此,此种批判的首要意义还在于它是实践的,要求参与历史并真正地参与了历史的现实构成,为理解历史和创造历史提供了一个开放的可能性空间。正是在这个意义上，我认为，马克思不是一个将哲学问题本身课题化的哲学家，他以哲学的方式批判现代性，而不是在专业哲学的范围之内超越现代性哲学或者称其为一种现代性哲学。固然，在马克思现代性批判的思想中蕴含着一种基本的、十分重要的哲学视域，但它显然不是马克思思想的本质和重心所在。马克思批判了单纯思想范围之内的超越和革命，并指明了此种超越的限度①，单纯将马克思阐释为在思想史范围之内实现了思想变革的思想家，绝不是提高而是低估了马克思思想的意义。

三、如何以现代性批判为视角重构马克思思想的阐释

马克思思想的核心主题是现代性批判，现代性批判这一阅读视角的确立有利于解决马克思思想阐释中面临的一系列问题，提供一种新的马克思"思想肖像"。我认为，以现代性批判来重构马克思思想阐释，应该坚持文本解读与逻辑勾勒相结合，经典阐释与当代对话相结合的原则。大体来说，可以从三个方面来展开这一阐释工作：

第一方面是思想发展的历史重构。以现代性批判为线索对马克思思想发展进行重构式的解读，探索和勾勒马克思思想发展的内在逻辑，对马克思思想发展进行新的划界，在对马克思现代性批判理论的再现中实现对马克思思想发展历史的重构。前面我们说过，可以以现代性批判态度的变化及其在理论研究中的表现来划分马克思思想的历程，因为这种态度的变化明显地表现为马克思理论活动及其特征的变化。马克思的现代性批判经历了博士论文和《莱茵报》的前批判时期，然后从法哲学领域内展开的现代性批判（1843 年到1844 年较短的两年时间），到一种跨越学科领域的总体性批判（1844 年到1853 年），再到专业的政治经济学批判这样一个逐步展开和逐步推进的过程，晚年兴趣又转移到了经济学范围之外，这就是对东方社会的探索和大量人类学笔记。各个阶段之间既是一种逐渐深入、不断推进的关系，同时又相互印证、相互介入、相互克服、相互扬弃。

《黑格尔法哲学批判》之前，马克思思想具有启蒙现代性的基本定向，即

① 《马克思恩格斯选集》第 1 卷，人民出版社 1995 年版，第 92—93 页。

使在博士论文之后的《莱茵报》重要政治评论中，虽然面临"对物质问题发表意见的难事"，①总体上说，马克思还是以现代的自由、民主、平等立场批判落后的德国现实，专制德国与英法的对比成为其思想批判的历史背景，现代性的理性主义和人道主义原则是他基本的理论支持，追求现代自由和解放是基本目标。带着《莱茵报》时期的"困惑"，马克思重新回到书房，在《黑格尔法哲学批判》中确立了市民社会是政治国家的基础这一基本理论原则。从方法论上来看，这意味着，马克思不再在哲学的内部来把握哲学，而把哲学看作现实历史存在的"副本"②，走出了抽象形而上学的思辨视野；从具体内容来看，马克思通过考察社民社会与政治国家的现代二元论分裂，开始触及和批判现代国家和现代政治的抽象特征，对现代性特征的把握已经在法哲学的视域中初步展现出来了。在接下来的《论犹太人问题》和《〈黑格尔法哲学批判〉导言》中，对"政治解放"和"人类解放"的原则性区分，"现代"被作为纯粹政治的抽象解放规定下来，初步地明确了一种形态学意义上的现代概念，现代的基本原则和内在限度已经从法哲学批判的角度被历史地确定了。既然政治解放只是表达了市民社会抽象的利己主义和个人主义原则，对市民社会现实物质关系的批判就潜在地成为基本的理论导向。从现实的机缘来看，1844 年移居巴黎，使得哲学批判与经济学和社会主义思潮真正本质性的接触得以进行。从此，现代性状况和现代性原则本身受到哲学式的总体性反思和批判，马克思将对哲学的批判、对政治经济学的批判和对社会主义思潮的批判有意识地贯穿起来，汇聚于现代社会批判这一根本的主题。

自《1844 年经济学哲学手稿》以后，马克思一方面批判青年黑格尔派的理智形而上学本质，揭示他们的思辨哲学只是无意识地表达了现代社会的精神原则；另一方面展开对现代社会历史的存在论分析，通过对以私有制、社会分工、资本货币等为中介的存在论分析，形成了现代性的历史唯物主义批判路

---

① 《马克思恩格斯全集》第 31 卷，人民出版社 1998 年版，第 411 页。
② 马克思：《〈黑格尔法哲学批判〉导言》，载《马克思恩格斯全集》第 3 卷，人民出版社 2002 年版，第 200、204、205 页。马克思将对黑格尔法哲学的批判看成是对"副本"的批判，而不是对原本的批判，不是对"现代的政治社会现实本身"的批判，以黑格尔为代表的德国的法哲学和德国国家哲学是"当代现实"在观念上的呈现。

线,揭示现代之为现代的基本原则,理论探索的目的在于指明历史之未来向度,并为革命提供理论基础。1848 年发表的《共产党宣言》以阶级革命的视角简练地汇聚了所有这些主题,成为马克思现代性批判的纲领性文件。1848 年开始的革命失败以后,通过对整个革命运动和历史趋势的短暂反思①,马克思冷静化解了前一阶段激进的革命姿态和革命失败之后的低沉,理论的批判以更加专业化、科学化的政治经济学批判的方式展开。政治经济学的批判贯彻了法哲学批判时期形成的主题,并且推进法哲学时期对现代性抽象性、分裂性的诊断,同时彰显了法哲学批判的限度,克服其抽象性和思辨性的同时表明了经济学批判的基础重要性。整个政治经济学批判可以看成是现代性批判的基础存在论分析。它既是批判政治经济学,更是通过政治经济学对现代性展开的存在论分析和存在论批判。后期的经济学批判具有了"科学性"和"实证性"的特征,但却没有脱离前面确立的反思、批判和超越现代性这一基本视域。不能脱离价值立场、实践指向将马克思经济学研究阶段的理论活动看成是一种对现代性的经济还原主义批判。这种论断没有从马克思思想发展的内在逻辑来把握思想各个发展阶段的性质和意义。实际上,从马克思现代性批判这一基本主题出发,我们很容易理解为什么晚年马克思在没有完成《资本论》第 2 卷和第 3 卷编订工作的情况下,还将大量的精力用于对东方社会发展道路的探讨和对人类学等著作的阅读,基本指向仍然是超越现代性的途径和实践可能性。

第二方面是思想内容的体系重构。以现代性批判为视角对马克思思想体系进行一种新的逻辑勾勒,重新揭示马克思各个学科理论活动之间的内在关系,把握马克思思想内在的总体性。我们认为,历史唯物主义或者说唯物史观不是一种抽象的本体论哲学,而是一种具体的社会历史存在论分析,是同政治经济学批判和科学社会主义内在统一的思想视域。正是这一思想视域的确立,使得马克思将以黑格尔为代表的理性现代性批判范式重建在资本批判的基础之上,重建了现代批判的理论基础。现代性批判成为统摄了主体(意识

---

① 其成果是《1848 年至 1850 年的法兰西阶级斗争》和《路易·波拿巴的雾月十八日》,分别见《马克思恩格斯全集》第 7、8 卷,人民出版社 1959 年、1961 年版。

形态的精神观念方面)和客体(社会存在的物质关系)两个方面的总体性批判,而不再是一种理性的观念论批判。在历史唯物主义的总体性思想视域中,范畴的使用往往不再只具有单纯学科的性质,而是批判性地改造了孤立学科建制中的基本概念,使它们在新的思想视域中得到定位并成为全新的理论工具。这样一来,各个学科领域的研究和思想批判就不再是根本目的,而是一个相互贯穿的思想总体。在这个意义上,历史唯物主义不再是一个学科部门,更不是哲学体系中的一块,它是"唯一的历史科学"。按照卢卡奇的说法,在马克思那里,政治、经济、文化内在地汇合起来,某一问题的历史实际上变成了诸问题的历史,归根结底就没有什么独立的法学、政治经济学、历史科学等,而只有一门唯一的、统一的、历史的和辩证的——关于社会(作为总体)发展的科学。① 当然,历史唯物主义作为一种思想视域,并不只是关于社会历史发展的科学,而是内在地包含了从社会性和历史性的视角对自然以及所有存在事物的理解,在此意义上它是一种存在论。

我们应该在这种历史唯物主义的视域中揭示马克思主义基本范畴的内涵,并且通过揭示它们之间的内在关系来重构对马克思思想的总体性阐释,而不能仅仅从某一学科出发来理解这些范畴,在一种学科分化的解读中揭示马克思思想的基本意义和基本性质。比如说商品和资本范畴,在历史唯物主义的视域中是普遍的存在论中介,对商品资本的批判和分析实际上就是揭示现代性的存在论状况和存在论规定,而不仅只是一种实证的经济学研究。如果我们仅仅从现代经济学的角度来理解,它们就会失去对历史唯物主义的批判维度。再比如说异化和自由范畴,如果仅仅从元哲学的角度来理解,而看不到它们在马克思那里同分工、所有制、劳动、商品、资本等之间的相互关系,往往就会被阐释为一些抽象的形而上学概念,并由此误判马克思思想的基本性质。这种误判在青年马克思和晚年马克思的断裂说中表现得十分突出。实际上,这些范畴作为现代性的基本范畴和作为马克思现代性批判和历史唯物主义的

---

① [匈]卢卡奇:《历史与阶级意识》,杜章智等译,商务印书馆 1992 年版,第 85、77 页。需要说明的是,这是而且仅只是说马克思主义将社会历史作为总体来研究,形成了一个总体性的思想视域,而不是否定其他专门性学科的存在地位及其对马克思思想进行学科解读的意义,甚至以强制的方式取消专门研究,宣布它们为伪科学。

基本范畴之间是一致的。它们本质地揭示了现代性的存在形式和存在规定，并不只具有学科建制中的哲学或经济学性质。我们应该在历史唯物主义的视域中阐释这些范畴及其相互关系，并用它们来表述马克思的现代性批判理论和历史唯物主义视域。

在这样的思想视域中，现代性被理解为现代之为现代的基本历史建制及其特征。它体现的是观念世界和对象化世界相互贯穿的总体性，而不仅指现代的意识形态，毋宁说现代的各种意识形态恰好是对现代性的不同反应形式。马克思以"资本"为核心范畴将现代概念化，通过对现代性特征的阐释，揭示了现代世界的异化本质和超越现代性的阶级革命维度。现代性的抽象性、流动性、矛盾性、世俗性等，都与资本的推动和贯穿具有本质的关系，同时也就是现代社会异化的具体表现。它们既是现代性的存在论状况，也是现代性意识形态的特征，表明了现代社会中自由的获得和再度失落。人的自由和全面的发展本质上要求对现代性的根本超越，亦即是克服现代性的异化状况，从被资本中介的存在论规定中解放出来。此种解放不是一种单纯主体的冲动，也不是纯客观的宿命论过程，而是主客体相互作用的历史辩证法。马克思将现代性意识形态的批判建立在以政治经济学批判展开的存在论分析基础之上，不是非历史地在"主体性"批判的名义下批判现代的人道主义和理性主义原则，批判现代性的价值取向及其历史成就，而是将其置于现代历史的基本建制中进行批判，揭示其历史的存在论基础，揭示其内在的限度和悖论。将社会历史运动的主体和客体方面辩证地揭示出来，马克思的现代性批判获得了一种辩证的立场。这种辩证立场不仅指获得一种辩证地看待历史的姿态，而且是指对历史辩证运动规律的把握。

这样一来，我们就抓住了马克思思想的内在总体性，根本不存在如何从物质存在过渡到社会存在的困难，也不存在如何从哲学过渡到经济学，再到科学社会主义的问题。而且，以马克思现代性批判基本范畴的阐释和对现代性特征的揭示为基础，很容易揭示出马克思现代性批判理论本身的基本特征。在我看来，马克思现代性批判理论具有方法论上的总体性，价值立场的阶级性，理论批判的实践性和批判态度的辩证性等基本特征。通过对这些特征的准确把握和有效阐释，本身又能推进对马克思思想体系的整体理解，也可以为申诉马克思思想在当代的理论意义和实践意义奠定基础。

最后一方面是思想史的关系重构,也就是以现代性批判为视角,重新揭示马克思思想同其他思想体系之间的相互关系。这一重构应该以比较研究的视角在三个时间维度上展开,既探讨马克思与前辈思想家的关系(比如黑格尔),也探讨他与同时代人之间的关系(比如青年黑格尔派、实证主义学派等),更要探讨马克思思想同当今现代性批判话语之间的关联和基本差异。①这些探讨要贯穿现代性批判这一总体性视角,避免一种学科还原论解读。

比如说,单纯从哲学本体论的角度来看,马克思与黑格尔之间的思想关系不是被看成形而上学内部的关系,就是形而上学与非形而上学之间的关系,不仅黑格尔和马克思对现代性的批判,而且他们思想与现代性状况本身的存在论关联都被遮蔽了,思想成了思想史内部的自我生成和自我繁殖。以现代性批判为视角来展开黑格尔和马克思思想关系的研究,不仅有利于重塑马克思的"思想肖像",而且也有利于重新解读黑格尔,还有利于探索现代性批判发展的思想谱系。我认为,马克思通过对黑格尔理性国家和市民社会关系的批判,在对社民社会物质关系的阐释中以资本而不是以理性命名现代,重建了现代性批判的理论范式,②其现代性批判是一种历史唯物主义的存在论批判,而不是观念论的意识形态批判,在当今现代性批判再度观念论化的思想语境中,此一批判路线具有本质的重要性。

由于现代性批判是在当今的语境中被课题化的,从现代性批判的角度出发与当代思想展开批判性的对话更是重构马克思思想阐释的重要课题。唯有如此,才能结合当今的时代准确把握马克思思想的历史限度,从而推进和发展马克思主义,也才能有效地评价当今现代性批判的基本成果。为此,我们需要对当今现代性批判有全面的了解,以必要的文本解读为基础,勾勒后现代语境中现代性批判的主题、谱系以及呈现出来的基本问题和思想倾向。由于现代性批判的广泛性和复杂性,不可能进行面面俱到的追踪,我认为可以将哈贝马

---

① 这一探讨的基本方面可见拙文《"现代性"批判的两种不同定向——论马克思资本批判与"现代性哲学话语"的基本差异》,《教学与研究》2005 年第 7 期。

② 这一点在拙文《重建现代性批判的理论范式——从现代性批判的视角看马克思对黑格尔的批判及其意义》中有较详细的论述。(参见《天津社会科学》2006 年第 6 期)

斯、吉登斯、詹姆逊和鲍德里亚的现代性批判作为典型，尤其是他们从各自的
角度对马克思的批判和反思，基本上从不同的现代性批判进路（价值、制度、
体验）和不同的思想立场（现代性、后现代性）反映了当今思想界对马克思进
行反思的全面状况，同时也反映出现代性批判话语的大致谱系。通过对他们
的现代性批判理论与马克思的现代性批判理论的对比考察，以及批判性地反
思他们对马克思的批判，既揭示马克思现代性批判思想的奠基性意义及其限
度，同时也可以在此基础上阐释我们对如何推进现代性批判的一些理解，重申
马克思现代性批判在当代的意义。当然，此种研究细密而全面的展开就不是
这里所能提供的了。

附录二:现代性批判的"基础存在论"①

现代,尤其是现代,社会批判的基本意义并不在于事件过后整理残局,而是在对历史和现实的反思中将存在坚定地导向未来。这是人类通过现代解放一经获得就不可能抛弃的历史主体性原则。现代文明的反思始终是现代思想的基本主题,围绕这一主题形成了众多思潮、流派,也产生了不计其数的思想巨人。马克思就是其中杰出的代表,他以资本现代性批判为核心,形成了独具特色的思想体系,对人类历史的实际进程和思想发展产生了并将继续产生广泛影响。本文试图以马克思的现代性批判理论为核心,阐释现代性批判、存在论、历史唯物主义和政治经济学批判之间的内在联系。我们将围绕四个方面具体展开,这四个方面的阐释不论对于现代性批判、后形而上学视野中的存在论建构,还是对于马克思理论本身的阐释和推进其意义都异常显著。

一、现代性批判的历史唯物主义存在论批判路线

简便地说,对现代有两种典型命名,"理性时代"和"资本时代"。围绕这两种不同命名形成了考察现代文明的两条思路,两种不同的现代性批判方向,就其基本性质而言,可以称之为意识形态的观念论批判和历史唯物主义的存在论批判。前者的核心主题是"理性主义批判"和"主体主义批判",具体反思现代性的价值取向、思维风格、叙事方式等,进而考察此种观念论特征对实际生活的影响。后者是由马克思开创并切实地巩固起来的。它以资本命名现

---

① 本文以《现代性批判的"基础存在论"——论政治经济学批判的历史唯物主义性质和意义》为题发表于《马克思主义研究》2007 年第 11 期。

代，以资本主义生产方式的批判性考察为基础揭示现代文明特征，揭示现代性的政治制度和意识形态同经济基础之间的相互关系。这一批判路线的理论基础是社会存在决定社会意识，经济基础决定上层建筑这一历史唯物主义基本命题，因此我们称之为现代性的存在论批判路线。由于"现代性批判话语"产生的特定社会历史条件和思想背景①，当今现代性批判的主导范式应该说是意识形态的观念论批判，在这种情况下，马克思的理论本身被从思维方式、叙事风格等方面当作现代性理论遭到批判。而在我看来，恰好是马克思提供了具有本质重要性的现代性批判思路，历史唯物主义视野中的现代性批判是现代性存在论批判的本质路线。

历史唯物主义并不只是一种历史观，不只是唯物主义的历史观，而是历史的唯物主义观，是一种唯物主义思想体系，一种存在哲学。其核心原则在于将历史性概念引进存在论，对自然、对历史本身的理解中放弃了"非历史的观点"，②历史性成为根本的世界观和方法论。这意味着形而上学中通过抽象主义、还原主义和逻各斯中心主义建构起来的存在范畴被彻底放弃了。问题不再是抽象的存在是否存在，而在于存在如何存在，存在被把握为由历史实践规定的存在关系和存在形式。由于历史性通过"对象性的实践活动"来规定，作为对象化实践结构的"生产方式"范畴就体现了历史的结构性和结构的历史性之辩证关系，成为历史唯物主义存在论的基础范畴。它使得历史唯物主义作为存在论既克服了建构在抽象主义和还原主义思维基础上的抽象存在概念（抽象本体论），也克服了在逻辑中、概念中、反思中确立起来的关于过程性和联系性的思辨体系（黑格尔的思辨形而上学），从而置身于后形而上学的思想氛围之中；同时，它又不同于仅仅从主体内在体验和情绪出发建构的存在论，从而与以海德格尔为代表的存在主义区别开来。这三个方面使得历史唯物主义在后形而上学思想谱系中代表了一种具有本质重要性的存在论思想。

---

① 这一问题的讨论可见拙文《"现代性"批判的两种不同定向》，《教学与研究》2005 年第 7 期。

② 历史唯物主义将"历史性"引进对自然以及历史本身的理解可见恩格斯在《路德维希·费尔巴哈和德国古典哲学的终结》一文中的相关阐释。在那里，恩格斯把"非历史"的自然观和"非历史"的历史观看成是近代唯物主义的一个典型特征。（《马克思恩格斯选集》第 4 卷，人民出版社 1995 年版，第 228—230 页）

　　因为有了历史唯物主义的这种存在论思想,马克思的思想重心才转到了现代性批判,而不是思辨哲学体系的建构,现代性批判才变成了以特定的历史结构为中介分析揭示存在物的现代存在规定和存在形式,从而成为一种存在论批判,而不只是一种观念论的意识形态批判。这一历史中介就是资本主义生产方式。它是现代对象性实践活动的客观化结构,既不是无历史的、无时间的"理性",更不是个体主体的体验机制。历史唯物主义不是将现代定义为"理性时代"或"主体性时代",而是要求考察现代理性主义、主体性主义产生的社会历史基础;同样,它也不是从一种内在的主观感受和情绪体验批判现代性,将根源于时代生存处境的心理结构提升为永恒的"人类存在状况",而是以资本命名现代。现代性批判的任务就在于揭示资本原则在现代历史中的普遍贯穿,揭示由资本规定的存在状态和存在过程,本质上就是一种以资本生产方式为中介的存在论批判。

　　从这种广泛且更加深入的意义来说,在历史唯物主义的视域中,"资本"是现代性最基本的存在论范畴。现代性批判就是揭示存在物如何在资本关系中现身,体现出自己特有的社会性、历史性。马克思说,资本不是物,而是一定的、社会的、属于一定历史社会形态的生产关系,它体现在一个物上,并赋予这个物特有的社会性质①。资本不是物,它赋予物特有的社会性质,或者说它本身就是存在物的现代存在形式和存在规定,作为物性的物是资本的载体,是社会性质的体现者。资本作为特定的生产关系,它通过物而存在,在物之中存在。作为物的特有的社会性质,资本不仅是人与人之间,而且是人与物之间、物与物之间的一种存在论联系。它是现代存在普遍的抽象形式,不仅是物作为社会的物的抽象形式,而且是人作为社会的人的普遍抽象形式。一切都参与到了资本的运行之中获得自己的普遍规定,其性质也只有在资本范畴的规定中才能得到揭示。由此,对资本主义生产方式的批判就成了对现代性社会存在论基础的批判,就是历史唯物主义性质的批判,是对现代性观念论意识形态批判路线的扬弃。

　　马克思的现代性批判从反思黑格尔法哲学理论开始,深刻地揭示了黑格

---

① 《马克思恩格斯选集》第2卷,人民出版社1995年版,第577页。

尔理性主义现代性批判的基本成果及其限度,揭示了青年黑格尔派"自我意识哲学"、以自由平等为核心的法国政治哲学同现代市民社会经济基础之间的同构关系。但马克思没有放弃黑格尔对现代市民社会"形式性"、"抽象性"特征的揭示,而是通过对现代社会经济基础的解析和批判完成了这一揭示。他指明,在资本主义生产方式占统治地位的现代,解放只是形式的、抽象的政治解放,而不是"人类解放"。现代性批判就是要揭示资本本身的运行规律及其原则在政治、文化等领域中的全面贯彻和实现。现代性的所谓总体性、矛盾性、流动性、抽象性、虚无主义等,在当今一些批判者那里变成了观念论的意识形态的特征,批判没有揭示这些现象的现实历史根基。马克思的资本现代性批判揭示了这些现代性特征的历史唯物主义基础,指明了由于资本的普遍中介和推动,所有这些特征才在经济、政治、文化以及日常生活中全面地贯穿,资本是根本动力。诸如科学技术的本质、生态危机等都与资本主义生产方式具有存在论上的基本关联,并不是工具理性批判、人类中心主义批判作为一种观念论批判所能消解的。

当然,这并不是说诸如此类的批判主题没有意义,而是此类没有达于现代性的社会历史基础,没有抓住问题的根本。马克思资本现代性批判的基本意义就是对这一基础的本质性呈现。以资本立论,从资本主义生产方式出发展开现代性批判是马克思历史唯物主义现代性批判的根本之点。不过,这种"以资本立论"逻辑地包含着"为资本立论",在"为资本立论"中资本本身是研究对象,而在"以资本立论"中资本已经成了阐释的理论原则,成了历史唯物主义现代性批判的存在论范畴。"为资本立论"是马克思政治经济学批判的基本任务,没有政治经济学批判的基础阐释,"以资本立论"的历史唯物主义存在论批判就是"空中楼阁"。因此,就像海德格尔将《存在与时间》看成是"基础存在论"一样,以《资本论》为标志的政治经济学批判可以看成是历史唯物主义视野中现代性批判的"基础存在论",这是由它在马克思思想发展进程和逻辑关联中的地位所决定的。

二、政治经济学批判是历史唯物主义现代性批判的"基础存在论"

马克思第一次真正与政治经济学接触发生在《1844 年经济学哲学手稿》

中。这一接触的思想动因在于《黑格尔法哲学批判》的理论成果:马克思批判了黑格尔以理性国家和理性的法扬弃现代局限性的理性主义哲学,明确了现代市民社会是现代政治国家的基础,而对市民社会的批判应该到政治经济学中去寻找①。这就意味着政治经济学批判的出场直接与对观念论哲学的批判和历史唯物主义的形成密切相关,同时也与现代性批判密切相关。加上此时马克思移居巴黎,在同普鲁东等人的接触中开始批判性地吸取社会主义思想,历史唯物主义、政治经济学批判和社会主义思想就这样围绕着"现代性批判"交织在《1844年经济学哲学手稿》之中,使之成为现代性批判的"总体性"文本,初步实现了三大思想领域的批判性贯穿和融合,而不仅仅是"批判性言论、经济学原理和关于未来社会的观念组成的色调极为复杂的混合。"②

马克思通过政治经济学批判把私有财产的起源问题变成异化劳动对人类发展进程的关系问题,异化劳动成为政治经济学、空想社会主义和古典哲学之间相互扬弃的核心范畴。通过对异化劳动这一范畴的经济学意义、哲学意义和政治学意义的连接和阐释,《1844年经济学哲学手稿》完成了:其一,以政治经济学批判对私有制发展规律的揭示和黑格尔的辩证运动观为基础,批判当时几种主要的社会主义思潮对私有制的抽象否定;其二,以政治经济学对现实社会经济异化关系的批判和社会主义运动的政治实践本质为基础,批判了黑格尔辩证法及其整个哲学思想的抽象性和形式性;其三,以社会主义思潮对私有制的批判和黑格尔辩证法的扬弃和中介思想为基础,批判了国民经济学对资本主义的非批判的实证主义态度。在这一关联的思想总体中,政治经济学批判的基础性地位是不言而喻的:它以对现代市民社会的政治经济学解剖奠定了历史唯物主义现代性批判的理论基础,同时也使以超越资本主义现代性

---

① 马克思的这一基本思想形成于《黑格尔法哲学批判》,正是它推动了马克思在巴黎从事政治经济学研究,努力实现哲学、政治经济学和社会主义思潮的批判性结合,形成了历史唯物主义的基本立场。1859年1月的《〈政治经济学批判〉序言》回顾了这一思想历程,充分说明了《1844年经济学哲学手稿》的历史唯物主义性质和意义。马克思将那段经典表述的历史唯物主义思想看成是这一时期研究的"总的结果",只不过这一概括是一种回顾性的表述在后面已。因此,将《1844年经济学哲学手稿》看成是马克思早期作品排斥在历史唯物主义之外的常见做法是极其有问题的。在此我们不能详细论及。

② 《马克思恩格斯全集》第3卷,人民出版社1960年版,第59—60页。

为目标的社会主义思潮开始立足于科学的基础之上。在此,思想的基本方向、特征和性质已经明确,当然,原理的提炼和范畴的稳定则是在以后的进一步探索中逐渐完成的。

在马克思看来,经济运行方式和生产关系内部的矛盾是现代社会分裂和对立的根源,对现代社会存在论基础的解剖应该以政治经济学批判的方式进行。但对资本运行的政治经济学考察本身并不是最终目的,而是与现实性批判和改造现实的社会实践运动内在相关。因此,即使在后期十分专业化的经济学分析中,马克思也总是不忘画龙点睛地指出这些分析的一般意义,指出资本的原则在政治上层建筑和意识形态之间的浸透和贯彻。在马克思批判思想中,"资本论"不是资本运行的实证经济学,也不是实现资本增殖的工程技术学,"为资本立论"是基础,而"以资本立论"展开现代性批判才是目的。当然,马克思十分清楚经济关系同其他社会关系之间的联系,并且指出了经济学是在何种意义和何种限度之内谈及其他社会关系。马克思并没有认为可以用经济学的批判取代其他的批判视角,将所有存在关系还原为经济关系,最终陷入经济还原主义。①

政治经济学批判是"基础存在论",这里的"基础"意味着"必要性",而不是"充分"、"充要"乃至于"唯一"。亦即是说,没有对现代社会的政治经济学解剖,就谈不上揭示资本原则在政治、经济、文化、观念中的贯穿,就不可能正确阐释现代性的本质及其特征,更难以理解后资本社会的社会历史走向。但是,单纯解剖了现代社会的经济基础本身并没有完成现代性批判。政治经济学批判作为历史唯物主义视野中现代性批判的"基础存在论",从根本上超越了将现代性仅仅阐释为一种特定价值取向、叙事风格和意识形态的"观念论"批判路线,但它只是奠定了现代性存在论批判的基础。以现代性批判为总体视角,在历史唯物主义的存在论视野中我们才能更深入地理解政治经济学批

---

① 比如说,在谈到政治经济学时,马克思在《德意志意识形态》中指出:"作为一门独立的专门的科学,它还得包括其他一些关系,如政治关系、法律关系等等,因为它常常把这些关系归结为经济关系。但是它认为这些关系对它的从属只是这些关系的一个方面,因而在其他方面仍旧让它们保留经济学以外的独立的意义。"(《马克思恩格斯全集》第 3 卷,人民出版社 1960 年版,第 483 页)

判的这种"基础性存在论"性质和意义。任何还称得上历史唯物主义的现代性批判都必须确认资本主义生产方式在现代社会生活中的基础地位。通过政治经济学批判揭示的价值抽象、劳动力商品化、自然工具化、雇佣劳动力和资本、生产的社会化与私人占有制之间的矛盾等等，它们体现的是人与人之间、人与物之间的存在关系，是资本中介的存在形式。

马克思之所以集中后半生精力进行政治经济学批判，阐释资本主义的经济运动规律，一般地说，这是历史唯物主义经济基础决定上层建筑原则的贯彻，但更重要的是，在现代资本主义社会以资本为原则的经济生活获得了主导地位，政治经济学成了现代市民社会"唯一的科学"，所以对现代性的批判必须得以政治经济学批判作为基础性的维度。很难想象，在前资本主义社会或马克思阐释的后资本主义社会，社会批判和社会分析还需要以政治经济学批判的形式展开。所以，不能脱离历史实践基础将马克思的政治经济学批判方法抽象化，更不能因此认为马克思是经济还原论的现代性批判者。

在后来的政治经济学批判中，马克思虽然不再像以前那样将经济学、哲学和政治思潮的批判交织在一起形成明显的总体性文本，比如说，《1844年经济学哲学手稿》、《神圣家族》、《哲学的贫困》等等，而是以一种非常专业化的政治经济学批判方式展开，但是，马克思总是在政治经济学批判的过程中，画龙点睛地指明政治上层建筑、意识形态同经济基础之间的关系，随时突破政治经济学专业化批判的封闭线，使之获得更加一般的理论意义。经济学的专业化批判没有被取代而是在实现和完成现代性批判的理论任务中，为现代性批判奠定理论基础。我们经常看到在后期的经济学著作中，马克思总是恰当地引用以前的思想成果，将以前批判意识形态和一般哲学的见解有机地融合到经济学著作中，以表明经济学研究的真正意义。不能将马克思前后期思想割裂开来，认为后期才是真正的马克思思想，才能代表科学形态的马克思。脱离了历史唯物主义的哲学视野，就极容易将马克思的理论看成是经济决定论的，看成是唯科学主义的，看成是实证主义的。

其实，经济基础和上层建筑之间并不是一种一元论的派生关系，也不是一种二元论的独立关系。这是我们理解历史唯物主义社会存在决定社会意识、经济基础决定上层建筑这一命题时所必须明确的。一方面，经济基础和上层建筑、社会存在和社会意识的区分是一种理论的必要抽象,实际生活中没有不浸透着社会意识的社会存在,也不存在社会存在之外的社会意识;另一方面,这里的"决定"是并且只是意味着一种"必要性"概念,上层的东西不可能还原为基础性的东西,就像意识不可能还原为物质,但没有物质就没有意识一样,"基础"的意义和影响是显而易见的。在现代资本主义社会,经济关系、经济活动主导地位的确立和强化,使得经济生活中资本原则向其他生活领域浸透,社会制度、生活模式、意识观念,乃至于心理结构都受到了侵蚀,因此,资本主义生产方式才成为理解现代社会关系的基础。

所以,从理论的内在逻辑来看,马克思并没有认为经济学批判可以取代其他方面的批判,而只是强调基础性的工作完成了,其他方面就容易展开,没有它也能够完成。国家、意识形态等的作用,在马克思那里没有得到专门的讨论和研究,这是受到理论视角和理论任务的限制,不能将这种限制夸大。马克思的政治经济学批判为现代性批判奠定了基础,规定了历史唯物主义现代性批判的基本路线,搭建了现代性批判一个开放的理论平台,政治批判、文化批判、艺术批判、制度批判等可以在这一平台上展开有效对话,发展出一种总体的现代性批判形式,克服现代性批判话语的分裂。

三、政治经济学批判作为"基础存在论"实现几大理论领域的贯穿

以《资本论》为代表的政治经济学批判是历史唯物主义视野中现代性批判的"基础存在论"这一命题的提出,着眼于两方面的考虑:一是就马克思思想体系而言,试图揭示被学科分化解读的马克思理论内部之总体性;二是就马克思思想与外部理论的关系而言,试图在现代性批判和存在论之间建立关系,并突出强调马克思思想在这一话题中的重要地位。在当今的理论界,就现代性批判之脱离存在论基础,存在论阐释再度变成思辨玄学,以及马克思主义内部阐释之分裂与衰退而言,这一命题的有效阐释,可以承担起某种基础性的重构作用。

现代性批判是在后现代语境中被命名和专题化的,它有很深的理性主义哲学传统。在当今占主导地位的现代性批判话语中,"现代性"被用来指称启蒙精神,现代性批判变成了对启蒙精神原则的批判,从而变成了对理性和主体

性的批判和反思。这一批判路向,秉承从启蒙思想家到黑格尔的"理性时代"
这一概念,将现代性的困境和灾难看成启蒙精神的后果,从精神和观念的层面
来检讨现代性的困境和出路。差异在于,启蒙思想家为"理性时代"的来临到
处奔走呼告,黑格尔则开始以绝对理性批判启蒙理性的"抽象性"和"形式
性",而在当代思想中,则出现了极力批判乃至于否定现代的主体性和理性的
倾向,但是,它们恰恰没有批判对现代的理性命名,没有揭示现代理性的历史
基础,而是分享了现代性理性主义观念论批判的思想前提。

问题的关键当然不在于理性和主体性批判,而在于是就精神原则而批判
精神原则,还是深入到对精神原则社会历史基础的呈现和挖掘。从当代思想
发展的实际进程来看,这种现代性批判话语的出现还同反对历史唯物主义和
社会主义存在一定的联系。他们将历史唯物主义理解为经济还原论,将社会
主义看成是立足于形而上学预设的乌托邦。在这种思想氛围中,提出并正确
阐释政治经济学批判是历史唯物主义现代性批判的"基础存在论",在现代性
批判话语中引入了马克思的历史唯物主义,在历史唯物主义中引进存在论,将
现代性批判奠定在历史唯物主义的存在论批判的基础之上。这种存在论批
判,将现代观念和意识形态的批判与对现代社会历史的存在论分析密切地结
合起来,从根本上揭示了现代性意识形态的观念论批判的路线理论局限,并将
理论的批判同实际改造历史的运动密切结合起来,变成实践批判的内在要素。

政治经济学批判是对现代经济基础的解剖和批判,也就是对现代社会历
史的基础存在论分析。生产方式是成为历史唯物主义存在论的核心范畴,存
在论分析就是阐释特定生产方式对不同时代的自然、社会、人及其观念的规
定。这使得历史唯物主义存在论既区别于传统形而上学本体论,也区别于当
今后形而上学的存在主义存在论。像我们前面指出的那样,存在主义的存在
概念是从内在感受和情绪体验中建构起来的,时间是在"向死而在"中确立起
来的本真时间性,生存论结构在本质上不具有实践对象化的历史性和社会性。
像生产力、生产关系、劳动、私有制、社会分工等奠基于政治经济学批判的存
在论范畴就不会直接进入海德格尔的理论体系。这从根本上使得其存在现象学
没有离开"主体"立场,就像海德格尔后来自己指出的那样,在《存在与时间》
中还有此在主体性的残余。意识现象学走向存在现象学之后,虽然变成了对

此在生存论结构的呈现,但此种结构却在本质上成了没有时间性的"人类生存状况"。以生产方式为基本范畴的存在论分析则不同,生产方式作为对象化实践结构的客观性和历史性,恰好从根本上将社会性、时间性、历史性、实践性等一系列同等性质的范畴引进了存在论。可以说,以政治经济学批判为基础的历史唯物主义存在论代表了后形而上学思想氛围中存在论最为本质的方向。强调政治经济学批判是历史唯物主义的现代性存在论批判的"基础存在论",目的就在于:在现代性批判话语中引进存在论批判的同时,进一步明确历史唯物主义存在论的基本性质,明确它同其他存在论哲学的基本差异。

没有了对社会存在论基础的政治经济学阐释,不仅现代性批判会走向观念论批判的路线,对历史唯物主义存在范畴的理解也完全可能走向抽象的思辨,而且,哲学、政治经济学批判和科学社会主义思想在马克思那里的内在总体性就难以得到正确的理解。这恰恰是马克思主义阐释史中存在的基本问题。随着现代学科分化的加强,经济学越来越离开政治学的视野成为实证主义的科学,而政治学本身也逐渐变成了一门技术性的管理学,离法哲学的批判性反思立场越来越远。而马克思的政治经济学批判在经济学和政治学之间建立了本质联系,并且使得以政治经济学批判为基础的历史唯物主义从根本上成为一种政治哲学和历史哲学,在这里,打破经济学、政治学、历史学、哲学专业学科的限制,融合为一门总体性的科学,而不是学科。

然而,在马克思主义的阐释历史中,由于学科分化解读进路的切入,马克思思想的总体性实际上是被肢解了。历史唯物主义的思想成果不仅没有在经济学、政治学、历史学中得到体现,甚至在哲学本身的范围之内也没有得到巩固。比如说,当我们抽象地谈论"物质"绝对存在的时候,这个"物质"的历史性在哪里呢? 当我们将客观规律性等同于辩证法概念的时候,运动的历史性又在哪里呢? 再比如就实践方面来说,面对社会主义实践的衰退,政治经济学批判变成实证主义的科学、科学社会主义变成价值的社会主义,而哲学再度变成思辨的学院玄学不是当今显而易见的事实吗? 如果说,过去我们曾经错误地用历史唯物主义取代社会学、政治学等所谓"资产阶级科学",社会学和政治学今天的实证化过程不也是又在简单的倒转中远离了历史唯物主义视野吗? 从如今对抽象民主的崇拜、对抽象自由的崇拜、对抽象人权的崇拜中不难看出这一点。

在马克思那里,正是因为有了政治经济学批判这一基础存在论,历史唯物主义才没有成为抽象的思辨哲学,资本现代性才没有被看成历史的终结。同样,正是因为与历史唯物主义的关联,政治经济学批判才能同现代实证主义、实用主义的经济学划清界限。如果像一些学者认为的那样,马克思的政治经济学与古典政治经济学之间没有原则上的差异,历史唯物主义哲学和科学社会主义就失去了理论基础。同样,正是因为脱离了政治经济学批判这一现代性批判的基础存在论,当今的许多现代性批判话语才陷入了观念论批判的路线,陷入了语言和思维内部的自娱游戏。阐释并巩固政治经济学批判是历史唯物主义现代性批判的基础存在论这一命题,意在将被分化解读为哲学、政治经济学和科学社会主义的马克思主义思想的内在统一性巩固起来,克服学科分化解读带来的局限乃至于根本的理论错误,将现代性批判重新有效地奠定在历史唯物主义存在论批判的基础上,为在后形而上学的思想氛围中确立真正的存在论哲学奠定基础,使马克思主义在当代思想中发挥最为本质的力量。

四、在政治经济学批判的"基础存在论"上拓展马克思的现代性批判

政治经济学批判作为历史唯物主义现代性批判的"基础存在论",具有重要的理论意义,同时也意味着它只是提供了赖以出发的思想基地。一方面,经济基础到上层建筑之间存在众多的中介环节和复杂过程,马克思只是通过经济基础的剖析指明了理论方向;另一方面,由于现代社会加速发展,资本原则的贯彻不论在广度还是深度上都是马克思时代所未曾面对的,加上理论论战对象的特殊针对性等等,马克思的现代性批判表现出必然的限度,有待于与当代的实践和理论展开批判性对话以得到有效地拓展。在我看来,至少有如下五个方面需要切实的展开和推进。

马克思确立了内在于实践的历史概念,其历史范畴不是根源于形而上学的目的论预设。如果说历史唯物主义具有某种目的论因素的话,可以说它是一种内在于实践的目的论。历史唯物主义认为,共产主义作为人类的理想目标对现代性的超越是内在超越,此种超越的动力来自资本本身。那么,这是否意味着共产主义的实现是一个没有时间缺口的必然性过程,经济决定论牺牲掉了实践主体之能动性呢？我们知道,在马克思的时代,自然科学还没有揭示出宇宙和地球的生命,资源的资本主义利用还没有触及生存环境的底线,同样,人类社会内部的对抗能力也没有达到自我毁灭的程度,因此,马克思没有从资本绝对扩张中看到人类毁灭的可能性,共产主义社会扬弃资本现代性的必要性没有从这种"死亡"意识中得到论证。如今,资本原则的强化已经触及人类生存的自然底线和社会底线,如果没有超越性的能动实践,人类完全可能终结于资本现代性的肆意扩张之中。历史唯物主义的现代性批判应该以此突出共产主义之必要性,就像海德格尔以"向死而在"确立"此在"的生存论意义一样,历史唯物主义也可以从这种"人类终结"的意识中批判资本现代性,阐释共产主义的终极意义,将社会主义革命概念真正奠定在主客体辩证实践的历史基础之上,以实践性消解那种僵硬的自然必然性概念。

由于批判黑格尔理性主义国家观的需要,马克思充分强调了国家对经济基础的从属性,主要是从资本的原则中透视现代国家的阶级统治职能,国家更多被看成是资本的"随从"①,而没有全面地考察国家可能的"超越性"及其限度。的确,马克思也一般地谈论过国家的能动作用,但国家职能的当代强化确实超出那时的想象。与自由资本主义时代不同,如今看来,正是市场资本与国家权力的相互巩固才完成了资本本身,因为只要社会的经济基础不变,马克思说资本是一种社会权力,同样,其实权力也就是一种社会资本。国家和市场只是资本运转的两个因素。国家干预可能调节市场自由交换的缺陷,同样,市场交换的自由诉求也可能对抗国家权力的越位和滥用,但它们都没有也不可能从根本上走出资本现代性的困境,至多随着时间的推移来回摇摆。今天的现代性批判,既要立足于政治经济学批判的"基础存在论",更应该看到这些方面阐释的不足,批判的重心要移到对权力与资本的辩证运动的考察,将资本的异化和权力的异化当成现代性状况的一体进行批判。

有一种极大的误解认为,历史唯物主义只是一种历史哲学,而且是一种斗争性的哲学。这种误解产生了两个思想后果,要么认为历史唯物主义只是历

---

① 比如说在《共产党宣言》中,马克思就明确指出:"现代的国家政权不过是管理整个资产阶级的共同事务的委员会罢了。"(《马克思恩格斯选集》第 1 卷,人民出版社 1995 年版,第 274 页)

史观,没有形成完整的自然概念,因此需要自然唯物主义作为基础来补充;要么认为从历史唯物主义出发阐释的自然概念是一种人类中心主义、主体主义的范畴。归结到一点:面对当今日益恶化的环境问题和资源问题,马克思主义不是无用就是有害。的确,虽然马克思和恩格斯有过一些关于环境破坏的零星论述,但并没有从人与自然的关系切入现代性批判,而这一点已经成了当今现代性批判的重要主题。不过,今天环境问题的现代性批判更多是从"主体主义"、"理性主义"和"人类中心主义"批判入手,试图重新恢复自然生命的神圣价值,某些方面甚至于退回到了蒙昧主义和神秘主义。事实上,从历史唯物主义的一般原则来看,当实践性和历史性被引进存在概念的时候,意味着自然(自然的存在形式、存在规定和性质)是被历史中介的自然,而不是绝对的、无历史规定性的抽象物;进一步从现代性的存在论批判来看,现代自然环境问题、能源透支问题等就应该密切联系资本主义生产方式这一现代性存在论架构来进行批判。马克思认为,在资本主义条件下,自然仅仅成为有用物,劳动异化中已经包含自然异化等等,这些思想为环境批判提供了基本的理论资源,有待进一步挖掘和展开①。

社会存在决定社会意识还只是思想原则,经济基础如何在上层建筑,尤其是如何在人们的意识观念中发挥作用,还需要进一步探索和理论化。如今人们不是单纯生活于经济关系的异化中,经济关系的异化导致了生活的全面异化,乃至于人的本能也被资本原则规定,成为"非人的存在"。人们的观念意识、人格结构、心理状态、思维方式显现出现代性的特征,虚假意识和虚伪意识交织成了意识形态的幻象。现代性批判不可能不触及个人内在的心理领域,此一领域如何与历史唯物主义联系起来呢? 一方面,要强调不能仅仅从观念论批判的方面来阐释这些内在的意识和心理现象,突出历史唯物主义的方法论意义;同时,也应该注意到历史唯物主义在这些方面没有得到全面的拓展,以至于有所谓"历史唯物主义人学空场"这样的论断。如何将现代性存在论批判的方法论原则贯穿到对现代人的意识形态和心理状况异化的批判之中,

---

① 这一方面的基础性工作,或者说有关这个问题原则性的讨论,我们在另一篇论文中已经初步地完成了。(参见拙文《人的解放与自然的全面复活——论历史唯物主义作为生态哲学之基础的可能性》,《马克思主义研究》2007 年第 9 期)

虽然西方马克思主义的弗罗姆、马尔库塞等人做出了相当的努力,但应该说还是一项有待被彻底课题化的理论任务。

马克思主义的现代性批判以政治经济学批判为基础,在经济运行的客观性和阶级革命的主体性之间建立内在联系,实践主体是现代雇佣劳动关系中的无产阶级,或工人阶级。由于阐释中不能辩证地理解这种内在关系,这一理论在当代遭到了两个方向上的批判:一种认为随着资本主义经济的发展,工人阶级的生活状况得到了极大的改善,社会主义革命失去了革命的动力和阶级基础;另一种认为社会主义革命理论建立在宏大历史主体假设之上,作为总体的无产阶级并非不再存在,而是从来就没有真正存在过,超越现代的实践不应该再立足于这种宏大主体,而应该具体而微地在环境、性别、种族等多个主题上展开。今天,历史唯物主义必须在新的历史条件下对阶级革命理论做出新的阐释,回应挑战。我想,从理论上讲此种阐释要点大致有三:其一,重新以"雇佣劳动"这一范畴科学地、严格地阐释无产阶级或工人阶级概念,这样才不至于将无产阶级革命等同于饥民的造反,以经济的发展否定革命的可能性;其二,作为阶级革命理论基础的劳动价值论不是唯科学主义的实证概念,它包含现代的主体性和超越现代主体性的阶级价值取向,以此批驳各种对劳动价值论的实证主义证实或证伪;其三,要从主客体辩证互动的立场看待革命,它不是由自在自发的经济因素所决定的,而是包含着超越资本现代性的主体能动性。显而易见,所有这几个方面的阐释既需要立足于政治经济学批判的理论基础,同时也要正确把握政治经济学批判的历史唯物主义性质才能有效地展开。

附录三:马克思现代性批判的
当代实践意义①

马克思的现代性批判思想,提供了不同于观念论批判路线的资本批判范式。他不仅以历史唯物主义奠定了现代性批判的基础,而且在辩证批判中以明确的未来指向拒绝了向现代性的妥协,此种辩证批判的话语意味着对抽象立场的克服和扬弃,同时也易于被极端地发展和延伸为抽象立场,从而招致漫画式的辩护和否定。马克思现代性批判思想正是以各种复杂的形式发挥着特定的"效果历史",影响现代性批判的理论话语和经验实践。当今现代性批判的理论话语和现实实践总是从正面、反面、侧面与马克思的思想发生直接或间接的关联,马克思现代性批判的意义同时也在诸种复杂的关联中被巩固了。本文的主旨在于,就其基本的方面原则性地申述马克思现代性批判的实践意义,至于细密的学理论证以及马克思现代性批判的其他方面还不是这里的主要任务。

一

从 20 世纪中叶开始,在当今的现代性批判话语中,除去与制度化层面的"现代化"大体等意的"现代性"概念外,总体而言,"现代性"被塑造为一个意识形态概念,现代性批判主要成了一种意识形态批判和文化观念批判。这一批判路向,或温和、或激进地反思现代的理性主义和主体主义,将现代性的困境和灾难看成是现代启蒙精神的后果。到了 20 世纪 90 年代,这一理论潮流,

① 本文发表于《黑龙江社会科学》2006 年第 2 期。

更是将现代性批判从社会制度和历史形态的批判中完全地置换出来,追溯现代几种社会制度(法西斯主义、社会主义和自由资本主义制度)共同的观念基础,现代性批判成为对现代精神、价值、思维方式、理论特征等的批判。"现代性"被认为是一种时代精神,反过来又以这种精神来定义和理解现代,社会历史的特征首先被阐释为一种文化的、精神的特质。

这种现代性批判路线本质上是一种观念论批判。所谓"观念论批判",在此不是就唯物主义和唯心主义的本体论意义而言,而是指以下两层基本含义:一方面,这种批判的主题是揭示现代性的精神特征和精神原则,它们只是揭示和批判了现代性的"观念论副本",而没有深入此种观念的社会历史存在论基础;另一方面,由于这种批判质疑改造和变革社会历史的革命理论,将其看成是现代主体主义和理性主义的产物进行批判,此种批判主要采取的是一种理论批判的方式,也就是观念批判的方式,而不是实践批判。这种现代性批判理论倾向的形成和强化,与20世纪的历史现实密切相关,一方面,专制、暴力、侵略等现实的灾难并不仅仅发生在资本主义国家,以苏联为代表的实践的社会主义社会也存在严重的异化,到了20世纪90年代,又发生了社会主义阵营崩塌的历史事件;另一方面,现实的资本主义通过国家的干预似乎实现了自我稳定和自我完善。这样一来,对现代社会历史的批判和反思就从以资本批判为核心的社会形态批判中脱离出来,从改变社会制度的革命话语中脱离出来,转化为一种观念批判和话语批判。

马克思的现代性批判与此种现代性批判之间存在着基本的差异,一定程度上可以说,当今的现代性批判话语总是直接或间接以马克思的思想为争论的对象。在马克思那里,现代性批判实际上就是资本现代性批判。马克思以生产方式为基础的社会形态理论,将现代性批判导向了历史唯物主义的批判路线。相对于观念论批判,我们或可简约地称之为一种现代性存在论批判。马克思指出,社会存在决定社会意识,经济基础决定上层建筑,由于受到现实经济基础的制约,在资本主义生产方式占统治地位的现代,解放只是形式的、抽象的政治解放,而不是"人类解放"。由于观念的意识形态、政治国家受到资本原则的规定和限制,观念范围内的批判和扬弃就只具有"虚假"的性质。现代性批判的基本任务就是揭示资本本身的运行规律,及其原则在政治、文化等领域中的全面贯彻和实现,现代性的超越就依赖于扬弃资本存在的前提和基础,而不是对理性本身的批判或理性自身内部的运动。只要资本还是社会历史的基本建制,工具理性批判、抽象理性批判、主体主义批判等始终就只具有观念论批判的性质。这当然不是说诸如此类的批判没有意义,而是就其限度而言,它们没有达于现代性的社会历史基础。

将马克思的现代性批判命名为资本现代性批判,是就两个基本的层面而言的,一方面,以资本主义生产方式为基础的现代社会是马克思批判理论的根本对象;另一方面,资本范畴是马克思批判现代社会历史的核心工具,或者说,在马克思那里,资本是现代社会历史的存在论中介,是现代性的本质范畴,对现代性的批判就是揭示资本原则在现代社会中的普遍贯穿及其内在限度,由此指明人类历史发展的未来方向和现实途径。马克思的现代性批判思想展现为几个内在相关的主题。资本主义理论和社会主义理论,现代性理论批判的方面和建构的方面紧密地联系在一起。对现实的诊断和对未来的探索实际上是同一问题的两个方面,而革命是立足于现实走向未来的途径,马克思力图在社会运行的客观性和阶级革命的历史主体性之间建立一种辩证的联系。由此,资本主义理论、社会主义理论和与此密切相关的革命理论构成了其现代性批判的基本内容。

在当今的现代性批判话语中,马克思以资本为核心的现代性批判遭遇了强烈的挑战,观念论现代性批判话语的兴起实际上执行着一种置换资本批判的意识形态功能,它与"资本主义没有替代物"和"告别革命"的公开宣称密切配合,以一种话语批判的激进主义贯穿非批判的实证主义立场。有意思的是,对马克思思想的阐释乃至捍卫,在当代的历史境遇中,本身也以一种话语的方式实现。这一现象在理论上表现为,由于往往从三个组成部分的学科化进路阐释马克思的思想,马克思思想的意义被阐释为各自学科范围之内的思想史革命,面对实践的挑战,它更多地在离现实较远的、"抽象"的哲学上得到坚持。现代性批判作为马克思思想的根本主题没有被本质地突出来,作为这一主题内在构成部分的资本主义理论、社会主义理论和革命理论在一些学理化的阐释中被有意或无意地悬置和剥离了。相反,在马克思的批判和反思者当中,这些方面恰恰是关注的焦点和重心。探索马克思现代性批判理论的当代意义,基本的一点就是要直面这些批判,考察马克思相关思想的有效性和意义,而不是将它单纯申诉为一种抽象的哲学,一种思想史范围之内的所谓革命。如果马克思思想的这些基本方面本身过时了,或者说得不到有效的阐释,根本就谈不上马克思思想的当代意义。

二

一般来说,实践性被认为是马克思主义的根本品性,而对实践性却有不同的阐释。在国内学院化的阐释中,实践范畴甚至被提升为马克思哲学思想体系的"原点",成为其扬弃传统哲学、立足于当代哲学视域的基本标志,成了实现思想史内部变革的理论范畴。这固然是不错的,但对马克思思想此种理论意义的强化,易于将其意义封闭在思想史的内部,而忽视现实历史的变迁,不去对现实的实践问题和挑战做出有效的回答。而在一些马克思主义的批判者看来,由于历史的变迁和现实的实践,马克思的现代性批判理论不是彻底的破产就是过时了,最具有实践性的理论本身遭遇了实践的反讽,马克思理论的失败是历史实践本身证实的。对马克思主义的否定正是诉诸所谓的历史性和实践性,以经验历史的变迁和事实来指认马克思理论的过时、错误乃至于根本的失败,比如苏东剧变就被看成马克思思想失败的实践证据等等,马克思的资本主义理论、社会主义理论和社会革命理论遭到了全面的批判。

与黑格尔试图以理性的国家作为现代的超越维度来克服现代性的困境不同,马克思否定了现代国家的这种超越性,指明现代国家本身建立在现代市民社会物质关系的基础之上,它确立和捍卫了现代社会的经济基础,因此,国家只有在经济基础的变革中才失去它政治统治的职能①。亦即是说,现代国家只是资本现代性的从属建制,不可能构成对现代性的超越。马克思并没有否认国家对经济基础的反作用,但为了批判黑格尔理性国家的观念论倾向,从《黑格尔法哲学批判》开始,马克思突出和强化了国家的从属性,马克思的资本主义理论主要就是对自由资本主义的批判。但是,随着资本不断遭遇自我

---

① 马克思恩格斯:《共产党宣言》,载《马克思恩格斯选集》第 1 卷,人民出版社 1995 年版,第 294 页。

限制和危机,国家权力开始成为资本干预因素的时候,出现了所谓的自由资本主义向晚期资本主义的转变。在"晚期资本主义"的处境中,国家的社会管理职能不断加强,经济生活的法制化、社会失业保障的制度化,国家对经济干预的加强,有人甚至认为国家在"制造自己的经济基础"。这意味着马克思政治国家的从属性遇到了挑战。正是在这一点上,马克思的理论受到了哈贝马斯等人的批判,他们指认当代社会的组织原则发生了根本的变化,建立在自由资本主义时期的马克思批判理论已经不再适用①。

事实上,从自由资本主义到国家资本主义所发生的一系列变化,资本的本质并没有发生改变,诚如马克思早在《雇佣劳动与资本》中就指出的那样,"资本的躯体可以经常改变,但不会使资本有丝毫改变。"②所谓国家资本主义、后工业社会、后资本主义社会、后现代社会、消费社会、金融资本主义等等,也不过是资本在自身原则之内的嬗变。资本作为时代的基本原则无疑是历史地生成的,但就它自身的过程来说,是逐步地展开,也就是说那个真正能作为起点的起点乃是抽象的全体本身,对于这个全体来说,它是先在的,内在地同一的不变的"实体",否则它就不可能被标志为一个时代。资本仍然是当今进行现代性批判的基本中介。马克思对资本的批判,把握到了现代性的基本原则及其限度,彻底地抓住了事情的根本。不触及其内核和基本纲领的证实或证伪,既无损于它的高度,当然也无增于它的高度。因为它触及了时代的基本原则,并对这一资本原则进行了实质性的揭示③。以一种经验主义的、相对主义的实践性和历史性批判策略来否定马克思的现代性批判理论是无力的。对20世纪人类历史的另一种解读,可以充分地揭示马克思思想的当代意义,我们甚至可以说,马克思的资本现代性批判不仅参与了20世纪的社会主义运动,而且参与和推动了现代资本主义的自我转型。

---

① 参见[德]哈贝马斯:《作为"意识形态"的技术与科学》,李黎、郭官义译,学林出版社1999年版,第58页。还可以参见《哈贝马斯访谈录》,李安东、段怀清译,上海人民出版社1997年版,第32页。

② 马克思:《雇佣劳动与资本》,载《马克思恩格斯选集》第1卷,人民出版社1995年版,第345页。

③ 参见拙文《"现代性"批判的两种不同定向——论马克思资本批判与"现代性哲学话语"的基本差异》,《教学与研究》2005年第7期。

　　理论和思想对历史的参与性是现代社会中"实践主体性"的基本内涵,社会历史不再被看成是非反思的、自在的、自然的、绝对客体性的过程,吉登斯将现代性的这一特征命名为"反思性"。在我看来,马克思对资本主义危机和矛盾的揭示与批判正是以这种"反思性"参与了20世纪资本主义的历史转型。马克思指出,社会化大生产不能是一种无政府的状态,资本将由于自身的限制而带来对限制的突破,因此资本的稳定和巩固需要资本之外的力量。从20世纪30年代初的经济危机开始,资本主义国家不再作为市场存在的消极结构,而是积极地发挥经济职能,国家对经济的干预,生产不再是纯粹自由的无政府状态,这时,理论上表现为凯恩斯主义的兴起和在实践中占主流地位。从"反思性"的概念来看,这意味着马克思的现代性批判思想以否定的方式成就了自身的理论价值,正是在这个意义上,有的西方理论家指出,是马克思拯救了当代资本主义。当然,从马克思的视域来看,国家对资本经济的这种干预,是遵循和实现了资本的原则,是对资本的维护和巩固,而没有触动资本的前提和存在条件,因此,并不意味着人们走出了现代性,而是现代政治权力与经济权力的结盟和一体化。忽视了这一社会变化的资本基础和本质,就会仓促地宣布马克思资本批判的破产。关于国家干预资本运行这一现象的实质和意义,我们只要看看马克思《1857—1858年经济学手稿》中对巴斯夏和凯里的批判就清楚了①。

　　20世纪世界图景的另一面貌出现在东方社会,即落后国家所建立起来的社会主义,曾经以资本批判的面目出现而成为资本世界的敌人。如今面临的事实是:沿着革命逻辑建立的社会主义,经过近80年的发展变化,苏联解体、东欧剧变等等,资本逻辑被再度引进了现实。此一历史被批判者看成是马克思思想失败的有力证据。

　　我们知道,马克思资本现代性批判包含了阶级革命的内在逻辑,当这种革命的话语从资本批判的逻辑和现实历史语境中置换出来,移居到其他社会时间和社会空间的时候,发生了本土化过程。从总体上来看,在这种移植中,从

---

　　① 马克思:《1857—1858年经济学手稿》,载《马克思恩格斯全集》第30卷,人民出版社1995年版,第7—8页。

传统走向现代成为革命的基本诉求,对资本主义的批判本质上只是反对殖民主义,目的在于建立独立自主的民族国家。从苏联到所有第三世界国家,即使是以马克思的社会主义来命名自己的革命和建设实践,走向现代性而不是超越现代成为基本的组织和动员目标。现代性原则以反资本的名义通过与国家政权的结合得到实现,成为一条与西方社会不同的导向现代性的道路,但这并不意味着它们的现代性与西方的现代性不同。按照齐格蒙特·鲍曼在《现代性与矛盾性》中的说法,实践中的社会主义是现代性的最后立场,是现代性的彻底化①。我们无意于否定任何实践社会主义的合理性,但是,在这种情况下,马克思的现代性批判思想的原则高度和社会的具体现实之间存在基本的差异。因此,实践上的成功或失败与理论的真理性之间并不是直接的同一。当两种社会形态"趋同"的时候,我们才发现我们仍然遭遇现代性的风险、危机和困境,处于现代性的普遍包围之中。

20世纪的历史变迁,不论是资本主义形态内部的嬗变,还是社会主义运动的兴起及其衰落,都使得资本作为现代性的本质范畴进一步彰显出来,资本的全球化正在创立一个总体性的"世界历史时代"。但这并不能说明资本的永恒,而是为资本现代性批判提供了完整的历史语境,马克思对现代性的资本命名和批判也因此而与整个时代的命运密切相关。然而,面对资本的坚硬现实,创造历史的激情被代之以普遍的肯定主义。马克思无产阶级革命话语的空间移植由此也成为历史。面临无所不在的资本逻辑,面对革命的"失败",资本更易于被看成是一条先验的原则,一个永恒的范畴。今天流行的"资本没有替代物"和"后革命时代到来"的说法内在相关地证实了这一点。它们无意识地承担着现代性意识形态的功能,构成对马克思现代性批判理论的批判。如果像我们所说的这样,20世纪的历史实践并不是否定了马克思的现代性批判理论,那么,就当前的情况而言,马克思现代性批判理论之实践的可能性何在?

三

马克思的革命话语被从批判和超越现代性的语境中移植出来,参与了一

---

① 参见[英]齐格蒙特·鲍曼:《现代性与矛盾性》,邵迎生译,商务印书馆2003年版,第396—404页。

些国家作为"落后者"走向现代的历史进程。这一移植,导致了恩格斯所说的"革命第二天"的历史困境①。对资本主义的批判不得不伴随对资本现代性的隐形遵从,在很多社会主义国家中,真实的状况是传统、现代和未来因素的多重并置。"实践的社会主义"由此面临着三个方面的批判,站在传统保守立场上的人指责它的激进主义以及它与现代性的同谋,站在资本自由主义立场上的人指责它的"封建"因素和指向未来维度的意识形态乌托邦,而站在未来理想立场上的人又指责它的"封建"因素和它与现实资本的同谋,指责它的落后和对现代性的"退让"。在多重张力的挤压中,发生了"共产主义大面积塌方"的历史事件,社会主义运动走向了低谷。由此,"资本没有替代物"、"告别革命"作为来自于经验历史的结论,才成了批判和质疑马克思现代性批判理论的基本命题。我们认为,在资本全球化全面推进的今天,才真正提供了马克思思想发挥其生命力的现实条件,同时也为客观地反思马克思的理论成果提供了真正的语境。

中国的革命和建设事业同马克思思想的基本关联,发生在马克思的思想历史影响的这一转移中。其面临的历史处境和基本任务与马克思超越资本现代性的批判理论之间存在差异。革命成功之后的社会建设,也不得不遵循着现代性的基本原则和完成现代性的基本目标。这样一来,马克思关于未来社会的初步设想同现实之间的矛盾一直是基本的困扰。在这样的语境下,不仅苦于现代性之发展而且苦于现代性之不发展的当代中国,它将如何可能进行一种"具有原则高度的实践"?它是否可以不但提高到现代各国的正式水平,并且达到这些国家即将会达到的超越现代的水平,亦即是说,它是否可能不仅越过自身传统的界限,而且同时越过现代各国已经面临的和已经显示出来的现代界限?当年谈到落后德国现实的时候,马克思以无产阶级的形成及其革命,肯定此种可能性的存在②。在中国当前的情况下,问题的实质是,在革命不具备马克思谈论的原则高度,并且已经取得了国家政权的时候,马克思思想如何可能作为国家的指导原则并且真正发挥其指导原则的作用? 问题或可换

---

① 马克思:《马克思恩格斯选集》第4卷,人民出版社1995年版,第670—671页。

② 马克思:《〈黑格尔法哲学批判〉导言》,载《马克思恩格斯全集》第3卷,人民出版社2002年版,第209页。

成这样的说法,即是,一种批判和超越现代性的理论如何可能在具有现代性建设性质的实践中发挥其指向未来的历史功能?

如果仅只是立足于"苦于现代性之不发展",基本的目的只在于形成一个"现代的中国",使它像西方"列强"那样,并且比它们"更列强",那么,问题会变得非常地简单,对资本现代性的全面接纳将是卓有成效,并且切实可行的。我们不是已经看到休克疗法之后的俄罗斯复苏这样无可争议的事实吗?在这样的前提下,问题至多不过是变成:结合我们的传统,再结合我们的国情到底该如何"拿来",该如何转化吸收,如何在多种现代性中形成我们自己的一"种"。现今关于建构中国现代性的讨论,深入一点的大体也只是触及这一层面。这将意味着我们从根本上失去超越现代性的历史担当,马克思的思想被以各种形式"创造性地转化"为建构中国现代性的理论资源。相反,如果将关注的重点放在"苦于现代性之发展"一端,忽视现代性之不发展的实情,以一种强硬的方式来取消资本、商品、市场,批判言论、思想、选举自由等等,否定现代的基本成果和基本原则,激进的批判常常会同最传统的保守主义合流,诸如对现代自由民主的批判等等,往往成为为专制政权和个人迷信提供合法性基础的工具,而不是真正对现代的批判和超越。这种情形成为一些人批判"实践的社会主义"的有力"把柄",同时也成了批判马克思的"把柄"。实质在于,此种状况正是从马克思现代性批判原则高度上的跌落,正是马克思所极力批判的现象。

中国创造历史的可能性和对人类历史的真正担当就在这种现实的张力之中,就在否定和批判两种"极端"的努力之中。具有"原则高度的实践"不仅需要一般的实践智慧,尤其需要具有原则高度的理论和思想指导,它从根本上要求实践是有"理念"的,有超越指向的,而不是一种纯粹的技术操作和博弈演算。当然,此种思想或理论的意义,并不意味着提供一种直接的、可操作的"模式"和"方案",而是就其基本意义而言,它立足于现实并指向未来,因而能成为历史的路标。马克思的现代性批判思想是"辩证历史的辩证批判",是对人类未来的积极承担,不能把它看成对现代性的抽象否定。在马克思那里很明显,如果阶级革命的必然性和必要性产生于现代社会内部的矛盾和分裂,未来的共产主义社会是建立在对"现代"的超越之上,那么,现代性的成果就必须得到充分的肯定,同时,其内在的限度也必须从超越的角度遭遇有力的批判。这意味着在对待现代性的态度问题上,简单的肯定是一种"非批判的实证主义",简单的否定是一种反动的"浪漫主义",现代性客观的辩证法本身要求主观的辩证立场。

中国当代的实践及其与马克思思想的关联,原则上要它在实践中对现代性贯彻一种内在的批判和走向未来的超越意识,否则,对马克思主义的坚持至多变成一种纯粹的意识形态宣称。但与此同时,又不能单纯从一种未来的"应然"态度来剪裁现实,忽视马克思未来社会理论的历史条件,从而重复那种势必落空的乌托邦实践,导致现实的灾难。不论其中何种形态成为现实的实践,都将使我们失去创造历史的机遇,或是亦步亦趋,重蹈西方现代性的覆辙,一跃而入现代性之汪洋大海;或是因循守旧,打着批判现代性的旗号,却与最为落后的保守主义调情,甚至将蒙昧主义看成是超越现代性的精神旗帜,将专制主义看成是克服西方民主缺陷的良方,等等。

面对现代性的全面拓展和基本成熟,面对超越现代性的冲动复归于现实的平静,与马克思的现代性批判直接相关的当代中国实践,应该获得一种具有历史性意义的担当意识和雄伟气魄,并且应该自觉地是马克思现代性批判精神的继承者,以一种精神的力量洞穿历史,并且使实践趋向精神,而不是将精神锁定在"实用"、"现在"的平面之中。在这个意义上,所谓中华民族的伟大复兴才真正具有人类的意义、历史的意义,具有真正的原则高度,而不是以形成一个恃强凌弱的现代"东方不败"为最高目标和骄傲。

附录四：全文参考文献一览

说明：由于参考过的学术论文较多而未予罗列，所列著作大多是直接或间接引用过的，不少著作虽对本书帮助甚多，亦未列入，在此特表歉意，并将感谢之情铭记于心。

一、中文部分

（一）基本著作（译著）

1.《马克思恩格斯全集》，第 2、3、4、26 卷，人民出版社 1957、1960、1958、1972 年版。

2.《马克思恩格斯全集》，第 1、3、30、31、44、46、47 卷，人民出版社 1995、2002、1995、1998、2001、2003、2004 年版。

3.《马克思恩格斯选集》，第 1、2、3、4 卷，人民出版社 1995 年版。

4.［德］哈贝马斯:《认识与兴趣》，郭官义、李黎译，学林出版社 1999 年版。

5.［德］哈贝马斯:《重建历史唯物主义》，郭官义译，社会科学文献出版社 2000 年版。

6.［德］哈贝马斯:《作为"意识形态"的技术与科学》，李黎、郭官义译，学林出版社 1999 年版。

7.［德］哈贝马斯:《后形而上学思想》，曹卫东、付德根译，译林出版社 2001 年版。

8.［德］哈贝马斯:《交往行为理论》第 1 卷，曹卫东译，上海人民出版社 2004 年版。

9. [德]哈贝马斯:《哈贝马斯访谈录》,李安东、段怀清译,上海人民出版社 1997 年版。

10. [英]吉登斯:《现代性与自我认同》,赵旭东、方文译,生活·读书·新知三联书店 1998 年版。

11. [英]吉登斯:《民族—国家与暴力》,胡宗泽等译,生活·读书·新知三联书店 1999 年版。

12. [英]安东尼·吉登斯、[英]克里斯多弗·皮尔森:《现代性——吉登斯访谈录》,尹宏毅译,新华出版社 2001 年版。

13. [英]吉登斯等:《自反性现代化——现代社会秩序中的政治、传统与美学》,赵文书译,商务印书馆 2004 年版。

14. [美]詹姆逊:《文化转向》,胡亚敏等译,中国社会科学出版社 2000 年版。

15. [美]詹姆逊:《单一的现代性》,载王逢振主编:《詹姆逊文集》(第 4 卷),中国人民大学出版社 2004 年版。

16. [美]詹明信:《晚期资本主义的文化逻辑》,陈清侨等译,生活·读书·新知三联书店 1997 年版。

17. [美]詹姆逊:《全球化与政治策略》,载王逢振主编:《詹姆逊文集》(第 4 卷),中国人民大学出版社 2004 年版。

18. [美]詹姆逊:《马克思主义与后现代主义》,载王逢振主编:《詹姆逊文集》(第 4 卷),中国人民大学出版社 2004 年版。

19. [美]詹姆逊:《快感:文化与政治》,王逢振等译,中国社会科学出版社 1998 年版。

20. [法]尚·布希亚:《物体系》,林志明译,上海人民出版社 2001 年版。

21. [法]让·波德里亚:《消费社会》,刘成富、全志钢译,南京大学出版社 2001 年版。

22. [法]鲍德里亚:《生产之镜》,仰海峰译,中央编译出版社 2005 年版。

(二)其他译著

1. [德]黑格尔:《精神现象学》,贺麟、王玖兴译,商务印书馆 1979 年版。

2. [德]黑格尔:《法哲学原理》,范扬、张企泰译,商务印书馆 1996 年版。

3.［德］弗·梅林:《马克思传》,樊集译,人民出版社 1965 年版。

4.［苏］弗·阿多拉茨基主编:《马克思生平事业年表》,生活·读书·新知三联书店 1977 年版。

5.《马克思早期思想研究译文集》,熊子云、张向东译,重庆出版社 1982 年版。

6.［匈］卢卡奇:《历史与阶级意识》,杜章智等译,商务印书馆 1996 年版。

7.［德］卢卡奇:《理性的毁灭》,王玖兴等译,山东人民出版社 1997 年版。

8.［德］柯尔施:《马克思主义和哲学》,王南湜、荣新海译,重庆出版社 1989 年版。

9.［德］柯尔施:《卡尔·马克思——马克思主义的理论和阶级运动》,熊子云、翁廷真译,重庆出版社 1993 年版。

10.［德］霍克海默、［德］阿道尔诺:《启蒙辩证法——哲学片断》,渠敬东、曹卫东译,上海人民出版社 2003 年版。

11.［德］霍克海默:《批判理论》,李小兵译,重庆出版社 1989 年版。

12.［捷］科西克:《具体的辩证法——关于人与世界问题的研究》,傅小平译,社会科学文献出版社 1989 年版。

13.［意］德拉-沃尔佩:《卢梭和马克思》,赵培杰译,重庆出版社 1993 年版。

14.［德］卡尔·施米特:《政治的浪漫派》,冯克利、刘锋译,上海人民出版社 2004 年版。

15.［德］A.施密特:《马克思的自然概念》,欧力同等译,商务印书馆 1988 年版。

16.［德］A.施密特:《历史和结构——论黑格尔马克思主义和结构主义的历史学说》,张伟译,重庆出版社 1993 年版。

17.［美］马尔库塞:《爱欲与文明——对弗洛伊德思想的哲学探讨》,黄勇、薛民译,上海译文出版社 1987 年版。

18.［美］马尔库塞:《单向度的人——发达工业社会意识形态研究》,刘继译,上海译文出版社 1989 年版。

19.［法］阿尔都塞:《保卫马克思》,顾良译,商务印书馆 1984 年版。

20.［法］阿尔都塞、［法］巴里巴尔：《读〈资本论〉》，李其庆、冯文光译，中央编译出版社 2001 年版。

21.［日］城塚登：《青年马克思的思想——社会主义思想的创立》，尚晶晶、李成鼎等译，求实出版社 1988 年版。

22.［英］波普尔：《历史主义的贫困论》，何林、赵平译，中国社会科学出版社 1998 年版。

23.［英］哈耶克：《通往奴役之路》，王明毅、冯兴元等译，中国社会科学出版社 1997 年版。

24.［美］弗朗西斯·福山：《历史的终结及最后之人》，黄胜强、许铭原译，中国社会科学出版社 2003 年版。

25.［英］特里·伊格尔顿：《历史中的政治、哲学、爱欲》，马海良译，中国社会科学出版社 1999 年版。

26.［英］特里·伊格尔顿：《后现代主义的幻象》，华明译，商务印书馆 2000 年版。

27.［英］齐格蒙特·鲍曼：《全球化——人类的后果》，郭国良等译，商务印书馆 2001 年版。

28.［英］齐格蒙特·鲍曼：《现代性与矛盾性》，邵迎生译，商务印书馆 2003 年版。

29.［英］齐格蒙特·鲍曼：《流动的现代性》，欧阳景根译，上海三联书店 2002 年版。

30.［法］德里达：《马克思的幽灵——债务国家、哀悼活动和新国际》，何一译，中国人民大学出版社 1999 年版。

31.［美］斯蒂芬·贝斯特、［美］道格拉斯·科尔纳：《后现代转向》，陈刚等译，南京大学出版社 2002 年版。

32.［美］道格拉斯·凯尔纳、［美］斯蒂文·贝斯特：《后现代理论——批判性的质疑》，张志斌译，中央编译出版社 2006 年版。

33.［美］戴维·哈维：《后现代的状况——对文化变迁之缘起的探究》，阎嘉译，商务印书馆 2003 年版。

34.［美］马泰·卡林内斯库：《现代性的五副面孔：现代主义、先锋派、颓废、媚俗艺术、后现代主义》,顾爱彬、李瑞华译,商务印书馆 2003 年版。

35.[美]艾尔伯特·鲍尔格曼:《跨越后现代的分界线》,孟庆时译,商务印书馆 2003 年版。

36.[美]大卫·雷·格里芬编:《后现代精神》,王成兵译,中央编译出版社 1998 年版。

37.[加]查尔斯·泰勒:《现代性之隐忧》,程炼译,中央编译出版社 2001 年版。

38.[美]大卫·库尔珀:《纯粹现代性批判——黑格尔、海德格尔及其以后》,臧佩洪译,商务印书馆 2004 年版。

39.[法]利奥塔:《后现代性与公正游戏——利奥塔访谈、书信录》,谈瀛洲译,上海人民出版社 1997 年版。

40.[英]Jorge Larrain:《意识形态与文化身份:现代性和第三世界的在场》,戴从容译,上海教育出版社 2005 年版。

41.[英]克里斯托夫·霍洛克斯:《鲍德里亚与千禧年》,王文华译,北京大学出版社 2005 年版。

42.[英]梅扎罗斯:《超越资本——关于一种过渡理论》,郑一明等译,中国人民大学出版社 2003 年版。

43.[美]威廉·格雷德:《资本主义全球化的疯狂逻辑》,张定淮等译,社会科学文献出版社 2003 年版。

44.[德]海德格尔:《存在与时间》,陈嘉映、王庆节译,生活·读书·新知三联书店 1999 年版。

45.[德]海德格尔:《海德格尔选集》,孙周兴选编,生活·读书·新知三联书店 1996 年版。

46.[法]雷蒙·阿隆:《社会学主要思潮》,葛智强等译,华夏出版社 2000 年版。

47.[美]丹尼尔·贝尔:《资本主义文化矛盾》,赵一凡等译,生活·读书·新知三联书店 1989 年版。

48.[英]霍布斯鲍姆:《极端的年代》,郑明萱译,江苏人民出版社 1999 年版。

49. [美]理查德·沃林：《文化批评的观念》，张国清译，商务印书馆 2000 年版。

（三）中文著作

1. 俞吾金：《实践诠释学——重新解读马克思哲学与一般哲学理论》，云南人民出版社 2001 年版。

2. 俞吾金等：《现代性现象学：与西方马克思主义者的对话》，上海社会科学院出版社 2002 年版。

3. 丰子义、杨学功：《马克思"世界历史"理论与全球化》，人民出版社 2002 年版。

4. 张一兵：《回到马克思——经济学语境中的哲学话语》，江苏人民出版社 1999 年版。

5. 郝敬之：《回到整体马克思》，东方出版社 2004 年版。

6. 孙承叔：《打开东方社会秘密的钥匙——亚细亚生产方式与当代社会主义》，东方出版中心 2000 年版。

7. 吴晓明：《马克思早期思想的逻辑发展》，云南人民出版社 1993 年版。

8. 吴晓明、王德峰：《马克思的哲学革命及其当代意义——存在论新境域的开启》，人民出版社 2005 年版。

9. 陈学明、马拥军：《走近马克思——苏东剧变后西方四大思想家的思想轨迹》，东方出版社 2002 年版。

10. 陈学明：《哈贝马斯的"晚期资本主义"论述评》，重庆出版社 1993 年版。

11. 汪行福：《走出时代的困境——哈贝马斯对现代性的反思》，上海社会科学院出版社 2000 年版。

12. 刘小枫：《现代性社会理论绪论——现代性与现代中国》，上海三联书店 1998 年版。

13. 汪晖：《死火重温》，人民文学出版社 2000 年版。

14. 吴冠军：《多元的现代性——从"9·11"灾难到汪晖"中国的现代性"论说》，上海三联书店 2002 年版。

15. 黄瑞祺：《马学与现代性》，允晨文化实业公司 2001 年版。

16. 张志扬:《偶在论》,上海三联书店 2000 年版。

17. 周国平:《尼采与形而上学》,载《周国平文集》第三卷,陕西人民出版社 1996 年版。

18. 阎树森:《创立马克思主义理论体系的开端——〈一八四四年经济学哲学手稿〉的解释与探讨》,求实出版社 1987 年版。

19. 俞可平主编:《全球化时代的"马克思主义"》,中央编译出版社 1998 年版。

20. 李惠斌主编:《全球化与现代性批判》,广西师范大学出版社 2003 年版。

21. 王治河主编:《全球化与后现代性》,广西师范大学出版社 2003 年版。

22. 贺照田主编:《西方现代性的曲折与展开》,吉林人民出版社 2002 年版。

23. 复旦大学当代国外马克思主义研究中心编:《当代国外马克思主义评论》第 2、4 辑,人民出版社 2001、2004 年版。

24. 复旦大学哲学系现代西方哲学研究室编译:《西方学者论〈一八四四年经济学—哲学手稿〉》,复旦大学出版社 1983 年版。

二、英文部分

1. *Marx and Modernity*, edited by Robert J. Antonio, Blackwell Publishers, 2003.

2. Karl Löwith, *Marx Weber and Karl Marx*, translated by Hans Fantel, George Allen & Unwin (Publishers) Ltd., 1982.

3. Nancy S. Love, *Marx, Nietzsche, and Modernity*, New York: Columbia University Press, 1986.

4. John F. Rundell, *Origins of Modernity—The Origins of Modern Social Theory From Kant to Hegel to Marx*, The University of Wisconsin Press, 1987.

5. R. F. Baum, *Doctors of Modernity: Darwin Marx and Freud*, Sherwood Sugden & Company Publishers, 1988.

6. *Marx and the Western World*, edited by Nicholas Lobkowicz, Indiana: Uni-

versity of Notre Dame Press, 1967.

7. N.Scott Arnold, *Marx's Radical Critique of Capitalist Society*, Oxford University Press, 1990.

8. *Marxism, Mysticism and Modern Theory*, edited by Suke Wolton, Macmillan Press Ltd., 1996.

9. Joseph V. Femia, *Marxism and Democracy*, New York: Oxford University press Inc., 1993.

10. Jean Baudrillard, *The System of Objects*, Verso, 1996.

11. John Leonard, *Modernity*, Published by the Author, 1996.

12. *The Enlightenment and Modernity*, edited by Norman Geras, Macmillan Press Ltd., 2000.

13. *Development and Modernity, Perspectives on Western Theory of Modernization*, edited by Lars Glue and Dover Stereo, Arians Bergen.

14. Marshall Berman, *All that is Solid Melt into Air*, Simon and Schuster, 1982.

15. Anthony Giddens, *A Contemporary Critique of Historical Materialism*, Vol. 1, *Power, property and the state*, The Macmillan Press Ltd., 1981.

16. Anthony Giddens, *The Consequences of Modernity*, Stanford: Stanford University Press, 1990.

17. Max Weber, *The Protestant Ethic and the Spirit of Capitalism*, translated by Talcott Parsons, Charles Scribner's Sons, 1958.

18. Habermas, *The Philosophical Discourse of Modernity*, translated by Frederick Lawrence, Polity Press, 1987.

19. Henri Lefebver, *Introduction to Modernity*, translated by John Moore, Verso, 1995.

20. Douglas Kellner, *Critical Theory, Marxism and Modernity*, Cambridge: Polity Press, 1994.

原　版　致　谢

　　您面前的这本书是我的博士论文,除了导师写的序言,出版时只作过文字方面的润色和修订。在此,我首先要感谢导师陈学明教授,在沪近六年的学习生活中,他给予我极大的鼓励和许多无私帮助。博士论文从论题拟定、研究思路形成、结构安排到某些具体观点的提出都得到了导师认真指教和点拨。导师殷切的希望始终是我前进的鞭策和动力,我们师生之间的情谊远远超越了一般学业关系的范围,可以说,跟从导师六年的治学经历,是我人生重要的转折点,它将令我终身受益!

　　复旦大学哲学系丰厚的学术积淀、活跃的学术氛围给予我智慧的启迪、思想的浸润,在这里我走上了学术之路、思想之路。我要为许多高质量的课程、学术报告和研讨会感谢系里的各位老师,完备齐全的课程设置,马克思主义哲学、中国哲学、西方哲学以及其他专业之间融会贯通的培养思路,为我们学业的成长打下了坚实的基础。我要为硕士阶段的学习感谢西方哲学学科点的各位老师。同时,我更要为博士阶段的学习感谢马哲学科点诸位老师的帮助,他们是余源培教授、孙承叔教授、吴晓明教授、王德峰教授、庄国雄副教授,在论文的写作中我或单独请教过他们,或在开题、预答辩、正式答辩中聆听了他们宝贵的意见和建议,在此一并表示感谢! 另外,系里许多优秀的年轻老师也在学习和生活中给过我多方面的帮助,他们中有莫伟民博士、汪行福博士、张双利博士等等,与他们的相处和交往,让我在复旦大学度过了愉快而又收获丰富的六年!

　　参与论文评审的丰子义教授、童世骏教授和匿名评审的两位专家对论文给予了高度评价,答辩委员会的各位专家学者对论文的内容、意义、结构、表述等方面也给予了充分肯定,同时也提出了不少中肯建议,所有这些既是极大鼓励,也是对我学业的鞭策,在此表示真诚的谢意!

本书的出版,特别要感谢的是复旦大学哲学系的张汝伦教授。在学期间,我认真聆听过张汝伦教授的几门课程,受益良多,但从未与他有过正式的交往。博士论文写成以后,我往他系里的信箱送了一本,这一送就有了本书的出版。张老师通过我的导师与我联系,热情推荐论文在他和陈昕先生主编的当代中国哲学丛书中出版,此种无私提携,感激之情,难以言表!我还要感谢上海人民出版社的宋慧曾女士和其他为本书的出版付出辛勤劳动的同志,正是由于他们大量而细致的工作才使本书得以顺利呈献在读者面前。

此外,不能忘记的是我的许多同窗好友。不论教室宿舍,还是绿草如茵的校园,甚至周末聚会的小餐馆,都是我们思想交流的场所,在这些意气风发的论辩和交流中,我不仅增长了学识、锤炼了思想,而且获得了一份份难以忘怀的友谊。他们中有姜佑福博士、沈云波博士、曾誉铭博士、高利民博士、叶小璐博士、曹晓飞博士、肖存良博士、路东硕士、蔡建锋博士。还有同门师兄弟倪胜博士、王平博士、山小琪博士、朱南松博士、许有攸博士、罗富尊博士、孙云龙博士、胡绪明博士给了我诸多有形无形的帮助,尤其是师兄周凡博士及其夫人,我们举家来京后,得到他们亲人般的关心和照顾,让我们一家感受到了家庭般的爱意和温暖,在此一并表以衷心的感谢!

最后也最重要的是要感谢我的家人。我出生在贵州一个偏僻的山村,自幼家境贫寒,我能踏进大学的校门,并坚持走到今天,父母和家人的付出一言难尽,个中甘苦,冷暖自知!爱妻汪先群竭尽全力给了我无以言表的鼓励与扶助,从成都到贵州偏僻的小城兴义,从兴义到上海,从上海到北京,一路有她的陪伴,我获得了无尽的力量,她使我感受到了爱情的甜蜜、家庭的温馨和对生命价值的执着。我们已共同经历了10年的困难,唯愿学业的完成是我们人生旅程新的起点!另外还要提到的是我的儿子罗的,当他才出生两个月嗷嗷待哺之时,我就负笈上海;我做博士论文时他已经四岁,学业的繁忙使我没有能很好地照顾和关心他,内心时常感到歉疚!因此,我要将学业的第一份成果献给我的妻子汪先群女士和我的儿子罗的!

罗 骞

2007年10月5日于北京